邓 辉　郭美华　主编

东方哲学

【第十一辑】

上海师范大学哲学系
上海市道德文明与宗教文化研究中心
上海市普通高等学校人文社会科学重点研究基地
上海师范大学中国传统思想研究所
上海市高校高峰高原计划高原（1）建设计划/哲学规划项目

上海书店出版社
SHANGHAI BOOKSTORE PUBLISHING HOUSE

目　录

【名家访谈】

哲学与当代世界

　　——第24届世界哲学大会举行前访杨国荣

　　　教授 …………………………………… 杨国荣　贡华南　郭美华　3

【孔孟荀研究】

说《论语》中的"德" ………………………………………… 臧　宏　17

"化性"如何可能？

　　——荀子的性恶论与道德动机 ………………………… 东方朔　43

孟子的"厚"与"薄"

　　——读赵寻《孟子：儒学普遍主义的可能与基础》………… 陈迎年　84

【梁启超研究】

保教非所以立国

　　——梁启超对儒家态度的转折 ………………………… 干春松　93

梁启超后期文化观管窥 ……………………………………… 崔文娟　119

【现代新儒学研究】

《新唯识论》马序述记 ……………………………………… 杨少涵　129

理性的觉解与价值的关怀

　　——论冯友兰《新原人》对中国现代性精神的培育 ……… 徐建勇　150

徐复观政治思想的面相及研究现状画像 …………………… 丁明利 162

【唐君毅心性思想研究专栏】
专栏说明
"超越"、"能够"与"应当"
——唐君毅早年对于心性本体的体证 …………………… 刘乐恒 186
试论唐君毅的道德自我学说 …………………………………… 王林伟 209
唐君毅佛教心性论研究述论
——以《中国哲学原论·原性篇》为文本 ………………… 沈 庭 220
心灵与艺术境界
——论唐君毅的美学体系 …………………………………… 刘 耕 235
论唐君毅对语言哲学的思考和会通 …………………………… 费春浩 250
论唐君毅的"宗教儒学" ………………………………………… 胡 岩 264

【知识与道德】
知识与德性
——《礼记》与《理想国》关于美德教育的比较
研究 ………………………………………………… 何善蒙 陈 辰 279

【新书评论】
"山中云出雨乾坤,洗过一番山更好"
——朱承教授《信念与教化:阳明后学的政治哲学》读后 …… 崔海东 293
宋明理学十五讲书评 …………………………………………… 陈睿超 301

如何做中国哲学:从《荀子》哲学研究的视角来看 ……………… 于超艺 309
佛教现代化与星云大师的人间佛教
——读程恭让教授《星云大师人间佛教思想研究》………… 卢大海 317

名家访谈

哲学与当代世界

——第 24 届世界哲学大会举行前访杨国荣教授

杨国荣　贡华南　郭美华[*]

贡华南(以下简称"贡"):第 24 届世界哲学大会即将在北京召开,这是世界哲学大会首次在中国举行。在此之际,我们有若干问题求教于你。第一个问题是,如何理解哲学与当代世界的关系?

杨国荣(以下简称"杨"):哲学与当代世界的关系背后,蕴含哲学与世界的关系这一更普遍层面的问题,后者则与人和世界的关系无法相分。从最一般意义上说,哲学与世界的关系或人与世界的关系,不外乎以下方面:

第一方面是对世界的说明。人总是追求对世界作各种形式的理解,与此相关的是"是什么"的问题。这一问题既可以从经验知识的层面去追问,也可以从哲学层面去加以思考。前者主要指向世界的某一方面、某一领域或某一特定对象,其内容也更多地体现于知识经验的层面;后者则跨越特定的界限而追问作为整体的世界,并从形而上的层面回应世界"是什么"等问题。

第二方面涉及人对世界的感受(affective experience)。说明世界主要关乎广义上的"是什么",感受(affectively experiencing)世界则涉及世界对人"意味着什么"。这种意味可以是多方面的,包括艺术的、宗教的、伦理的、科学的,等等。在人与世界的关联中,感受性构成了重要的方面。人不仅关切存在何种世界,而且会感受到这个世界对人的意义,这种感受的内容常常以"好或坏"、"美或丑"、"有利或有害"等形态呈

---

[*] 作者信息:杨国荣,华东师范大学哲学系教授、中国现代思想文化研究所所长;贡华南,华东师范大学哲学系教授。本文是杨国荣教授在第 24 届世界哲学大会之前接受采访整理而成,采访时郭美华教授在座。

现。对于具体的人来说,这个世界对他来说到底意味着什么?这是无法回避的问题。同样的对象或同一世界对不同的个体往往具有不同的意味,这一事实表明,感受有着多方面的个性差异。

第三方面关乎对世界的规范。规范涉及当然,对世界的规范与世界应当如何的问题相关。人不仅追问世界是什么、不仅以不同的方式感受这个世界,而且关切世界应当成为何种形态,这里的"当然"既以现实为依据,又基于人的理想和需要。人不会满足于既成的世界,他总是以不同的方式来变革已然的存在,努力使之化为合乎理想的存在形态,这样的过程,即表现为广义上的规范世界。对世界的说明侧重于对世界的理解(是什么),对世界的感受侧重于世界对人的意义(意味着什么),对世界的规范则致力于使世界成为当然的存在形态(应当成为什么)。

可以看到,说明世界、感受世界、规范世界,分别关联世界是什么、意味着什么、应当成为什么,并构成人与世界关系的不同方面。具体而言,说明世界以世界的真实形态为指向,这种形态非人可以随意创造或改变:从说明世界的角度看,世界是什么样的,就应如其所是地加以把握,在这一方面,人更多地适应于这个世界(human beings to world)。事实上,人与世界的理论关系,往往更多地表现为人对世界的适应。相对于说明世界,对世界的感受具有某种中介的意味:一方面,感受世界以对世界的理解、说明为前提,如果不了解世界的现实形态,便难以形成对世界的真切感受,就此而言,"意味着什么"基于"是什么"的追问;另一方面,对世界的感受也会引发人们进一步去改变这个世界的意向:如果世界不合乎人的理想,则如何改变这一世界就成为无法回避的问题。进一步说,即使世界给人以"好的"感受,也依然会面临如何达到"更好"的问题。最后,对世界的规范,进一步将说明世界所涉及的"是什么"与感受世界所蕴含的"意味着什么"引向"应当成为什么"的问题,从人与世界的关系看,较之说明世界侧重于人对世界的适应(human beings to world),规范世界更多地表现为世界对人的适应(world to human beings)。

在人与世界的以上三重关系中,对世界的感受需要给予充分的关注。感受具有综合性,其内容呈现体验、体悟、体会的交错,感知、情感、思维的互融,以及经验与先验互动,等等。作为综合性的意识现象,感受包括意向性与返身性两个方面,意向性体现了感受与对象世界的关联,返身性则表现为主体自身的所感所悟。胡塞尔也注意到感受,但从总体上看,他主要延续布伦塔诺的思路,侧重于肯定感受与意向的关联,对他而言,"在我们普遍称之为感受的许多体验那里都可以清晰无疑地看到,它们确实具有一个与对象之物的意向关系。"事实上,感受的特点更多地体现于意向性与返身性的统一。

感受有不同的呈现形态,在初始的形态中,一方面,感受具有非反思的特点,另一方面,它又比语言更丰富:语言无法表达感受的全部内容。以审美感受而言,不管个体获得何种审美体验和感受,往往都无法完全以语言的形式表达和传递。"山中何所有,岭上多白云。只可自怡悦,不堪持赠君"。这里的"怡悦",可以视为自我的感受,它源于对象(白云)而又指向对象(白云),但对象(白云)作为感受的内容,却难以通过语言来传递。所谓"只可自怡悦,不堪持赠君",便表明了这一点。当然,感受也可以取得比较自觉的、理性化的形态,感受的理性形态具体表现为评价,前面提到的意味着什么,在实质的层面构成了评价的具体内容,而其形式则往往表现为判断。

康德曾考察判断力,这种考察主要侧重于审美,但同时也从审美的层面涉及人的感受问题,事实上,审美不仅仅关乎世界本身是什么,而且涉及世界对人意味着什么,从后一方面看,康德的判断力批判也触及感受的问题。当然,感受并非单纯地限定于艺术或审美的领域,宗教、道德、科学,乃至日常经验层面的喜怒哀乐,等等,都关联感受的问题。康德的判断力批判具有沟通纯粹理性批判和实践理性批判的意义,从而在其批判哲学中呈现中介或桥梁的作用。在人与世界的以上三重关系中,感受在更广的意义上具有中介意义。

从以上方面来说,康德注重判断力无疑有其意义。后来阿伦特特别地把判断放到重要的位置上,似乎也有见于此。在《精神生活》(Life of Mind)一书中,阿伦特把心智(mind)区分为三个方面:一是思维(thinking),二是意志(will),三是判断(judgement)。不过,她强调判断意味着与对象、行动保持距离,而与实践无关,这种理解无疑存在问题。我在《成己与成物》中,也曾对判断力作了若干分疏,当然,在该书中,我主要是从认识的综合性和创造性思维这个角度来考察判断,从更广的视域看,判断也可以从其他角度,如感受性的方面去理解。

要而言之,哲学从其诞生之时起,便涉及人和世界的关系,后者包含多重方面。从逻辑上看,由"是什么"的追问,经过中介性的感受,引出"意味着什么"的问题,最后指向"应当成为什么"的规范性维度,这大致体现了人与世界关系的不同方面。

贡:以前我们关于对象这个环节不大提感受性。

杨:我以前也提到过感受性问题,但主要是侧重于具体的层面,如道德感、生存感等,现在则从人和世界的关系这一更广的方面去理解,并以世界对人意味着什么为感受的具体内涵。人与世界的关系不仅仅以人与对象世界的关系为内容,而且包括人与人之间的交往关系。在人与外部世界的互动中,物理对象、山川草木,都会给人以不同的意味;在人与人之间的交往中,多样的人与事,同样也会引发各种各样的感受。感受使人对世界的把握更丰富多样。以"是什么"为指向的"说明"侧重于从事实层面了解世界,"感受"则把人自身也融合到其中,世界本身的多样性与人的精神世界的丰富性,也由此交融在一起。从活生生的人的存在来看,这是不可或缺的方面。人不是机器,而是非常丰富的存在形态,尤其是人的精神世界,总是充满多样意义、包含各种意味。

感受的多样性、丰富性、个体性,可以视为人与世界互动过程之具体性的体现。在谈人与世界的关系之时,通常比较注意说明世界和规范世界的问题,也就是说,人一方面要求理解这个世界,另一方面又希望改变这个世界,但与二者相关的感受世界这一方面,往往没有给予自觉或充分的注意,这当然不是说没有触及,而是没有将其作为重要方面加以突出。

从一般意义上说,哲学总是要面对人与世界关系的基本问题,对此需要给出各种回应。在不同时代,这样一些问题可以说都无法回避,当然,其表现形式可以不同。从当代的存在处境看,如下几个方面问题可能比较突出。

一是资本对人的影响。随着市场经济的扩展,资本的影子可以说是无所不在、无孔不入,它对人的影响是现代社会必须正视的问题。从马克思到西方马克思主义以及其他各种社会理论,都从不同方面对此作了多角度的关注和分析。如马克思已指出的,在资本的作用之下,人往往面临走向商品化的趋向,后者导致的可能结果是人的异化。在当代社会中,资本似乎不断在泛化:不仅仅狭义上的金钱成为资本,而且文化,包括知识、信息、技术也可以成为资本,广而言之,人所掌控的各种社会资源,都可以化为资本,从而,广义上的资本可以说支配控制着人的方方面面。这是现代社会需要正视、面对的问题。

第二个方面是权力。权力属于政治领域,不管是西方还是东方,权力对人的约束和影响,也越来越突出。权力既可以通过直接的政治权威的形式表现出来,也可以间接的方式来影响人。福柯把知识与权力联系在一起,也注意到权力的不同形式以及它对社会生活的多方面影响。权力的最大特点就是支配和控制,在历史和现实中,常常面临外在权力(power)对个体权利(right)的消解问题。如何使不同形式的权力得到合理安顿、使权力在社会各方面的运作更趋向于比较合理的方向,这是现在需要正视的问题。现在政治学、政治哲学成为显学,各种各样的解决方案,诸如自由主义、权威主义、贤人政治,等等,应运而生,这同时也从一个侧面反映了权力对人们生活的影响,而对权力本身的思考,则成为哲学的题中之义。

第三个方面是技术。技术对现代社会及人的生活的影响,已成为引人瞩目的现象。信息技术、人工智能、生物技术(包括基因、克隆),等等,人们生活的方方面面都息息相关。在一定意义上,现代人的生活中可以说时时处处都受到技术的制约。技术既不断改变人的生活方式,也使人逐渐产生对它的依赖感。政治权力有时并不直接与人相关,但技术却无孔不入,伴随着人的日常生活。由此可能导致不同的问题,如人工智能对人的支配和控制,现在很多人担心将来机器人可能控制人类,这种担忧也从一个方面表明技术已成为现代社会不能不正视的问题。

当代面临的以上问题既需要在经验、知识层面加以考虑和应对,也需要哲学视野的参与,后者关乎价值方向上的合理走向。人总是离不开意义的追寻,前面提到的感受性也与之相关。康德曾指出,如果没有人,那么这个世界就如同荒漠,这实际上是说,离开了人,世界就没意义。另一方面,人如果失落了对意义的追求,便会走向虚无主义:虚无主义的内在特点即在于消解意义。意义的追寻,包括追问什么是好的生活或值得过的生活,什么是完美的人格,什么是理想的社会,什么是合理的交往关系,等等,这些问题不是仅仅凭借经验知识就能够解决的,这里同样需要哲学的思考。哲学家不一定解决具体问题,但他可以引导人们去关注、思考意义问题,使这个社会、使人本身的存在更合乎人性。

这又回到以前儒家讲的仁道原则:仁道原则讲到底就是肯定人之为人的内在价值,而所谓理想的存在的形态也就是合乎人性的存在形态。前面提到的几个方面,权力、资本、技术的支配及其可能形成的后果,就是人的异化,或者说人为外在之物或外在力量所左右、支配和控制。这里的问题说到底,也就是如何使社会的演化、人自身的发展真正朝向合乎人性这一总的方向。在这方面,哲学的思考显然不可或缺。哲学的作用不在于去解决一些技术性、操作性的问题,而是思考、回应关乎人类发展的根本性的问题,后者超越了任何经验科学的领域,哲学与当代世界的关系也应当从这一层面加以考察。

贡:这涉及哲学与当代世界的关系。您刚才也特别谈到感受的问题,古希腊也确实有这样的传统。希腊传统强调的是受苦意义上的受,而中国有非常丰富的另一传统,它不仅强调受,同时也强调积极的感应。

杨：我说的感受是"感"与"受"的结合，一方面，它包含以"感"的形式表现出来的相互作用，前面提到"感受"总是基于对世界的接触、了解或者理解，另一方面，感受又包含人的回应，也就是说，它总是与外在世界存在某种互动，而不是单向地被动接受的问题。

郭美华(以下简称"郭")杨老师，您之前曾提出过"人性能力"这个说法，现在感受性在人性能力里面就占有比较特殊的位置了。

杨：感受性也可以看作是人性能力之一。以感受的形式呈现的能力与我们通常说的理性的、情感性的、想象的、感知的等能力，可能不太一样，它具有综合性的特点。这一意义上的感受，与康德的判断力具有某种关联，阿伦特强调判断的旁观性，但事实上判断关乎人与世界的互动，其中既有世界适应人的一面，也有人适应世界的一面。在最简单的"蓝天真美"这一类判断中，便既有对外部世界事实(蓝天)的认定，也有内在情感的表达、体味(美感)。在综合性方面，感受与判断力相近，但判断可以或者侧重于事实层面的理解，或者侧重于价值层面的断定，而感受的特点则是内外之间的互动、人与对象之间的互动。此外，从精神之维的情感、意欲、意愿、想象、感知、理性等方面看，它们之间也具有相互关联的一面，这种关联既表现为不同规定之间的互动，也体现了感受的综合性。

贡：第二个问题是，对世界哲学大会主题"学以成人"，您是如何看的？我记得，杨老师之前写过这方面的文章，请您简单地谈一下。

杨："学以成人"，就这个题目本身而言，无疑体现了中国哲学的传统，但它同时也具有世界性，简而言之，这个题目既是中国的，又是世界的。世界哲学大会第一次在中国举行，以此为题，显然具有其意义：世界哲学大会在中国举行，当然需要体现中国哲学的背景，但它又是世界性大会，需要展现普遍的哲学内涵，把"学"与"成人"联系在一起，既体现了中国哲学一以贯之的传统，也显示出世界性的意义。

以"成人"为"学"的指向，表明人不是既成的，而是生成的：人的存在过程就是不断生成的过程。从哲学史上看，儒家对人的这种生成性给予较多关注，其成己、成人之说，便表明了这一点。在晚近哲学中，海德格尔也注意到这一点，其《存在与时间》，便以此在为关注对象，作为人的个体存在，此在首先被置于时间的视域，其中也包含对人的生成性的肯定。在海德格尔那里，这一看法与存在先于本质的命题联系在一起，意味着人并非受制于既定的本质。

在"学以成人"的命题中，"学"显然是就广义而言，而非仅仅限于知识的获得过程。对"学"的这种理解,非常契合中国哲学尤其是儒家传统:儒家意义上的"学"并不是单纯的知识获得和积累的过程,它同时也与人自身的成长过程亦即"成人"相关联。这一意义上的"学"同时具有伦理学、价值论的涵义,而不仅仅是认识论的范畴。当然,需要指出的是,强调"学以成人",可能容易引向以"成人"为"学"的整个目的,这一理解也会使"学"的意义受到限制。这里,应当自觉地意识到,"学"不仅仅与人自身的成就相联系,而是表现为"成己与成物"的统一,即不仅要成己,而且同时要成物。在西方近代以来的哲学传统中,"学"侧重于知识的把握,并相应地首先与成物联系在一起,而"学"与成人和成己的关联往往被忽略或者遗忘了。这种偏向无疑应当克服,但不能由此走向另一极端,以"成人"消解"成物"。

以上问题又回到一开始提到的人与世界的关系。如上所言,人总是面临对世界的规范的问题,后者在广义上包括"成己"(成人)与"成物"两个方面,即人的成就与世界的成就。"学以成人"需要从比较宽广的视野中去加以理解。总之,成人与成物不能截然分离,离开了成己成人,单纯地关注于成物,这是一种偏向,仅仅强调成人则可能导向另一重偏向。有关"学以成人"的具体内容我以前有专题文章加以讨论,这里就不再重复。

贡: 这个可以结合第一个问题来说,因为当代世界,您刚才提到资本、技术、权力对当代人的牢牢的掌控,那么,在这种情况下,当代世界呈现出这种资本、技术,这种对人的控制,它指向的是杨老师常说的世界的分化、人的分化,恰恰可能和成人、成己、成物之理想相背离。就此而言,学以成人对当代这样状况也具有针对性。

杨: 对。从这个意义上说,它有其特定的意义。在当代社会中,人往往受到人之外的力量的左右、支配和控制,以此为背景,人自身的成就最后所指向的便是自由人格的培养。成人说到底就是自由人格的培养,如何培养自由的人格?这是我们必须自觉加以关注的重要问题。当然,从哲学意义上理解"学",除了回应现代世界对人的各种限定之外,还可以赋予它更广的意义。这里的前提当然是对人的整个存在境况作总体上的理解:人的存在过程既面临成就自由人格的问题,同时也有成就世界的问题。如果单纯地把视野集中于人自身的成就,悬置对世界的变革,那么,人本身往往会变得苍白化、片面化。宋明时期,理学家仅仅关注于人的心性之域,要求化人心为道心,把对世界的作用视为玩物丧志,这就可能导致以上偏向。在现实生活中,成物与成人不可偏离。成物归根到底是为了给人创造更合乎人性发展的背景,就此而言成物本身不是目的,但成人的过程也离不开成物,否则,便难免趋向抽象化。

贡：第三个问题，您对中国哲学或中国文明有什么理解和期待？

杨：总体上，在历史已经进入世界历史、中西文化已经彼此相遇的背景之下，对于中国哲学的基本期望，便是融入到世界哲学之中，并在与不同哲学传统的互动中取得新的形态。中国哲学融入世界哲学，参与世界范围内的百家争鸣，这一点冯契先生早就说过了。同时，参与、融入世界哲学不是丢掉中国哲学自身的特点，恰好相反，它需要展现中国哲学自身的独特的视野。

具体来说，可以从两个角度去理解。首先，从世界哲学的范围来看，中国哲学应当在比较实质的层面上进入世界哲学的视域，而不是仅仅成为汉学家们的研究对象。要真正进入到主流的世界哲学之中，成为世界哲学，包括西方哲学，建构自身系统、进行哲学思考的重要思想资源。正如19世纪以来，西方哲学逐渐成为近代中国哲学发展的重要背景、成为中国哲学所运用的重要资源一样，中国哲学也应当成为主流的西方哲学家进行哲学思考的重要背景，而不是仅仅充当汉学家进行历史性、宗教性研究的对象。从世界哲学的视域看，如果未来主流的西方哲学，包括其中真正重要的哲学家们，都以中国哲学为必要的理论资源，并以不了解中国哲学为其哲学思维的缺憾，那么，中国哲学才可以说真正实质性地进入了世界哲学的范围。我们期望着这样的时刻早日到来。在主流的西方哲学把中国哲学作为他们思考哲学问题、建构哲学体系的重要资源之前，不管中国哲学如何走出去、如何介绍，都可能仅仅停留在表面的热闹之上。

其次，从中国哲学本身来说，它既是既成的，也是生成的。所谓既成，是指从先秦以来中国哲学已形成自身的历史形态。现在所说的先秦哲学、两汉哲学、魏晋玄学、隋唐佛学、宋明理学，等等，都是中国哲学的既成形态。但同时，中国哲学又一直处于不断生成的过程中，这一生成过程今天并没有终结：可以说，当代中国哲学依然处于生成过程中。从生成的角度看，中国哲学本身也需要获得新的内涵，取得新的形态。如上所言，历史上曾经出现过先秦、两汉、魏晋、隋唐、宋明一直到近代的不同哲学形态，当代中国不能仅仅停留在对历史上这些既成哲学形态的回顾之上，它既应承继和发展以往哲学，也应为后起的哲学提供新的思想资源。

简而言之，就中国哲学本身而言，需要以开放的视野，充分理解世界范围内的不同哲学传统，并进一步消化、吸收不同的思想资源。同时，又应立足于当今的时代，回应这个时代所提出的各种问题，由此形成新的思想系统，给中国哲学的历史长河留下一些新的东西。我想这是中国哲学应该有的定位。

当然,如我以前所言,哲学是对智慧的多样化、个性化的探索,而非千人一面。每一个哲学家都是从其自身所处时代、个人的背景、兴趣、积累、理解、对世界的感悟等等出发,形成自己新的思考。今天,在走向世界哲学的过程中,哲学依然将处于多样的、个性化的发展过程。

贡:第四个问题其实与上面的问题很有关系,就是对中国哲学的发展现状和态势的基本看法。

杨:直截了当地说,目前中国哲学的发展现状和态势不是很令人满意。其中的原因有多重方面。哲学史和哲学理论无法分离,以此去衡量,则时下史与思脱节的现象似乎比较普遍。同时,王国维在上个世纪初已指出,学无中西,从哲学的层面看,所谓学无中西实际上也就是形成世界哲学的视野,以比较开放的视野去对待人类文明发展过程中积累起来的多样智慧资源,然而,令人遗憾的是,中西相分仍是今天经常可以看到现象。史思之间的脱节、中西之间的分离,至少在研究进路上限制了中国哲学的当代发展。此外,立足时代的理论性、建构性思考,也比较少。现在常常可以听到所谓切入时代、切入现实的呼吁,但呼吁者本身却很少真正切入现实。中西马之间的沟通也有类似情况,要求打破中西马之间的界限壁垒,至少已有十余年,但至今似乎仍主要停留于呼吁,较少看到切切实实的沟通工作。尽管哲学研究在具体的领域中得到了推进,但总体上,似乎尚不如人意。

贡:下面是否进入第二个个性化话题,您的哲学缘分和哲学之路?

杨:我的哲学缘分或许可以追溯到上个世纪70年代,当时尚处于"文革"时期,接受正规教育几乎无可能,只能天马行空,逢书就读。文学作品、理论读物,包括历史的、经济的、哲学的书,差不多都读。最早读过的哲学书,包括艾思奇的《辩证唯物主义》(当时是大学教科书)以及王若水的《马克思主义的认识论是实践论》(书名也许记得不很准确)。这两本书的论述比较清晰,让我初初领略了哲学的思维方式。

那个时候同时倡导读点马列著作。由此机缘,马列著作我也读了很多,包括《反杜林论》、《费尔巴哈与德国古典哲学的终结》、《国家与革命》、《共产党宣言》,等等,几乎把《马克思恩格斯选集》都粗粗地看了一遍,其中的内容有的理解,有的不甚了然,但至少有了一定的印象。黑格尔的《小逻辑》当时只是看看目录,没有正式读进去。对于中学生来说,这一著作似乎太难了一点。中学时代后期,读得比较多的是历史方面的书,如《资治通鉴》。这一阶段的阅读也谈不上学科定位,杂乱无章,有什么读什么,哲学则是其中一个方面。我的头脑可能更偏重于理论化思维,由此也形成了对哲学的一定兴趣。

　　当然，真正把关注之点主要转到哲学，是大学以后的事。当时所在的是政教系，课程涉及社会科学与人文学科的不同方面，哲学也是其中之一。两年后分专业，我选择哲学专业。冯契先生的影响也在这一阶段突显起来。当时冯先生的《中国古代哲学的逻辑发展》以油印本的形式流传，我看了以后有点震撼的感觉，以前尽管看了不少中国哲学方面的通史性著作，如任继愈的《中国哲学史》、北京大学所编《中国哲学史》，等等，但比较起来，冯先生的书更给人以耳目一新的感觉。他阐释中国哲学的理论深度，确非常人所及。后来又读了他的油印本《逻辑思维的辩证法》，从另外的角度了解了他的理论系统，冯先生著作的思辨力量、理论洞见，确实留给我深刻的印象，从中我不仅了解了多方面的哲学观念，而且逐渐地对如何作哲学有了比较深切的体会。

　　贡：第二方面，在研究领域取得的成果或代表作，如"具体的形上学"三书。

　　杨：这里只能简单说一下。如果要说代表作，大致可能涉及两个方面：中国哲学史与哲学理论。史与思不能相分，但在具体的著作中可以有所侧重。就中国哲学史而言，儒学方面或可举出《心学之思》与《善的历程》，道家方面则可提到《庄子的思想世界》。就哲学理论而言，到目前为止，应该说主要是四种著作。除了收入"具体的形上学"的《道论》、《伦理与存在》、《成己与成物》之外，还包括《人类行动与实践智慧》。具体的形上学实际上已是四书了。

　　贡：第三个问题是对这一领域内国际或国内同行的评价？

　　杨：对此或可简单转述德国学者梅勒（Hans-Georg Moeller）的若干看法："杨国荣追随二十世纪重要的中国思想家的研究走向，努力复兴宋明理学的哲学传统，会通儒道释，同时吸纳康德、黑格尔、海德格尔等人所代表的现代西方体系哲学中的形上学的、历史的和存在论的进路。""杨国荣直接上承熊十力（1885—1968）、冯友兰（1895—1990）、牟宗三（1909—1995）、特别是其导师冯契（1915—1995）等二十世纪的中国哲学家。所有这些先贤不仅精通中国哲学史，而且熟悉古代与现代的西方思想（杨国荣亦是如此）。对于当代西方主流学术机构所教授的'哲学'，他们采纳了它的形式与部分内容，同时成功地将中国古代思想纳入这一（在他们看来）新的样式之中。（学院的）中国哲学就此诞生。"（梅勒：《情境与概念——杨国荣的"具体形上学"》，《社会科学战线》，2014年第9期）以上看法是否确当，则可由学界评说。

　　贡：最后一个问题，今后十年内您的学术计划？

　　杨：这是个大题目，这里只能简单一提。最近这段时间考虑的问题，主要是"事"

的哲学意义。这个题目也可以说是接着《人类行动与实践智慧》而论,"事"从一个方面来说与行动有关联,但它还是有更广的意义,按照中国传统哲学的说法,"事"即人之所"作",引申为广义上人的各种活动。就人之所"作"而言,科学研究、艺术创作也是"事",通常所说的"从事"科学研究、"从事"艺术创作,也从一个方面体现了这些活动与"事"的关联。这一意义上的"事"既包括中国哲学所说的行,也包括马克思主义传统中的实践。从哲学的不同领域看,中国哲学中的"行"更多地与日用常行、道德实践联系在一起,并相应地呈现伦理学的意义,马克思主义所说社会实践则往往比较多地侧重于从认识论的意义,前面提到《马克思主义的认识论是实践论》,便比较典型地指出了马克思主义视域中实践的认识论意义。就广义而言,"事"同时包括以上两个方面,并表征着人的存在:人并非如笛卡尔所说,因"思"而在(所谓我思故我在),而是因"事"而在(我做故我在)。"事"既包括做事,也涉及处事。做事首先与物打交道,处事则更多地涉及人与人之间的交往。总体上说,"事"在人的存在过程中,具有本源性的意义,这是我最近所关注的问题。

接下来的一段时间中,我可能会比较多地去集中讨论以上问题,包括世界因事而成的。现实的世界不同于洪荒之世,洪荒之世在人做事之前已存在,人生活与其间的现实世界则与人做事过程息息相关。另外,人自身也是因"事"而在,我刚才提到的,不是我思故我在,而是我做故我在,也体现了这一点。广而言之,哲学层面关于心物、知行关系的讨论,其本源也基于"事",哲学上一些基本的问题讨论,都可以从"事"中找到源头。这一意义上的"事",是中国哲学中的独特概念,在哲学上,似乎没有十分对应的西方概念。宽泛而言,"事"包含了 affair、engagement、thing(或 humanized thing)等多方面的涵义,但其哲学意义又非 affair、engagement、thing 所能限定。前面提到中国哲学可以成为世界哲学的资源,"事"这一概念可以说提供了一个具体例证。确实,可以从中国哲学已有的传统中,梳理出"事"这一类具有普遍意义的哲学资源。金岳霖在《知识论》中也谈到"事",并与"东西""事体"等联系起来讨论,这无疑值得关注。当然,他主要偏重于狭义上的认识论、知识论,这多少限定了"事"这一概念的哲学意义。

贡:这个问题要您谈十年的学术计划。

杨:宽泛地说,中国哲学走向世界、中国哲学在当代呈现新的意义,需要做多方面的切实工作,中国哲学的重要问题、重要概念、范畴的需要进一步的梳理,经典也需要更深入的诠释,这些都是不容回避的工作。我当然也会就此做一些努力。

贡： 有一个性化的问题：实际上《具体形上学的思与辩——杨国荣哲学讨论集》那本书也提到，之前您把《存在之维》改成《道论》，把道当作核心。一谈到道，就会谈到修道的问题。

杨： 修道之谓教。

贡： 是修道、教或者工夫论的问题。现在的学界很多人关注工夫论问题，我不知您有没有考虑过这样问题。因为既然把道提出来，修道的工夫论的实际上是道的有机部分。

杨： 这涉及广义上的成人的问题，我以前做的工作，包括晚近出版的《人类行动与实践智慧》，也从不同的层面、不同的角度多少涉及这一方面，工夫论是中国哲学的概念，它需要从多重方面、多种形式、多重角度具体展开，我的工作或可视为其中之一。大略而言，我主要以广义上的成己与成物为关注之点，在我看来，工夫本身以成己与成物为指向，离开了成己成物的过程，工夫就失去了内在意义。从这方面看，我正在关注的"事"的哲学意义，也同样涉及人的成就，因为人本身因"事"而在。工夫论的问题不能再走宋明理学的老路，仅仅限于心性涵养之域。现在一些讲工夫的人，仍趋向于主要把工夫和意识活动联系在一起。事实上，工夫并不仅仅囿于意识活动，工夫的展开过程就是具体做事（与对象打交道）、处事（与人打交道）的过程，它固然需要个体的自我省思，但不能单纯地限定于个体在内在精神世界中的活动。事实上，即使宋明理学中的一些人物，如王阳明，也注意到了这一点，他提出"事上磨炼"，亦即把"事"和工夫联系起来。"事"并不是外在的，它同时也与我前面讲的人的感受问题相关，其具体内容既涉及人向世界的适应（human beings to world），也关乎世界向人的适应（world to human beings）。

贡、郭： 那我们今天的访谈就到这里，谢谢杨老师！

杨： 谢谢。

孔孟荀研究

说《论语》中的"德"

臧 宏[*]

在儒、道、佛三家的原典中,讲"德"字讲得最多的,是《论语》,被曲解得最为严重的,也是《论语》。因此,对之作深入地解读,就显得格外的重要。

弄清《论语》中"德"字的真意,对于澄清历代注家对"德"字的曲解、正确了解《论语》的性质、恰当估计道德的价值,加深理解与"德"字有密切关联的《论语》中的其他观念、提高解读《论语》的方法等,均有重要的帮助。

本文拟用大思维即整体思维的方法,将《论语》中的所有"德"字,放在其原出的篇章中,作现代的描述,尽可能不作架空的逻辑分析。重点放在揭示这一"德"字的意义上。如有不妥,敬希指正。

【1】《论语》中最先讲到"德"字的,是《学而篇》第9章:曾子曰:"慎终追远,民德归厚矣。"

朱熹将这里的"慎终"二字,解为"丧尽其礼"。所以,在旧中国,家里死了人,"慎终追远"往往是一幅挽词。可见,朱熹是把《论语》中的"德"解为"道德"的始作俑者。

明代著名的心学家李卓吾,解"民德归厚"说:"'归'字妙,可见'厚'是故乡。今之刻薄小人,俱是流落他乡之人,可怜,可痛!"(《四书评》)比李卓吾晚一些的蕅益和尚,对"民德归厚"的批语是:"'厚'是本性之德,复其本性,故似归家。"(《论语点睛补注》)他二人,都把"民德归厚",解释为个体生命向生命本体的回归,这是正确的。因为,"天命之谓性"。即"人本性之德"是"天"即"宇宙——生命"系统所赋予的,也就是说,"民"本无"德","民德"来自"天德"。"德"者,"天"之功能的显现也。

---

[*] 作者信息:安徽师范大学教授。

今人董子竹,对李卓吾和藕益的观点,作了很好的解释。归纳起来有三层意思:一是"好好色,恶恶臭",实事求是,不自欺,不被妄念牵着鼻子走,就是"慎终追远",就是知生命本体。二是所有的人都知道这一点,都这样做了,就是"民德归厚"。三是"民德"为"天"所"命",与"天德"相比,是第二位的。因此,"德",在这里,说到底,是"天德",而不是"道德"(参见《论语别裁》)。

李卓吾、藕益说得有理,董子竹说得更有理。

【2】《论语·为政篇》第1章:子曰:"为政以德,譬如北辰,居其所而众星共之。"

此章的主旨,在于讲"天德"和"为政"的关系,这里的"为政以德"的"德",切不可解释为"道德"。若解释为"道德",后面的"譬如北辰,居其所而众星共之"的话,就得不到合理的解释了。你用"道德"来治理国家,就能像众星环绕北斗星那样,受到百姓的拥护吗? 不要神化道德,道德是没有那么大的力量的。

在孔子时代,"德"与"天"已紧密相连,不可分割。《大学》说的"大学之道,在明明德,在亲民,在止至善。"就是讲的"天道"或"天德"。这个"天道"或"天德",就是治国平天下的根本,"自天子以至于庶人壹是皆以修身为本",就是说的这个意思。但是,"德"又是"天道"的功能的显现,一个人的"修身"是否合于"天道",其最根本的检验在于,其在社会生活中的成功与否。成功者称之为"德",不成功者不仅不能称"德",他那个"天道"也是无意义的,是空的。

在儒学中,"德"的本义是"得"。即《大学》说的"知止而后有定,定而后能静,静而后能安,安而后能虑,虑而后能得"的那个"得"。这个"得",是指取得成功。不过,这成功,不只是指个人的成功,而主要是指人类全体的大进步,历史的大进步,宇宙的大光明。这样的"得",个人的小智慧是无能为力的,只有"宇宙——生命"整体的大智慧,才能有如此之"得"。要而言之,这里的"知止而后有定"的"知止",是前提,是关键。如果没有对"宇宙——生命"系统的认知,也就没有"定""静""安""虑""得"可言。特别是最后的一个"得"字,是"宇宙——生命"系统即"天"或"天道"的功能之显现,"天"让你"得",你才能"得","天"不让你"得",你想"得",也"得"不到。正是由于此,所以孔子才说,为政者,只有聚焦"天道""天德",才能像众星都环绕着北斗星那样,受着百姓众人的拥护。"天道""天德"是第一位的,没有"天道""天德",何有"人"之"得"? 何有人间的"道德"? 所以,是万万不能将这里的"为政以德"的"德",解释成道德的。

【3】《论语·为政篇》第3章:子曰:"道之以政,齐之以刑,民免而无耻;道之以

德,齐之以礼,有耻且格。"

本章的主旨与前一章一样,也是讲"天德"与"为政"的关系的。这里的两个"道"字,是引导义。注家们将这一章一般都今译为:"孔子说:'用政令来引导百姓,用刑法来调整百姓,他们(一旦)躲过了(刑法),反而没有羞耻了。要是用道德来引导百姓,用礼教来调整百姓,他们有羞耻心,而且能够归顺。'"将"道之以德"的"德",译成"道德",显然是与孔子的本意不符合的。因为本章与前章,同属于《为政》篇,二者密不可分。前章的"为政以德"的"德",既作"天德"解,那么,本章的"道之以德"的"德",亦当作"天德"解才是。同样的,用"礼教"来译"齐之以礼"的"礼",也不完全正确。因为我们的先人为"天"概括出"四德",即仁、义、礼、智,后来加了一个"信"字,发展为"五常"。"礼"作为"天德"的一德,本来是指自然界运动的和谐性,"礼之用,和为贵"。后来为了具体说明这种本体之"礼",才出现作为道德规范的"仪礼"之"礼"。这一点,朱熹讲得很清楚。正是因为"礼"的本质是"和谐"的,才能做到"有耻且格"即从内心处有羞耻之感和归顺之心。注家们之所以把这里的"德"和"礼"译为"道德"和"礼教",是因为他们不懂得"天德"和"道德"、本体之"礼"和礼仪之"礼"之间的区别,即不懂得东方人所说的"体"与"用"的关系。

【4】《论语·里仁篇》第11章:子曰;"君子怀德,小人怀土;君子怀刑,小人怀惠。"

这是讲君子和小人的一种区别。注家们的观点,大致有三种:一种认为,"君子"一般指有德者,"小人"一般指无德者。"君子"和"小人"的区别在于有道德和无道德(安德义:《论语解读》)。另一种正相反对。主张从社会地位上来区分"君子"与"小人",反对以"道德"作为区分"君子"与"小人"的标准(李泽厚:《论语今读》)。第三种是董子竹的观点。他说:"君子,在儒家学说,只指明了道的人;小人,指不明道或不想明道的人。二者的区别,一是只为这肉身的自我,一是为真正自我的生命的本来面目。"(《论语正裁》)他又在《论证语真智慧》中对本章解释说:"君子时时关注天之德的显示,小人只关怀个人生活。"很显然,他把"君子怀德"的"德",说成是"天之德",而不是人间的"道德"。有比较,才有鉴别。相比之下,董的观点较之安、李的观点,明显地高出一筹。因为他不是就道德讲道德,而是着眼于对道德的超越。就字面上看,本章是讲"君子"与"小人"的区别,实际上是讲"天德"与"为政"的关系,即认为,与"天德"合一的"君子"和只知"怀土""怀惠"的"小人"是根本不同的。这也就是生命之"体"和生命之"用"的根本区别。

【5】《论语·里仁篇》第25章：子曰："德不孤，必有邻。"

这一章，注家们一般都今译为："孔子说：'有德的人，不会孤单，一定会有人来作邻居。'"这样的译文，明显是错的。把"邻"字译为"邻居"，还说得过去，把"德"字译为"有德的人"，就很勉强，就有望字生义之嫌。

明代李卓吾在《四书评》中，将"德不孤，必有邻"解为"有一善端，善毕至矣。"今人董子竹说："还是李卓吾解得好。"（《论语正裁》）他这个称赞是有根据的。这里的"善"，不是道德意义上的"善恶"之"善"，而是《大学》中说的"知止于至善"的"至善"。"有一善端，善毕至矣"，是说只要有一个"至善"的苗头显露出来，其他的"至善"的苗头，便会一个接着一个地呈现在我们面前。因为"至善"就是"天"，用现在的话说，就是"宇宙——生命"系统整体，其状如同"帝网珠"，只要其中的任何一端被解开，其余的所有的端，便迟早会被解开。这是对"致良知"的特点的揭示，即讲"致良知"不是一蹴而就的，而是一个持久的过程。

董子竹对此有言："为什么许多人会错解这段语录？就在于人们把'德'看成了孤立的个人修养，而不是'宇宙——生命'系统本身的特点，这些特点，必然随着生命光芒的不断扩展，成群结队地展现在人类的面前。人类，你无所谓德与不德，你不过是德的一面镜子而已。"（同上）这是对"德不孤，必有邻"和"有一善端，善毕至矣"的最好解释和发挥，应细加玩味。

【6】《论语·雍也篇》第29章：子曰："中庸之为德也，其至矣乎！民鲜久矣。"

这里的关键，是对"中庸"的解释。"中庸"二字，错解千年。有解为不偏不倚的，有解为调和折衷的，有解为不争不斗的。这些解释的根本错误在于脱离了"明德"或"知"本身，即不是从如何"用心"上去解。王船山说："中庸不是简单的不偏不倚"。"中，体也"。"体"指生命本体的独立不改的运动。"庸，用也，非庸人之庸。"可见，"中庸"的本义是要人们善于从生命本体启用。第一步就是"致良知"，即使"知"达到良性循环的状态，最后达到"知天命""合天德"的境界。这样，本章就可以今译为："中庸"作为生命本体功能的显现的过程（"德"），算是最高的了。但现在已经久不为人们所理解了。

当代著名哲学家张岱年主编的《孔子大辞典》，对《论语》体系作了如下的概括："天——命——礼——仁——知——中庸"。只要对之稍作分析，就会明白"中庸"为什么是生命本体功能显现过程"德"中之最高者。大家看，这个公式，正是"德"的显现过程，也就是生命本体及其功能的显现过程。"天"是什么？"天"是生命的整体或本体。"命"是什么？"命"是"天"的运动，或生命本体的运动。"礼"是什么？"礼"是"天"的运动（生命本体运动）的必然性、和谐性和条理性。"仁"是什么？"天"（生命本体）赋予个体以生命，承认个体生命存在的合理性，就是"仁"。"知"是什么？"知"是生命本体的根本特征，是个体生命的"观"。"中庸"是什么？如前所说，它是生命本体功能显现即"德"中的最高者。这主要表现在三个方面：第一，"中庸"是属于人的专利，它的出现，意味着生命由隐而显，由不明显而明显，直到普照整个世界。第二，正因为"中庸"属于人的专利，所以人的"知"，不同于一般生物或动物的"知"，人在"明"万物之后，能"明"自己，更能"明""天""命""礼""仁""知"本身，这是一般的生物或动物难以办到的。第三，"德"是对"天"说的，人本无"德"。但人可以"得""天"之"德"。孔子说的"知天命"，《大学》说的"明明德"，就是向天命、天德的回归，"得""天命"合"天德"。而这，也只有人才能做到，其他的个体生命是办不到的。

总之，"中庸之为德也"的"德"，指的是生命本体功能的显现，而不是指人间的道德。道德只能是从属于社会发展的，而不能成为社会发展的根本。孔子的"德"是从属于"天"的概念，而"天"本身无所谓有道德无道德。

【7】《论语·述而篇》第3章：子曰："德之不修，学之不讲，闻义不能徙，不善不能改，是吾忧也。"

多数的注家都把这一章今译为："孔子说：'道德不去修养，学问不去讲习，知晓了义理不能转变观念，不好的地方不能改正，这些是我所担忧的。'"如此来译孔子这段话，孔子的忧虑就很难理解了。因为他们把孔子的原意完全搞颠倒了。

"德之不修"，不是"道德不去修养"，而是"道"不去修养。《中庸》说："天命之谓性，率性之谓道，修道之谓教"。"修道"即是"修德"。"修德"只是以己之"得"去合天之"德"。前面说过，人本无"德"，只有"天"赐予的"得"。任何人自命自己有"德"，皆是贪天之功。孔子忧虑的就是这种不去修"天"之"德"、修"道"之"德"，而又自命自己有"德"之人。

"学之不讲"。不是说"学问不去讲习"，而是不去讲习"大学"即生命之学。《大学》开头就说："大学之道，在明明德，在亲民，在止于至善。""明明德"，就是对生命本体的觉悟，"亲民"，亦即"新民"，就是让所有的人都能对生命的本体有所觉悟。"止于至善"，就是达到对"宇宙——生命"系统整体的把握，即对"天""天命"的把握。一句话，"学"就是"知天命"，一切"学"都是为了"知天命"。"学"之一字，绝不是学知识，学道德，学礼仪所能概括的。孔子忧虑的，决非是那些不去讲习学问的人，而是不去"明明德""知天命",即不去知生命的本来面目的人。

"闻义不能徙"。不是说"知晓了义理不能转变观念",而是不能为"义"而亲身赴之。"义"是"天"之"四德"(仁、义、礼、智)之一,是"良知"获得后的决心或觉悟,也是"天"之功能(生命本体功能)的显现。"义"的本义是"宜"。其本字是"義",它的下面为"我",即出征打仗之"我"。它的上面为"羊",用以祭天,询问"天意"如何。"宜"则"必行",舍身忘我也"必行"。不"宜"则"不行",不管多么大的诱惑,也"不行"。孔子担心的就是这种不为"天意"而"必行"的人。

"不善不能改"。不是说"不好的地方不能改正",而是说不能清除那些障蔽"至善"的东西。只有障蔽"至善"的那些妄念,妄想,才是真正的"不善"。除此之外,天下无不善。因为"天",即生命的整体或本体,是没有人间所谓的善恶之分的。

被颠倒的东西,应再颠倒过来。这一章的正确译文应当是:"孔子说:'不培养天德,不讲习生命,不必行天意,不清洗至善的障蔽,这便是我的忧虑。'"必须强调,"德之不修"是本章的重点。因为"学之不讲"的"学","闻义不能徙"的"义","不善不能改"的"善",与"德之不修"的"德",基本上是一个意思,都是讲的生命的本体,或与生命的本体紧密相连的。

【8】《论语·述而篇》第6章:子曰:"志于道,据于德,依于仁,游于艺。"

这一章的主旨,是讲作为个体生命的人应当如何对待生命本体的问题。

"志于道",就是志向于道,或以道为志向。谁以道为志向呢?"士志于道"(《论语·里仁篇》第9章)的"士",即那些以追求"道"为最终目的的大儒(知识分子)和那些悟了"道"、合了"道"的君子。"道"者,儒家人说得十分清楚:"大学之道"。即"明明德""亲民""止于至善"。孔子曾见过老子,他悟了的"道",与老子所说的"常道"应该是一致的。这个"道"字很关键,它一错,下面的必然全错。

"据于德",就是根据于德,或以德为根据。"据于德"的"德"字,最容易搞错。注家多将它解为固化了的"道德",这就错了。所谓"德",只是"道"在某一具体事件中的显现,没有固定的标准,随事而显。这和西方人说的在人性中固有先天道德律令不是一回事。"德"实是必有事发中的"天"的功能即"良知"的显现。作为个体生命的人,必须以它作为判断一切的根据。也正是因为它永远存在于具体事中,所以它能够成为判断一切的根据。

"依于仁",就是依靠于"仁",或以"仁"为凭借。"仁",有"体",有"用","体用如一"。"体"属于"天","用"属于"人","天人本一"。但在这里,强调的是"体",是

"天"。"天行健,君子以自强不息"。没有"天"的"行健",君子"自强"没有凭靠。

"游于艺",就是熟练地掌握技艺,或优游于"六艺"之中。李泽厚对这句解得比较好。他说:"游","应是熟练掌握礼、乐、射、御、书、数即六艺,有如鱼之在水,十分自由,即通过技艺之熟练掌握而获得自由和愉快也。亦是一种为科学而科学,为艺术而艺的快乐也。"(《论语今读》)董子竹对其补充说:"其实,这其中真正的'乐',是'学而时习之,不亦说乎!'每一次'乐'、'悦'都是人类自信心的升华。正是在这种'悦'的不断积累中,人才自信为人,这是动物绝对没有的。"(《论语真智慧》)董的补充很重要,他强调只有人才能做到技进于道,才能在"明明德"的过程中,不断获得内心的自由与喜悦。可见,"游于艺"也和生命本体相连,它是讲个体生命的人是如何取得生命本体之途径的。

要而言之,就本章的总体看,其中的"德"字,无论如何是不可作"道德"解的。因为全章四句都讲的是生命的本体,或与本体相连者;若单把"德"字说成"道德",那就显得很不协调和过于肤浅了。

【9】《论语·述而篇》第32章:子曰:"天生德于予,桓魋其如予何?"

很明显,这里的"德"字,不是"道德"之"德",而是"天生"之"德",或天所赋予的一种"德"。这个"德",也可以说是人的"德性",如同《中庸》说的"天命之谓性,率性之谓道,修道之谓教"那样,这"德性",是"得"之于"天","得"之于"道"的,是第二位的。因为人的"性"为"天"所定,是由"道"统帅的,是由"教"来知"天",明"道"的。

正是由于孔子的"德"为"天"所"生",所以,他说出了"桓魋其如予何"的话。这句话,是《子罕篇》第29章"知者不惑,仁者不忧,勇者不惧"的集中体现。三句其实是一句,核心是真知"天命""天德",即真知生命的本体。知生命本无善恶、生死、成败,哪还会有什么"惑""忧""惧"呢?孔子不怕桓魋杀他,是因为他是具有清醒头脑的"智者"。他的伟大之处,就在于他不为千姿百态的妄念所迷惑,而能从荒草地丛中,发现历史进步的"矢量",得出桓魋对自己无可奈何的结论。这是第一。

第二,孔子不怕桓魋杀他,是因为他是承认个体生命(包括人)存在的合理性的"仁者"。他是知了"天命"即生命本体的人,在他看来,个体的生命(包括人),一旦回归"天命",融入了生命的本体,他就成了再生的和永生的,即成了永恒的存在。这样,还有什么可以忧虑的呢?

第三,孔子不怕桓魋杀他,是因为他是临危不惧的"勇者"。钱穆说得好:"桓魋纵能杀孔子之身,不能夺孔子之德,德由天生,斯不专在我。桓魋之所恶于孔子,恶孔子之德耳。桓魋不自知其无奈此德何。既无奈于此德,又何奈于孔子。"(《论语新解》)这是说,"天"即生命的本体和孔子的肉身即生命的载体,是不能绝对相等的,因而你杀了我的身,不等于夺了我的"德";同时,我的"德"是天的功能的显现,是存在于"事"中的,"不专在于我",你杀了我,不等于抹杀了我的事业。

【10】《论语·泰伯篇》第1章:子曰:"泰伯,其可谓至德也已矣。三以天下让,民无得而称焉。"

孔子认为泰伯之"德"可以称为"至德",就说明这个"至德"之"德",决不是说的"道德",而是说的'天之德'。因为前面说过,"德"是对"天"说的,人无"德"可言,对人只能说"得","得""天之德"。但是,人一旦"得"了"天之德",那他就是知"天命",达"天德",合了"道"的人。泰伯就是这种人;因为他已被孔子称为"至德"。

正是由于此,泰伯才能"三以天下让"。道德修养好的人,"一让"是可以做到的,一而再,再而三地"让",而且是"让天下",就不是只用"道德"可以解释的了。董子竹说得好:"这里的秘密是,要从道心自我的立场观到宿命自我与肉身自我的因缘,这才是真正的自知之明。现代中国革命史上最著名的人物便是周恩来,他几次让贤,除了看清楚了天下之大势之外,也认清了自己不是挂帅的材料。再比如改革开放初期,叶剑英力主邓小平出山,也属于这样的例子。一句话,'让德'如果不是建立在'明智'的基础上,就堕入了神圣道德论。让与不让,不是道德原则决定的,而是'良知'决定。泰伯三让就是中国儒家的'致良知'后的'义无反顾','义不容辞'。"(《论语真智慧》)

也正是由于此,才有"民无得而称焉",即人民并未从泰伯身上得到什么功德,反而要极力称赞他。这说明,在那个时代,得"道"之人是非常受人敬仰的。也说明,衡量一个人的标志,不是"利",而是"道"。孔子是站在"道"的立场赞扬泰伯的,而不是站在"道德"的立场赞扬泰伯的,"道"与"道德"一字之差,相距便是天渊之遥。

【11】《论语·泰伯篇》第20章:舜有臣五人而天下治。武王曰:"予有乱臣十人。"孔子曰:"才难,不其然乎?唐虞之际,于斯为盛。有妇人焉,九人而已。三分天下有其二,以服事殷,周之德,其可谓至德也已矣。"

前一章,孔子认为泰伯之"德"可称为"至德",这一章,孔子又认为周文王、周武王之德,亦可称为"至德"。这就说明,文王、武王和泰伯一样,也是合了"道"的人,是知"天德"、达"天命"的人。如果说有什么不同的话,那就在说明问题的侧重点上。前者,孔子是站在"道"的立场赞扬泰伯的,后者,孔子则是从善于聚集人才并取得成功的角度赞扬文王、武王的。

本章的重点在于探讨周朝久盛不衰的原因。孔子认为,"人才"是一个重要原因。从"舜有臣五人而天下治",到"有妇人焉,九人而已",都是讲这个问题的。孔子根据"舜有五位贤臣而天下大治"和武王说的"我有善于治国的能人十人",提出了人才难得的观点,说:"人才难得,不是这样么?从尧、舜到武王执政时期,是最为兴旺的了。十人之中,还有妇女,实际上只算九人。"

从"唐虞之际,于斯为盛"这两句话看,这些难得的人才,不只是武王说的那"十个能人",还包括尧、舜、禹等。因此,董子竹提出要将本章与《泰伯》篇的第18章、19章合起来读,是有道理的。他说:"这几条语录的精髓是:'舜禹之有天下也而不与焉。''与',相关也。自己明是有天下,但却认为与'自己'不相关。说到底,'唯天唯大,唯尧则之……其有成功也,焕乎,其有文章。'这是说,尧不是以自己的利益、爱好为准则,而是'唯天唯大',而'其有成功',也是因为'唯天唯大',所以会成功;正因其成功,可证尧是'唯天唯大'。'其有文章'的'章',应作'彰',其文明必彰显于后世。在孔子看来,尧舜禹的成功,最具体地体现了孔子'毋意、毋必、毋固、毋我'的基本'大学'思想,及孔子'知天命'的思想。反正他们是成功了,这种成功又透出了孔子的'道',那么就应该赞扬。例如孔子对泰伯,对伯夷、叔齐的赞扬也是如此。都是孔子在自说自话,这便是'良知'。"(《论语正裁》)

董子竹的话,为我们揭示了人才难得的秘密。人才难得,难就难在他不是一般的人,而是集"成功"与"得道"于一身的人。在这方面,尧、舜、禹是典范,文王、武王亦是如此。为了使人明白这一点,孔子特举了文王、武王的事例:"三分天下有其二,以服事殷"。就是说,文王、武王已取得了殷朝的九成天下的六成,是成功者,但他们,却仍旧服从于殷朝。这是为何呢?有人把这归结为礼让之德,说:"殷商时期,天下三分,文王居其二,以二分天下之地位,却仍然谦恭礼让,尊敬三分天下居其一的暴君商纣王,其容德、其雅量、其仁厚、其襟怀,何其宽广。"(安德义:《论语解读》)这明显是错误的。他不知道,文王这样做,是孔子说的"四毋"和"知天命"思想的体现。中国古圣的一切成功,皆是由于他们懂得,个人的一切的"得",一切的成功,必须依赖于"天",依赖于生命整体。这一点,文王、武王是深有所知的,他们"以服事殷",如果说成是一种道德,那也不是最终的目的,而只能是走向与"天"合一、与生命本体合一,即达到"至德"的一个环节。"至德",绝不是一般的道德,而是对一般道德的超越。

【12】《论语·子罕篇》第18章:子曰:"吾未见好德如好色者也。"

我们认为,迄今为止,注家中解此章解得比较好的,有钱穆、李泽厚和董子竹三家。钱解释说:"本章叹时人之薄于德而厚于色。或曰:好色出于诚,人之好德,每不如好色之诚。"(《论语新解》)又说:"《史记》:'孔子居卫,灵公与夫人同车,使孔子为次乘,招摇市过之',故有此言。今按:孔子此章所叹,古固如此,今亦同然,何必专为卫灵公而发。读《论语》,贵亲从人生实事上体会,不贵多于其他书籍牵说。"(同上)李泽厚接着钱的解释说:"钱解甚好。好色之色亦可作宽泛解,不必止于女色,一切过度之华美文饰均是。"(《论语今读》)董子竹又接着李对钱的评语后说:"加一句:'诚'了便好!好德好色皆好。'诚'便是合缘了,只是合缘便近'天心'了。"(《论语真智慧》)钱、李都没有对"好德"之"德"作具体的解释,只是董子竹通过对钱所说的"诚"字的发挥,将这里的"德"字解为"天心"。"天心",也就是"天德"或生命的本体。我们认为董解更高一筹。人们之所以不能如"好色"那样去"好德",原因在于他们使用的眼、耳、鼻、舌、身、意的六个感官,只能直接看到千姿百态的"色"的存在,而不可能直接把握作为整体存在的"天德"即生命的本体。要知道,"分别识"对"整体存在",是无可奈何的。钱穆认为"本章叹时人之薄于德而厚于色",我们则认为本章的主旨在于强调"好德"之难。难在哪里?难就难在那个"德"不是一般的"道德",而是难以把捉的"天德""天"的功能或生命的本体。

【13】《论语·颜渊篇》第10章:子张问崇德辨惑。子曰:"主忠信,徙义,崇德也。爱之欲其生,恶之欲其死,既欲其生,又欲其死,是惑也。'诚不以富,亦祗以异。'"

我们尊重钱穆的解释。他认为最后两句:"诚不以富,亦祗以异"是"错简",即放错了地方。他不译不解,我们也不译不解。本章的关键,是对"崇德"之"德"作何解释。多数注家将它解为"道德"或"品德"。如李泽厚和杨伯峻就分别将"崇德"译为"崇高道德"和"提高品德"。这是不对的。我们赞成钱穆的看法。他用"行道而有得于心为德"的话来解释"崇德"之"德"。他用"忠信存于我心,若不以忠信为主,而徒争在外之事业功名,则离德已远,不能谓之崇德"的话,来解释"主忠信"。他用"闻义,徙己意以从之,犹云迁善。主忠信则本立,徙义则日新,此为崇德之方"的话,来解释"徙义",这都是非常正确的。

不过,我们更赞成董子竹的解释:"真正的'忠信'不是外在的道德,如果只是外在的道德,便是愚忠、愚信,便是麻醉人民的鸦片,中国近一千年的衰落,其主要的原因便在这里。外在的忠信是根本不存在的,让人求外在的'忠信'是骗人骗己的鬼话,真正的忠信就是'不欺骗自己'。人类的'惑',全在于不由自主地欺骗自己。'爱者欲其生',是有一个'他是我爱的人'的观念先入为主在作怪,正是这个观念骗了人,而忽略了当下的真实,人们对客观真实的认识被观念歪曲了,推至极端便是'爱者欲其生'。外在的一切事物永远是多重的、复杂的、多义的,只要人们一被观念所骗,为观念而活,那便是'惑'。如何辨惑? 非常简单,层层剥离迷惑自己的观念,不许它欺骗自己,不管它是多么美妙、美好的东西。剥到一定的时候,剥不下去了,自认为不受自己的观念欺骗了,自信心起来了,这便是该你去做的。但是,注意,这并不能保证这次的做法就是绝对真理,明天你还可能对此彻底后悔,认为昨天自己欺骗了自己,那就'直下承当'这个错误,坚决改正,绝不掩饰,待你再剥离到自己信心升起时,又是该你去做的,只要自己不怀疑,便直下承当这个责任,'徙义',毫不含糊地做下去,这便是你该赴之义。这过程永无完结,永远是一个自我发现、自我寻找的过程,人的'明明德',正是在这个发现自我、寻找自我的过程中,逐渐明白的。客观变我也变,应无所住而生其心。当下是'德',尊崇它便是辨惑。"(《论语正裁》)

这是对钱穆上述观点的发挥,也是对本章的最好的解释。请读者细玩"当下是'德',尊崇它便是辨惑"这两句话。如董所言,"惑"是受概念(分别识)欺骗的结果,要摆脱这种欺骗,必须要依靠"道"之"德"或"天"之"德"。因为只有"道"或"天"才是不可分割的整体。因此,"崇德"之"德",说到底,只能是"道"之"德"、"天"之"德"。

【14】《论语·颜渊篇》第19章:季康子问政于孔子曰:"如杀无道,以就有道,何如?"孔子对曰:"子为政,焉用杀? 子欲善而民善矣。君子之德风,小人之德草。草上之风,必偃。"

先讲"君子之德风,小人之德草。草上之风,必偃"这一段。乍一看,这里的"君子"和"小人",似乎是指季康子和他统治的民众百姓。其实不然。谁都知道,季康子把持朝政,独断专行,肆杀无辜,本身就是一个"无道"之人,他问"如杀无道以就有道"的"无道",实际上是诛杀反对他专权的人,也就是排除异己。这是孔子心知肚明的。所以,孔子不会对"君子"与"小人"作如上的区别。

前面说过,在孔子那里,"君子"是"明明德"的人,是知"天命"、达"天德"的人;"小人"是不知"天命"、不达"天德",即不"明明德"或不想"明明德"的人,对这里的"君子"、"小人",亦当作如是观。这样,"君子之德风"的"德",就绝不仅仅是"道德",而主要是指"明明德"的"明",即关于把握生命本体的"大智慧"了。而"小人之德草"的"德",也就只能称为一般的"知识""小聪明",即人间的"小智慧"了。

特别要关注孔子用"风"与"草"的关系来比喻"君子"与"小人"的关系;只有真正理解了它,才能真正理解本章的真实意旨。且看董子竹对这个问题的解释:"孔子所谓君子小人之分,其分水岭正在一个'明'字。君子明白己的'心'——'明德',可以驾驭自己的'心'。小人则被自己的意识牵着鼻子走而不自觉。要讲明孔子以草与风的关系来比喻君子小人的关系,我们只好借海水的洋流——浪花的关系来说明,……'君子'是代表海中深层的洋流流向,'小人'是海面的泡沫浪花。不管泡沫浪花如何花样翻新、千奇百怪,从根本上讲是非随洋流走不可的,所以'君子之德风,小人之德草,草上之风,必偃'。"(《论语正裁》)

董子竹的解释,为我们理解"子为政,焉用杀?子欲善而民善矣"这段关乎本章主旨的话,提供了新的视角。这段话的真实意旨是说,你季康子,如果要做一个真正的为政者,就不能"为政以杀",而要"为政以德",即要做一个知"天命"、达"天德""明明德""止于至善"的人。你"明明德""止于至善"了,老百姓亦会跟着"明明德""止于至善"。前面解释过的"慎终追远,民德归厚矣"和"为政以德,譬如北辰,居其所而众星共之",都是说的这个意思。正如释迦牟尼说的,我成佛,众生迟早都要成佛。这里的"子欲善而民善矣"的"善",是指"至善"之"善"。如果只解为道德意义上的"善恶"之"善",那就与孔子的本意相去甚远了。

【15】《论语·颜渊篇》第21章:樊迟从游于舞雩之下,曰:"敢问崇德、修慝、辨惑。"子曰:"善哉问!先事后得,非崇德与?攻其恶,无攻人之恶,非修慝与?一朝之忿,忘其身,以及其亲,非惑与?"

前面说过子张问崇德辨惑,这里,樊迟亦问崇德辨惑,所不同的,是多了一个"修慝"。同样一个问题,而孔子的答案却不同,其中必有原因。安德义对此有很好的解释。他说:"子张才高意广,矜张不实,为人偏激,孔子告之以'主忠信,徙义','爱之欲其生,恶之欲其死'。'樊迟勇而志于学,质朴而狭隘,意其为人,必预事而计得,恕己而严人,忿不思难。'(《论语稽求篇》)孔子告之以三箴戒:一、'先事后得',正其谊而谋其利;二、'攻其恶,无攻人之恶',宽以待人;三、'一朝之忿,忘其身,以及其亲',宁静致远,少忿怒。"(《论语解读》)

"三箴戒",实为"一箴戒",就是"崇德";"先事后得",是"崇德","修慝""辨惑"也是"崇德"的表现。"先事后得",钱穆说:"即先难后获义"。孔子说:"仁者先难而后获,可谓仁矣。"可见,这里说的"崇德"也就是"崇仁"。"仁"是生命的本体,与

"天""天德"属于同一层次的范畴。所以,绝不可将这里的"崇德"之"德",简单地说成是"道德"之"德"。特别值得注意的,是这里讲"恶"与"忿",都是指的妨碍知"天",识"仁"的妄念,只有不断地清除它们,从而达到知"天"、识"仁"的目的,才算是真正的"崇德"。所以,我们说,"三箴戒"实为"一箴戒"。

【16】《论语·子路篇》第22章:子曰:"南人有言曰:'人而无恒,不可以作巫医。'善夫!""不恒其德,或承之羞。"子曰:"不占而已矣。"

孔子首先取南人之言而称赞之。这"南人",前人多注为"南国之人"。钱穆说是"南方之人"。据《孔子研究》2001年第6期孙以楷考证,南人当指《道德经》的作者老子。孙说有理,从之。关键是如何理解"人而无恒,不可以作巫医"这两句。这两句难解,旧说甚多,这里只介绍今人董子竹的解释供大家参考。他说:"由于中国文化的理性精神成熟得非常早,中国的'巫'就没有如现代社会中这样,彻底完全断灭,而是分化为三,儒(祭祀之礼的主持者)、'史'(星相天行的观察者)、'优'(看似插科打诨,实是通天教主身边的谏臣)。还有一些'巫'又转化为职业医师。事实上中国古巫术思想在中医中保留最多,但还是都被人类理性改造了。所以我们今天见到的中医绝异于西医。中医中包含了中国文化丰富的人文遗产,这应该说是毫无疑问的。……此'恒'字如《易》《本义》所言:'日月得天而能久照,四时变化而能久成,圣人久于其道而天下化成,观其所恒,而天地万物之情可见矣。'人类想认识自己吗?认识天地万物就是认识自己,'圣人'对于此种'明明德'之事的体认,永远坚持终生,而'不中道夭'。在孔子则为三十而立,四十而不惑,五十而知天命,六十而耳顺……皆指此'恒'。'学而时习之'天天为之,无所谓难与不难,想不'恒'也不行。'明明德'、'致良知'恰恰需要这种意志力的自觉。至于'知天命',非'恒'无以在心内构筑一个日月通明的'内时空',尧曰'天之历数在尔躬'的'内时空',非穷毕生之'恒'不能建立。'儒'是如此,'史'是如此,'医巫'何能幸免?中医之难恰是在'知天命'中观患者之病。无'恒',何以'知天命'。不知天命,何以知人命?不知人命,何以言医?真'知天命'之医,光靠一部《黄帝内经》,也只是入门。更不要说今日之医,连《黄帝内经》摸也没有摸过,你说他是什么医生?即便有了《黄帝内经》等著作的指示,最终还是要自己持之以恒坚持观天之道察人之行,亦可谓'知天命'。今日之医师大半连'天命'这个概念也不知道,还说什么'知天命'?天知道他们是否给什么医好了病。(《论语真智慧》)

看了董子竹的解释,我们便知为什么孔子要称赞南人之言,因为做一个巫医,不仅要知"人命"（人道）更重要的要知"天命"（天道），这样就必须持之以恒，永不中断。看了董的解释，我们也便知道孔子所引的"不恒其德，或承之羞"这两句话的本义。这两句话引自《易经·恒卦·九三爻辞》。依照董对南人之言的解释，"不恒其德"的"德"，就是"明德""良知""天命"或"天德"。"不恒其德"，就是不能持久地坚持"明明德""致良知""知天命""达天德"的人。"或承之羞"，钱穆注：或，常义。承，续义，"或承之羞"就是"常有羞辱承续其后"的意思。李泽厚直接译为'招来羞辱'。羞辱之感，就是"耻"。董子竹对"耻"有精妙的解释："耻在何方？耻在心头，凡自欺或貌似自欺之人，必耻。没有行千古不移的外在道德标准。耻必合于内外之道，其标准总是时代的、历史的、当下的，只有时代的、历史的、当下的，才是永恒的，才是'恒之德'。"依照董的这种对"耻"即"羞"的解释，只有不"恒其德"即不持之以恒地"明明德""致良知""知天命"的人，才会招来羞辱，因为耻与不耻的分别，在他们的头脑中总是挥之不去的。相反的，持久地坚持"明明德""致良知""知天命"的人，才是真正"知耻""明耻"的人，因为"耻"在心头，它是本体，只有坚持"大思维"即"知天命"的人，才能真正把握它。正如孟子所说的；"无耻之耻无耻矣"，就是说，已经做了无耻的事，有了无耻的想法，自己还不知是"耻"，那才是真正的"无耻"。"无明"不晓得什么是"耻"，才是最大的"无耻"。做了无耻之事，知是"耻"，就不是无耻。一句话，只求一个"明白"。什么是"明白"？"德"，就是"明德"，就是"知"，就是"觉悟"，就是"明白"。

讲到这里，本章所说的"德"，不是指的"道德"，还不十分清楚吗？讲到这里，孔子自己所说的"不占而已矣"这句话，也就不说自明了。这里说的"不占"，有两层意思：一层是说，那些"不恒其德"的人，是不必打卦占卜的，因为"占"与不"占"都是一样的不准，该招羞辱还是要招羞辱。钱穆说："孔子言，其人无恒德，亦惟有不为之占问吉凶，因即为之占，亦将无准。"另一层是说，人之所以要占卜，是因为心中没有主意；主意十分坚定的人，是不会去占卜的。如果你已经坚定不移地认为，你想从事的行为不是欺骗自己的，不是虚伪的自谦，这便是合了天地内外的大德，合了"至善"，那是没有不成功的，还需要占卜干什么？这再一次说明，"不恒其德"的"德"，不是指的"道德"，而是指的"天"之大德、"至善"之大德。

【17】《论语·宪问篇》第4章：子曰："有德者必有言，有言者不必有德。仁者必有勇，有勇者不必有仁。"

可以参考安德义对这一章的解释。他说："实际上本章所谈的就是'仁'与'智'

与'勇'三者之间的关系。《中庸》说:'知、仁、勇三者,天下之达德也。'仁、智、勇,'仁'乃'全德'之谓也。'仁德'包含勇德、智德,仁者高于智者,智者高于勇者,也就是说勇不如智,智不如仁。仁者比勇者境界高。……关于'言''德''仁''勇'的关系,《论语集释》引李充说:'甘辞利口,似是而非者,佞巧之言也。敷陈成败,合连纵横者,说客之言也。凌夸之谈,多方论者,辨士之言也。德音高合,发为明训,声满天下,若出金石,有德之言也。陆行而不避虎兕者,猎夫之勇也。水行不避蛟龙者,渔父之勇也。锋刃交于前,视死若生者,烈士之勇也。知穷之有命,知通之有时,顺大难而不惧者,仁者之勇也。故仁者必有勇,勇者不必有仁。"(《论语解读》)

我们赞成安德义认为本章谈的就是"仁""智""勇"三者的关系的观点。我们更赞成他为我们揭示出这一关系的两个方面:一方面是说,三者是统一的,统一于"仁"或"德",即他所说的"'仁德'包含勇德、智德"。另一方面是说,三者是有区别的,即他所说的"仁者高于智者,智者高于勇者,也就是说勇不如智,智不如仁。"因为他的这一观点是与孔子的本意相符合的。大家知道,《子罕篇》第29章的"智者不惑,仁者不忧,勇者不惧",就是讲的以"仁"为核心的三者的统一。"仁"是本体、整本,当然也就没有什么惑不惑、忧不忧、惧不惧之分可言了。《集释》引的李充的话,就是讲的三者的区别。本章所说的,也正是这三者的区别。依据安德义和李充的观点,即可将本章今译为:孔子说:"达'天德'或知生命本体之'仁'的人,一定有大智慧(超常规)之言,但用人间智慧(常规)之言,一般来说是不可能达"天德"或知"仁"的本体的。知生命本体之'仁'的人,一定是无所畏惧的(因为仁是本体、整体,没有惧与不惧之分),但是,有惧与不惧之分的人,就不一定会成为达于本体之'仁'的'仁者'。"

我们还可以参考董子竹在《论语正裁》中说的话:"真正的德者,必知德之从来,而有言。有言者未必知德之从来,所以说无德。仁者无所惧,因为一切无非至善,无非亲民,何惧之有?勇者不知勇之所以然,匹夫之意气耳。""知德之从来"就是知"天",因为"德"为"天生","天生德于予"嘛!"而有言",就是"言天","言天"之"言",当然不是一般之言,而是"大智慧"之言;一般之言,是言不了天的,"道可道,非常道"嘛!"仁者无所惧",更不难理解,因为一切无非"至善",而"至善"是无有惧与不惧之分的。

讲到这里,"有德者必有言,有言者不必有德"这两个"德"字作何解释,也就很清楚了。还是安德义说得对:"'德'与'仁'通常是同义词。"(同上)按照朱熹的说法,"仁"乃"全德"之谓也。那么,这里的"德"和"仁"一样,也应作"全德"解才是。如果将这里的"德"作"道德"解,恐怕连朱熹也是反对的。

【18】《论语·宪问篇》第 5 章:南宫适问于孔子曰:"羿善射,奡荡舟,俱不得其死然。禹、稷耕稼而有天下。"夫子不答。南宫适出,子曰:"君子哉若人!尚德哉若人!"

本章是接着前章讲的,是说"勇者"只有以"仁"为前提,才可以"不惧",否则,便是匹夫之勇耳。董子竹说:"羿、奡有勇,但不知亲民,不知勇是至善所赐,匹夫耳。禹、稷虽未必知'仁',但竭力亲民,所以是'仁'是'德'。南宫不以一孔之见观人,见亲民之人便赞,正是其'尚德'之处。"(《论语正裁》)很明显,这里的"德"是与"仁"同义,是"明明德""亲民""止于至善"的人。要特别注意"君子哉若人!尚德哉若人!"这两句并列的话。前面说过,在孔子那里,"君子"与"小人"的区分,不是以"道德"为标准,也不是以社会地位为标准。"君子"主要是指与"道"合一的人、知"天命"的人、达"天德"的人。这里的"君子"亦不例外。多数注家都把"尚德哉若人!"今译为"崇尚道德啊!"这显然是不对的。他们忘记了这是个递进的并列句,其意思是"这个人真是个君子呀!他多么崇尚天德呀!"

【19】《论语·宪问篇》第 33 章:子曰:"骥不称其力,称其德也。"

钱穆对本章的解释比较准确、全面。他说:"骥,善马名,一日能行千里。所以称骥,非以力能行远,乃以其德性调良,与人意相和协。人之才德兼者,其所称必在德。然亦无才之德。不能行远,终是驽马。性虽调良,不获骥称。"(《论语新解》)这是说,孔子以千里马设喻,意在说明德才兼备、德为第一的观点。

钱两次提到"调良"的概念,这概念出自《论语正义》郑曰:"德者,调良之谓……骥马调良,能有其德,故为善马。"李泽厚在本章的"记"中说:"何谓'调良'?是否指训练呢?千里马也需调教训练,并非全凭自然气质。"比较而言,还是安德义讲得更为清楚。他说:"对良马而言,不应当称道它日行千里奔驰旷野的力量,而应赞赏它服从调教驰骋纵跃有度的品德。"把"调良"即"德"解释为"服从调教驰骋纵跃有度的品德",和钱把它解释为"与人意相和协的"德性",意思差不多,都是说千里马有"知"或"明"。这是近乎孔子的本意的。

李卓吾对本章的批语是:"只说马。无德者马不如矣。"意思是说,马是有"德"、有"知"的。人呢?人若无"知"、无"德",那连马也是不如的。你看羿与奡,就是因为无"德"、无"知",即不知"亲民",不知"勇"是"至善"所赐,而不得好死。反之,禹与稷,由于有"德"有"知",即知"亲民",知自己的一切来自于"至善",所以,他们能"有天下"。

但是,仅知马之有"德"、有"知",是不够的。还要进一步看到,马之"德"、马之"知"是来自于"天"、来自于"至善"的。董子竹说得好:"什么是'德'？一切令众生'明'(觉悟),众生'明'自己的一切莫过是'德',越'明'越有'德',……一句话,生命本质力量从隐在到显在,从显现到大光明所表现的一切无非是德。'明'便是'德'之母。"(《论语正裁》)要特别关注"一切令众生'明'(觉悟)"这句话,"众生"包括"马"与"人",包括一切个体生命(隐形的和显形的)。谁来"令"众生"明"(觉悟)呢？是"天",是"至善"。就是说,"马"(包括人)的"德""知"是第二位的,"天之德""至善"之"德"才是最后的决定力量。

【20】《论语·宪问篇》第34章:或曰:"以德报怨,何如?"子曰:"何以报德？以直报怨,以德报德。"

"以德报怨",出自《老子》第63章。历代注家对老子这句话多有微词。唯有董子竹对之提出了新解。他说:"真懂老子者应知,他的'以德报怨'与孔子的'以直报怨'是完全一样的。老子所谓之'德',即不是什么道德教条,而是说在他人的抱怨行为中,老子能从其'怨'中看到了隐藏的'天德',从而也就不再计较这个人的怨行,而是径直以己心去应这个'天德'。这还是一个'直'。今人错解的原因,是由于把'直'与'德',都当成个人该持的品德,不知这只是人们在合天理过程中的一刹'顿悟'、'领悟'。"(《论语真智慧》)这里的关键,是对老子的"德"和孔子的"直"的理解,二者都不属于"道德"范畴,而是指以己心去合"天心"或"天德"。董的观点,既与老合,又与孔合,非常正确。

【21】《论语·卫灵公篇》第4章:子曰:"由！知德者鲜矣。"

本章的主旨,是谈知德人的难得。意在提醒子路要能够成为一个自觉的"知德者"。这一点,李卓吾看到了,他说:"唤醒他。"(《四书评》)就是提醒子路不要忘记"知德"。藕益和尚也看到了,他说:"痛下一针。"(《论语点睛补注》)就是给子路一个强烈的刺激,使其明白"知德"之重要。孔子为何要"唤醒"和"刺激"子路呢？因为他年轻时"性鄙,好勇力,志伉直"(《史记·仲尼弟子列传》)。鄙,粗野。伉直,亦作亢直,刚直义。子路这种性格始终没有多少改变,正如孔子所说"由也果"(《雍也篇》),即说子路很果断勇敢,"由也喭"(《先进篇》),即说子路很鲁莽。

孔子一方面深喜子路刚直、果敢,说他"于从政乎何有?"(同上)即认为他搞政治没有什么困难。甚至说"千乘之国,可使治其赋也"(《公冶长篇》),即可以让他负责一个大国的兵役、军政方面的领导工作。但是,另一方面,孔子又为子路不注意"知德"而担忧,"若由也,不得其死然"(《先进篇》)。意思是说,像子路这样的不以"德"为前提的刚直好勇,恐怕不会得到善终啊。

这里的关键是对"知德者"的"德"作何理解。如作"道德"解,那就与孔子本意不合。因为孔子时代是以血亲伦理家庭为中心的人本主义文化,道德已成为普世价值,"孝弟也者其为仁之本与"的话,就说明"知德者"已不难得。真正难得者,是"天"之"德",是生命本体之功能。因为"天"即"生命本体",是全体、整体,无形无相,非"分别识"所能把握,亦非常规言语所可表达。我们认为,"知德者"的"德",就是这种"天"之"德"。这可以从孔子对南宫适的一句评语("崇德哉若人!")得到说明(见前【18】)。也可以从本章与前后两章之间的关系得到证实。本章前章讲的"予一以贯之"的"一",即曾子说的"忠恕",也就是"仁",而"仁"是"全德",亦是"天德"。本章后章讲的"无为而治者,其舜也与! 夫何为哉? 恭己正南面而已矣。"事实上与前面讲的"为政以德,譬如北辰,居其所众星共之。"意思基本相同。"为政以德"的"德",指的就是"天德"。

【22】《论语·卫灵公篇》第13章:子曰:"已矣乎! 吾未见好德如好色者也。"

参见《论语·子罕篇》第18章。内容相同,仅多"已矣乎"三字,以示对"好德之难"的感叹。如果把本章与前章联系起来思考,就会发现二者都在强调"天德"的难以把握。"知德之难"和"好德之难",都是一样的难,因为"知行合一",或"知行本一"。要知道,孔子在这里,并没有把"好德"与"好色"对立起来。只是感叹人类往往忘记了自己的本性——"觉悟",其"知"往往迷恋于动物性的感知——"好色",从而忘记了从"好色"升华为"好德"。

【23】《论语·卫灵公篇》第27章:子曰:"巧言乱德。小不忍,则乱大谋。"

这是讲"知德""好德"之难的原因。"知德""好德"之难的原因有多种,这里讲的"巧言"则是其中的一个根本原因。大家知道,"宇宙——生命"系统是一个永恒运动的整体。与这个整体运动相统一的是"明",任何"明"却又只能是个体的、扭曲的、折光的。这是宇宙中的根本矛盾。正是这个根本矛盾,决定了"巧言"成为阻碍"知德""好德"的根本原因。

注家们对本章的解释,错误多多。就连钱穆、李泽厚这样的大家,其解释也不能令人满意。如钱将"巧言乱德"解为"巧言足以乱己德",就很含糊。这"己德"是指自己的道德,还是与"天德"合一的"己德"? 他没有交代清楚。他将"小不忍"说成是

"小事不能忍",这明显是不对的。何谓大？何谓小？不同的人有不同的标准,这和前一句"巧言乱德"也没有直接相连语气。又如李将"巧言乱德"译为"花言巧语,扰乱道德"。这就和后面的"小不忍,则乱大谋"的"大谋"不相衔接了。

要知道,"道德"不是孔子要最后谋取的,他最后要谋取的,是"天德""天道"或"天命"。如何谋取呢？"不自欺"。所以,孔子所说的"乱大谋",不是乱"道德",而是乱"不自欺",乱"天德"。这一点,董子竹说得很清楚。他说："'语言'作为一种人类文明,可以统称为'巧言',孔子说'巧言乱德',是提醒人们不要被表面文明语言所欺骗,违背了'不自欺'的原则。语言提示表面上看来是个小事,无非是一句话,一个概念,但它的诱惑力量是非常可怕的,一不小心被骗,就会乱了'不自欺'的大谋。"（《论语正裁》）他又在另个地方对本章解释道："这是说每当我们遇一事遇一人,没有搞清来龙去脉,就夸夸其谈,往往看似有理,实是遮掩了'天德'的显现。此时若真不能解,应坚决'存疑','存疑'即为忍。此处不忍,随着自己的天花乱坠的臆断去干,肯定会乱了'大谋'"。（《论语真智慧》）

我们认为,董说有理。他将这里的"德"解为"天德",也是正确的。孔子说的"巧言乱德"和他说的"巧言令色,鲜矣仁",是一个意思。"仁"是"全德"。王阳明说"全体恻怛"谓之"仁"。又将"全体恻怛"的"全体",释之为"心包太虚"的"太虚"。可见他把孔子说的"仁"和"德",看成是与"宇宙——生命"系统整体为同一层次的概念,非"道德"可以比拟。

【24】《论语·阳货篇》第13章：子曰："乡原,德之贼也。"

前面讲"巧言乱德"的"巧言",是障碍"知德""好德"的根本原因。这里讲"乡原,德之贼"的"乡原",则是障碍"知德""好德"的重要原因。因为"众好之,必察焉。"（《阳货篇》第28章）众人皆喜欢的人,未必不是"巧言乱德",所以也必须加以考察和检验。

乡,即乡里,可以理解为世俗社会。原,与愿同,有善良、朴实、厚道、谨慎之意。乡原,字面上的意义,就是乡里的善人,有的解为"好好先生"或"老好人",均可。但是,孔子却说："乡原,德之贼也。"乡原是德之祸害。贼,祸害义。许多人对孔子的话不理解,甚至表示怀疑。早在战国时,孟子的学生万章就曾向老师提出这个疑问,而孟子也作出了明确的回答。孟子说："阉然媚于世者也,是乡原也。"（《孟子·万章下》）阉,是掩蔽；阉然,是屈意迎人的样子。杨伯峻将此两句译为"八面玲珑,四方讨好的人,就是好好先生。"孟子进而解释："非之无举也,刺之无刺也。同乎流俗,合乎污世。居之似忠信,行之似廉洁。众皆悦之,自以为是。而不可与入尧舜之道。故曰'德之贼'也。"(同上)大意是说,这种人挑不出什么毛病,与世俗相融合、同变化,外表好像忠信廉洁,众人都喜欢他称赞他,他自己也觉得做得天衣无缝,不过乡愿这一套与尧舜之道不可同日而语,似天德而非天德,所以说是天德的祸害。

我们把"德之贼"的"德"解为"天德",主要是根据孟子说的"不可与入尧舜之道"这句话。孔子说:"唯天为大,唯尧则之。"(《里仁篇》)"尧曰:'咨!尔舜!天之历数在尔躬,允执其中。"(《尧曰篇》)这是说,"尧舜之道"就是"则天"之道,即"己心"合于"天心"之道。孔子又说:"周之德,其可谓至德也已矣。"(《泰伯篇》)这是说,继承尧、舜、禹之"德"的周文王、周武王之"德",是"至德",即最高的"天德"。孔子说"乡愿"这种人是对天德的祸害,是因为他们不能守住那个"一以贯之"的"一",即"仁",未能像仁者那样,在现实中,真正做到"能好人,能恶人"。

【25】《论语·阳货篇》第14章:子曰:"道听而途说,德之弃也。"

钱穆解释说:"德必由内心修养而后成,故必尊师博文,获闻嘉言懿训,而反体之于我心,潜修密诣,深造而默成之,始得为己之德。道听,听之易。涂说,说之易。入于耳,即出于口,不内入于心,纵闻善言,亦不为己有。其德终无可成。德不弃人,而曰'德之弃',深言其无分于成德。"(《论语新解》)

钱解非常好。不足之处,是没有明指"德之弃也"之"德",是"天德"还是"道德"。从"德不弃人"一语来看,这"德"应指"天德"。只有"天德"才不弃人。老子说:"圣人无常心,以百姓之心为心",就说明这一点。

如果说,"巧言"只是对"天德"的干扰,那么,"道听而途说"之"言",则是对"天德"的背弃。因为"道听而涂说"之"言"较之"巧言"对"天德"的表述更不靠谱。

【26】《论语·子张篇》第2章:子张曰:"执德不弘,信道不笃,焉能为有?焉能为亡?"

《论语·子张篇》皆记门弟子之言。其中共收录子张三段话,这是其中的一段。明清之际哲学家王船山对之评论说:"子张所说三章,皆谬于圣人之旨。……圣门诸子,晚年受业者,别是一般气象。……不似子张、子路辈须与脱胎换骨也。……就中,子张最为粗疏,总不入圣人条理,故曾子、子游直斥其不仁而非为苛。其云'执德不弘,信道不笃',就此二语已全不知入处,而安望其为仁!"(《船山全书》第877—878页)

我们赞成钱穆对本章的注释。他说:"执,守义。德在己,故曰执,犹云据德。弘,大义。后孟子言扩充,亦求其能弘。道在外,故须信。信不足,则道听而途说之矣。信道笃,则吾德亦日弘。若有执而不弘,有信而不笃,则不大,不足当天地间大补益之事,不足为天地间大关系之人。有此一人不为重,无之亦不为轻。较之一无信守者,相去亦无几。或曰:不能谓其无执无信,亦不能谓其有执有信。两义仍相通。本章与曾子弘毅章略相似。惟曾子弘以指道,毅以指德,与子张此章所言正相倒转。曾子尝谓:'堂堂乎张也,难乎并为仁矣',此亦以子张之执德务弘乎?所守太狭固不是,然贵扩而充之,不贵以弘为执。于此见曾子、子张学脉之相异。"(《论语新解》)

我们采用古棣、戚文、周英的译文。他们说:"子张说:'守德不能扩大,信道没有诚心,这种人有他不多,无他不少。'"(《〈论语〉译说》)用"这种人有他不多,无他不少"来意译"焉能为有,焉能为亡",最为通俗易懂。

子张说的"德"与"道"是什么意思?多数注家的解释都不能令人满意,唯有董子竹讲的较为合理。他讲了三段话,一段是:"'道'与'德'者何?天命、天意、天道欲令一切众生'明明德'而随机显相,千变万化、瞬变息化,其深也,神鬼莫测;其浅也,婴儿喜泣。'道'与'德',执无所执,信无所信,永远要在生命的历史动态中把握。所谓'把握',也只是对'稍纵即逝'者的另一种提法。"(《论语真智慧》)另一段是:"子张这些语言,只怕是开了固化儒学之先河。"(同上)再一段是:"类似这样的话,孔子也说过,但是我们只要将《论语》通篇考察,孔子说这些话,总是有一定的内情的。正如钱穆所说,曾子早看到子张与孔子语言的微妙差别。类似这样的差别,有时真可谓是失之毫厘谬以千里"(同上)。

从董的第一段话,我们看到,子张说的"道"是天道,说的"德"不是道德,而是天道的功能的显现。这样的"道"和"德",个人是"执无所执","信无所信的"。从董的第二段话,我们看到,子张的错误不在其对"道"与"德",作高广(形而上)的认知,而是他脱离了生命的历史动态对之作抽象、概念的把握,从而使之开始僵化和教条化。从董的第三段话,我们联想到,子张这段话与孔子的"志于道,据于德,依于仁,游于艺"(《述而》第6章)这段话,很相似。但是,这只是"相似",而不是相同。此点,前面已有详解,这里不再重复。

【27】《论语·子张篇》第6章:子夏曰:"大德不逾闲,小德出入可也。"

杨润根的注值得我们参考。闲:门内的一棵树,犹如生长在温室里的一朵花娇生惯养,悠然自得,悠然自赏,面对周围的一切都习以为常,并以一种与自我欣赏的态度完全相同的态度欣赏着周围的一切——这也许就是'等闲视之'这一固定用语的本意。有些学者把这里的'闲'理解为'珊栏',这是没有根据的。

不逾闲:不可带着一种悠然自赏、等闲视之的态度来跨越(那些重大的道德问题)。小德:细微的道德问题,无关紧要的道德问题,也即那些只涉及个人的细小问题。出入:小的差错,小的偏离,不中不正。(《发现论语》)

杨注的缺点很明显,他和多数的注家一样,都把这里的"德"字解为道德,显然是望字生义。前面多次说过,《论语》中的"德",是指《大学》说的"明明德"之"德",亦即生命的根本特点的"知"。这一点,朱熹说得很明白。但是,杨注也有它的可取之处,这就是它把"闲"字解为"等闲视之"的态度,把"不逾闲"解为不要以"等闲视之"的态度跨越"大德"。这样一来,本章便可译为"子夏说:'知天命的大智慧是不可以等闲视之的态度跨越的,个人的知识、学问上的偏差则是不可避免的,因而是可以理解的。'"这里的"大德"即指大知、大智慧("宇宙——人生"系统整体智慧)"小德"即指小知、小聪明,也就是个体生命的智慧。

还有董子竹的两段话,对我们理解本章也有启迪意义。一段是:"如果从上述(指整个《子张篇》)孔门弟子的语录表面看,似乎无一人偏离了孔子的主旨,但是,若仔细推究便不对了,他们的语录不仅没有足够的宇宙感,也找不到具体的用心方法的支撑点。"(《论语正裁》)另一段是:"但是,若从总体看,孔子的嫡传弟子比之后世的韩愈、朱熹之流还是要强过百倍。……这些人大致都知东方文化的关键只在'明明德'三字。后世的儒家学者,许多连'明德'二字都不知为何物"(同上)。第一段话为我们指出了孔子嫡传弟子的不及乃师之处。第二段则为我们指出了孔子嫡传弟子高于后世儒者的地方,就是他们都守住了如下的一条底线——一切生命体都必须"明明德"即"知天命",这是任何的生命体都不能逾越的。正是这一点使我们明白了"大德不逾闲"的真意。

【28】以上是对《论语》直接讲"德"字的篇章的解释。从这些解释中,可以得出如下几点带有总括性的结论。

首先,说到底,《论语》不是一部讲道德的书。请注意"说到底"这句话。它有三层意思:一是说,《论语》里虽然讲了许多"德"字,但其绝大多数,都不是指的"道德",而是指的"天"之德,或"道"之德,这在前面的解释中,已得到确证,"天生德于予",就是个最好的例子。

二是说,即使有的"德"字,如"民德归厚"的"民德"和泰伯"三以天下让"的"让德",都含有比较明显的道德之义,也不能说《论语》就是讲道德的书。因为前面说过,"天命之谓性","人本性之德"是"天"即"宇宙——生命"系统所赋予的,也就是说,"民"本无"德","民德"来自"天德"。同样的,泰伯之"德"也是来自"天德",他是知"天命"、达"天德"、合了"道"的人,所以他才能"三以天下让"。道德修养好的人,"一让"是可以做到的,"三让"而且是"让天下",就不是只用"道德"可以解释的了,只有"致"了"良知"的人,才能做到"义无反顾"。

"说到底"这句话,还有一层意思,就是即使《论语》中讲了大量的关于道德的话,也不能用"道德"来规定《论语》的基本性质。因为孔子不是为讲道德而讲道德,他讲道德的目的,一方面是为了摆脱和清除以鬼神为中心的生命观的影响;进一步推进以人为中心的生命观的发展,另一方面,也是更为重要的方面,则是为了"明明德",即为了更好地把握生命的本来面目。众所周知,孔子正处于农耕文明为基础的家族文化大发展的时代,在这样的时代,不大讲道德,就不能摆脱鬼神为本的生命观的束缚,就不能建立和发展以人为本的新的生命观,就难以理解"天之德"这个生命本体的真实意义。因为"天"即生命本体,无形无相,只有通过道德这个具体的个人的品德和人与人的伦理关系,才能具体地把捉住生命的本来面目。要言之,孔子大讲道德,其本身不是终极目的,它的最终目的,只是为了把握生命的本来面目。我们说,归根到底,《论语》不是讲道德的书,其主要理由就在于此。

在回答《论语》为何大讲道德这个问题上,还有一段话是值得我们仔细玩味的。这就是:"孔门提出的许多道德原则,一是为了适应当时那个社会,二是为'明明德'。如果你仔细把他们研究透了,你会发现孔门的许多'道德',实是都暗藏了对生命本体的认知。为什么儒学中的许多思想,至今还会被人提倡?其原因正在这里。一句话,孔子的学说,永远是'叩其两端而竭焉'。一方面,它是'至善''明德',另一方面又适合当时的时代要求,偏于任何一端,都可能错解孔子博大精深的思考。"这是董子竹在《论语正裁》中解《学而篇》第7章时说的一段话,真可谓是一种"精深的思考"。它的"精深"之处,就在于:透过《论语》讲的"道德原则",为我们揭示出了贯穿于全部《论语》之中的最高的思想方法——"叩其两端"的方法,亦即"中庸"的方法。这一点,非常重要。只有掌握这一方法,才能对《论语》作出全面的、深入的解释。那些把《论语》道德化,又把道德神圣化和庸俗化的人,其原因就在于他们就道德讲道德,不知《论语》中所说的道德,正是"中庸"方法的体现。

其次,归根到底,《论语》是一部讲生命本体或生命本来面目的书。因为《论语》中所说的"德",皆指"知"而言,而"知",则是生命的根本特点或最本质的表现形式。这可以从前面讲的《孔子大辞典》构建的"天——命——礼——仁——知——中庸"这一公式得到说明。这个公式,正是"德"的显现过程,即生命本体及其功能的显现过程,也就是生命由不显在到逐渐显在的过程。"中庸"是生命本体及其功能的最高的显现,"中庸之为德也,其至矣乎",就是说的这一点。"己心"合于"天心"谓之"中",取其"中"而用之,谓之"中庸"。"中庸"亦叫"叩其两端",即一方面要探究生命的本体,一方面要注目于生命本体及其功能的具体显现。孔子认为,这一思想方法是最高的,因为它是人的专利,一般的生物、动物的"知"是不能与之相比的。人的"知",不仅能知万物,而且能知"知"("明明德")、知"仁"、知"礼"、知"命"、知"天",一句话,能够向生命的本体复归。而这,也是一般生物、动物的"知"难以办到的。还有,"德"是对"天"说的,人本无"德",但人可以"得""天"之"德",孔子说的"知天命",《大学》说的"明明德",就是向生命本体的回归,就是对生命本体的"觉悟",即"终极觉悟",而这,只有人才能做到,其他任何个体生命都是做不到的。

明白"德"是生命本体及其功能的具体显现这个道理,是有着重要意义的。它有助于我们正确地理解和把握儒、道、佛之间的关系。学术界虽然看到了三者之间的联系,甚至有"儒道互补"的提法。但是,主要是强调他们之间的对立。这对于深入地研究中国传统文化是很不利的。我认为,这三家,实为一家。因为他们都是以生命的本体为探求目标的,即都是以"知"为研究对象的。他们的不同,不是表现在研究的对象上,而是表现在研究的方法上。儒家主要用的是"有为法",即认为用个人修养、社会教育即可达到对生命本体的把握。而佛、道则主要用的是"无为法",即认为用"圣人无常心,以百姓之心为心"的方法,或用"佛入众生心"的方法,即可"明明德"、"知常曰明"、"明心见性",一句话,即可把握生命本体。

再次,归根到底,《论语》是一部讲"致良知"的书。这在前面引述的《孔子大辞典》里的那个公式中,可以看得很清楚。由"天"到"中庸",是生命本体及其功能的具体的显现过程,而由"中庸"到"天",则是人向生命本体复归的过程,即"明明德""知天命"的过程。这两个过程,相反而又相成,都是讲的"致良知"。因为生命本体的具体的显现过程,说得准确点,就是讲"天德""天心"或"良知",不是架空的东西,而是包藏于最最具体的事物之中的。生命本体与生命个体是不可分离的,你要"致良知",就一刻也不能离开具体事物。生命本体显现过程是如此,个体生命向生命本体的复归亦是如此。《周易》有言:"天行健,君子以自强不息。""天"自己是要"行"的;"良知"即是"天行"的显露。这种显露,无处不在。但由于人迷于自己的意识,便遮盖了"天行"的正常显露。所以,"致良知"就是要时时小心自己的各种意识妨碍了你知"天行"的"历数"。

可以说,整部《论语》,就是孔子对自己"致良知"过程的描述。如"学而时习之,不亦说(悦)乎?"就是讲个人"致良知"过程中所取得的一种内心的喜悦。"有朋自远方来,不亦乐乎?"就是讲致力于"致良知"的朋友相见后,谈彼此"致良知"之所得,虽不能尽知各自所说(各人的体会不一样),但能把内在的喜悦表现出来,也是一件很快乐的事。"人不知而不愠,不亦君子乎?"这是讲,"致良知"永远是个人的事,不求被别人肯定。总之,这三句话,都是孔子"致良知"过程中所表现出来的心情的描绘,既不是常规意义上的逻辑理论,也不是什么玄妙高深的哲理格言。

在"致良知"上取得成功的人,即对生命本体有所"觉悟"的人,孔子称之为"智者""仁者""勇者",说"智者不惑、仁者不忧、勇者不惧。"(《论语·子罕篇》第9章)即认为这是一些遇事不迷惑、不忧虑、不恐惧的人。因为他们是与生命本体合一的人,生命本体是整体,是不存在迷惑不迷惑、忧虑不忧虑、恐惧不恐惧之分的。前面引述孔子的话:"天生德于予,桓魋其如予何?"对"勇者不惧"这个观点,有比较集中的论述,大家可以自行查阅,这里就不细说了。

"致良知"的成功,还具有另一方面的意义。这可以从孔子的亲身经历得到说明。请看《论语·卫灵公篇》第1章:卫灵公问陈(阵)于孔子。孔子对曰:"俎豆之事,则尝闻之矣。军旅之事,未之学也。"明日遂行。在陈绝粮,从者病,莫能兴。子路愠见,曰:"君子亦有穷乎?"子曰:"君子固穷,小人穷,斯滥矣。"译成今文便是:"卫灵公向孔子询问军阵。孔子答道:礼仪方面的事,我曾经学过的;军旅方面的事,我没有学过。"次日就离开了卫国。孔子在陈国断绝了粮食,随行的人都饿病了,起不了身。子路很生气地来见孔子,说:"君子也有穷困的时候吗?"孔子说:"是啊!君子能安守穷困,小人穷困,就胡作非为了。"

这里,有意思的,是孔子的两段答话。他曾说过:"以不教民战,是谓弃之。"明明是知军旅之事,却答卫灵公说:"未之学也。"这是为何?这是因为,卫灵公之所问,完全违背了他的"为政以德"的原则。在孔子看来,一个君主不知"天之德"为为政之本,只问兵阵之事,是治理不好一个国家的。所以,孔子一天也不愿多待,第二天便离开了卫国。这样才发生了"在陈绝粮,从者病,莫能兴"那样的恶劣的境遇。孔子答子路的话,也是内隐着对卫灵公的不满,意思是说,我宁可在这里挨饿受冻,也决不委曲求全侍候你卫灵公这样的君侯。"道不同,不相为谋",这是孔子的道德底线。于此我们看到,"道德"是"致良知"过程中所得的一种副产品,它是"致良知"的人在取得成功时所产生的一种美好的感受。"道德"不是最终的"觉悟",它只是人们走向"终极觉悟"过程的一个脚印,一个台阶。在这里,又得到一次验证。

"化性"如何可能?
——荀子的性恶论与道德动机

东方朔[*]

假如有人问,荀子伦理学的最大问题,同时也是最有趣的问题是什么,一个可能的答案或许是这样的:一个本性上倾向于自利的人,如何会生发出道德上利他的动机?

事实的确如此。

阅读《荀子》一书,给人最深的印象莫过于,一方面,荀子信誓旦旦地宣称"涂之人可以为禹",另一方面,又认为人之性"生而有好利",人之情"甚不美","妻子具而孝衰于亲,嗜欲得而信衰于友,爵禄盈而忠衰于君。"(《性恶》)如果联系到《荣辱》篇所谓"人之生,固小人,无师无法,则唯利之见耳"的说法,荀子似乎认为,人之生一开始便是一个天性上没有任何内在道德倾向的唯利之徒。果若如此,我们又如何期待这样的人会产生愉悦于道德的情感? 或者,我们有何坚实的理由可以让这样一个唯利之见的人化性成德,接受道德义务? 类似问题涉及荀子的性情理论与道德动机的关系问题,在荀子思想研究中关系颇大。

理论上,任何一道德行为之实行必有其动机。所谓动机,按康德的说法,指的是"欲求底主观根据"[①],而道德动机通常包含道德情感或道德欲求[②]。道德情感和道德

---

[*] 基金项目:本文为国家社科基金重点项目"荀子政治哲学研究"(批准号15AZX010)的阶段性成果。
作者信息:复旦大学哲学学院教授。

① 康德:《道德底形上学之基础》(李明辉译)台北:联经出版事业股份有限公司,2005年,第51页。

② 道德动机从内容和结构上看,可以有广义和狭义两种不同的划分,广义的道德动机包括人的知、情、意、欲等等不同的心理状态,而狭义的道德动机则主要指的是人的情、欲。本文从道德转化的角度言道德动机,侧重于广义一面。

欲求不同于一般的自然情感和自然欲求,一般的自然情感和欲求虽然并非一定不能"充作"道德行动的动机或动力,但它却是偶然的,并无必然性,无法自我作主。道德情感和欲求乃出于对道德法则的喜好,如孟子所言"理义之悦我心,犹刍豢之悦我口。"(《告子上》)若将道德情感和欲求排除在道德主体之外(如后期康德那样),那么,道德主体将"欠缺将道德法则的意识转化为具体行为的动力。"①

审如是,荀子思想中的道德动机问题,究其实质乃涉及到一个性恶之人道德转化如何可能的问题,尽管荀子明确主张人皆可以为尧禹,但其间所包含的道德情感和欲求问题或道德行动的动机问题却并非是一个自明的问题,倘若此一问题不能得到恰当的解释,那么,荀子处心积虑所建构的道德哲学的意义将会变得十分苍白与惨淡。所幸的是,此一问题已愈来愈引起学者的重视,本文以下所作则试图挂一漏万地介绍国外学者的相关论说,并在可能的范围内给出评论。

一、荀子的性、情、欲诸概念

如前所言,狭义的动机问题涉及到行为主体的欲求,而在荀子那里,欲求问题即紧紧地与其性、情、欲等诸概念联系在一起。按照荀子自己的说法,"性者,天之就也;情者,性之质也;欲者,情之应也。"(《正名》)其意是说,性是成于先天的自然,情是性的本质,而欲是情的反应。荀子把欲归于人的情性,故云"夫好利而欲得者,此人之情性也"(《性恶》);而欲应"好"的情而生,"好"是情的一种表现,故欲与情可视作同义;欲既是情的一种,而情即是性,故欲即是性之所具,故云"欲不可去,性之具也。"(《正名》)对于这三者的关系,徐复观先生曾有一个简洁的说明,其云:"荀子虽然在概念上把性、情、欲三者加以界定,但在事实上,性、情、欲,是一个东西的三个名称。而荀子性论的特色,正在于以欲为性。"②据学者统计,《荀子》一书言"性"达九十八次,综合荀子的相关说法,荀子言性大体可分为形式的界定与内容的界定两种③,前者如荀子云:"生之所以然者谓之性。性之和所生,精合感应,不事而自然者谓之性"(《正名》),"凡性者,天之就也,不可学、不可事……不可学、不可事而在人者,谓之

---

① 李明辉:《四端与七情:关于道德情感的比较哲学探讨》,台北:台大出版中心,2005年,第367页。
② 徐复观:《中国人性论史·先秦篇》台北:台湾商务印书馆,1994年,第234页。
③ 学者可参阅岑溢成《荀子性恶论辨析》,载《鹅湖学志》第三期,台北:鹅湖杂志社1989年9月;潘小慧《荀子的"解蔽心"——荀学作为道德实践论的人之哲学理解》,载《哲学与文化》第二十五卷第六期,1998年6月。

性。"(《性恶》)后者亦即从内容方面界定性的说法,我们又可以具体分为几个方面,其一是以人的官能的能力说性,如荀子云:"今人之性,目可以见,耳可以听;夫可以见之明不离目,可以听之聪不离耳,目明而耳聪,不可学明矣。"(《性恶》)"目辨白黑美恶,耳辨声音清浊,口辨酸咸甘苦,鼻辨芬芳腥臊,骨体肤理辨寒暑疾养,是又人之所常生而有也,是无待而然者也,是禹桀之所同也。"(《荣辱》)其二是以人的生理本能说性,如荀子云:"今人之性,饥而欲饱,寒而欲暖,劳而欲休,此人之情性也。"(《性恶》)其三是从人的心理欲求说性,如荀子云:"若夫目好色,耳好听,口好味,心好利,骨体肤理好愉佚,是皆生于人之情性者也;感而自然,不待事而后生之者也。"(《性恶》)《荀子》一书由上述三个方面界定性的说法所在多有,此处不能一一援引。无疑,从内容方面梳理荀子对性的界说,学者可以从不同的角度加以观察,然而,无论从官能的能力、生理的本能还是从心理的欲求说性,在荀子那里,性与情、欲大体皆具有同质同层的关系,陈大齐先生对此这样认为,"'性之好、恶、喜、怒、哀、乐,谓之情',遇到了外来的刺激,主观即作好、恶、喜、怒、哀、乐等反应,而这些反应,特别称之为情。故性与情,若必欲为之分别,则可说性是能作好、恶、喜、怒、哀、乐等反应的状态,情是好、恶、喜、怒、哀、乐等的现实活动。不过,这些分别不是荀子所重视的,故荀子虽为性、情分作定义,却常常将性情合说,或称情性,或称性情……"①

问题在于,若依照荀子如此这般界定的性情或情性概念,则此一概念与道德礼义之间似乎并不能相融乃至处于对立的状态,换言之,随顺人的天生所具有的情性而行,一个人并无法内在地喜好道德,这一点至少荀子自己就有明确的论说,如荀子云:"今人之性,饥而欲饱,寒而欲暖,劳而欲休,此人之情性也。今人见长而不敢先食者,将有所让也;劳而不敢求息者,将有所代也。夫子之让乎父,弟之让乎兄,子之代乎父,弟之代乎兄,此二行者,皆反于性而悖于情也;然而孝子之道,礼义之文理也。故顺情性则不辞让矣,辞让则悖于情性矣。"(《性恶》)依荀子的这种说法,我们似可推断,大凡合于道德礼义的行为皆不能由人生而有的情性中自然地、直接地生发出来,相反,随顺人的情性而来的行为,其结果即便在弟兄、亲情之间也只能是无尽的争夺,故荀子又云:"夫好利而欲得者,此人之情性也。假之有弟兄资财而分者,且顺情性,好利而欲得,若是,则兄弟相拂夺矣……故顺情性,则弟兄争矣。"(《性恶》)

不过,话虽这么说,纵览《荀子》一书,我们的确常常可以发现荀子在言及人的情

---

① 陈大齐:《荀子学说》,台北:中华文化出版事业社,1956年,第34页。

性、好恶时的一些说法，如不加认真的分析，似乎也可以上下其讲，以至人们不免会生出"荀子思想中究竟有没有一致的人性理论"的疑问。孟旦(D. J. Munro)在一篇颇为著名的"荀子思想中的恶人"的文章中①，便列举了《荀子》一书中相关几个与其性恶论看似明显相左的段落，并认为荀子的相关说法不免会给人们造成"混乱"。依孟旦，荀子并没有对人性或人的内在生活提供一个彻底的分析，但这并不意味着荀子所观察到的那些心理事实是微不足道的，只不过这些心理事实是从属于、并且其意义是衍生于混乱与贫穷，及其原因和制度改善等问题之中的。孟旦认为，荀子所关心的主要问题乃在于避免"欲多而物寡"的不平衡所带来的混乱和分裂(chaos and disunity)②。然而此一说法也面临着挑战，亦即传统的观点认为，荀子所关注的毋宁说是对人性恶的证明，故而孟旦要提供证据来证明荀子的人性论其实并没有一致性的主张。孟旦说："我怀疑荀子立论的目的可能不在于发展人性论，否则不至于在其理论中留下如此的一团混乱。"③孟旦认为，《荀子》一书有许多段落指向或假定人有天生的正面的倾向(innately positive traits)，如孟旦引用了荀子《强国》篇中的一段文本：

夫桀纣，圣王之后子孙也，有天下者之世也……夫桀纣何失？而汤武何得也？曰：是无它故焉，桀纣者善为人所恶也，而汤武者善为人所好也。人之所恶何也？曰：污漫、争夺、贪利是也。人之所好者何也？曰：礼义、辞让、忠信是也。

对于此段文本之解释，最引人注目的无疑是"人之所恶、所好"，此"好、恶"究竟应当怎样理解？是人天生本有的吗？还是后天习得或有特殊所指？如果此"好、恶"是人天生本有，亦即人天生就会喜好礼义、辞让、忠信，那么，此一说法又如何与荀子的性恶论或与前面所说的荀子对情性的理解相一致？孟旦对此也一时生疑，他认为，在荀子，人们天然会"爱礼、义、忠、信等德行，以及其他等等，他们拥有的天资(endowment)或天生的行为模式(natural pattern)能够使得他们这样做"④。若按照孟旦的解释，人天然会爱礼、义、忠、信，说明人天生具有喜好道德的情感，然而，这种说法却与荀子的性恶说无法相融，这就难怪孟旦会说《荀子》一书的相互矛盾的说法留

---

① Donald J. Munro, "A Villain in the Xunzi", in *Chinese Language, Thought, and Culture: Nivison and His Critics*, Philip J, Ivanhoe, ed. Chicago: Open Court 1996, pp193 – 201.
② Ibid. 195.
③ Ibid. 198.
④ Ibid. 198.

给人们的是一团"混乱"。

孟旦又举《礼论》篇其中的一段,"凡生天地之间者,有血气之属必有知,有知之属莫不爱其类……故有血气之属莫知于人,故人之于其亲也,至死无穷。"对最后一句"故人之于其亲也,至死无穷",B. Watson 将其翻译为"所以,人应当爱其父母,直至生命之终结"(therefore man ought to love his parents until the day he dies)①。但《荀子》原文中并没有"应当",而更倾向于人皆自然地会爱其父母。不过,如此一来,又与荀子的情性说和性恶论相矛盾。故孟旦认为,此处荀子对人性究竟是褒还是贬非常混乱,各种说法错杂一篮。

孟旦还列举了《王霸》篇"夫贵为天子,富有天下,名为圣王,兼制人,人莫得而制也,是人情之所同欲也,而王者兼而有是者也……制度以陈,政令以挟,官人失要则死,公侯失礼则幽……是又人情之所同欲也,而王者兼而有是者也。"此段中对"人情之所同欲"一句,孟旦认为,这是指"人们怀有赞同那些能带来社会秩序之规则的情感"。但若人真的天生就拥有这种情感,结果又将与荀子的性恶论不相符。

最后,孟旦还举出《王制》篇"水火有气而无生,草木有生而无知,禽兽有知而无义,人有气、有生、有知,亦且有义,故最为天下贵也"一段,依孟旦,此句中"人之有义"指的是"人生而具有天生的道德感"(are born with an innate moral sense)。但若人天生即有道德感,那么,上面所说的荀子情性观以及荀子所谓的"顺性情,则弟兄争"的看法便无从得以解释。

上述出现在《强国》《礼论》《王霸》《王制》篇中的段落,经由孟旦的梳理和解释,至少在表面上与荀子所主张的情性理论或性恶说相矛盾。退一步,设若孟旦的相关质疑在文本理解和理论阐发方面是成立的,那么,荀子的性恶论便至少可以在某种"自然"或"天然"的意义上存在对道德或礼义法度的喜好情感,而其道德动机问题似乎也就不会成为学者日后所注目的一个问题。为此,何艾克教授(Eric Hutton)专门写了一篇"荀子有没有一致的人性理论?"的文章,对孟旦的相关疑问逐一进行了梳理与反驳②。限于篇幅,本文在此不准备重述何艾克教授的具体论述,仅将其主张和结

---

① Burton Watson, *Hsun Tzu: Basic Writings*, New York: Columbia University Press, 1963, p106.
② Eric Hutton, "Does Xunzi Have a Consistent Theory of Human Nature?", in *Virtue, Nature, and Moral Agency in the Xunzi*, ed by T. C. Kline III and Philip J. Ivanhoe, Indianapolis: Hackett Publishing Company, Inc. 2000, pp220-36.

论加以简单的说明①。在 Hutton 看来,孟旦的疑问表面上看似乎有其道理,但若在文本解读和思想诠释上作深入的分析,则会面临许多问题。如对于《强国》篇一段,Hutton 从文本的脉络分析出发,认为人们所喜好的只是汤、武为他们所展示的德行,并不是说人们天生就喜欢成为有德行的人或天生就渴望如此。而对于《礼论》篇"故人之于其亲也,至死无穷"的解释,Hutton 认为,如果荀子的人性恶意味着我们的欲望不知自然的界限,且趋向于给我们带来冲突的话,我们也没有任何理由排除人也有利他的倾向,"荀子可能会否认此类利他倾向构成了我们各种自然倾向的主要部分,然而,即便荀子认可这种利他倾向,也不会与他的人性论相矛盾。"②又如对于《王霸》篇"人情之所同欲"一段的理解,Hutton 认为,此段文本的脉络清楚地表明,人们是在已有的"事实"上赞同那些能促进社会秩序的规则,而非指人天生就具有喜好那些能促进社会秩序之规则的情感。最后,对于《王制》篇"人之有义"一段的诠释,倪德卫(David S. Nivison)曾试图将此中的"有义"理解为未填入内容的单纯的能力(a bare capacity or unfilled capacity),以便与荀子的性恶论相一致③。Hutton 认为,若将此段中的"有义"之"有"理解为"生而有",则自然会与《性恶》篇"今人之性,固无礼义,故强学而求有之也"的说法形成严重的冲突;但若将此"有义"之"义"如倪德卫那样理解为无内容的单纯的"能力",此则又会与荀子文本所表现的语义脉络不相一致,因为既然此"义"是无关道德的单纯能力,那荀子又何以会说人因有义而最为天下贵?对此,Hutton 认为,荀子所说的"人之有义"的"义"断不是空无内容的能力,问题只在于此"有义"之"有"并非一定得理解为"天生地有"(having innately),而可以是后天的"占有"或"拥有",果如是,此"人之有义"之"义"乃是圣王创造并传衍下来的"一套规范"④。

二、"人之欲为善者,为性恶也"

尽管 Hutton 围绕荀子的性恶论,逐一检讨了孟旦的相关疑问,努力维持了荀子人

---

① 拙文《性之规定及其延伸的问题——徐复观先生对荀子性论思想之诠释》(载《合理性之寻求:荀子思想研究论集》第 391—435 页,台北:台大出版中心 2011、2013 年)对此有简要的介绍,学者可以参考。
② Eric Hutton, "Does Xunzi Have a Consistent Theory of Human Nature?", in *Virtue, Nature, and Moral Agency in the Xunzi*, p230.
③ David S. Nivison, "Critique of Donald Munro, 'A Villain in the Xunzi'", in *Chinese Language, Thought and Culture*, ed by Philip J. Ivanhoe, Chicago: Open Court 1996, pp324.
④ Eric Hutton, "Does Xunzi Have a Consistent Theory of Human Nature?", in *Virtue, Nature, and Moral Agency in the Xunzi*, p224.

性论的前后一致,但面对好利恶害的人之本性,人们毕竟如何使自己转变或转化成为内心喜好道德的人,在理论上却必须得到具体而有效的说明。按照艾文贺(P. J. Ivanhoe)的说法,荀子所关注的人性是可塑的[1],但即便如此,我们仍需对如何可塑的具体细节作出足够的阐释。为此,学者不仅注目于对荀子有关心性情欲等概念的深度分析,同时,也试图通过对《荀子》文本中的一些特殊段落的潜藏意义的揭发,以发现性恶之人的行善动机,这其中《性恶》篇的一段说法便引起了一些学者的格外注意。荀子云:

> 凡人之欲为善者,为性恶也。夫薄愿厚,恶愿美,狭愿广,贫愿富,贱愿贵,苟无之中者,必求于外。故富而不愿财,贵而不愿势,苟有之中者,必不及于外。用此观之,人之欲为善者,为性恶也。(《性恶》)

学者通常将此段了解为荀子对人性恶的推论,亦即以"苟无之中者,必求于外""苟有之中者,必不及于外"为前提,人性中若有礼义,则必不外求礼义;今人强学以求礼义,则可证明人性中没有礼义。又,礼义是善,无礼义即是恶;今人性中无礼义,所以人性为恶。荀子此处采取的是间接论证的方法,先假定人性为善,以推论其结果;然后,指出此推论的结果与事实不符,来反证假定不能成立。基本上,依《性恶》篇的前后脉络看,学者将此段理解为荀子对人性恶的推论是有其充足的根据的。但学者也发现此段中的一些说法非常独特而有趣,黄百锐(D. B. Wong)便认为,此段之所以有趣是因为此段很奇怪(oddness)[2],因为我们很难总概出荀子在此中究竟说了些什么。如果我们分析上引的那段文字,似乎不难发现荀子十分强调"人之欲为善者,为性恶也"此一说法[3],其中"人之欲为善"的说法最能引发人们的联想,荀子或许在说,人之性恶,是因为我们"想做善事"(desire to do good),这个"想"(desire)似乎隐约暗示了性恶之人所蕴含的行善动机。

---

[1] P. J. Ivanhoe, "Human Nature and Moral Understanding in the Xunzi", in *Virtue, Nature, and Moral Agency in the Xunzi*, p242.

[2] David B. Wong, "Xunzi on Moral Motivation", in *Virtue, Nature, and Moral Agency in the Xunzi*, p144. Also in *Chinese Language, Thought, and Culture*, ed by Philip J. Ivanhoe. Chicago: Open Court1996, p212.

[3] B. Watson 将此句翻译成"men desire to do good precisely because their nature is evil", in *Hsun Tzu: Basic Writings*, New York: Columbia University Press, 1963, p162、p161. John Knoblock 则将此句翻译成"man's desiring to do good is the product of the fact that his nature is evil." in *Xunzi: A Translation and Study of the Complete Works*, Vol Ⅲ. Stanford: Stanford University Press1994, p155、p154.

柯雄文在一篇题为"荀子人性哲学的准经验面向"的论文中,试图通过对荀子性恶论的重新审查,以为道德和人性问题的澄清贡献自己的看法①。依柯氏,所谓准经验主张即包含了关于人类情境的一般观察,这些观察并不是直接可以获得证明的。然而,如果从经验合理性方面考虑,这些主张却可以得到支持。由此而观,荀子所谓的人之性恶是由于其基本的动机结构(如人的各种欲望与情感)中"好利"的独特倾向将不可避免地导致争夺和无序,而从仁与礼的道德角度上看,这样的结果显然是不可欲的。然而,"好利"的独特倾向虽然有其消极的一面,但它也标示出人的基本的动机结构的积极的一面。柯雄文认为,荀子对人之性恶的论证是出于不考虑道德要求的情况下,对情、欲不加限制所可能出现的后果而言的,荀子所谓的性恶即指这种后果,如《性恶》篇"今人之性,生而有好利焉,顺是,故争夺生而辞让亡焉;生而有疾恶焉,顺是,故残贼生而忠信亡焉;生而有耳目之欲,有好声色焉,顺是,故淫乱生而礼义文理亡焉。"此处"争夺""残疾""淫乱"即是后果,亦即是恶,但情性或情与欲本身却是中性的。

如此看来,荀子的性恶并不是以人在经验层面的属性来描述人性,而是以情性这一人的基本的动机结构来了解人性,故而柯氏认为情性概念构成了荀子思想中的基本的动机结构,但情性在本质上并不是恶的,而是中性的,如是,我们亦可说荀子的基本动机结构也不能说即是恶的。柯氏认为,《性恶》篇所谓的"人情甚不美"之说所包含的善恶概念,其实是在道德的观点下所进行的描述,而"人之欲为善者,为性恶也"一段,其真实含义所表达的是对欲望的观点。依柯氏,一个人的欲望在逻辑上包含了此人缺乏对欲望对象的占有。如果一个人追求一个欲望对象,依欲望概念的逻辑本性看,则暗示出这个人不拥有此对象,换句话说,所欲望的对象乃外在于欲望本身的,这样我们便可对"苟无之中者,必求于外"给出看似合理的解释。然而,当一个人说"一个学者追求学问,并不意味着他是无学问"时,此一说法虽然在逻辑上仍然意味着他并不拥有他所追求的学问,但此句话的实义却在指出,学者所追求的不是他所拥有的学问,而是他清楚地知道他自己并不拥有的更多的学问②。简言之,在柯氏看来,欲望,就其本性而言,是指一个人觉察到他缺少了他想要的某种东西为前提的。因此,一个人欲为善、一个人缺少善和人性恶,至少在道德上是中性的。故而,荀子的上

---

① A. S. Cua, "The Quasi-Empirical Aspect of Hsün-Tzu's Philosophy of Human Nature", in *Philosophy East and West*, Vol.28, No.1 (Jan., 1978), pp.3 - 19.本文无意全面评论柯氏的文章,仅只就论题所及加以说明。
② Ibid. 4.

述一段的说法并不能证明人性是不好的,一个人可以想要比他已经拥有的更多的东西,只要他对现有的程度并不满足。

柯氏的论述所蕴含的意义有两点需要特别指出,首先,依柯氏,在荀子的上述说法中,荀子的重心可能并不在证明人之性恶,从"人之欲为善者,为性恶也"的说法中,如果我们将"恶"了解为一种"善"的缺乏,那么,这种缺乏会使我们去寻求善,换言之,恶也可以使我们去寻求善,或给予我们寻求善的动机①;其次,在上述的一段引文中,荀子明确说出了"人之欲为善",今撇开从欲望概念的逻辑上荀子并未能证明人性恶之外,假如"人之欲为善"此说为真,那么,在荀子思想中,我们似乎可以推出人具有向善的欲望,果如是,我们也就可以解释一个自利之人喜好道德的情感和动机,而人的道德转化也在理论上获得了可能②。

有趣的是,作为当代著名的汉学家,葛瑞汉(A. C. Graham)在其《论道者》一书中也对荀子的性恶论和道德动机问题进行了探究与思考③。葛瑞汉的思路与柯雄文有相似之处,但也不尽相同。简单地说,依葛瑞汉,"如果人性全不道德,那将有一个深刻的疑问需要荀子解答",此则人之性恶,则礼义恶生? 面对这个问题,人们也许会问,"除非有着人性的基础,否则,人何以去发明道德并被其所约束呢?"葛瑞汉引用了《性恶》篇"夫陶人埏埴而生瓦,然则瓦埴岂陶人之性也哉? 工人斲木而生器,然则器木岂工人之性也哉?"一段,指出有效的制度也许像有用的工具一样是独立于人性的。但葛瑞汉却话锋一转,提问道,荀子的"命题逻辑将促使他假定存在一个摆脱任何倾向的超越的'义'吗? 他在别处说道,人兼有'欲利'与'好义'两面,除了在极端好或极端坏的政府中,任何一方都不会免除。然而,'好义'也属于人性吗? 这里我们必须提醒我们自己,他所谓人性的恶不被认作利己主义(egoism)。"④葛瑞汉的上述说法大体表达了两重意思,首先,他不认为荀子的性恶说是利己主义,并认为中国哲学意识中并没有西方式的利己主义;其次,葛瑞汉认为,在荀子思想中,"性恶"与"好义"并不相互排斥,在他看来,荀子所说的人性之所以为恶,就在于"欲望的混乱"。

对于葛瑞汉的上述看法需要稍加说明,就荀子思想是否是利己主义而言,涉及到

---

① 黄百锐对此则理解为,与通常人们所理解的善必须来源于善的看法不同,善也可能来源于恶。参阅 David B. Wong, "Xunzi on Moral Motivation", in *Virtue, Nature, and Moral Agency in the Xunzi*, p144.
② 事实上,柯氏早在另一篇文章中便认为,荀子以性恶论区分孟子性善论的主张是颇难成立的。参阅 Antonio Cua, "The Conceptual Aspect of Hsun Tzu's Philosophy of Human Nature", *Philosophy East and West* 27 (1977), p374.
③ 葛瑞汉:《论道者:中国古代哲学论辩》(张海晏译),北京:中国社会科学出版社,2003年。
④ 同上,第287页。

对利己主义概念的规定以及中西文化之比较的复杂面向,此处不宜作详细的分梳;此外,葛瑞汉引用《大略》篇一段来说明荀子的人性除了"性恶"外,还有"好义"的一面。《大略》篇的原文如下:

> "义"与"利"者,人之所两有也。虽尧舜不能去民之欲利;然而能使其欲利不克其好义也。虽桀纣不能去民之好义;然而能使其好义不胜其欲利也。故义胜利者为治世,利克义者为乱世。上重义则义克利,上重利则利克义。

如前所言,孟旦对荀子的人性论列举了好几处质疑,但并未提及荀子的此一段说法。在此段中,就"利"或"欲利"而言,荀子在其人性论中有明确的论定,但荀子此处将"义"与"利"或"好义"与"欲利"并列,似乎强烈地暗示出"义"或"好义"也被看作是人性的一部分,若果如此,则人们不仅有天生的道德感,而且他们也天生地会喜好道德,此一推论对荀子的人性论而言无疑是一个严重的挑战。但"义"为人之所有,是先天就有还是后天的有?同样,人之"好义"是先天的好还是后天的好?王先谦的《荀子集解》、北大注释本《荀子新注》以及王天海的《荀子校释》对此均无注,李涤生的《荀子集释》认为"好义与欲利是人类所具备的二种相反的心理"①,这种解释回避了人之有义或好义在性质上是先天还是后天的问题。Hutton则认为,此段人之好义并非一定意味着人们天生喜欢义,也可能说人们喜欢别人为他施行义的行为;此外,Hutton还提醒道,对于此段的解释,人们应当注意到,政治情境被描绘成既非自然状态,亦非从文明状态完全回向自然状态,在桀纣统治下的人类社会并非完全分裂,但却相当混乱,故而此段所说的"好义"并非是人们天生的,相反,它可以被解释为"义"是桀纣以前的圣王流传下来以教导民众,使他们即便在腐败的情境下也足以尽力地赏识这种义,而不至于全部失去他们的好义,即便桀纣为了他们个人的目的而不得不保存绝大部分基本的社会结构,人们仍将被鼓励在某种程度上保留他们的好义②。然而,葛瑞汉对此却认为,"好义"是人性中天生本有的东西,所以他会说人兼有"欲利"与"好义"两面;在葛瑞汉看来,在荀子那里,"好义与人性恶并非互不相容,相反,它可以被称为是对人性恶的确认。"换句话说,葛瑞汉一方面承认荀子主张人性恶,另

---

① 李涤生:《荀子集释》台北:学生书局,1979 年,第 620 页。
② Eric Hutton, "Does Xunzi Have a Consistent Theory of Human Nature?", in *Virtue, Nature, and Moral Agency in the Xunzi*, p225, p226.

一方面又认为,人性之所以恶,就恶在欲望的"混杂"。所谓"混杂"是说人性既是欲利的,又是好义的。为此,与柯雄文一样,葛瑞汉也重视《性恶》篇"凡人之欲为善者,为性恶也"一段,似乎荀子"苟无之中,必求于外"的说法乃为其"人之欲为善者"的行善动机作了某种程度的注脚。但如果真如葛瑞汉所说,在荀子人性恶的论说中包含了"好义"或"欲为善"的情感和动力,那么,正如黄百锐所评论的那样,"葛瑞汉事实上认为,荀子将道德欲望归诸给了人性,从而也就模糊了孟、荀之间的界线。"①在黄百锐看来,葛瑞汉的解释显然存在问题,因为对荀子而言,"行善的欲望和义务感并不源生于(original to)人性之中,而是衍生自(derive from)对我们自利的计算之中。"②

三、"心之所可"

的确,假如我们从动机概念的角度上看,与孟子的性善论相比,荀子性恶论的道德动机问题在理论上似乎要显得曲折一些、复杂一些③。为此,我们不仅需要在文献上对《荀子》一书的各种不同说法加以必要的重视,以求得理论的整全与一致,但同时也要上升到荀子思想的整体系统中加以恰当的衡定和疏解,避免一叶障目,真正做到"依义不依语",或如朱子所说的"借经以通乎理耳。理得,则无俟乎经。"④我们看到,从孟旦、柯雄文到葛瑞汉,他们皆从不同的角度注意到《荀子》一书中有关情性、欲望等的不同说法,并试图提出疑问和解释。我们或许不会全然同意他们的观点,但他们的研究至少提醒我们,面对《荀子》一书的相关问题,我们心中必须多一份沟壑。

在一篇题为"孟子与荀子:人之主体的两种观点"的文章中,万百安(Bryan Van Norden)对荀子的道德动机问题提出了一个独特的解释⑤。依万百安,孟、荀两人在人性主体上的持论不同,孟子主性善,仁义礼智根于心,乃天生所有,故而我们每个人都

---

① David B. Wong, "Xunzi on Moral Motivation", in *Virtue, Nature, and Moral Agency in the Xunzi*, p144.
② Ibid. 145.对 David B. Wong 的观点的评论我们将在后面指出。
③ 我们这样说,并非意味着有关孟子道德动机所关涉的道德认知、道德情感和动力等等问题的讨论是极为简单的,事实上,围绕着上述这些问题以及内在论如何关联着孟子的相关主张等问题,学者有着不同的看法,D. Nivison、Kwong-loi Shun、B. Van Norden、D. B. Wong、Lee. H. Yearley、Irene T. Bloom、Eric Hutton、Manyul Im、Koji Tanaka、Xiusheng Liu 等学者都在不同程度上对此进行了深入的探讨。
④ 《朱子语类》卷十一,北京:中华书局,1994 年,第 192 页。
⑤ Bryan Van Norden, "Mengzi and Xunzi: Two Views of Human Agency", in *Virtue, Nature, and Moral Agency in the Xunzi*, pp103 – 134.

有最初的道德倾向。从孟子"由仁义行,非行仁义"的说法中不难推出,我们不仅"必须行道德之行,而且也要有正确的动机",因为真正合乎德性的行为需要出自"非自私的动机"(non-selfish motivation)①。面对孺子之将入于井,人援之以手,是直接出自天生就有的怵惕恻隐之心,"非所以内交于孺子之父母也,非所以要誉于乡党朋友也,非恶其声而然也。"

然而,与孟子不同,万百安认为,荀子主性恶,否认人有天生的道德欲望(innate moral desire)②;同样,在荀子那里,我们也不能指望我们天生的感情(innately feelings)可以成为道德修养的主要手段。既然如此,在荀子那里,一个性恶之人的道德转化又是如何实现的呢?撇开其他繁杂的论述不论,万百安在孟、荀各自的文本中发现了一个有趣的对比,如《孟子·告子上》云:

鱼,我所欲也;熊掌,亦我所欲也……生,亦我所欲也,义,亦我所欲也……。生亦我所欲,所欲有甚于生者,故不为苟得也。死亦我所恶,所恶有甚于死者,故患有所不避也。如使人之所欲莫甚于生,则凡可以得生者,何不用也?使人之所欲莫甚于死,则凡可以避患者,何不为也。是故,所欲有甚于生者,所恶有甚于死者,非独贤者有是心也,人皆有之,贤者能勿丧耳。

在《荀子》一书中,万百安则发现了《正名》篇中的一段,荀子云:

欲不待可得,而求者从所可,欲不待可得,所受乎天也;求者从所可,受乎心也。所受乎天之一欲,制于所受乎心之多,固难类所受乎天也。人之所欲,生甚矣;人之所恶,死甚矣。然而人有从生成死者,非不欲生而欲死也,不可以生而可以死也。故欲过之而动不及,心止之也。心之所可中理,则欲虽多,奚伤于治?欲不及而动过之,心使之也。心之所可失理,则欲虽寡,奚止于乱?故治乱在于心之所可,亡于情之所欲。不求之其所在而求之其所亡,虽曰"我得之",失之矣。

以上两段文本读者可能耳熟能详,然而,万百安却于此发现了孟、荀两人的根本

---

① Ibid. 127.
② Ibid. 122.

差异。万百安认为,荀子在《正名》篇通过区分"欲"与"可"的不同,明确地否认了孟子的主张。依万百安,孟子认为,人必定求其所甚之欲,所谓"所欲有甚于生者,故不为苟得也……所恶有甚于死者,故患有所不避也。"而荀子却断言,一个人的行为并不是由他的欲望所决定的,而是由他的"所可"所决定的(by what he approves of)①,所谓"欲不待可得,而求者从所可"。依孟子,人天生就有"四端",教化的过程就是要通过"思"来培养这"四端",所以孟子说"仁、义、礼、智,非由外铄我也,我固有之也,弗思耳矣。故曰:求则得之,舍则失之"(《告子上》);而在荀子看来,自我教化的过程始于当我们的欲望引导我们做恶时,我们以"心之所可"自觉地克服我们的欲望。如《性恶》篇云:"今人之性,饥而欲饱,寒而欲暖,劳而欲休,此人之情性也。今人见长而不敢先食者,将有所让也;劳而不敢求息者,将有所代也。"此处所谓的"不敢"即指涉"心之所可"的力量。更进一步,荀子认为,任何人都可以做到这一点,因为(与孟子的想法相反)一个人并不是做他想做的,而是做他所可的事。

然而,究竟是什么使人做其所可之事?又是什么使得荀子相信一个人应当可其所可?事实上,陈汉生(Chad Hansen)在《古代中国的语言与逻辑》一书中,对上述《正名》篇的一段便并未如万百安那样注重区分"欲"与"可",而是采用了传统主义式的解读方式。陈汉生认为,在荀子那里,"以言辞表达一个判断或区分的所可,仅仅只是社群认同的一个作用而已。"②但万百安引用了《乐论》中的"君子明乐,乃其德也。乱世恶善,不此听也。于乎哀哉"一段,认为如果所谓的善仅仅只是为社群"世道"(the age)的所可所决定,那么,这个世道又怎么会混乱呢?荀子清楚地表明,自我转化的核心部分是升华旧的欲望,并且获得新的欲望,而在荀子那里,礼则是对欲望的再塑造(retraining)。然而,"为何一个人应该寻求改变难以驯服的欲望,去获得新的欲望?为何要去操心从事自我转化的过程?"对此,万百安认为,一方面,在荀子看来,以礼为核心的圣王之道是创造和维系社会秩序的最佳的独一无二的选择,另一方面,没有礼,人们只会生活在"争乱穷"的社会,这一点在《礼论》篇开头说得十分清楚。在这个意义上,万百安似乎把改变原有的欲望,获得新的欲望,看作是一种"目的——手段"的关系。万百安认为,在孟子那里,自我教化是经由集中从而强化一个人天生的道德性向(innate moral dispositions)而产生的,而荀子则否认人有天生的道德欲望,认为我们不能指望我们天生的情感可以成为道德修养的主要手段,自然地这些情感在

---

① Ibid. 118.
② Chad Hansen, *Language and logic in Ancient China*, Ann Arbor: University of Michigan Press 1983, p98.

自我转化中的作用也就无从谈起。相反的,荀子认为,我们必须遵守礼的准则行事,获得好的老师的影响与默化,如是,我们则会逐渐爱上礼义的实践,因而也爱上德性自身。如荀子在《劝学》篇云:

> 学恶乎始,恶乎终?曰其数则始乎诵经,终乎读礼。其义则始乎为士,终乎为圣人。

又云:

> 学莫便乎近其人。礼乐法而不说,诗书故而不切,春秋约而不速。方其人之习君子之说,则尊以遍矣,周于世矣。故曰:学莫便乎近其人。学之经莫速乎好其人,隆礼次之。上不能好其人,下不能隆礼,安特将学杂识志,顺诗书而已耳。则末世穷年,不免为陋儒而已。

又云:

> 礼者,所以正身也;师者,所以正礼也。无礼,何以正身?无师,吾安知礼之为是也?(《修身》)

对此万百安认为,在孟子那里,一个人从事道德活动、参与礼的实践的自我修养过程,乃是其从一开始就乐于实行的过程,而"对荀子而言,自我教化的过程始于对礼义行为的实践,起初人们并不乐意于这样做,在对礼、文、史的学习中,人们还不能欣赏,也不能充分地理解。但是经过决定性的和持续不断的努力,人们最终会为了自身的原因变成乐意于礼的实践,并且了解和欣赏经典文本。依荀子,一个人必须被训练(be trained)成乐于礼义和道德。"① 万百安对荀子道德转化的这种解释大概可以归诸于类似 D. Nivison 所谓的"德性的吊诡"(the paradox of virtue)②,在教化征途的最开

---

① Bryan Van Norden, "Mengzi and Xunzi: Two Views of Human Agency", in *Virtue, Nature, and Moral Agency in the Xunzi*, p123.
② David S. Nivison, *The Ways of Confucianism: Investigation in Chinese philosophy*, ed with an Introduction by Bryan W. Van Norden, Chicago: Open Court1996, pp31-44.

始,选择乃是一项慎重的工作,就人们所表现出来的行为看,人们顺从礼义并没有自发的热爱和喜好,顺从礼义仅仅只是为了别的目的的手段,诸如获得作为一个统治者的权力、避免伤害和冲突,或者是使混乱的局面归于秩序等。然而,持续不断的努力和富有技巧的老师将逐渐引导人的欲望和理解力,以便使它们与"道"相和谐。到这时,人们将会因礼义自身的原因而热爱礼义,而不是把礼义作为实现其他任何目的的手段,礼义将不再是一个简单的工具,而成为当下有助于形塑一个人的内在心理状态的表达。如是,与其说我们必须寻求并艰苦地遵循"道",不如说依"道"而行将是显而易见且易如反掌之事。

基本上,万百安在这篇文章中,紧扣"欲"与"可"这一对概念在孟、荀之间的差别以诀发他们道德动机的不同特点。对孟子而言,人天生就有仁义礼智"四端",恻隐、羞恶、辞让、是非之情乃天之所与我者,道德教化只是培养自身内在所固有的天爵,使其盈科放海,不可胜用,故而孟子会说:"仁之实,事亲是也;义之实,从兄是也;智之实,知斯二者弗去是也;礼之实,节文斯二者是也;乐之实,乐斯二者,乐则生矣;生则恶可已也。恶可已,则不知足之蹈之,手之舞之"(《离娄上》)。但相比之下,正如T. C. kline Ⅲ所说,"荀子的教化与其说是一个由内到外的一个过程,毋宁说是一个由外到内的过程。师、经典文本、礼、乐乃是从外面形塑一个人的道德感的工具。"[①] 对此,万百安有非常简洁的表述:孟、荀之间的差别,孟子会说,一个人行善是因为他想往行善(desire to do good);而荀子则会说,一个人行善是因为他认可行善("'approves of' doing good")[②];孟子认为,我们的行为由最强的欲望所决定,而荀子则认为,欲望乃是人的情性的直接反应,人的行为最终乃由"心之所可"的能力所决定。万百安赞同荀子的看法,亦即人能选择地做事,而非做其最想做的事[③],一个人无论欲望有多么强烈,皆会被"心之所可"的力量所克服。在极端情况下,人们可以违背其最强烈的欲望而行动,如好生恶死乃人之大欲,然而,人们为了追求其"心之所可"的原则或理想,宁可舍生蹈死,故荀子云:"人之所欲生甚矣,人之所恶死甚矣。然而人有从生成死者,非不欲生而欲死也,不可以生而可以死也。"(《正名》)

万百安的文章在相当程度上披露出孟、荀两人在道德主体方面的不同的心理机

[①] T. C. Kline Ⅲ, "Moral Agency and Motivation in the Xunzi", in *Virtue, Nature, and Moral Agency in the Xunzi*, p157.

[②] Bryan Van Norden, "Mengzi and Xunzi: Two Views of Human Agency", in *Virtue, Nature, and Moral Agency in the Xunzi*, pp123 – 24.

[③] Ibid. 128.

制,这种观察对于突显他们之间不同的道德动机的特点无疑是有意义的。但是,问题显然在于,看到"欲"与"可"之间的差别是一回事,弄清"心之所可"的力量来自何处、又如何克服欲望乃是另一回事,类似疑问或许构成了黄百锐(David B. Wong)质疑万百安的一个重要方面。依黄百锐,在荀子那里,一个人的道德转化如何发生的问题,的确需要对心的力量如何克服天生的情欲得到有效的澄清与说明。不过,"心之所可"的力量在荀子的思想中毕竟应当如何得到恰当的理解?对此,黄百锐认为,在荀子那里,心之可与不可的能力可以有"强解释"与"弱解释"两种不同的方式,在"强解释"之下,"心之所可"能够克服欲望,尽管其与那些将长远满足行为主体的总体欲望体系毫无关系,换言之,在"强解释"的模式下,"心之所可"的力量与欲望无关,是一种独立地产生行为动机的机能。不过,在这种情况下,黄百锐认为,这种"心之所可"只有两种解释是可能的,要么"心之所可"是建基于对不可化约的道德属性的知觉上,这是柏拉图式的处理方式;要么"心之所可"是建基于纯粹理性活动的基础之上,这是康德式的处理方式。由于荀子不认为存在有不可化约的道德属性,同时他也不相信"心之所可"是纯粹实践理性的功能,因此"强解释"的模式并不适合荀子的"心之所可"。

那么,在"弱解释"的模式下,情况又会怎么样呢?依黄百锐,在"弱解释"之下,"心之所可"能够让行为者做出与他最强烈的当下欲望相违背的行为(如舍生蹈死等),只不过在这种解释模式下,心所可的东西最终是建立在那些能最好地满足行为者长远的总体欲望体系之中的,因而"弱解释"较接近于实践理性角色中的"目的—手段"的观点。在这个意义上,这种解释模式有点类似于休谟式的伦理学,亦即理性是激情的奴隶,但为了欲望的长远的最佳满足,理性能够驾驭(manage)激情。即此而观,黄百锐认为,在"弱解释"下,"心之所可"与欲望之间有着本质的相关性,作为行为的动机,"可"与"欲"之间的差别,其实只是欲望所表现出来的范围的差别,亦即一个人"当下的口腹之欲"(immediately sensual desires)与一个人经由对长远利益的反思而产生的欲望之间的选择[①]。依此解释,在荀子的主体概念中,欲望是唯一发动行为的心理状态,或者说荀子哲学所给出的对行为所可的唯一基础就是欲望,心之判断的最终的动机力量乃是从欲望中衍生出来的。但如果对荀子而言,仅仅在"弱解释"下,"心之所可"能够克服欲望,那么,"任何通向自我转化的途径,皆必须从人的自利

[①] David B. Wong, "Xunzi on Moral Motivation", in *Virtue, Nature, and Moral Agency in the Xunzi*, p141.

的天性开始,而不是从能够独立地激发自利的心之所可的能力开始"①。果如是,则第一个圣人是如何转化其自己的问题,相比于"强解释"而言,将会变得更加困难,因为在"强解释"下,我们的道德心理学似乎至少有一个因素能够作为一种与"不可爱"的情感和"口腹之欲"相反力量而行动,而这个因素原是我们本性中的一部分,然而,现在看来,它们只不过是各种竞争着的欲望的不同类型罢了②。至此,黄百锐得出结论认为,"简言之,除了弱解释外,荀子不可能允许任何意义的'心之所可'能够克服欲望。但如果荀子心中只有弱解释,那就不可能有万百安所主张的存在于孟、荀之间的主体观的戏剧性对比。"③

不过,纵观《荀子》一书,荀子言之凿凿地肯定,自利之人经由积善为学而有的道德自我转化不但是可能的,而且也是相当可观的,如荀子云:"积善成德,而神明自得,圣心备焉。"(《劝学》)"涂之人百姓,积善而全尽,谓之圣人。"(《儒效》)"今使涂之人伏术为学,专心一志,思索孰察,加日县久,积善而不息,则通于神明,参于天地矣。"(《性恶》)对此,我们先暂且撇开在已有礼义文明的社会中道德动机形成的问题不论,我们当然有理由去探究,在荀子那里,毕竟一个人在一开始时是如何由自利的情性欲望为行为的动机逐渐转至于接纳或融合他人的欲望和利益?其最初的道德动机是如何形成的?事实上,黄百锐对学界的现有解释并不满意,在他看来,万百安虽然突出了荀子"心之所可"的力量,但即便荀子所言的"心"可以从人的自私的欲望中分离出来而具有"非自利的动机"(non-self-interested motivation),我们仍需要解释,此心毕竟是如何能实际地重塑自私的欲望,并且为道德创造一个新的欲望的?换言之,欲望如何被创造并转化,而不仅仅只是被"心之所可"所克服?黄百锐认为,对于类似的问题,至少我们不能简单地把转化欲望的神奇能力归因于荀子的一个信念(亦即"心之所可"的信念),因为如此一来,会使荀子所强调的通过"礼"和"乐"来塑造(training)欲望的方法变得毫无意义。而对于柯雄文和葛瑞汉的相关主张,黄百锐也心存异见,在他看来,他们二人在人性善恶、欲望以及动机转化方面皆或多或少地混

---

① Ibid. 142.
② 黄百锐的这种解释颇有哲学的锐气,但也有许多学者并不同意,如 T. C. Kline Ⅲ,"Moral Agency and Motivation in the Xunzi", in *Virtue, Nature, and Moral Agency in the Xunzi*, pp160 – 61;同样,Aaron Stalnaker 也认为,在荀子那里,"心之所可并非基于对长远欲望的满足",而是基于心能够审查、筹划、思考可能的行动和结果,以及把相关的根本不同的感觉和观念组成一个复杂的总体,通过对特殊的目的和目标的许可,心学会驳倒追求欲望满足的自发性。参阅 Stalnaker, *Overcoming Our Evil*, Washington D. C.: Georgetown University Press2006, p77, p79.
③ David B. Wong,"Xunzi on Moral Motivation", in *Virtue, Nature, and Moral Agency in the Xunzi*, p141.

淆了孟、荀之间的差别。同样,艾文贺(P. J. Ivanhoe)虽然强调了荀子思想中的人性如热蜡一样具有可塑性,然而,这种塑造的能力来自何处却是模糊的,例如艾文贺把荀子的礼看作是通过获得快乐的均衡(a happy symmetry)把人类的需求与自然的馈赠带向一个和谐的平衡之中①。黄百锐认为,的确,像荀子一样的君子显然已将这种快乐带入礼义之中了,但重要的是要认识到,依艾文贺所说,这种快乐不仅仅建立在礼所提供的人类需求满足的事实的基础上,而且这种快乐还是一种平衡,一种存在于人类所需与自然所与之间的均衡。然而,君子如何获得这种能力以便把这种快乐带到均衡之中去?当荀子试图说服我们相信人性恶时,这种能力显然超出了"通常"(mundane)的看法;同时,也超出了荀子所强调的人性对好利的自我追逐的观点。因此,在艾文贺所谓的"均衡"中,一种具有动机效验的快乐是如何被刻进人心的问题,一个全新的动机是如何传递给人心的问题,却是无法让人索解的②。

有鉴于此,黄百锐对荀子的道德动机转化提出了两种可能的解释,一种是来自穆勒(J. S. Mill)的比喻,亦即在穆勒看来,人们之所以会把道德本身当作目的而不是手段,其实出于某种习惯性的联想,正如金钱原本只是获得快乐的手段,但由于金钱与快乐的恒常联结(constant association),使得金钱本身具有了与快乐一样的目的性质,换言之,我们已习惯了(conditioned)从道德中获得快乐③。不过,黄百锐转念就否认了这种解释,在他看来,假如我们以这种观点来理解荀子,我们就必须首先对圣王如何在道德与快乐之间创造联结有一个解释,因为只有圣王已经把道德内化并赢得了人们的追随时,道德才可能成为满足长远欲望的工具;只有在圣王成功地转化了他们自己,并且创造了一个使道德成为快乐的社会秩序之后,快乐与道德之间的恒常联结才能产生。因此,一个人只有在乐于践行礼之后,才能体验到礼所带来的长远利益的满足,没有这种体验便难以产生把践行礼义本身当作目的的习惯性联想。另一种解释则来自于倪德卫(D. Nivison),在"荀子论人性"一文中,倪德卫曾引《荀子·王制》篇"人有气、有生、有知亦且有义,故最为天下贵也"一段,认为此中的"义"是人特有

---

① P. J. Ivanhoe, "A Happy Symmetry: Xunzi's Ethical Thought", in *Journal of the American Academy of Religion*, (59: 2) 1991, p315.
② David B. Wong, "Xunzi on Moral Motivation", in *Virtue, Nature, and Moral Agency in the Xunzi*, p143. 黄百锐还引用了冯友兰在《中国哲学史》一书中的说法,认为对荀子而言,礼义文理、仁义法正之类的善,"人本不欲此,但却不得不欲此。"("these things are not originally desire by man, but he left no alternative but to desire them", in *A History of Chinese Philosophy*, Vol.1, Derk Bodde trans. Princeton: Princeton University Press 1952, p294.)冯友兰先生的此一说法虽与荀子的人性论相一致,但一个自利的人如何转变成为对道德的热爱和喜好依然没有得到解释。
③ Ibid. 146.

属性中的"义务感"(sense of duty)①,但这种义务感只是一种能使人组成等级区分的社会,并能使人将某种义务当作道德义务来加以认知的单纯的能力(a bare capacity),"然而这种能力没有积极的内容"②。对于倪德卫的这种看法,前面我们已经作过简单的介绍,此处不赘。黄百锐认为,倪德卫的解释乍看之下似乎与葛瑞汉的看法相似,但其实不然,因为倪德卫的观点在某种程度上与荀子的自然主义是相适应的,黄百锐即此而顺从倪德卫的思路作出进一步的阐发。黄百锐认为,在荀子的思想系统中,人之有义的单纯能力,如果要发展成为有道德内容的能力,必须满足三个要求,即当我们把这种能力归于人性时,必须与荀子的性恶论相一致;这种能力必须没有道德内容;当义务被产生时,这种能力必须提供动机效力。出于此一考虑,黄百锐通过荀子的文本发现,人性中存在着许多与道德"意气相投"(congenial)的自然情感,如对故去亲人思念的悲情,对仁慈心怀感戴的温情,受音乐的激发而调整行为的倾向,对和睦关系的向往及"以德报德"(return good for good)的强烈冲动等③。这些自然情感并不直接就是道德情感,相反,而是与人性的自利相关。因此,尽管这些自然情感与道德"意气相投",但却能与荀子的性恶论保持一致。不过,人由于这些自然情感的驱动,会主动寻求表达,而礼、乐即为这种自然情感的表达提供了充分而恰当的方式。礼、乐作用于未加工的人性的过程,即是人性顺从地被塑造成对道德的爱和对礼义的喜好的过程;礼、乐通过疏导、规范人性中本有的自然情感,使之转化为道德情感。如是,人们完全被教化,并且将礼义结构内的生活看作是唯一能够充分满足他们对悲、爱、乐之个人表达的生活。至此,黄百锐认为,正是由于这些内在于人性的自然情感为人们最初的道德义务感的养成提供了动机和条件④。

---

① D. Nivison: *The Way of Confucianism: Investigations in Chinese Philosophy*, ed with an Introduction by B. W. Van Norden, Chicago: Open Court 1996, P206.

② D. Nivison, "Critique of David B. Wong, 'Xunzi on Moral Motivation'", in *Chinese Language, Thought, and Culture: Nivison and His critics*. P. J. lvanhoe ed, Chicago: Open Court 1996, P324.

③ 黄百锐此处未提及"圣人恶其乱也,故制礼义以起法度"的"恶乱"情感。"恶乱"情感在《荀子》的文本中与道德的起源密切相关,《王制》、《乐论》、《性恶》、《礼论》等篇皆有论及,但"恶乱"情感是否可以作为人的自然情感,而且可以与"人之性恶"的主张保持一致? 我们觉得这是一个值得认真讨论的问题。

④ David B. Wong, "Xunzi on Moral Motivation", in *Virtue, Nature, and Moral Agency in the Xunzi*, pp147-51.黄百锐所注意到的人的自然情感与道德之间具有"意气相投"的关系的看法,王国维当年也曾指出过,只不过其结论与黄百锐不同,认为荀子这样一来会导致人情与人性的自利相矛盾。王国维说:"考荀子之真意,宁以为(礼)生乎人情,故曰'称情而立文.'又曰'三年之丧,称情而立文,以为至痛之极也.'荀子之礼论至此不得不与其性恶论相矛盾,盖其所谓'称情而立文'者实预想善良之人情故也。"(《王国维文集》第三卷,北京:中国文史出版社,1997年,第215页)然而,如果我们顺从黄百锐的解释,人的自然情感并没有预设利他主义为前提,两者之间似乎并不存在矛盾。

从上述黄百锐的论述中我们不难看到,与万百安强调"心之所可"此一侧面不同,黄百锐则紧扣着荀子人之性恶的论断,将注意力集中于作为第一个圣人如何从自利的情性中生发出对道德的喜好此一核心问题,并敏锐地注意到人类的自然情感与最初的道德之间所具有的意气相投的亲和关系,从而为性恶之人的道德的初始转化给出了合乎情理的解释。可以认为,黄氏的此一解释为荀子道德哲学中的道德动机的初始生成和解决找到了、同时也提供了一个恰当的值得肯定的线索,当然,其存在的问题也仍值得我们认真分析,对此,我们待后将会稍作交代。

四、荀子与"审慎之道"

至少可以这样认为,在许多学者眼中,《荀子》的文本所潜藏的性恶之人如何会生出行善的动机这一问题,就像一个摇曳的钟摆,让人好奇,也让人着迷。他们基于文本的不同侧面给出了各种可能的解释,在这些尝试中,Kurtis Hagen 在一篇题为"荀子与审慎之道:作为成善动机的欲望"的论文中,对荀子的道德转化问题提出了具有启发性的解释[①]。依 Hagen,荀子最著名的口号是人性恶,意味着我们的天生的性向是可恶的,然而,荀子并不是一位悲观主义者,他相信人们能够成善。但是,性恶之人如何成善?荀子认为,我们需要"伪",亦即人的智思的构成物能够帮助我们重塑我们的品质,荀子相信通过努力地应用我们的心智,反对盲目地顺从我们天生的情感性向,人们就能够发展和保持与"道"的一致并获得和谐。Hagen 的文章较长,除"导言"与"结语"外,分七个部分讨论了相关的问题,但纵观全文,其最重要的议题似乎主要有两个方面,其一是对荀子欲望论的分析,其二是对荀子"化性"主张的理解。

荀子主张人之性恶,故成德的手段在化性起伪,伪起而生礼义,也因此,荀子通常被认为提供了一个转化欲望的方法。然而,Hagen 开门见山地指出,严格地说,荀子并没有为我们提供这种方法,毋宁说,荀子只是为我们发展出了一套"辅助性动机结构"(auxiliary motivational structure),当这种辅助性动机结构与我们的原初欲望发生冲突时,能够制服我们的原初欲望;当一个人成功地转化其所有的品质后,原初欲望依然保留,并获得了极大的满足。此处,Hagen 把荀子的欲望划分成二种不同形态,

---

[①] Kurtis Hagen, "Xunzi and Prudence of Dao: Desire as Motive to Become Good", in *Dao: A Journal of Comparative Philosophy*, (2011)10: pp53-70.

其一是"基本欲望"(basic desire)①,如"饥而欲食,寒而欲暖"等,其二是"具体欲望",亦即对具体事物的欲望(desire for a specific thing),如"食欲有刍豢,衣欲有文绣"等。依 Hagen,基本欲望人生来即有,根源于天,且不会改变。基本欲望与具体欲望的关系是:基本欲望是具体欲望的基础,具体欲望包含基本欲望;而具体欲望则以经验和推理为中介。在荀子那里,基本欲望由于与可恶的性和情相连,而且也常常与感官相关,所以会有些负面的含义,但当导之以智时,这种欲望并不坏,故而在实现道德转化时,荀子并不主张改变我们的基本的自然欲望,这种欲望不能也不需要改变,但我们必须修改(revamp)我们的动机结构,以使新动机和新欲望成为激发人们合于"道"的行为动力②。然而,问题在于,Hagen 既然认为道德转化并不要求改变我们的基本欲望,而这种基本欲望又表现为我们的自然情性,那么,作为荀子思想核心之一的"化性起伪"中的"化性"又该做如何理解?对此,Hagen 对理解荀子"化性"的两种似是而非的解释提出了批评,一种认为,"化性"即是以一种新的不同的性取代旧的性③;另一种则认为,"化性"是"性"转化成了"伪",化性之后,性不复存在,仅有人为的动机(artificial motivations)保留。接着,Hagen 详细地分析了《儒效》、《性恶》篇中出现的三次有关"化性"的不同说法,最后得出结论认为,"化性"本身并没有引起性自身的改变,而这里的性主要指的是基本欲望本身,换言之,"化性"所改变的只是我们的具体欲望,故而 Hagen 认为,"当我们引导我们的欲望时,我们能改变我们的具体欲望,但却不能改变我们的基本欲望,或更准确地说,我们能改变我们的欲望所注意的具体对象。由于经验、知识和训练的原因,我们发现,欲望的某一具体对象,要么在考虑全局后并非真正的最值得欲求的,要么与我们'积累'起来的新的动机结构形成冲突。"④为此,Hagen 引荀子《正名》篇所谓"凡语治而待去欲者,无以导欲而困于有欲者也。凡语治而待寡欲者,无以节欲而困于多欲者也"以证明自己的观点与荀子思想

---

① 在 Hagen 的文章中,"基本欲望"有各种不同的说法,或谓"原初欲望"(original desire)(Ibid. 53)、"原初自私欲望"(original selfish desire)(Ibid. 54)、"基本自然欲望"(basic natural desire)(Ibid. 57),或直接称"自然欲望"等,其意大体指的是人天生而有的欲望能力。
② 依 Hagen 自己的说法,道德转化并不要求转变人的基本欲望的看法,是由他自己和 Dan Robins 独立发展出来的,而与 Aaron Stalnaker、T. C. Kline Ⅲ、Bryan Van Norden、Kim-chong Chong 以及他自己早年的博士论文所持的观点有所不同。Ibid. 54, note2. Dan Robins 的论文学者可参考"The Development of Xunzi's Theory of Xing: Reconstructed on the Basis of a Textual Analysis of Xunzi 23,' Xing E'性恶(Xing is bad)" in Society for the Study of Early China,New York: Cambridge University Press 2015, pp99–158.
③ Hagen 为此引用了荀子《正名》篇对"化"的定义,亦即"状变而实无别而为异"的说法以证新的性取代旧的性的看法,但两者在意思上似乎并不相类。Ibid. 58.
④ Ibid. 62.

的相关性,盖依 Hagen,荀子此处所说的"节"明显不意味着减少欲望,它只是意味着要求修改(modify)我们欲望的作用形态①。

然而,接下来的问题是,为何我们不可随顺我们的欲望? 依照黄百锐的解释,此中原因是出于对欲望的长远满足的审慎考虑限制了我们对当下欲望的满足,如荀子特别注意"长虑顾后"(《荣辱》)便非常能说明问题。对此,Hagen 认为,至少在早期阶段,在儒家自我修养征途中的动机明显地来自于审慎的计算。当然,荀子并不提倡日常生活中的每一决定都基于功利的计算,只是对荀子而言,具有深谋远虑的审慎为自我修养提供了最初的动机。但当在发展出德性之后,我们可以培养出一种基于非审慎的品质,不必每个决定皆出于功利的计算,而可以出于礼义或公义等更高的标准,只不过鼓励我们走上修养之途的依然是审慎的动机而非别的东西,故荀子云:"仁义德行,常安之术也"(《荣辱》)。在这个意义上,Hagen 认为,荀子对问题的思考似乎始终是在一个以欲望为基础的后果主义的审慎范式之中②,如荀子云:"人之情,食欲有刍豢,衣欲有文绣,行欲有舆马,又欲夫余财蓄积之富也;然而穷年累世不知不足,是人之情也。今人之生也,方知畜鸡狗猪彘,又畜牛羊,然而食不敢有酒肉;余刀布,有囷窌,然而衣不敢有丝帛;约者有筐箧之藏,然而行不敢有舆马。是何也? 非不欲也,几不长虑顾后,而恐无以继之故也? 于是又节用御欲,收敛蓄藏以继之也。是于己长虑顾后,几不甚善矣哉!"(《荣辱》)最后,Hagen 对荀子的"养欲"提出了他自己的看法。荀子在《礼论》篇论述礼之所起后,紧接着说"故礼者养也。刍豢稻粱,五味调香,所以养口也;椒兰芬苾,所以养鼻也;雕琢刻镂,黼黻文章,所以养目也;钟鼓管磬,琴瑟竽笙,所以养耳也;疏房檖䈎,越席床第几筵,所以养体也。"但究竟如何来理解荀子所说的"养欲"? 养欲仅仅只是对欲望的满足吗? 庄锦章教授曾经指出,荀子所谓"礼者养也,具有经由教化使自己变得优雅的意义"③,而 Hagen 对此进一步解释

---

① 按:此句中的"凡语治而待寡欲者,无以节欲而困于多欲者也",杨倞注为"若待人之寡欲,然后治之,则是无节欲之术,而反为多欲者所困。"北大本《荀子新注》释为"凡谈论治理好国家的道理,而想靠减少人们的欲望,这是没有办法节制欲望而被欲望太多所难住了的人。"(《荀子新注》北京:中华书局,1979 年,第 382 页)李涤生《荀子集释》解为"凡讨论治道而主张必使人民寡欲,然后可望正理平治的,都是没有办法节制人欲,而为多欲所困的。"(《荀子集释》台北:学生书局,1979 年,第 528 页)J. Knoblock 则将此句中的"节欲"翻译成"moderate their desires",(John Knoblock, *Xunzi: A Translation and Study of the Complete Works*, Vol Ⅲ. Stanford:Stanford University Press1994, p135.)而 B. Watson 将其翻译成"desires can be controlled",(B. Watson, *Hsun Tzu: Basic Writings*. New York:Columbia University Press1963, p150.)以上几个注本和译本皆未将"节欲"了解成修改欲望,"节欲"不是要去除欲望,它在某种程度上可以包含修改欲望,但主要还是节制(重在控制和减少)欲望,这从"节欲"和"多欲"的对言中可以看出。

② Ibid. 63.

③ Kim-chong Chong, *Early Confucian Ethics: Concepts and Arguments*, Chicago:Open Court 2007, p103.

说,此处的"优雅"(refinement)与其说是对旧品味的修正和转化,不如说包含了新的品味的积累,换言之,养欲包含的教化及其所具有的优雅的结果,实际上是发展出了一种新的动机性向(new motivational disposition)。人们在开始时并没能发现随顺礼义的内在动机,而需要外在的刺激,然而,一旦人们因审慎的缘故开始遵守礼义后,践行礼义的经验会使人产生出新的动机结构,正如荀子所言:"今使人生而未尝睹刍豢稻梁也,惟菽藿糟糠之为睹,则以至足为在此也,俄而粲然有秉刍豢稻梁而至者,则瞲然视之曰:此何怪也?彼臭之而嗛于鼻,尝之而甘于口,食之而安于体,则莫不弃此而取彼矣。"(《荣辱》)到那时,人们便有了内在的动机去践行礼义。如是,道德修养与转化的过程亦可说是一个"养欲"的过程,其最终结果就是使欲与礼义之道合而为一。

可以说,Hagen 的文章带给人的启发式多方面的,无论他对荀子欲望的分析,还是他对荀子化性、养欲的理解,皆有其独到的看法。然而,我们似乎也不难看到,Hagen 对荀子道德转化的理解框架尤其是他对荀子欲望理论的分析虽有相当的文本根据作基础,但其方法则颇类于休谟的道德心理学,甚至可以说是从休谟那里脱胎而来的。休谟也将欲望区分为"原初欲望"(original desire)和"衍生欲望"(derive desire),Hagen 只是把衍生欲望改换成"具体欲望"而已;在休谟那里,人的行动的动力必定是源自行为主体的原初欲望,而且这种原初欲望并不接受理性的管束,理性只能把衍生的欲望作为自己的评价对象,而 Hagen 也认为,在荀子那里,化性之前和化性之后,原初欲望都不会改变,我们只是通过知识、经验以及训练等改变具体的欲望以形成新的动机结构等等。不过,既然 Hagen 以休谟的方法来解释荀子,同样的,Hagen 也就同时必须面对学者对休谟的质疑,而这种方法上的质疑显然也同样适合于 Hagen 对荀子道德动机论的理解。Thomas Nagel 便明确反对休谟式的方法,认为"以源自行动主体的欲望来说明所有动机问题的模棱两可的肤浅方法应当结束了。"[①]人们之所以会相信每个有意识的行动背后皆有欲望作为基础,原因在于他们混淆了"有动机"(motivated)的欲望和"没有动机"(unmotivated)的欲望,以至于认为所有行动的动机效力皆由欲望所提供。当然,Hagen 对荀子的道德动机的形成在具体的解释方面并不完全同于休谟,而且详细评论 Hagen 的观点并非本文的目的,学者对此也已有相关的检讨[②]。尚需提及的是,近段时间以来,宋晓竹(Winnie Sung)教授

---

① Thomas Nagel, *Possibility of Altruism*, Oxford: Clarendon Press1970, p27.
② 参阅王华《礼乐化性:从〈荀子〉谈情感在道德认知与判断中扮演的角色》,载《中国哲学与文化》(郑宗义主编),第十三辑,桂林:漓江出版社,2016 年,第 39—67 页。

发表的两篇文章对荀子的道德转化问题提出了新解。一般而言,学者大多认为,在荀子的思想中,"欲"是能引发行为的独立的推动力;也因此,"心"与"欲"的关系可以被理解为"心"是否允许"欲"作为一引发行为的独立推动力的关系,这种看法的文本根据主要源自学者对《正名》篇相关说法的解释。然而,在"荀子思想中的欲:欲望自身能激发行为吗?"一文中①,作者却对此通常看法提出了异议。依作者,在荀子那里,"欲"依其自身并不能激发行动。为此,作者从三个方面进行了检讨,首先对"欲"被看作是独立的动机来源的一般假定提出了说明、质疑和批评;其次通过文本分析,作者认为只有"心"(the heart/mind)自身才能激发行动;最后作者认为,"心"与"欲"的冲突问题在荀子的思想中并不适用,并进一步推断,在荀子那里,"心"不仅始终是一激活的力量,同时"心"也具有追求欲望对象的自然倾向的含义。果如是,则道德失败的根源在于"心"依一种特定的不恰当的方式活动。作者在发表此文后,似意犹未足,故四年后又著"《荀子》道德转化问题之初解"一文②,在思路上承续上文并有进一步的推进。依作者,荀子主性恶,同时性又可以转化,但这种人性恶在初始阶段如何转化的问题并不十分清楚,如若对此问题没有清楚的回答,我们便很难断定荀子所认为的一个人能够真正转化成道德之人究竟到何种程度。为此,作者别出思路,与传统的解释认为在荀子思想中情与道德转化无关或荀子的伦理学能够容纳或调节情的主张不同,作者认为,在荀子那里,道德转化的过程实际上是"心"对人的独特情感的反思过程,正是由于情的特性,使得道德转化成为可能。因此之故,作者分别检讨了学界对荀子有关心论的三种不同解释并提出质疑,第一种观点认为,"心"守道是出于审慎的理由;第二种观点认为,"心"在守道的初始阶段是出于审慎的理由,但通过意识活动和伪的功夫,心能逐渐把"道"看作是目的本身并喜爱上"道";第三种观点则并不预先假定"心"是出于理性的决定而追随"道",它只是把"道"看作是与特定的能够发展成为适当导引的天生的性向意气相投的东西。作者在此基础上提出,荀子的人性恶实际上应当被理解为"心"具有追逐自利的不适当的自然倾向,如荀子云"心好利,而谷禄莫厚焉"(《王霸》),而礼通过形塑和规制人的自然情感来转化"心"的这种不适当的自然倾向,因此,"化性"问题实质上是对"心"的转化问题。惟当自然情感以

---

① Sung Winnie, "Yu in the Xunzi: Can Desire by Itself Motivate Action?", in *Dao: A Journal of Comparative philosophy* (2012) 11, pp369 – 88.
② Winnie Sung, "Ethical Transformation in the Xunzi: A Partial Explanation",载《中国哲学与文化》第十三辑(郑宗义主编)桂林:漓江出版社,2016 年,第 69—97 页。

一种确定的方式被形塑和规制之后,"心"才能从这种不适当的自然倾向中分离出来,成为守道的动机。如是,关键的问题在于,何以这种具有不适当的自然倾向的"心"能够使一个人从倾向自利到守道的转化?在作者看来,一个可能的解释是"心"有知的能力,"心"作为"天君"可以治理五官。依作者,通过自我反省,"心"意识到,自我与他人在作为人类成员的特性中是相互关联的,并且懂得为何一种确定的道德标准是必须的。假如"心"从事于这种反思的观点足够长,那么,人的未加修饰的天然情感将会被形塑成合于道德的情感。

毫无疑问,宋晓竹教授的论文为我们从多角度了解荀子的道德转化问题提供了有益的启发,与大部分学者讨论荀子道德转化时注重对欲的了解不同,作者聚焦于荀子的"心","心"兼知、情为一体,所言并非无据。正如陈大齐教授所指出的,"荀子所说的心应当是一切心理作用的总称。唯其为总称,故知可以称为心,情亦可以称为心。若因见其常用以称呼知虑,遂谓其专摄知而不兼摄情,则未免有失荀子用语的原义。"[①]或许正因为如此,"横看成岭侧成峰",探究荀子之道德动机转化当需有综合的视野,究极而言,宋晓竹的研究提示我们,如何理解荀子思想中的"心"似尚有很大的解释空间,如必欲出于一途,则不免有使美厥灵根,化为焦芽绝港之忧[②]。必须说明的是,有关荀子道德转化问题的讨论,学界还有许多学者的看法值得我们作认真的分析,如 Aaron Stalnaker、T. C. Kline Ⅲ、Kim-chong Chong、Eric Hutton 以及 Dan Robins 等,文中虽间或有些引语和说明,但却远未加以详细的介绍和梳理,此一工作只好留待今后补足。

五、道德动机:"现成"还是"渐成"?

按照荀子的说法,"今人之性,生而有好利焉","性不知礼义","今人之性,固无礼义,故强学而求有之也。"(《性恶》)人之性天生好利恶害,若无师无法,则唯利之见。果如是,对荀子而言,追问一个人行道德之事的动机,似乎在于说明作为一个行为者如何才可能有基于其"自利"本性的实质性理由去依道德而行动。

荀子主性恶,我们暂且搁置荀子论性此一概念的复杂性不论,性恶本身的含义至少意味着,人性在没有"伪"(礼义法度或度量分界)的矫饰下,会顺其天生的欲望无

[①] 陈大齐:《荀子学说》,第 38 页。
[②] 有关宋晓竹的研究,意欲专文加以讨论,此处不及。

限制地发展,但在"势""物"有限的情况下,在逻辑上必然会导致"争乱穷"的结果①。大概有一点可以确定,在荀子人性论的内在结构中,并不存在任何"现成"的道德倾向②。事实上,从荀子"夫陶人埏埴而生瓦,然则瓦埴岂陶人之性也哉?工人斲木而生器,然则器木岂工人之性也哉?"(《性恶》)的比喻中不难看到,我们所谓的道德并不"现成"地内在于人性的结构之中。也正因为如此,尽管柯雄文和葛瑞汉两位学者尤其是柯雄文教授,对荀子思想的研究精微细密,视野宽阔且著述甚丰,但当他们试图通过对《荀子》文本中某些说法的诠释以反证荀子人性思想中具有内在的欲求道德的倾向时,这种主张似皆不免有过度诠释之嫌。学者谓荀子论道德不能在人的心性上立根,没有"先天"的内在根据,今暂且撇开哲学立场的选择不论,所谓"无根",在描述的意义上,对荀子而言,可以理解为行动者"最初"在面对道德抉择时所作的实践慎思(practical deliberation)并不能保证其行动具有出于道德要求的必然性。因此,寻求对荀子的道德动机的解释,"现成"论的模式将会在文本上面临巨大的理论困难。不过,假如我们换一个视角,亦即从"渐成论"(epigenesis)的角度上看③,所谓道德在人性中的生成似乎并非只有"道德直接从原初人性中现成的道德成分中生发出来"这样一种解释模式或体现方式,换言之,荀子的道德动机的形成,在理论上可以有"渐成论"或"建构论"的解释模式。如果这种看法可以成立,那么,因荀子主性恶,并进而一概断言,在荀子那里,行道德之事并不可能有任何的内在动机的认识在理论上就应该也可以得以松动,否则,荀子所主张的"先义而后利"(《荣辱》)、"以义制利"(《正论》)自然不得其解,而荀子谓"仲尼之门,五尺之竖子,言羞称乎五伯。是何也?……彼以让饰争,依乎仁而蹈利者也,小人之杰也,彼固曷足称乎大君子之门哉!"(《仲尼》)也只能被认为是一时的"滞词"或"壅语"④。然而,我们却不能无视上述说法,也不能将这种看似与性恶论相矛盾的主张一概轻易地归诸于荀子思想所带

---

① 参阅拙文《荀子论"争"》,载《中国哲学史》2016 年第二期,第 71—77 页。
② 依 Eric Hutton 的看法,荀子虽然常常用自私的例子,但他并没有在其他别的地方"明显地排除他人导向型的欲望,也未曾宣称我们所有的自然欲望皆仅仅瞄准我们自个的利益。"举例来说,一个父亲可能会自私地爱他的儿子,但是,如果他为了他儿子的幸福,愿意做包括盗窃和杀人的任何事情,那么,我们就没有理由排除为什么荀子会不谴责这一明显的利他动机。"荀子可能会否认此类利他倾向构成了我们各种自然倾向的主要部分,然而,即便荀子认可这种利他倾向,也不会与他的人性论相矛盾。"参阅 Eric Hutton,"Does Xunzi Have a Consistent Theory of Human Nature?", in *Virtue, Nature, and Moral Agency in the Xunzi*, p230.
③ 参阅 P. Ricoeur: *The Conflict of Interpretation—Essays in Hermeneutics*, Evanston: Northwestern University Press1974, p109.
④ 荀子此说的意思是指,五伯(五霸)虽有辞让的道德行为,但其动机却在于争夺;虽有符合仁的道德行为,但其动机却在获得实际的利益。他们是真小人,与道德君子远若霄壤。

给人们的"疑难"乃至"混乱"(chaos),毋宁说,这正构成了我们荀子思想研究中的"课题"。

假如我们把礼义理解为荀子所说的道德①,那么,荀子对道德产生的根源的确有其特殊的看法。劳思光先生认为,荀子的礼是出于应付现实环境的需要的产物,盖依荀子,人生而有欲,欲而不得则不能无求,但由于"欲多而物寡"的原因,若无度量分界,其结果必将导致"势不能容"、"物不能赡"(《荣辱》),及其至也,"则夫强者害弱而夺之,众者暴寡而哗之,天下悖乱而相亡,不待顷矣。"(《性恶》)故圣人恶其乱而生礼义起法度。至此,礼义道德至少在根源上是出于现实的需要为人所创制出来的,而不是如孟子那样从原初人性的结构中"现成"地推演出来的。也正因为如此,今若就礼义之作为道德义来理解,其最重要的意义的确在于保证人类的生存与秩序,在于保证社会的安定和生活的繁荣,故荀子云"礼者,以财物为用,以贵贱为文,以多少为异,以隆杀为要。"(《礼论》)又云"礼者,治辨之极也,威行之道也,功名之总也。(《议兵》)"礼义之谓治,非礼义之谓乱也。(《不苟》)"如此等等。从这个意义上,人们出于整体欲望的长远满足的目的而对当下的口腹之欲(sensual desires)加以必要的限制②,虽然蕴含了荀子对欲望进行规范评价的主张,但在本质上这些作为都与利益的自我关涉(self-regarding)相关。在荀子性恶论的条例下,从原始的野蛮时代发展到文明时代,第一个圣人的出现,或道德的最初的产生,正如艾文贺所说的,荀子似乎的确相信是由一群天赋异禀的个人发现的,他们是最早发展出对世界的初步的道德理解的一批人,但这种发展却需要花费大量的时间和经过反复的试错,以便理解人类需要和欲望的复杂性及其相互关系的方方面面,并使之与大自然的宏大规划相适应③。因此,我们也可以说,在荀子那里,道德的最初产生是由最早的一批圣人在漫长的历史演化中,出于生存的需要或对人类整体欲望的长远满足的目的(或谓"正理平治"的理想,或谓"群居和一"的理想生活)而不断地进行"兼权""孰计"、分析、评估、取舍,最后采取决断的结果。换言之,人们最初欲求道德的主观根据(动机)是出于审慎的(prudent)考虑,荀子对此有许多的论述,如云:

---

① 荀子所言的礼或礼义涵容甚广,道德无疑是其中的一项最为重要的内容。但在根源意义上,荀子言礼的首出含义是政治学的而非伦理学的。参阅拙著《差等秩序与公道世界》第七章,上海:上海人民出版社,2016年,第165—191页。
② 荀子对礼所具有的"分、养、节"三大功能和作用的看法,非常清楚地表明了这一点。
③ P. J. Ivanhoe, "Human Nature and Moral Understanding in the Xunzi", in Virtue, Nature, and Moral Agency in the Xunzi, p238.

欲恶取舍之权：见其可欲也，则必前后虑其可恶也者；见其可利也，则必前后虑其可害也者，而兼权之，孰计之，然后定其欲恶取舍。如是则常不失陷矣。（《不苟》）

凡人之取也，所欲未尝粹而来也；其去也，所恶未尝粹而往也。故人无动而不可以不与权俱。衡不正，则重县于仰，而人以为轻；轻县于俛，而人以为重；此人所以惑于轻重也。权不正，则祸托于欲，而人以为福；福托于恶，而人以为祸；此亦人所以惑于祸福也。（《正名》）

人之情，食欲有刍豢，衣欲有文绣，行欲有舆马，又欲夫余财蓄积之富也；然而穷年累世不知不足，是人之情也。今人之生也，方知畜鸡狗猪彘，又畜牛羊，然而食不敢有酒肉；余刀布，有囷窌，然而衣不敢有丝帛；约者有筐箧之藏，然而行不敢有舆马。是何也？非不欲也，几不长虑顾后，而恐无以继之故也？于是又节用御欲，收敛蓄藏以继之也。是于己长虑顾后，几不甚善矣哉！（《荣辱》）

上述所引包含的意义很广，解释的空间也很大，但如果允许我们作一个更为明白简洁的解释，所谓"审慎"的动机大概就是荀子所说的"长虑顾后"的考量，在这一点上，Van Norden、D. B. Wong、P. J. Ivanhoe、T. C. kline Ⅲ 以及 K. Hagen 等学者皆在不同程度上充分注意到荀子的此一主张。毫无疑问，这些研究对于我们进一步了解荀子的道德动机理论，具有重要的启发作用①。

然而，尽管荀子有关审慎动机的说明对于理解初期阶段道德动机的转化具有相当的解释力；尽管荀子出于审慎的动机而主张节制或转化当下欲望的看法具有规范评价的功能；同时，尽管也有学者认为，"人类的动机心理学还没有表明，我们被激发起来按照道德原则行动的方式，不管是在类型上还是根本上都不同于我们被激发起

---

① 冯友兰先生在 1961 年出版的《中国哲学史》一书中有另一种说法，此即道德的最初起源乃为"知者制为道德制度"说。依冯先生，荀子虽主人之性恶，但人却又有相当的聪明才力，人有此才力，若告之以父子之义，君臣之正，即亦可学而能之，"盖人有聪明才知，知人无群治不能生存，又知人无道德制度之不能为群，故知者制为道德制度，而人亦受之。"（《中国哲学史》北京：中华书局 1961 年第 365 页）冯先生此说有《富国》篇开篇的第一段作为根据，荀子云："欲恶同物，欲多而物寡，寡则必争矣。故百技所成，所以养一人也。而能不能兼技，人不能兼官。离居不相待则穷，群居而无分则争；穷者患也，争者祸也，救患除祸，则莫若明分使群矣。强胁弱也，知惧愚也，民下违上，少陵长，不以德为政：如是，则老弱有失养之忧，而壮者有分争之祸矣。事业所恶也，功利所好也，职业无分：如是，则人有树事之患，而有争功之祸矣。男女之合，夫妇之分，婚姻娉内，送逆无礼：如是，则人有失合之忧，而有争色之祸矣。故知者为之分也。"虽然冯先生并未紧扣道德动机而为言，也未明确说出道德的最初产生是人们出于审慎的动机的结果，但似乎多少蕴含了类似的意思。只不过，在人类尚未有礼义道德的情况下，知者之"知"如何从一开始就能知礼义道德？此中缺少一些必要的环节上的解释。

来追求'日常'的目的或目标的方式。"我们之所以具有强烈的道德意识的动机,"是因为在评价他们的目的时他们赋予道德目的以最大的分量……我们看重道德目的,主要是因为我们相信,持有和实现那些目的对我们自己和对我们所生存的共同体都是好的。"[1]但是,如果站在康德的立场,出于这种动机(as such)而来的道德却可能沦为"假言令式"[2],亦即为了达到某一目的,你必须如此这般去做,盖在上述的说法中,道德的目的似乎只是人类诸多目的中的一个选项,只不过这种道德的目的经由兼权熟计、深思熟虑后恰巧符合人类共同体的好的生活而已,因而这种道德或只具相对价值而无绝对价值,换言之,其行动的动机并不是出于道德本身,而只是在某种意义上合于道德而已。康德哲学一再教导我们,对道德的辩护,其最终的根据不能源自那些对我们来说是"好"的东西,或者说不能通过达成人们的目的、需要或欲望,甚或因满足了人们生存的共同体的福祉就能证明其为道德的。因此,具有普遍性和绝对性的道德律并不能在目的—手段的因果关系中,或者在各种混杂相异的所谓"好"中找到其最坚实的基础,行为的全部道德价值的本质取决于道德法则直接决定意志[3]。审如是,我们就有必要问,假如在荀子那里还存在"惟仁之为守,惟义之为行""畏患而不避义死,欲利而不为所非"(《不苟》)等道德动机的主张的话,那么,人们又是如何从"视道德为手段"进至于"视道德为目的"的呢?

从人类动机心理学的发展角度上看,荀子有关道德动机的观念大体可以区分为礼义文明产生之前和之后两个阶段。如前所言,在礼义文明产生之前,亦即从野蛮时代过渡到文明时代的所谓道德产生的最初阶段,我们所面临的问题是,一个怀抱自利情性的人在最初阶段如何能够养成奉行和喜爱道德的动机? 此一问题在理论上涉及到对人之情性的能塑、可塑的看法。正如许多学者的研究所表明的那样,虽然荀子与霍布斯之间在理论的特点上有不少相似的可比较之处,但他们两人也有一些重要的区别。与霍布斯纯粹以政治方式处理人性问题不同,荀子还特别注意到对人性和人的行为的修养与转化[4],实质上,荀子自己就明确地说过,"汤武存,则天下从而治,桀

---

[1] 徐向东:《道德哲学与实践理性》北京:商务印书馆,2006年,第46页。
[2] 参阅李明辉:《儒家与康德》台北:联经出版事业公司,1990年,第27页。
[3] 在西方,康德式伦理学与效果论伦理学(我们也常常将它看作是功利论伦理学,这种说法在中文语境中多少带有贬义的意味)可以看作是两个彼此争长竞短的流派。效果论不是通常我们所理解的急功近利的功利主义,它讲求一行为之抉择要对人类的福祉有关,所以人有义务去做,换言之,我们没有义务去做对人类有害的事情。
[4] David Nivison, "Review of *The World of Thought in Ancient China*", *Philosophy East and West* 38, no.4 (October1988), p416.

纣存,则天下从而乱。如是者,岂非人之情,固可与如此,可与如彼也哉!"(《荣辱》)而黄百锐(David B. Wong)则认为,荀子的自然状态理论与霍布斯的不同之处在于,霍布斯从未期待过人类的自利动机在从自然状态过渡到市民社会的过程中会发生改变,而在荀子那里则不同,当人们认识到他们在求取欲望满足的过程中需要有所限制后,人们不仅知道需要限制他们的行为,而且还认识到需要透过礼(ritual)、乐(music)和义(righteousness)来转化他们的品格。这样,他们就会知道他们是在兴趣上喜爱这些东西,而不仅仅只是让这些东西来约束自己①。假如我们认同这种解释,那么,一个自利之人最初接受和奉行道德的接合点,与其基本的自然情感的关系就应当是顺与适的关系,而不应一开始便是堵和截的关系。正是在这个意义上,黄百锐所揭发的《荀子》一书中记载有关人类的诸多自然情感与道德具有"意气相投"的关系以及礼、乐充分而恰当地表达了人类的自然情感的看法,显然比万百安一味强化"心之所可"的功能与作用以明荀子的最初的道德动机转化要更具解释力,同时也更切合荀子的本意,如荀子一方面认为,"礼以顺人心为本"(《大略》),"两情者(依李涤生,谓吉事欢愉之情与凶事忧戚之情),人生固有端焉。若夫断之继之,博之浅之,益之损之,类之尽之,盛之美之,使本末终始,莫不顺比,足以为万世则,则是礼也。"(《礼论》)"礼者,断长续短,损有余,益不足,达爱敬之文,而滋成行义之美者也。"(《礼论》)另一方面荀子又认为,"夫乐者,乐也,人情之所必不免也。""夫声乐之入人也深,其化人也速","声乐之象:鼓大丽,钟统实,磬廉制,竽笙箫和,筦钥发猛,埙篪翁博,瑟易良,琴妇好,歌清尽,舞意天道兼。鼓其乐之君邪。故鼓似天,钟似地,磬似水,竽笙箫和筦钥,似星辰日月,鼗柷、拊鞷、椌楬似万物。曷以知舞之意?曰:目不自见,耳不自闻也,然而治俯仰、诎信、进退、迟速,莫不廉制,尽筋骨之力,以要钟鼓俯会之节,而靡有悖逆者,众积意𧩙𧩙乎!"(《乐论》)按荀子之说法,"礼"因顺人情而能滋成行义之美;"乐"入人也深,故其化人也速。在乐舞之中,"人们眼看不见自己,耳听不见自己,但其俯仰、屈伸、进退、迟速,莫不合于规矩而见其裁制,竭尽全身力气,让舞步配合钟鼓俯仰会合之节奏,而没有一个人违背的,原因何在呢?那是因为众人习于此舞,以致对此舞之节奏有如生命自自然然之表现了……荀子此段与其说是描述了歌舞艺术所表现的中规合节,训练有素的场景,毋宁说,它是通过'舞意与众音繁会而应节'的'隐喻',表达着'乐'与'舞'在感人、入人方面所造就的'丰满的感

---

① David B. Wong, "Xunzi on Moral Motivation", in *Virtue, Nature, and Moral Agency in the Xunzi*, p136.

觉'……人们不必借助目见、耳闻、口说,而只以其自然之身行即合于整体之节律,'歌'与'舞'使得歌舞者能对自己本身和个人的偏爱保持距离,并同时'使他返回到他的存在整体'。"①伽达默尔认为,音乐、舞蹈之类的审美判断虽不是以规定性的普遍理性去判断事物,然而它却是一种"健全的判断""完满性判断",直接关涉到道德共同体的共同利益,并深深地扎根于此一共同体的"共同意向"(Gemeinsinn)之中,以致所有的人都有此足够的"共同感觉"(gemeinen Sinn),因而,它对于培养人们的"共通感"具有十分重要的作用,而"共通感"恰恰是公民道德存在的一个要素②。毋庸讳言,荀子的相关论述甚多,此处不必一一赘举。依黄百锐的说法,在荀子那里,礼、乐作用于未加工的人性的过程,同时也就是人性顺服地被塑造成对德性的热爱和对礼义的喜好的过程,道德是用以表达人类特定的潜在情感的,而义、礼、乐不仅可以表达这些情感,而且可以引导和形塑它们,以至使得人们原初的狭隘的自利变得更为宽广,同时也更坚实地与他人的利益联系在一起。

不过,在人类的礼义文明产生之后,亦即当人们生活和生存于已有了各种规范系统的社会之后,性恶之人的道德动机的形成似乎变得更为复杂,Van Norden、P. J. Ivanhoe、T. C. kline Ⅲ、A. Stalnaker 以及 K. Hagen 等人强调认知与评价的参与对一个人新的动机的形成所具有的作用,显然又比黄百锐强执欲望之于动机的根本性,似乎更让人启发。我们想强调指出的是,认知、评价的参与对新动机的形成虽不排除审慎的考量,但随着积学、教化、环境和信念等因素的加入,以及上述诸多因素的积靡磨荡,新、旧欲望和新、旧动机的转化亦会有"他乡即故乡"的效果,此中原因似乎并不复杂,因为积学、教化、认知、评价和环境等综合因素将会对一个人新的欲望和动机的形成产生深刻的影响,盖按荀子的说法,人生而有欲,欲而不得则不能无求,"欲望"在此似乎被赋予了天然的正当性。但在进入礼义文明社会之后,由上述这些综合因素所形成的特定的价值信念,却会对一个人的欲望和欲望对象产生"为何去求?""如何去求?""是否可求?"的疑问和影响,"所受乎天之一欲,制于所受乎心之多"(《正名》),如是,欲望的天然正当性与价值正当性之间的矛盾,便转化成了一个人在行为抉择时的动机冲突,因为有了动机冲突,所以新动机的产生便有了现实的可能。明乎此,我们也便可以理解何以荀子强调"心不可以不知道"(《正名》)、"学不可以已""学莫便乎近其人"、"君子居必择乡,游必就士"(《劝学》)等等言说之于一个人动机转化所具

---

① 参阅拙著《合理性之寻求:荀子思想研究论集》,第 243—245 页。
② 参阅伽达默尔《真理与方法》(洪汉鼎译)上海:上海译文出版社,1999 年,第 41—48 页、第 89—90 页。

有的意义。例如排队购物的现象,因人多之故,是采取先来后到的文明方式,还是采取胡乱插队的无序方式,抑或采用恃人高马大的强力方式? 一个人在未经这些因素的影响和教化之前,可能会为了满足一己之私而采取插队或强力的方式,然而,因认知、评价及教化等而产生相关的信念后①,他会觉得,即便我有相对紧急的事情,我也不能恃强力破坏有序的文明规则,他会觉得这样做是一种可耻的行为,用荀子的话来说,"人之有斗,何也? 我甚丑之"(《荣辱》);更有甚者,他甚至一看到这种场景即会自然而然地排队,而不会想到其他任何有违于有序规则的行为,这种"自然而然"的意识即意味着一个人的新的动机的形成。事实上,在荀子那里,经由为学去陋、慎思明辨、师法教化等熏习所产生的对某一欲望对象是否可欲、如何可欲的反省,进而产生和形成新的动机和欲望的事例在《性恶》和《荣辱》等篇中并不难看到。黄百锐将荀子的道德心理学了解为"对行为所可的唯一基础就是欲望,心之判断的最终的动机力量乃是从欲望中衍生出来的",这种认识在我看来,在人类尚未进入礼义文明时代时有其合理的一面。然而,当人类进入礼义文明时代之后,"心之所可"的对象却并非如黄百锐所说只有欲望,甚至也并非直接就是欲望,而是"道",正如艾文贺所指出的,在荀子那里,一个人对如何实现儒家社会的宏伟计划的既定行为或行为类型,必须有足够的把握,以便完全理解和欣赏其道德品质,这样一种理解反过来产生一种追随"道"的宏伟规划的承诺,这种"道"就其自身而言即是善的,不仅意味着而且其自身就是最好的生活类型的象征②。故荀子云:"心不可以不知道;心不知道,则不可道,而可非道。人孰欲得恣,而守其所不可,以禁其所可? 以其不可道之心取人,则必合于不道人,而不合于道人。以其不可道之心与不道人论道人,乱之本也。夫何以知? 曰:心知道,然后可道;可道然后守道以禁非道。以其可道之心取人,则合于道人,而不合于不道之人矣。以其可道之心与道人论非道,治之要也,何患不知? 故治之要在于知道。"(《解蔽》)此处,"道"可以了解为礼义文明社会的一整套规范或规则系统③,它既是人的认知和评价的对象,也是对人的美好人生的承诺。人要"可道",必先"知道","可道"后人会产生相应的信念,而此信念入于人心则能使人守道以禁非道,故云"率道而行,端然正己不为物倾侧"(《非十二子》)。人之所以认可"道",是因为

---

① 这种信念在行动哲学看来,又可称之为"充分理由信念",它具有激发行为动机的功能。
② P. J. Ivanhoe, "Human Nature and Moral Understanding in the Xunzi", in *Virtue, Nature, and Moral Agency in the Xunzi*, p239.
③ 严格说来,"规范"与"规则"并不相同,对人而言,前者更表现为义务性和可选择性,而后者则更强调人对它的遵守。

"道"本身蕴含的一套评价标准能够告诉人们对错、好坏,而且被人生经验证明了其本身就是最好的生活形式,故能合于人心。久而久之,人们依"道"而行,即习惯成自然,故荀子云:"夫人虽有性质美而心辩知,必将求贤师而事之,择良友而友之。得贤师而事之,则所闻者尧舜禹汤之道也;得良友而友之,则所见者忠信敬让之行也。身日进于仁义而不自知也者,靡使然也。"(《性恶》)依《春秋繁露》,"积习渐靡,物之征者也,其入人不知,习忘乃谓常然。"如是,人便在无形中形成了一种新的动机机制,故荀子又云:"今使人生而未尝睹刍豢稻粱也,惟菽藿糟糠之为睹,则以至足为在此也,俄而粲然有秉刍豢稻粱而至者,则瞲然视之曰:此何怪也? 彼臭之而嗛于鼻,尝之而甘于口,食之而安于体,则莫不弃此而取彼矣。"(《荣辱》)荀子此段常为学者所引,至其言"莫不弃此而取彼"则已明显地蕴含了新、旧动机之转化①。前引 Aaron Stalnaker 对黄百锐的批评可以表明此一点,而 T. C. kline Ⅲ 亦随顺万百安的思路认为,荀子的"'心之所可'可以理解为不同于如此这般欲望(desire as such)的动机机制。荀子将'所可'与'知'相联系,与我们描述和评价我们的内在动机以及外在情境的认知能力相系……这种经由心之指向和控制的过程将原初欲望(original desire)转化成比与生俱来的、随情感状态而涌现的特殊反应更为复杂的动机。这种动机现在可以体现在更为广泛的认知和描述之中,同时也建基于对外在因素之性质的理解和敏锐感知之上。"②审如是,若依黄百锐的说法,如果我们将这种已经转化了的动机依然看作是欲望的话,那么,这种新欲望不仅会与荀子有关欲望的定义相违背,而且它简直就是假定,除了欲望,没有任何别的心理状态可以激发行为。"实际情形可能是,'心之所可'表示另一类动机,也许我们可以把它称作一种'实践判断'(practical judgment),它既有认知,又有意动(conative)的因素。"③

同样道理,在另一方面,我们也应看到,假如我们撇开黄百锐与 K. Hagen 在具体论述脉络上的差异不论,尽管 Hagen 强调智的引入以发展出一套辅助动机系统,但他们两人无论是黄百锐的"欲望竞争说"还是 Hagen 的"原初欲望不变"论,二者其实有

---

① 荀子此段之文脉在说明,人之所以只止于口腹之欲之追求,而不以笃行君子为榜样,原因在于"陋"。依《修身》篇,"少见"为陋,言其愚与塞。就旧动机之转化与新动机之形成而言,此处的"陋"我们可作散开来理解。

② T. C. Kline Ⅲ "Moral Agency and Motivation in the Xunzi", in Virtue, Nature, and Moral Agency in the Xunzi, pp160 – 61.

③ Ibid. 161.

异曲同工之处,亦即皆强调欲望之于动机的作用①。如果说 T. C. kline Ⅲ 等人已经对黄百锐的观点提出了批评,那么,Hagen 的主张又存在什么问题呢? Hagen 将荀子的欲望区分为"原初欲望"与"具体欲望",冯耀明在论及荀子的性概念时亦区分为未及物的性和已及物的性,前者是与生俱来的本能或情性,大体合于 Hagen 的"原初欲望",后者即是前者接于外物而产生的"目好色,耳好声,口好味"等之类的欲望,大体相当于 Hagen 的"具体欲望"②,当然,他们两人在论述的重点上并不相同。按 Hagen 的说法,即便人的道德转化发生以后,原初欲望依然保留,不会改变,而且获得极大的满足。不过,Hagen 的这一观点,如前所言,如果站在 Thomas Nagel 的立场上看,则 Hagen 显然混淆了"有动机的欲望"(motivated desire)与"无动机的欲望"(unmotivated desire),换言之,与具体欲望相区分的所谓原初欲望,不论 Hagen 有多少不同的说法,似皆可表示某种无具体内容的或不及物的能力(但 Hagen 对原初欲望的说法较为混杂),如果这种能力也叫作欲望的话,它是未经主体之人之思虑和决定就突如其来出现的,如"饥而欲食"等,在 Nagel 看来,这种欲望虽然可以被说明,但却没有驱动行动主体有所行动的动机效力③。事实上,在荀子那里,任何可以称得上"具体欲望"的东西,皆必定包含了认知和评价因素的加入。如果我们同意此一看法,那么,Hagen 区分和保留原初欲望的理论意义就必须得到有效的说明,否则就有可能落空。同时,更为直接的是,正如学者所指出的那样,在 Hagen 那里,道德转化并不要求改变原初欲望,而是一直存在,只不过新产生的辅助动机系统能够克服和压倒原初欲望而已,果如是,则道德转化完成后所形成的新动机与原初欲望之间的紧张,将会使得荀子所主张的"备道全美"(《正论》)、"动无不当"(《君道》)、"不失毫厘"(《儒效》)的圣人理想在理论上可能招致松动和瓦解④。

不过,思量 Hagen 所以坚持道德转化之后,人的原初欲望非但没有改变,而且获

---

① 强调欲望之于动机的作用,在理论上无疑有其根据,问题在于如何理解欲望,此一问题在休谟式道德心理学与行动哲学之间争论不休。简言之,在荀子那里,道德转化后的欲望更多的表现为一种"意动"因素或"愿力"的搜寻状态,而不是如 K. Hagen 所理解的原初欲望那般,见后说明。

② 冯耀明:《荀子人性论新诠——附〈荣辱〉篇 23 字衍之纠谬》,载《台湾国立政治大学学报》第十四期,2005 年 7 月,第 169—230 页。王华教授主张将荀子对性的理解大略区分为广义和狭义两种,更有助于诠释"化性",亦即狭义的性就是指天生的官能、不具体的生理与心理驱力、倾向等;广义的性即包括狭义的性作用于日常生活经验"自然"产生,由耳目感官、心理能力与外物"精合感应"而发展出的较具体的倾向于表现。(参阅王华"礼乐化性:从《荀子》谈情感在道德认知与判断中扮演的角色",载《中国哲学与文化》(郑宗义主编),第十三辑,第 51 页)笔者倾向于赞同这种区分。

③ Thomas Nagel, *Possibility of Altruism*, Oxford: Clarendon Press1970, p29.依 Nagel,具有驱动行动主体有所行动的动机必当"通过决定和思虑之后"(by decision and after deliberation)而有。

④ 参阅王华《礼乐化性:从〈荀子〉谈情感在道德认知与判断中扮演的角色》,第 48 页。

得了极大的满足,其根据正来源于其荀子对"化性"的了解。的确,如果我们浓缩问题的要领,在荀子那里,性恶之人的道德转化正可以"化性起伪"来概括,而依荀子"化"乃是"状变而实无别而为异"的定义①,"化性"确如 Hagen 所言并没有改变"性"的性质("实无别"),而只是改变性亦即第二义之性所表现出来的各种情欲的作用方式,换言之,原初欲望并没有改变,改变的只是具体欲望。然而,我们需要紧切地意识到,在《荀子》一书中,"化性"却总是与"起伪"联系在一起,而荀子言"性"有二义,谓"生之所以然者谓之性。性之和所生,精合感应,不事而自然者谓之性"(《正名》);言"伪"也有二义,谓"心虑而能为之动谓之伪;虑积焉,能习焉,而后成谓之伪。"(《正名》)如是,我们就有必要问,"化性"与"起伪"的关系是什么?"化性"本身是否即可代替"起伪"? 如果可以,荀子又何以要架屋叠床地说"化性而起伪"? 此外,对"伪"的了解,第一义之"伪"意义相对较为清楚,但第二义之"伪"所说的"而后成"的"成"指的是什么?

我们先看第一个问题。有学者认为,"'化性'依赖的是'注错习俗',可是'注错习俗'实际上就是行为方式和习惯,即第一义的'伪'的积累。这样看来,'化性'和'起伪'并不是两个阶段的功夫,而是同一种功夫的两个面向。"②我们可能对此看法持保留意见,如果此说为真,那么,荀子何以要突出性、伪之分? 的确,荀子明确说过"注错习俗,所以化性也。"(《儒效》)但此处有两点尚需辨明,其一,注错习俗固然可以化性,但化性却并不就等于注错习俗;其二,注错习俗固然表现为传统、风俗和习惯对人的影响,但这些风俗习惯和行为方式并不就等于第一义之"伪"的"心虑、能动",恰恰相反,人被"注错"于特定的环境中,其传统、风俗和习惯对人的行为的影响更多的表现为某种"集体无意识",而与第一义之"伪"所强调的"心虑、能动"相远,因而我们主张"化性"与"起伪"不可看作同一种功夫的两个面向。实际上,"化"与"起"在此处皆作动词,重点显然在于"性"和"伪"。依荀子,"不可学、不可事而在人者谓之性,可学而能、可事而成之在人者谓之伪"(《性恶》),此说强调性、伪之间可学可事与不可学不可事的差别。如前所言,荀子言化性指的是第二义的性,而化性所改变是人的情欲的表现方式,这种表现方式之改变是藉由外在的礼义加以矫饰,使之合于规范,故云"状变而实无别而为异"。可是,"起伪"与"化性"不同,可以理解为"化性"功夫

---

① 荀子有关"化"的定义是在《管子》的基础上发展而来的,《七法》篇云:"渐也、顺也、靡也、久也、服也、习也,谓之化。"荀子的定义明显更加哲学化了。
② 参阅邓小虎《荀子的为己之学:从性恶到养心以诚》,北京:北京大学出版社,2015 年,第 61 页。

的进一步推进,荀子自己也强调"性之所生"与"伪之所生""有不同之征"(《性恶》)。那么,其不同在什么地方呢?今暂且撇开《性恶》篇所言的文本脉络的道理不论,此处有两点需要指出,其一,我们说化性所改变的只是具体欲望的外在表现方式,但在荀子那里,任何的具体欲望本身皆离不开认知的因素,换言之,仅凭单纯的原初欲望(此处所说的原初欲望指较为抽象的生理驱力或心理倾向)并不能成全一个欲望行动,如"我想吃"(I desire to eat)必定要知道某物可吃、好吃才能成为一具体的欲望或欲望行动,如"我想喝可乐"或依荀子所说的"食欲有刍豢,衣欲有文绣,行欲有舆马"即为一具体的欲望,这个欲望必定包含认识了"可乐""刍豢、文绣或舆马"对我的"好"为前提的。然而,此一具体欲望之调节或改变并不是由"化性"所实现的,而是由"起伪"所实现的,故荀子云:"情然,而心为之择,谓之虑。心虑而能为之动,谓之伪"(《正名》)①;其二,此处还涉及到荀子第二义之伪所说的"有所成"的"成"究竟指的是什么的问题。在了解此一问题之前,我们看到,荀子言"伪"似乎特别注重"后成""后然"的结果义,如一方面云"夫感而不能然,必且待事而后然者,谓之生于伪",另一方面又云"可学而能,可事而成之在人者谓之伪"(《性恶》),又云"虑积焉,能习焉而后成谓之伪"(《正名》)。在此类说法中,荀子言(第二义之)"伪"可以说特别注重结果,而此结果又落在人身上。"化性"所表现出来的"状变"当然也是一种结果,但此一结果只是一种外在表现或外在形式的改变;"起伪"所表现出来的结果是通过学和事、通过"虑"的积累和"能"的熟习而有的结果,这种结果不可能只是人的某种外在形式的改变。陈大齐、李涤生皆认为,荀子第二义的"伪"所言的"成"指的是由行为积累而成的人格②,而邓小虎则认为,第二义的"伪"至少不限于人格,礼义也可以理解为第二义"伪"的成果③。我们觉得以上两种说法皆有其道理。但是,无论是"人格"说还是"礼义"说皆只指涉到对已成的新出现的结果的描述,我们要问,何以"成之在人者"的"起伪"会产生这种结果?顺此思路,假如我们联系荀子"圣人积思虑,习伪故以生礼义而起法度","圣人化性而起伪,伪起而生礼义,礼义生而制法度"(《性恶》)的说法,我们也有理由认为,伪起而后有成的"成"实质上已然包括了新的

---

① 无疑的,荀子第一义的"伪"所表现的"心虑、能动"本身可有对错之分,也正因为如此,"起伪"本身是一个不断的试错的过程,是一个权衡、比较和决断的过程。
② 陈大齐:《荀子学说》,第 35 页;李涤生:《荀子集释》,第 508 页。
③ 邓小虎:《荀子的为己之学:从性恶到养心以诚》,第 61 页。

动机的生成,因为只有基于不同于"化性"而是基于"起伪"①而来的新的动机才能生"人格"、生"礼义"②。在我们看来,理解此中的道理并不复杂,首先从文本脉络上看,荀子言"起伪"总是与"生礼义"相连,但礼义如何生？圣人与塗之人之别不在性,而在伪。性无礼义,且倾向于自利,但化性只改变了性(指人的具体欲望)的表现方式,所以仅化性并不能生成一个新的动机,而没有新的动机也就不可能生成新的人格和礼义。其次,从荀子"化性而起伪,伪起而生礼义,礼义生而制法度"的语言用法上看,"化性"与"起伪"之间并非只是一个简单的相连关系,而是实质内容的递进关系,第一步为化性,第二步为起伪,而且我们还想进一步指出,"化性"之所以可能,其实义和根本乃取决于"起伪"。依荀子伪的两重定义,当一个人虑积、能习而后成之后,即人去除了其自利的欲望而以礼义为目时,这时的"伪"便包含了一个新的动机的形成,而且也只有这种动机才能真正"生礼义""成人格"。换言之,能生礼义、成人格的动机不能单纯从"化性"中产生,而只能从"起伪"中产生,而起伪不仅包含了思虑、评价和信念,也包含了环境、传统和习俗等等对人的影响,而这一点正构成了我们理解荀子从第一阶段过渡到第二阶段,亦即在礼义文明已经存在之后道德动机如何形成的关键。

当然,如前所述,单纯的"化性"并不能产生新的动机,新动机的产生只能来自于"起伪",然而,此一说法本身却是有待分析的,若将此一说法作过于极端的解释,则并不符合荀子的意思,盖荀子一方面强调"性伪之分",但另一方面也十分强调"性伪合然后圣人之名一""性伪合而天下治""无性则伪之无所加,无伪则性不能自美"(《礼论》)。即此而观,在荀子那里,人的新动机的产生若离开"性"而单纯依靠"伪",则无论在理论上还是在文本上似乎都难有坚强的说服力③。基于此一认识,我们不难看到,尽管 Aaron Stalnaker、T. C. Kline Ⅲ、Bryan Van Norden 乃至 P. J. Ivanhoe 等人特别强化认知、评价或"心之所可"对于一个人的新动机的产生和形成所具有的根本意义(此处取广义的动机概念,狭义的动机概念倾向于将认知或"心之所可"的"可"看作是一种评价),但此一看法在理论上似乎仍有两个问题有待说明,其一是由认知或"心之所可"而来的行动理由如何实现其自身(理由)到动机之间的有效过渡？这

---

① 观察荀子对"伪"和"起伪"的了解,其包含的内容甚广,认知、评价、思虑、选择、信念以及传统、习俗、环境等等因素皆可涵容,而这些恰恰是孕育新动机形成的重要原因。
② 按照荀子对"化"的定义,"化性"并未改变"性"的实质,故而由"化性"也不可能产生新的动机,而依此动机而生的"人格"和"礼义"就更难想象了。
③ 参阅拙著《合理性之寻求》,第 403 页。

大概可以看作是一个"休谟式"(Humean problem)的问题,如我清楚地知道我要做什么、我应当做什么,但我却没有去做,这种"意志无力"(weakness of will)问题尚需交代,这一点对于持性恶论的荀子而言尤其重要[①];其二这种看法在文本上未能全面照顾到荀子"性伪合"的主张。然而,问题还在于,荀子此处所说的"性伪合"的"性"究竟指的是第一义的"性"还是第二义的"性"?许多学者倾向于认为,荀子"性伪合"之"性"乃是第二义之性亦即表现为具体欲望(如食欲有刍豢,衣欲有文绣,行欲有舆马等)的性与"伪"的结合,然而,这种了解在理论上似乎并不合适。首先,从荀子言"性伪合"的文本脉络上看,它是顺"性者,本始材朴也;伪者,文理隆盛也。无性则伪之无所加,无伪则性不能自美"而来的,此处荀子将"性"了解为原始的素材(本始材朴),与《性恶》、《荣辱》等篇把"性"了解为好利恶害等具体的情性欲望的"性"颇不相同,或许正因为如此,李涤生认为"此数语与性恶说,颇有出入。"[②]揣度李氏之所以有此疑惑,或许是由于其未顾及荀子对"性"有两种定义,假如我们将荀子第一义之性亦即"生之所以然者谓之性"的"性"了解为"性伪合"之"性",则其与"本始材朴"之间便不会有"颇有出入"之惑;其次,从"性伪合"的内容上分析,我们知道,在荀子那里,第二义之性所表现的任何具体的欲望,其之所以可表现为具体如"我想穿西服",必定已加入了认知乃至评价的因素,而"伪"所表现的心之虑、能之动以及虑积、能习本身就包含了认知和评价在内。因此,将"性伪合"之"性"了解为第二义之"性",在逻辑上便只有两种结果:当具体欲望所包含的认知与"伪"所包含的认知完全一致,则不存在化性起伪;当具体欲望所包含的认知与"伪"所包含的认知相互矛盾,则不存在"性伪合"[③]。审如是,我们认为,"性伪合"的"性"当指第一义之性与伪的结合。前面我们已经说过,我们赞同将第一义之性了解为人天生而有的非具体的心理倾向或生理驱动力,这种性大体合于荀子所说的"生之所以然"的"性",有学者也主张将荀子的这种性理解为"人类生命的一切天然质具"[④],"质具"的另一种说法其实就是"知能"(《性恶》),它是人天生而有且无积极内容的能力,我们也可以将它称作"潜能"

---

① 在儒家性善论的传统中,所谓"意志无力"问题,大凡是把它归结为一个人所知不真、所知不深的问题。参阅拙文"朱子论真知及其动机效力",《台湾大学哲学论评》第五十二期,第1—26页,2016年10月。
② 李涤生:《荀子集释》第440页。
③ 此处"性伪合"之"合"可有各种不同的解释,如用"加工结合",如是,则此性虽可取第二义之性,但却不符前面所说的文本脉络。郝懿行释"合"为"合一",语意较模糊。李涤生释为性伪"两者相合"(《荀子集释》第440页)、北大本释为"本性与人为相合"(《荀子新注》第322页)。以"相合"释"合"来解释"性伪合",则所"合"之"性"当为第一义之性,而意思显然更为顺畅。
④ 邓小虎:《荀子的为己之学》,第53页。

(potential capacity),或把它理解为苟无之中而必求于外的"愿力",只不过这种作为抽象能力的"性"始终处于意动状态或目标搜寻状态之中。由于它本身并无积极的道德内容,就像一个托盘,所以它"不足以独立而治"(《儒效》),而必将加入后天的"伪"才能生出新的动机,并依此新动机生出人格和礼义,而后使天下归于治而合于道,这便是荀子所言的"性伪合而天下治"的实义。

最后,我们想简单说明的是,按照社会心理学家 Elliot Aronson 看法,人们遵循规范的动力可以表现为三个方面或三个阶段,此即"就范""认同"和"规范植入"[1],这三个方面也大抵可以看作是在已有礼义文明的社会之中荀子有关道德动机形成的三个阶段的缩影。所谓"就范"(compliance)是说人们遵循规范的动机或动力完全来自于外在的管束和威迫,他们的行为意识纯全是自利的、不择手段的。在任何一个社会中,皆不免存在一些"言无常信,行无常贞,唯利所在,无所不倾"(《不苟》),或"纵情性,安恣睢而违礼义"(《性恶》)乃至"心如虎狼,行如禽兽"(《修身》)之人,在荀子看来,对于这些人,我们必须"立君上之势以临之","起法度以正之,重刑罚以禁之"(《性恶》),目的在于通过这些外在的刑禁和赏罚使他们就范,以"使天下皆出于治,合于善"。因而,"就范"的动机完全来自人们对外在的威慑。所谓"认同"(identification)即藉由教化(为学积善的教育以及传统风俗的陶冶等)让人们自觉地遵循社会群体所奉行的规范,使人养成遵守礼义法度的动机。学者已经指出,荀子对人的理解的特色之一是将其置诸由传统、社群和社会组织所构成的意义世界之中,从此一角度上看,荀子的人也可以看作是"悬挂在由他们自己编织的意义之网中的动物"[2],故而教育、师法与环境对于人的规范意识的养成具有十分重要的作用,人性之可塑在于人可教育、可引导、可扰化,"干、越、夷、貊之子,生而同声,长而异俗,教使之然也。"(《劝学》)而环境对人所具有的潜移默化的影响,所谓"越人安越,楚人安楚,君子安雅"(《荣辱》)、所谓"居楚而楚,居越而越,居夏而夏"(《儒效》)等,荀子论述得最为周到与恳切。

不过,我们应该看到,所谓"认同"之说,虽然人们遵守道德规范的动机来源人的自觉的意识,但从"认同"概念本身来看,道德规范对人而言仍然是某种外在的认知对

---

[1] 参阅氏著《社会性动物》、《绝非偶然》等,又见张德胜《儒家伦理与秩序情结》台北:台湾巨流图书公司 1989年,第72—73页。
[2] 参阅格尔茨《文化的解释》(韩莉译)南京:译林出版社,1999年,第5页。此语原为韦伯所说,为格尔茨所引。

象或外在的知识形态。按照冯契先生的说法,"道德行为,亦即合乎道德规范的行为,包含着三个要素:第一,道德理想表现于人的行为,在行为中具体化为处理人和人的关系的准则(规范);第二,合乎规范的行为应该是合理的,是根据理性认识而来的,因此是自觉的行为;第三,道德行为应该是自愿的,是出于意志自由的活动,如果不是出于自愿选择而是出于被迫,那就谈不上行善或作恶。"[1]规范认同虽然不像"就范"那样以刑禁和赏罚为后盾,但此阶段中规范对人的外在性的特点可以说明,出于认同的道德意识或道德动机本身并不稳定,换言之,经由理性认知而来的遵守规范的动机,一旦在道德规范要求与人的利益需求发生冲突时,人们就仍有可能违背规范要求,这是西方伦理学家常常讨论的"搭顺风车"(Free rider)的问题,亦即如果某人在某种情况下违反道德比遵守道德能给他带来更大的好处或便益,而又不会被发现或抓到,他就没有理由不去违反道德规则;另一方面,"认同"所内涵的规范的外在性在行为方式上更多地表现为"依乎法",然而,在"法教之所不及,闻见之所未至"(《儒效》)的情况下便只能手足无措,顾此失彼,而不能推求应变,应肆从容。由此而观,规范认同必将进至于规范"内植"(internalization)方能为人们履行道德提供一个稳定的动机机制。所谓"规范内植",从理论上看,则我们必须超越那种将规范作为一种知识在历史和经验中的有效性的主张,进而反思和探求规范之所以为规范的普遍必然性的理由,换言之,荀子必须藉由人的自我理解提出规范证立[2],俾使言道德之言,行道德之行的动机或动力完全出自内心。的确,将历史的经验和关联着历史而完成的实在,转化为哲学的反省始终是荀子措意的一个重心,但这并不意味着荀子对规范的普遍必然性没有相应的反思,否则,我们就很难理解荀子所谓的"千人万人之情,一人之情是也;天地始者,今日是也"(《不苟》)、"与时迁徙,与世偃昂,千举万变,其道一也"(《儒效》)、"百王之无变,足以为道贯"(《天论》)等类似的言说。规范总是依"道"而立,而"道"的普遍性和必然性反显出规范价值的性质和特点。审如是,对荀子而言,所谓"规范内植",简单地说,即是规范已经变成了个人之所欲,人们已然进至于"视道德本身为目的"。"礼然而然,则是情安礼也"(《修身》),情性化于礼义,礼义内植于人心,其结果即是人的行为"不知不识,顺帝之则",故荀子云:"君子之学也,入乎耳,著乎心,布乎四体,形乎动静。端而言,蝡而动,一可以为法则。"(《劝学》)到此时,人的视听言动所为莫不中规合矩,举手投足之间亦堪为人之楷模。但如果这些仍可以把

---

[1] 《冯契文集》第四卷,上海:华东师范大学出版社,2016年,第41页。
[2] 参阅拙著《合理性之寻求》,第47页。

它看做是形动的外在表现的话,那么,及其至也,则一个人能够做到"使目非是无欲见也,使口非是无欲言也,使心非是无欲虑也。及至其致好之也,目好之五色,耳好之五声,口好之五味,心利之有天下。"(《劝学》)意思是说,一个人通过教化、学习、思考和自我反省所产生的动机将会是,使自己的眼睛不是正确的东西就不想看,使自己的耳朵不是正确的东西就不想听,使自己的嘴巴不是正确的东西就不想说,使自己的脑子不是正确的东西就不想考虑①。而到了对礼义道德的爱好至极致时,就像目之好五色,耳之好五声,口之好五味,心之利有天下之富一样,纯全如人的自然欲望般自然。正因为如此,李涤生于此下注云:"孟子曰:'礼义(当为理义)之悦我心,犹刍豢之悦我口。'与此同义。"②所注传神而端的。

---

① 此处译文参阅张觉《荀子译注》,上海:上海古籍出版社,2012年,第10页。
② 李涤生:《荀子集释》,第20页。

孟子的"厚"与"薄"

——读赵寻《孟子：儒学普遍主义的可能与基础》

陈迎年[*]

读到赵寻兄《孟子：儒学普遍主义的可能与基础》（《文汇报》2017年1月20日《文汇学人》第7—8版），第一感觉是这篇文章没有自小其心，值得谈论。当然，不能仅仅依凭一个人的感触就下定语，这篇文章值得谈论，还在于其知识与思辨。如果说，感触、知识、思辨三者备而实智开，那么这篇文章的"实智"即在于对孟子进行了一种"厚"的理解。

"厚"的孟子

"厚"的孟子，即是作为"普遍主义儒学"（universal Confucianism）开创者的孟子。作者认为，"孟子以对'道德与政治'的分/合为起点，基于个体自由、权利与文明秩序的政治见地与制度设计，方堪称之为政治的儒学。"

作者的论证大体有两方面，又缠绕在一起：一是强调中国"现代性"的兴起在时间上可以上提，"中国早期现代社会"（early modern society）在北宋就已经出现，它与宋明儒者的"社会"设计相激荡；一是认定孟子思想蕴涵和启发了宋明儒者的追寻与设计，为后者奠定了基础。

前一方面，作者从广义的思想史研究的视角，沿着余英时、蒙文通、严复诸先生的

---

[*] 作者信息：华东理工大学哲学研究所教授。

余绪,先以"共同体"与"社会"的不同来区别"前现代社会"与"现代社会",然后分析了北宋"以天下为己任""与天子共治天下"的新政治理想的诞生,以及农、工、商贾等对平等身份权利的要求和实现,最后依据这两点来说明汉唐"宗法社会"(patriarchal society)到宋明"政治社会"(political society)的必然发展,点出宋明儒者社会构想的功效和孟子复兴的机缘。

后一方面,作者直陈孟子政治哲学诸义:其一,对孟子来说,政治的目的是须合于道德的,但政治过程的开始却并非基于完满的道德,而是仁心的恢复,或者说,自由意志的觉醒与自由的实践之要求;其二,孟子所欲建立的是文明社会的政治秩序,王者之政不是政治的终极之境,而只是对未来的人民主治的新政治的预备;其三,孟子与宋明儒学的政治理想与社会设计的核心是以政治作为人的完善与发展之道,亦以人之完善和发展作为政治的目标,这正是儒学普遍主义的根本义理所在。

两相结合,作者强调儒学的普遍性,也即孟子对于现实政治的永恒意义。同时作者也指出,假若站在"国家主义"(statism)的立场,把孟子限定为"心性儒学",用超验的("儒教教主"的权柄)共同体价值之名来剥夺个人自由意志的选择与权利,那么就会否定中国的"现代性",建构出虚假的意识形态和蛮横统治,从而导致"以儒学的名义消灭儒学"的结果。

这种理解站得高远,既坚持古今中西的会通,不自闭,又是对于中国主体性的坚持和建立,不自卑;既坚持道德与政治的区分,不混界,又注意它们两者的结合,不封限;既信仰学问思想的力量,不投降,又深知学问思想的限度,不蛮干。这当然是一种"厚"的理解,其眼界、格局与识度均值得称道。且其中很多具体的提法,都有所感所指,无空议论。

"自上而下的孟子"与"自下而上的孟子"

对宋明普遍主义儒学启示与奠基的孟子,是"厚"的孟子,也是我们所愿意看到的孟子。"厚"的孟子创立了典范性的政治儒学,它圣—王一体、圣—人一体,先验自足,照亮、启示和引领着人们走向自由、民主的文明社会,永不停息。换言之,孟子思想已经成为一有确定意义的政治上之最高原则。

既然"厚"的孟子已经先验自足,那么余留下来的,似乎只有"自上而下"的广布恩泽了。

或许正因为如此,作者一方面认为中国"现代性"的兴起在时间上可以上提,"中国早期现代社会"在北宋就已经出现,宋明"政治社会"对个人价值(包括人的平等身份和相应权利等)的尊重,远超过还停留于"宗法社会"的所谓汉唐盛业,这些有力地"支援"了孟子的急剧复兴;另一方面又特别提醒,"支援"仅仅只是"支援","以历史的存在来合理化当前的选择"的"历史主义"思路并不可取,本质性的环节在于,孟子思想直接就是肯定自由意志的觉醒与自由的实践之政治儒学。

或许也因为如此,在分析了北宋民间社会的兴起、由得君行道转为觉民行道、从宗法社会向政治社会的过渡等"现代性"表征之后,作者强调:"这并不是说,北宋社会的现代性兴起这一变化本身就决定了孟子学的复兴。孟子思想成为宋明理学的奠基,与其说是因宋明社会的历史条件所致,不如说是孟子思想蕴涵和启发了后来者的追寻与设计。"

既然孟子先验自足,那么我们是否可以因此得出结论:"厚"的孟子是指历史上所实际地表现和存在的孟子,他已经先在地规定了中华文明的整体走向?

如果推论至此,而近于巫,那就是歪曲了作者,而致其入于荒谬之境。无论如何,作者至少会承认以下两点:其一,走出中世纪,建立中国的"现代性",仍然是未完成的事业;其二,孟子政治儒学对个人自由、权利与文明秩序的见解与制度设计等,并不是摆在那里的现成之物,而恰恰是需要今天的人们去完成的。否则,作者便不会在文章的最后,叮咛嘱托"自得之"而"振德之",强调"为仁由己"。

于是乎,便有了一个表面上的矛盾。一方面,"厚"的孟子早就为人们指明了民主制度,历史上民主制度的现实展开,似乎只是孟子思想自上而下的具体呈现罢了;另一方面,儒学普遍主义的证立似乎并一定非要"完全依靠"孟子,"堂堂正正做个人",呈现自由意志和实践自由,完全无须经由别人的引导。借用牟宗三的话,人具有智的直觉,完全可以当下呈现儒学普遍主义。借用康德的话,人有勇气运用自己的理智,也就脱离了自己加之于自己的不成熟状态。

如此说来,我们今天的人既需要孟子,又不需要孟子。这是一个问题,但却并不意味着作者的矛盾。"厚"的孟子,"通体是文化生命,满腔是文化理想,转而为通体是光辉"(牟宗三语)。既然是文化理想,那么其与现实生活的关系,当然是自上而下的照亮,否则文化理想一旦失调与冲突,整个社会就将生出种种毛病。而同时,既然是文化生命,那么就需要处于这一光源所照及之人的自下而上的生命感应,否则"厚"的孟子便不可能积淀而成,中华文化与中华文明也将随之断灭。

先验自足的"厚"的孟子,同时也是自下而上地建设着的孟子,是自上而下的孟子与自下而上的孟子的永恒轮回。照亮者与被照亮者,道德形上学与历史实践,文化与个人,相互发明创造,共同到时了。

这种"上"与"下"的永恒轮回,衡诸广义的思想史,正如作者所指出的那样:一方面是农工商贾等对平等身份和权利的要求,以及国家的最终接纳,一方面是以范仲淹为代表的北宋士人群体之"以天下为己任""与天子共治天下"的新政治理想的诞生;一方面"政治社会"的缓慢出现,一方面是孟子的急剧复兴;一方面是孟子对家庭私产之不可侵夺性质的先在规定,一方面是赵宋之国对土地的私有化的许可承认;一方面是民间社会的兴起,一方面是知识精英的社会构想;一方面是孟子仁政设计的雏形和线索,一方面是华夏文明"政治人"的成长和对共和国遗址的艰苦探寻;一方面是天赋自由良知呈现,一方面是为自由而流血牺牲;一方面是政治社会渐渐生长的这一"前提",一方面是孟子与宋明儒学的政治理想与社会设计对儒学普遍主义之未来的"奠基"。凡此等等,难以一一列举完全。

勿忘勿助,必有事焉。经由永恒轮回,"厚"的孟子内涵要义已经显透出来了:一是不能剥夺个人自由意志的选择与权利,二是不可否认自由、民主等现代观念在儒学的存在。这两点,实际上应该成为今日的常识。

"薄"的孟子

"厚"的孟子是普遍主义的孟子,既能注意到道德对于政治的范导作用,自上而下地要求道德的政治,同时又有内在的建构能力,自下而上地要求落实为一种制度安排和设计,两相结合,作为一种预备和启示,照亮人类的文明史。

"厚"的孟子是圆满自足本无所欠缺的且一定会在人类历史发展的进程中随缘呈现出来的孟子,理、气兼而有之。

对于这种"厚"的孟子,可讨论之处颇多。如,把中国的现代性上提至北宋是否合适?汉唐之世与赵宋之世的差别是否即是"宗法社会"与"政治社会"的不同?北宋民间社会的兴起是否已经意味着从"得君行道"向"觉民行道"的根本改变?孟子"五亩之宅"是否可以解释为"家庭私产之不可侵夺"?孟子"国君进贤,如不得已"等所指示出来的民主究竟是"治道的民主"还是"政道的民主"?今天学人的主要精力是否应该放在寻找传统中自由、民主的"种子"上面?等等。

这些问题当然是极其重要的,涉及社会史、经济史等专门的知识,最好能够专题讨论,允许见仁见智,也应该见仁见智。这里想简要讨论的,却是几种可能的根本性反对意见。

第一种根本性反对意见:"厚"的孟子只是一种独断的预设,或者说只是一种形而上学的、思辨性的、准宗教的圆满,我们有什么理由要预设孟子的圆满?西方是否同样有类似的本源形态的圆满自足,若有,则我们为什么单单只强调孟子?

第二种根本性反对意见:"厚"的孟子看似是中国的,实质上,难道不仅仅只是西方自由、民主的啦啦队么?难道不是落入现代性的陷阱而无法跃起么?

第三种根本性反对意见:"厚"的孟子确实故事动人,但这种"为天地立心,为生民立命,为往圣继绝学,为万世开太平"的故事,注定只是少数人的信仰,若非通过暴力压制,或将永远无法被多数人自愿接受。

第一种与第三种涉及"拒斥形而上学"而非"悬置形而上学"的问题。俗语有言,萝卜青菜各有所爱。如果有人不喜形而上学,或不喜孟子,那是他个人的自由。他可以讲康德、黑格尔的形而上学,可以说天台的圆满,也可以把政治仅仅当作一件穿透厚木板的技术活来讨论。但是,"厚"的孟子却是义理上的必然,是中华文化的一种先在,而无法拒斥。也就是说,仁政不是学说或理论,而是定然的事实,是常道,可以"悬置",却不可"拒斥"。

第二种与第三种涉及精英与大众间的无所适从。同样是多数人的位置,同样是多数人自愿的选择,同样是大众的,但有人却总是区别说,西方自由、民主的啦啦队,不可爱不可信;引车卖浆者流,既可信又可爱。这种无所适从,无思甚矣,导源于一种现成化的执持,多数人与少数人被脸谱化、固定化了,而不能洞见历史的沧海桑田对此种种区分的缓慢而必然的消融(甚或是生成)。

第一种与第二种涉及中西之争、古今之争。在这里,是中国人与西方人、古人与今人的现成化、脸谱化和固定化。在这里,仅仅是争之以"气",而不能衡之以"理"。

照此说来,上述此类所谓的根本性反对意见其实并不足以构成反对。当然,我们也清楚地明白,仅仅如此尚不足以说服那些反对者。进一步的说服工作,可从围绕以下几方面展开:

首先,在前现代,儒学无须演绎,天然就是普遍主义,知行合一。今天,则必须有明确的演绎的意识,把"生命的学问"与"学问的生命"合而为一。具体说来,"厚"的孟子可以独断地宣示,但这却并不一定意味着一种独断论。"自上而下的孟子"与

"自下而上的孟子"的永恒轮回,实际上是对孟子"厚"的权利的论证,是一种"厚"的孟子的演绎。这一工作仍然有待继续坚持。

其次,既已揭示儒学普遍主义的逻辑与框架、可能与基础等,理论至此而穷,剩下的便是自下而上地呈现自由意志和实践自由,而期乎各人之默成。"道行之而成",这是"生命的学问",偶然性重重,有运气的因素,需要机缘,而不能保证事有必至。在此苍凉刚劲处,我们说"薄"的孟子,而需要"身体力行"。

第三,"薄"的孟子还在于以政治史、经济史甚至思想史等"专门知识"来"证明"或"反对"自下而上地呈现自由意志和实践自由的那个人类文明史(History of Civilization)。这是"学问的生命"之重要组成部分,而需要"皓首穷经"。

孟子曰:"必有事焉而勿正,心勿忘,勿助长也。无若宋人然:宋人有闵其苗之不长而揠之者,芒芒然归。谓其人曰:'今日病矣,予助苗长矣。'其子趋而往视之,苗则槁矣。天下之不助苗长者寡矣。以为无益而舍之者,不耘苗者也;助之长者,揠苗者也。非徒无益,而又害之。"(《公孙丑上》)其此之谓乎?

"厚而有伦"的孟子

最后,简要总括三点。

其一,"厚"的孟子并不与"薄"的孟子构成"厚"与"薄"的差序。毋宁说,经由了"自上而下的孟子"与"自下而上的孟子"的永恒轮回,"厚"的孟子本身就已经包涵了"薄"的孟子作为自己之一环,因此再严格一些讲,就是"厚而有伦"的孟子。

其二,观赵寻兄作文之用意,大体不满于道德(哲学)家之孟子易流于"厚而无伦",政治(历史)家之孟子易流于"薄而无骨",两者把道德形上学与历史实践打为两橛则一也,故必欲挽二者合为一,即因二者本为一故:宋明之孟学复兴,实即孟学在宋明之实践,其体现于政治社会之形成及生活世界之重塑者,可谓巨矣!世人不察,赵寻兄先明之。

其三,"厚而有伦"的孟子,若理论地讲,更为紧迫的是以真正的"政治哲学"方法为基础,在一薄厚适中的概念框架下重释孟子。赵寻兄之概念源自罗尔斯"政治自由主义"而略向康德回调,所以强调政治为道德之实践,我想他是考虑到,当民主宪政之政制尚未坚实之时,若再一味强调权利而非斥道德,那么对于公共政治文化的形成就十分不利了。不过无论如何,有一点却是明确无误的,即:自由意志之觉醒与实践为让无可让之前提是也!

梁启超研究

保教非所以立国

——梁启超对儒家态度的转折

干春松[*]

梁启超的思想复杂多变,尤其是他的政治主张,随着时代的变迁差异很大,因此,难以给他以一个确定的定位。在清末民初,人们的政治观念的转变往往可以从他们对儒家的态度的变化中可以窥测到,梁启超也是这样,他一生的政治主张颇为"与时偕行",与此相关,他对儒家思想的态度也跌宕起伏。

梁启超在投师康有为之后,在万木草堂与其他康门弟子一起,研读《春秋公羊传》和《春秋繁露》,因而也成为晚清公羊学的追随者。不过,按梁启超自己的叙述,令他激动的是康有为的"大同义",曾决意要宣传而被康有为以时机不成熟而阻止。但是,康梁之间的分歧在康有为集合学生撰作《新学伪经考》时期,就已经有所表现。"启超治《伪经考》,时不复慊于其师之武断,后遂置不复道;其师好引纬书,以神秘性说孔子,启超亦不谓然。"[①]的确,为了强调公羊学对于"改制"的意义,康有为多有引述纬书,将孔子视为"大地教主"的说法,而这些是梁启超所不能认同的。不过,梁启超的反抗也许并不十分激烈,1897年他去长沙时务学堂开讲,主要的内容包括陆九渊王阳明的哲学和公羊家的思想。[②]

---

[*] 作者信息:北京大学高等人文研究院教授。
[①] 梁启超:《清代学术概论》,中国人民大学出版社,2004年,第204页。
[②] 《翼教丛编》中收录有叶德辉批评梁启超《春秋界说》、《孟子界说》文字一篇,其中《春秋界说》中主要阐发的还是托古改制等公羊学的思想。由此可见在戊戌变法之前,梁启超并没有真正放弃春秋学的观点,可能是不同意大地教主的思想。可参看叶吏部:《正界篇》,载苏舆编:《翼教丛编》,上海书店出版社,2002年,第89—94页。

戊戌变法失败之后,梁启超流亡到日本,接触了日本思想界追随西方的许多言论。同样也与革命派多有往来,甚至与康门一些弟子一样,转而支持革命派的主张,引发了康梁之间的思想分歧。他这个时期,开始写作影响巨大的《新民说》,就在写作《新民说》期间,即在 1903 年前后,他的思想发生了很大的变化,一方面他逐渐放弃了流亡日本初期甚为激烈的革命主张,似乎又重新回到康有为的君主立宪的立场,他写下了《开明专制论》,主张在中国实行开明专制,而反对革命派的"共和制"理想。按张朋园等先生的说法,在 1903 年以后,梁启超改变了救国的方针,1903 年以前的梁启超,"与其说他是维新派,不如说他是革命派,更为接近事实,更为合理。"①然而在考察了美国等地之后,梁启超发现民主制度并不如他想象那么完美,他开始接受国家主义的学说,并认为一个国家的建立需要有强有力的权威。通过跟孙中山等人的接触,梁启超反而认为在缺乏政治基础的国家建立共和政治,可能的后果是诞生一个不负责任的专政。因此,他转而主张"开明专制",认为这是在当时的中国最为合理的政治体制。特别是革命派所主张的民族革命的手段,也是梁启超所不赞成的。在梁启超看来,中国注定是要建立成一个多民族的国家,采用种族主义的革命可能会导致国家的分裂。因此他开始提倡大民族主义,并首先提出了"中华民族"概念。

虽然在政治上似乎与康有为再度合流,然而,另一面,他在孔教问题上却与康有为越走越远,与康有为将建立孔教视为新的国家建立共信的思路不同,梁启超认为创立孔教与建立现代国家的目标并无直接的关联,更与国家是否强大无关。他说:"启超自三十以后,已绝口不谈'伪经',亦不甚谈'改制';而其师康有为大倡设孔教会、定国教,祀天配孔诸议,国中附和不乏,启超不谓然,屡起而驳之。"②从这段梁启超的自述中我们可以看到,对于康有为保教立国的设想,他不但不同意,而且还写专文批驳。梁启超流亡到日本之后,深受日本进化主义思想的影响,将宗教视为迷信和缺乏人格独立的根源,因此,反对将孔子视为教主,认为尊孔的本质是"依傍",他说:"此病根不拔,则思想终无独立自由之望;…持论既屡与其师不合,康梁学派遂分。"③

由此,许多学者认为,在康梁分途之后,梁启超的思想实质上已经离开了儒家,比如列文森和张灏等人均认为,梁启超思想不再是儒家传统的现代发展。这样的观点以刘纪曜先生的表述最为系统,他认为"梁氏在形式上虽仍跟着传统,但是在实质上

---

① 张朋园:《梁启超与清季革命》,吉林出版集团有限责任公司,2007 年,第 79 页。
② 梁启超:《清代学术概论》,中国人民大学出版社,2004 年,第 206 页。
③ 梁启超:《清代学术概论》,中国人民大学出版社,2004 年,第 209 页。

已离开传统。……在理想上,梁氏肯定追求基本的道德社会,然而却已完全放弃儒家'内圣外王'的理想;在手段上,他不再以圣人作为中心枢纽,而以国民全体作为手段的诉求对象;在论证上,他除了保留形式的道德本体之信念与修养工夫之论证外,其他传统儒家在'心性'方面的论证,都已被抛弃。"[1]他的结论是梁启超与丁文江和胡适的思想立场更为接近。

当然,将梁启超和胡适、丁文江这样的对儒家传统多持否定意见相提并论有些持论太过,固然他在20世纪初对孔教多有过激的言辞。但他在民国建立之后,特别是作为巴黎和会代表游历了第一次世界大战以后的欧洲之后,他对儒家的态度有很大的"反转"。因此,也有许多学者依然认定梁启超没有脱离儒家立场。对此,黄克武先生这从四个方面论证了梁启超在1903年之后与儒家传统之间的连续性。他指出:首先,针对个人修养,梁启超依然持道德优先,这与传统儒家的为己之学是一致的。其次,虽然梁启超重新定义了道德的范围,一度批评儒家缺乏公德只重私德。但1903年之后,他又强调公德的养成不能离开私德的基础,私德和公德之间是内在统一的,这与《大学》的修齐治平和《中庸》的成己成物的理想之间有连续性。其三,他对宋明理学中道德形而上学的部分虽然讨论不多,但是他思想中的良知本体论和其他修身工夫是紧密相连的。最后,梁启超继承了清中叶以来的经世传统,企图解决内在道德、知识追求和外在事功上的成就的统一,并一直尝试着会通中西,这样的观念被牟宗三和唐君毅等人所继承。[2] 这个说法是将梁启超视为现代新儒学的一个开端性的人物。

梁启超的思想难以归类很大程度上是源自于其思想复杂多变,也是因为他思想上的新旧交战和性格上的矛盾纠结,正如他自己所说:"其保守性与进取新常交战于胸中,随感情而发,所执往往前后相矛盾;尝自言曰:'不惜以今日之我,难昔日之我';世多以此为诟病,而其言论之效力亦往往相消,盖生性之弱点然矣。"[3]将保守性和进取性的"交战"解释为生性上的弱点,多少是把近代士人的普遍性的困境个体化了。近代中国知识阶层在接触西方并试图学习西方,但包括与梁启超关系密切的严复等西学先驱在内,他们身上总是能体现出由激进的反传统向温和的回归儒家传统的"回

---

[1] 刘纪曜:《梁启超与儒家传统》,台湾师范大学历史研究所博士论文,1985年。转引自黄克武:《一个被放弃的选择梁启超调适思想之研究》,新星出版社,2006年,第25—26页。
[2] 黄克武:《梁启超与儒家传统:以清末王学为中心之考察》,载李喜所编:《梁启超与近代中国社会文化》,天津古籍出版社,2005年,第146—147页。
[3] 梁启超:《清代学术概论》,中国人民大学出版社,2004年,第206页。

转"。梁启超因为经历复杂,所以,他在立场上的转变表现得更为复杂和多元。

梁启超转投康有为的万木草堂,改宗公羊学,在湖南时务学堂时期主要以传播公羊学以及由此的变法革新思想,由此引发了翼教派的攻击。但梁启超主要是传播康有为的公羊学观念,并非有坚定的经学立场。在戊戌前,梁启超就已经放弃了他的公羊学的立场。有趣的是,到了晚年,梁启超又开始借助一些公羊学的因素。

在1920年所作的《孔子》中,他在讨论孔子的政治思想的时候,就强调《春秋》是孔子政治观念的载体,并列专门的章节来说明"春秋的性质"。他说:首先,《春秋》非史,因为如果春秋是记录史实的,那么孔子就不是好的史家,因为春秋含有大多的褒贬和"曲笔",如果把《春秋》看成是历史的话,既把《春秋》毁了,也把史学毁了。其次,《春秋》是孔子改制明义之书。《春秋》是一部革命性的政治书,要借它来建设一个孔子的理想国,所以《春秋》说的是"天子之事"。为万世立法则。第三,治《春秋》当宗《公羊传》,辅之以《谷梁传》和《春秋繁露》。这一点继承了康有为将《左传》看成刘歆增裂改窜的说法,重视《春秋繁露》也是康有为的一贯理路。第四,《春秋》的微言大义,传在口说。第五,存在着未修《春秋》与既修《春秋》。最后两条都是在用公羊义理说明孔子的许多政治理想是要从《春秋》的字里行间仔细品读出来,而不能拘泥于字面。

在这里我们可以看到,虽然梁启超对谶纬之学做了有限度的批评,但基本立场是回复到乃师康有为的今文家的立场上去了。所以,梳理梁启超对儒学、儒教的认识,也可以从另一个侧面了解梁启超政治哲学的演变。

一、儒家的政治、道德观念:从《新民说》到《先秦政治思想史》

从效果而言,梁启超的言论以破坏为特色。不过,具体到儒家,他始终是褒贬并举。在影响巨大的《论中国学术思想变迁之大势》中,梁启超在谈到儒学一统时代的到来的影响时认为,儒学对于中国人的风俗、名节和民志的确立意义重大。他列举说:"一曰名节盛而风俗美也。"儒家以名教行世,把名节看作是公私道德的根本,并转化为社会风俗,这样便抑制了人们求利的冲动。"二曰民志定而国小康也。"儒家虽以大同为目标,但发展却不可躐等,小康是通向大同的必经之路,这样,小康社会秩序也有其合理性。

而在不良后果方面,他也提出两条:"三曰民权狭而政本不立也。儒教之政治思想,有自相矛盾者一事,则君、民权限不分明是也。……儒教之所最缺点者,在专为君说法,而不为民说法。"规劝君主要行仁政和体恤民意,这固然是儒家所坚持的,若民无权制约,如或有君不行仁政,那些劝说就没有任何的效果。因为君有权而无义务,民有义务而无权利,这样中国几千年的政体,是"儒其名而法其实也。"①

还有一项不良的后果是"一尊定而进化沈滞也"。深受进化论影响的梁启超坚信只有竞争才能促进事物的发展,政治上的权力独占谓之专制,而不容别的学说之发展的思想控制也是专制。儒家思想的一尊造成了中国的思想专制,这虽非孔子之本意,"夫吾中国学术思想之衰,实自儒学统一时代始。"②应该说,这个评判还是比较公允的。

梁启超对儒家的思想进行更为仔细的剖析的是《新民说》,与《论中国学术思想变迁之大势》(第三至二十二号,五十三至五十八号)、《保教非所以尊孔》(二号)一样,《新民说》(第一至十四号),也是《新民丛报》时期的作品。

梁启超的《新民说》的写作,是在流亡日本时期大量接触当时在日本影响巨大的思想家福泽谕吉、中村正直、中江兆民等人的作品后所有感而发的③。一直致力于制度变革却以失败告终的他深感国民的素质对于国家发展的重要性。因此,期待塑造一代新的国民,就要从道德和价值观上入手。他认为一个国家的文明要发展,要在世界上有竞争力,关键在于国民的素质。他比较中西差异之后,指出西方之所以获得成功,关键是有其国民素质和价值观念做支撑。他希望中国的国民也具备这样一些的"长处",所以要"新民"。

由此可见,《新民说》很大程度上可以看作是梁启超对中西不同道德和价值观念之间所进行的对比,并取长补短。所以在书的开头,梁启超就宣称:"新民云者,非欲吾民尽弃其旧以从人也。新之义有二:一曰,淬砺其所本有而新之;二曰,采补其所本无而新之。"④并说,他既反对墨守成规的保守,也反对"心醉西风者流"。但是从作品的陈述中,我们可以看到他的倾向性,他更多是要用西方近代的观念来"革新"中国

---

① 梁启超:《论中国学术思想变迁之大势》,载梁启超:《清代学术概论》,中国人民大学出版社,2004年,第63—65页。
② 梁启超:《论中国学术思想变迁之大势》,载梁启超:《清代学术概论》,中国人民大学出版社,2004年,第66页。
③ 关于梁启超思想与日本背景可参看郑匡民:《梁启超启蒙思想的东学背景》,上海书店出版社,2003年。
④ 梁启超:《新民说》,载《饮冰室专集》之四,中华书局1989年影印本,第5页。

人的观念,而"淬砺"本有道德的工作并没有真正展开。

《新民说》中与儒家思想关系最为密切的部分是讨论天下国家观、公德、私德之辨和自由民权意识的培育。

(一)对于天下国家,梁启超认为欧洲近代以来的社会发展主要是基于"民族主义"和"国家意识",他说:"自十六世纪以来(约四百年前),欧洲所以发达,世界所以进步,皆由'民族主义'(Nationalism)所磅礴冲激而成。民族主义者何?各地同种族、同言语、同宗教、同习俗之人,相视如同胞,务独立自治,组织完备之政府,以谋公益而御他族是也。此主义发达既极,驯至十九世纪之末(近二三十年),乃更进而为'民族帝国主义'(National Imperialism),民族帝国主义者何?其国民之实力充于内而不得不溢于外,于是汲汲焉求扩张权力于他地,以为我尾闾。其下手也,或以兵力,或以商务,或以工业,或以教会;而一用政策以指挥调护之是也。"[①]并举俄国和德国的扩张例子来佐证。这是对西方近代民族国家体系的一种十分清晰的描述,并指出民族主义在对外关系上,往往会发展为"民族帝国主义"而对弱小的民族国家进行权力扩张。而中国近代的衰弱,就是因为缺乏这种意识。

梁启超评论道:中国的儒者,开口就是平天下治天下,将国家视为渺小的一物,这导致中国人知有天下而不知有国家,知有一己而不知有国家。梁启超将是否发展出"国家"的观念视为文明与野蛮之别。以前的中国人只知有朝廷,而不知有国家,所以并没有发展出爱国的精神。在国际关系中,持有万物一体、天下一家的世界主义立场,也会产生对国家在价值上的轻视。他说,世界主义固然是美好的理想,但是在充满竞争的国际格局里,国家才应成为一切关怀的基点,"宗教家之论,动言天国,言大同,言一切众生。所谓博爱主义、世界主义,抑岂不至德而深仁也哉?虽然,此等主义,其脱离理想界而入于现实界也,果可期乎!此其事或待至万数千年后,吾不敢知。若今日将安取之?夫竞争者,文明之母也。竞争一日停,则文明之进步立止。由一人之争竞,而为一家;由一家而为一乡族;由一乡族而为一国。一国者团体之最大圈,而争竞之最高潮也。若曰并国界而破之,无论其事之不可成,即成矣,而竞争绝,毋乃文明亦与之俱绝乎?况人之性,非能终无竞争者也。然则大同以后,不转瞬而必复以他事起竞争于天国中,而彼时则已返为部民之竞争,而非复国民之竞争,是率天下人而复归于野蛮也。今世学者非不知此主义之为美也,然以其为心界之美,而非历史上之

---

① 梁启超:《新民说》,载《饮冰室专集》之四,中华书局1989年影印本,第3—4页。

美。故定案以国家为最上之团体,而不以世界为最上之团体,盖有由也。然则言博爱者,杀其一身之私以爱一家可也,杀其一家之私以爱一乡族可也,杀其一身、一家、乡族之私以爱一国可也。国也者,私爱之本位,而博爱之极点:不及焉者,野蛮也。过焉者,亦野蛮也。何也?其为部民而非国民,一也。"[1]梁启超认为儒家的天下主义是不切实际的理想化的方案,如果方案过于理想而难以落实,则又为野蛮者也。

(二)对于公德和私德。公私问题为近代思想家所关注。梁启超认为传统的儒家伦理主要是在私德上着力,中国的国民最缺乏的是公德,而公德是国家所赖以成立的根本因素。梁启超对公私观念作了新的说明,并开始用新旧来描述中西的伦理观念上的差异。他说:"今试以中国旧伦理与泰西新伦理相比较,旧伦理之分类,曰君臣,曰父子,曰兄弟,曰夫妇,曰朋友。新伦理之分类,曰家族伦理,曰社会(即人群)伦理,曰国家伦理。旧伦理所重者,则一私人对于一私人之事也。(一私人之独善其身,固属于私德之范围。即一私人与他私人交涉之道义,仍属于私德之范围也。此可以法律上公法私法范围以证明之。)新伦理所重者,则一私人对于一团体之事也。(以新伦理之分类,归纳旧伦理,则关于家族伦理者三,父子也,兄弟也,夫妇也。关于社会伦理者一,朋友也。关于国家伦理者一,君臣也。然朋友一伦,决不足以尽社会伦理。君臣一伦,尤不足以尽国家伦理,何也?凡人对于社会之义务,决不徒在相知之朋友而已。即绝迹不与人相交者,仍于社会上有不可不尽之责任。至国家者,尤非君臣所能专有。若仅言君臣之义,则使以礼,事以忠,全属两个私人感恩效力之事耳,于大体无关也。将所谓逸民不事王侯者,岂不在此伦理范围之外乎?夫人必备此三伦理之义务,然后人格乃成。若中国之五伦,则惟于家族伦理稍为完整,至社会国家伦理不备滋多,此缺憾之必当补者也。皆由重私德,轻公德,所生之结果也。)夫一私人之所以自处,与一私人之对于他私人,其间必贵有道德者存,此奚待言?虽然,此道德之一部分,而非其全体也。全体者,合公私而兼善之者也。"[2]他以儒家五伦观念出发,认为儒家的伦理中对于家族伦理有完整的系统,而对于社会国家的伦理则不完备。一个人应该公德和私德兼备,但以往的道德教育只提倡私德而不注重公德,造成了传统道德的偏向,造成了公德和私德之间的妨碍。"私德,公德,本并行不悖者。然提倡之

---

[1] 梁启超:《新民说》,载《饮冰室专集》之四,中华书局1989年影印本,第17—18页。黄进兴说:"梁氏的《新民说》毋庸讳言,充溢了强烈的国家意识,并且见证了中国从普遍王权(天下),至现代列国体系的转变;这个转变连带调整了固有的道德秩序。"黄进兴:《追求伦理的现代性:梁启超的道德革命及其追随者》,载黄进兴:《从理学到伦理学:清末民初道德意识的转化》,允晨文化实业股份有限公司,2013年,第118页。
[2] 梁启超:《新民说》,载《饮冰室专集》之四,中华书局1989年影印本,第12—13页。

者,既有所偏,其末流或遂至相妨。"①其实,就公私关系而言,近代的中国人并不提倡西方启蒙意义上的个体观念,而是比较重视"群"的意识。严复在翻译西方的自由概念的时候,就考虑到个人权利和群体责任之间的关系,所以强调"群己权界"。对此,梁启超批评了不在其位不谋其政的思想,认为"人之生息于一群也,安享其本群之权利,即有当尽于本群之义务。"②如果只享受权利,而不尽其义务,那么这个人不但无益于群体的利益,反而会称为群体之"蠹"。因此,每一社会成员要善于"合群",所以梁启超提倡的新道德就是以合群为目的的公德。"吾辈生于此群,生于此群之今日,宜纵观宇内之大势,静察吾族之所宜而发明一种新道德,以求所以固吾群、善吾群、进吾群之道。未可以前王先哲所罕言者,遂以自划而不敢进也。知有公德而新道德出焉矣,而新民出矣。"③因为梁启超深受日本的进化主义思想的影响,所以常持一种相对主义的态度来评断传统儒家伦理,提出"道德革命论"。这固然是种族竞争的大势所趋,但对于道德系统的稳定性也造成了一定的破坏。④

（三）自由和民权。梁启超的自由观深受中江兆民等人的影响,比较重视团体的自由,而不是个人的自由,他认为文明的发展就是不断由个人的自由向追求团体的自由方向发展。所以,他认为真正的自由是对于秩序和法律的服从。

与此同时,梁启超的自由也指向对于思想的自由,因此要不成为心的"奴隶",就要不做古人的奴隶,世俗的奴隶、境遇的奴隶和情欲的奴隶。

对于权利的思想,梁启超特别反对中国传统所提倡的宽柔以教、以德报怨的妥协主义,他认为这会被人视为懦弱而变本加厉,在社会竞争中处于不利的地位。郑匡民先生认为梁启超因为受加藤弘之和宇都宫五翻译的《为权利而斗争》一书的影响,认为人的权利来自于"强"。世界既然是一个竞争的场,所以无所谓道德和正义,只有生存竞争,而强者则是通过斗争才能获得。所以,他甚至主张强权就是权利。⑤

他借用儒家的仁来说明中国人缺乏权利意识的根源。指出:"大抵中国善言仁,而泰西善言义。仁者,人也;我利人,人亦利我,是所重者常在人也。义者,我也。我不害人,而亦不许人之害我,是所重者常在我也。此二德果孰为至乎？在千万年后大

---

① 梁启超:《新民说》,载《饮冰室专集》之四,中华书局1989年影印本,第13页。
② 梁启超:《新民说》,载《饮冰室专集》之四,第13页。
③ 梁启超:《新民说》,载《饮冰室专集》之四,第15页。
④ 郑匡民:《梁启超的政治哲学》,干春松主编:《中国政治哲学史》,第三卷,中国人民大学出版社,2017年,第194页。
⑤ 郑匡民:《梁启超的政治哲学》,干春松主编:《中国政治哲学史》,第三卷,第212页。

同太平之世界吾不敢言。若在今日,则义也者,诚救时之至德要道哉。夫出吾仁以仁人者,虽非侵人自由,而待仁于人者,则是放弃自由也。仁焉者多,则待仁于人者亦必多,其弊可以使人格日趋于卑下。(欧西百年前,以施济贫民为政府之责任,而贫民以多。后悟此理,蘁而裁之,而民反殷富焉。君子爱人以德,不闻以姑息。故使人各能自立,而不倚赖他人者上也。若曰吾举天下人而仁之,毋乃降斯人使下己一等乎。)若是乎仁政者,非政体之至焉者也。吾中国人惟日望仁政于其君上也。故遇仁焉者,则为之婴儿;遇不仁焉者,则为之鱼肉。古今仁君少而暴君多,故吾民自数千年来祖宗之遗传,即以受人鱼肉为天经地义,而'权利'二字之识想,断绝于吾人脑质中者固已久矣。"[1]儒家的政治哲学之基础在于仁,由不忍人之心而发展出仁政。但在梁启超看来,这样的政体因为抑制了人们的竞争求生存之心,所以导致了人们缺乏权利意识,只是等待圣人来行仁政。所以,养成国民的权利意识是建构现代国家的一项基础性的工作,但他天真地认为个体权利之和就等于群体之权利,由此,他所谓的自由也不是个人基于权利基础上的自由,而是国家在竞争的世界中的平等权利。

从对于《新民说》的上述分析我们可以知道,梁启超虽然主张中西兼采,但是总体的倾向是贬低儒学,而褒扬西方的价值观念,也就是说他的"新民"的基础是以西方的价值观念来改造中国人。

梁启超1903年有一次美国之行,在回国后,他的思想发生了重大的转变。并在《新民丛报》上发表《论私德》,当时就有人批评梁启超屡次自悔前论,适足淆乱人心。不过,因为过于从族群和国家的角度来看待自由和权利,梁启超言论的自相矛盾是不可避免的。他给自己辩解说:"私德与公德,非对待之名词,而相属之名词也。……夫所谓公德者,就其本体言之,谓一团体中人公共之德性也;就其构成此本体之作用言之,为个人对于团体公共观念所发之德性也。夫聚群盲不能成一离娄,聚群聋不能成一师旷,聚群怯不能成一乌获。故一私人而无所私有之德性,则群此百千万亿之私人,而必不能成公有之德性。"[2]梁启超说私德与公德之间不可区分。他自我批评道,以前认为建设新道德要尽弃旧道德有失偏颇,道德起源于人的良心,并无新旧之分,所以以别的社会的伦理原则来改造国民,就好像"吹沙求饭",是不可能的,他还编写《德育鉴》和《节本明儒学案》,认为儒家的价值观,特别是阳明心学对于培育国民的

---

[1] 梁启超:《新民说》,载《饮冰室专集》之四,中华书局1989年影印本,第35—36页。
[2] 梁启超:《新民说》,载《饮冰室专集》之四,第118—119页。

私德十分重要。①

1919年梁启超在游历刚刚结束第一次世界大战的欧洲的时候,发现欧洲人正在经历着一次价值观矛盾,②人们在质疑在上帝已经被人杀死的时代,人生的意义能否由科学方法来赋予。"现今思想界最大的危机就在这一点。宗教和旧哲学既已被科学打得个旗靡辙乱,这位'科学先生'便自当仁不让起来,要凭他的试验发明个宇宙新大原理。却是那大原理且不消说,敢是各科各科的小原理也是日新月异,今日认为真理,明日已成谬见。新权威到底树立不来,旧权威却是不可恢复了。所以全社会人心,都陷入怀疑沉闷畏惧之中,却好像失了罗针的海船遇着风雾,不知前途怎生好。"③由科学所带来的物质进步并没有给人带来预想中的幸福,反而是导致精神的迷茫,所以,梁启超呼吁人们从"科学万能"中醒悟过来。"一百年物质的进步,比从前三千年所得还加几倍。我们人类不惟没有得着幸福,倒反带来许多灾难。好像沙漠中失路的旅人,远远望见个大黑影,拼命往前赶,以为可以靠他向导,哪知赶上几程,影子却不见了,因此无限凄惶失望。影子是谁,就是这位'科学先生'。欧洲人做了一场科学万能的大梦,到如今却叫起科学破产来。"④

如何解决这个问题,在文化上就是要对自己的文化传统存有敬意,并融合中西方文明。"我希望我们可爱的青年,第一步,要人人存一个尊重爱护本国文化的诚意;第二步,要用那西洋人研究学问的方法去研究他,得他的真相;第三步,要把自己的文化综合起来,还拿别人的补助他,叫他扩充,叫人类的全体都得着他的好处。"⑤而第四步则是要把这个新文化系统向外扩充,使世界受益。

在这个时期,梁启超的想法更像是一个调和论者,即中国的道德原则和西方的科学方法。具体地说就是西方的物质文明与东方的精神文明,西方的个性解放和中国

---

① 郑匡民认为梁启超由提倡公德向私德转变与访美体验和革命派的迅速发展有关。但他的目的依然在于固群,所以并不能将梁启超提倡私德和王学是政治上的后退。郑匡民:《梁启超的政治哲学》,干春松主编:《中国政治哲学史》,第三卷,第218页。

② 20世纪20—30年代,欧洲流行一种有关没落和衰败的言论,其主要症候是(1)反历史主义;(2)体认非理性因素在历史中所扮角色的重新重视;(3)历史循环论的复活;(4)体认欧洲并不居于世界的中心,且处于文化没落的痛苦之中。很显然这种观点深深地影响到梁启超晚年的文化主张,使他更接近于折衷主义。参耿云志:《五四以后梁启超关于中国文化建设的思考》,载李喜所主编:《梁启超与近代中国社会文化》,天津古籍出版社,2005年,第240页。

③ 梁启超:《欧游心影录节录》,《饮冰室专集》之二十三,《饮冰室合集》第七册,中华书局,1989年影印本,第11页。

④ 梁启超:《欧游心影录节录》,《饮冰室专集》之二十三,《饮冰室合集》第七册,中华书局,1989年影印本,第12页。

⑤ 梁启超:《欧游心影录》,见《饮冰室合集》专集之二十三,中华书局1989年影印本,第37页。

的人格修养结合起来。梁启超还创造了一个名词叫"尽性主义"来概括这种结合了东西方优点的新文明形态。"国民树立的根本意义,在发展个性,《中庸》里头有句话说的最好:'惟天下至诚能尽其性。'我们就借来起一个名叫'尽性主义'。这尽性主义是要把各人的天赋良能,发挥到十分圆满。就私人而论,必须如此,这才不至成为天地间一赘瘤,人人可以自立,不必累人,也不必仰人鼻息;就社会国家而论,必须如此,然后人人各用其长,自动的创造进化,合起来便成强固的国家,进步的社会。"①这种说法我们在《新民说》的"论私德"部分已经了解了。

梁启超一直将竞争视为进化的根据和文明创造的动力,在这个阶段他了解了一些社会主义的理论,认为竞争和强者的权利会导致社会的不公,要用互动主义来补救,并认为中国古代就有丰富的互助精神。"中国社会制度颇有互助精神,竞争之说,素为中国人所不解,而互助西方人不甚了解。中国礼教及祖先崇拜,皆有一部分出于克己精神和牺牲精神者。中国人之特性可能抛弃个人享乐,而欧人则反之。夫以道德上而言,决不能谓个人享乐主义为高,则中国人之所长,正在能维持社会的生存与增长。……因此吾认为不必学他人之竞争主义,不如就固有之特性而修正扩充之也。"②这下连竞争主义也不用学了。

在政治制度上,梁启超一直主张国民的参与,而这个时候,他认为中国传统的民本主义,有一种超脱政治的态度,所以像袁世凯这样的强人政治并不符合中国人的政治习性。"其实自民本主义而言,中国人民向来有不愿政府干涉之心,亦殊合民本主义之精神。对于此种特性不可漠视,往者吾人徒作中央集权之迷梦,而忘却此种固有特性。须知集权与中国民性最不相容,强行之,其结果不生反动,必生变态,此所以吾人虽效法欧洲而不能成功者也。"③梁启超在民国成立之后,一直主张共和,并不惜与康有为决裂来坚持民主政治的理想。在经历了许多政治波折之后,他改而认为民本主义和西方代议制的结合是最符合中国的政治体制。

1922年春,梁启超应北京政法专门学校之请,讲授先秦政治思想史。同年秋天,他又在东南大学做同样主题的授课,并形成了《先秦政治思想史》。这本著作是在欧游之后所做,与《新民说》相比,其基本立场差异十分明显,虽然梁启超的立场一直是中西兼采,但是如果说《新民说》主要是扬西抑中的话,《先秦政治思想史》则倾向于

---

① 梁启超:《欧游心影录》,见《饮冰室合集》专集之二十三,中华书局1989年影印本,第23—24页。
② 梁启超:《在中国公学之演说》,《申报》1920年3月14日。
③ 《在中国公学之演说》,《申报》1920年3月14日。

肯定中国传统政治思想中的合理部分。

二、梁启超对儒家政治哲学的整理

在梁启超从政界退出而转入学术界之后,他对于制度移植和文化传统之间的关系有了全新的认识。他说:"盖现代社会,本由多世遗传共业所构成。此种共业之集结完成,半缘制度,半缘思想,而思想又为制度之源泉。过去思想,常以历史的无上权威无形中支配现代人,以形成所谓国民意识者。政治及其他一切设施,非通过国民意识之一关,断不能有效。……近二十年来,我国人汲汲于移植欧洲政治制度,一制度不效,又顾而之他,若立宪,若共和,若联邦,若苏维埃……凡人所曾行者,几欲一一取而试验。然而名实相缪,治丝愈棼,盖制度不植基于国民意识之上,譬犹掇邻圃之繁花,施吾家之老干,其不能荣育宜也。"①制度一定要建立在自身的风俗习惯和文化价值的基础之上,这本是康有为反对民国以后的共和制的主要理由,经历了民国政治起伏的梁启超看到国人在西方传入的制度中打转,所以认为要建立起适合中国的新政治秩序,首先要研究中国传统的政治思想。并认为五四以来的新潮青年肆意攻击先贤,是不自量力的做法。他说:"今之少年,喜谤前辈。或撷拾欧美学说之一鳞一爪,以为抨击之资,动辄诬其祖,曰昔之人无闻知。嘻!何其伤于日月乎,多见其不自量也。"②

但是,梁启超不是顽固派,他并不认为只要抬出纲常秩序就可以化解近代以来的社会矛盾。我们不能从先哲的典籍中找到解决一切问题的现成方案,而应该"当时此地之人类善自为谋。"

要找到"此时此地"的合适方案,首先要有发现问题的能力,在梁启超看来,当时政治哲学的两大核心问题是即精神生活和物质生活之调和问题和个性与社会性之调和。

---

① 梁启超:《先秦政治思想史,序论第一章》,天津古籍出版社,2004年,第9页。
② 丁文江、赵丰田:《梁启超年谱长编》,上海人民出版社,1983年,第974页。其实,早在1903年他写作《论私德》的时候,梁启超对于西方文化对于中国传播的效果也有了新的认识,他不无失望地说:"自由之说入,不以之增幸福,而以之破坏秩序;平等之说入,不以之荷义务,而以之蔑制裁;竞争之说入,不以之敌外界,而以之散内团;权利之说入,不以之图公益,而以之文私见;破坏之说入,不以之箴膏肓,而以之灭国粹。"(梁启超:《新民说》,载《饮冰室专集》之四,第127—128页。)梁启超和严复等人,本来是介绍西方的自由思想的前驱,但是在现实的混乱面前,他们看到了这些思想在中国现实中所出现的一些负面的作用,因此,反过来又开始反思这些思想本身的问题。

对于物质生活和精神生活的调和,梁启超说,人类之所以高于禽兽是因为人有精神生活。不过,精神生活离不开物质生活。他认为近代欧美的学说,无论是持资本主义立场还是社会主义立场,都在鼓励人们尽力满足自己的物质欲望,忽视了精神的需求。在中国古代的方案中,墨家的自苦和道家的无欲,都不是解决问题的有效方案,要使物质问题不妨害精神生活之追求,如何使科学主义和儒家所主张的"均安主义"相结合是时代的使命。

个性与社会性问题,也就是个人与社会的关系问题,梁启超认为儒家的己欲立而立人,己欲达而达人的原则可以指导传统社会的人过上合理的生活,而墨家和法家的社会秩序勾画中个性完全被社会性所吞灭,这是他所不赞成的。

梁启超认为现代社会远比古代社会繁复,出现了许多大规模的社会组织,个人在其中显得十分渺小。虽然社会日趋扩大和复杂是一个不可逆转的趋势,且在国家主义和社会主义大为流行的当下,"如何而能使此日扩日复之社会不变为机械的,使个性中心之'仁的社会'能与时势骈进而时时实现? 此又吾侪对于本国乃至全人类之一大责任也。"①

在《先秦政治思想史》的"前论"中,梁启超对中国政治思想的几个关键词做了梳理:

(1)天道:对于"天道",梁启超认为中国人对于天的认识,由有意志的宗教意味的天抽象为哲学意味的天,并成为人类秩序的源头。梁启超说"洪范"的"范"是"儒家之所谓礼,法家之所谓法也。而其渊源则认为出于天,前此谓有一有感觉有情绪有意志之天直接指挥人事者,既而此感觉情绪意志,化成为人类生活之理法,名之曰天道,公认为政治所从出而应守。若此者,吾名之曰抽象的天意政治。"②相比于后来冯友兰先生乃至徐复观等人对于"天"的描述,梁启超的天道观略显简略,但他敏锐地觉察到中国传统政治是一种建立在天道基础之上的"天意政治"。

(2)"民本":天道政治演生出中国一个独特的政治名词"天子"。天子是天的代理人,真正的监督权必须通过人民的好恶来实现。因此,"天子政治"在理论上可以转变为"民本政治"。"所谓天者,恰如立宪国无责任之君主;所谓天子者,则当其责任内阁之领袖。天子对天负责任,而实际上课其责任者则人民也。"③在"天子"和"民

---

① 梁启超:《先秦政治思想史,结论》,天津古籍出版社,2004年,第220页。
② 梁启超:《先秦政治思想史》,天津古籍出版社,2004年,第29页。
③ 梁启超:《先秦政治思想史》,天津古籍出版社,2004年,第38页。

意"之间建立起关联,而不是简单地斥之为专制,这也是别具只眼。不过,梁启超也没有直接将传统民本政治等同于现代民主政治。他说,先秦的政治哲学岁让十分重视民意,但对于民意如何落实为一种真正的监督机制,却没有一套行之有效的办法。设若遇到恶贯满盈的暴君,就只有"革命"一条路。

(3)"家族本位":中国政治秉承亲亲尊尊的原则,因此,家族的因素而政治中占十分重要的地位。即所谓天下之本在国,国之本在家。而尊祖和敬天的观念的结合,甚至将全人类也看作一个家族,即所谓四海一家。

(4)"封建":"封建"一词,已经被现代汉语附加了许多内容。梁启超认为中国的封建制度起自周公,即天子将周边的区域分封给亲族和有功之人,而中央则以朝觐、巡狩、会同等制度确认与各诸侯国之间的主从关系。梁启超说封建的最大功用是"分化"和"同化"。分化就是"将同一的精神及组织,分布于各地,使各因其环境以尽量地自由发展。"这样造成中国文化的多样化。而同化,这是"将许多异质的低度文化,醇化于一高度文化总体之中,以形成大民族意识。"①这就是说,封建制的背后是大一统的中华民族的形成。

(5)"贵族"和"平民"。梁启超认为中国以农业为本的经济状况使中国没有发育出欧洲那样的奴隶制度,而贵族制度在春秋后期也逐渐崩溃,原先的作为地位象征的君子和小人也转变为道德性的称号,所以形成了万民平等的民本社会。

(6)"礼治""法治"。梁启超认为中国的刑原先只是针对贵族团体之外的人,而后贵族制度的崩溃而逐渐形成针对所有人的刑和律。然而,在春秋时期,这些刑和律,"以助成伦理的义务之实践为目的。其动机在教化,此实法律观念之一大进步也。尤当注意者,其所谓伦理,乃对等的而非片面的,父兄之于子弟,其道德责任,一如子弟之于父兄,此又法律平等之见端矣。"②只是到春秋末叶,才开始有成文法的颁布,并形成了持续不断的礼治法治之争。

如果我们熟悉梁漱溟的《乡村建设理论》和《中国文化要义》等作品,我们就会发现梁漱溟大量地征引了梁启超此书的内容,而且梁漱溟对中国社会的"伦理本位"和"职业分途"的概括,也明显地从梁启超对于贵族平民和礼法关系的分析中找到了灵感。

"仁"是儒家政治思想的总纲领。前文已述,梁启超在《新民说》中对"仁"和"天

---

① 梁启超:《先秦政治思想史》,天津古籍出版社,2004年,第51页。
② 梁启超:《先秦政治思想史》,天津古籍出版社,2004年,第62页。

下主义"都有所批评。而在这里,梁启超从"彼我相通"来解释仁,他发挥郑玄"仁者,相人偶也"的说法,指出:"二人以上相偶,始能形成人格之统一体,同在此统一体之中而彼我痛痒不相省,斯谓之不仁。反是斯谓仁。"①儒家思想强调人类之间的情感互通,惟其如此,才能树立起对于他人的关爱和责任。同理,别人也是如此,所以儒家所说的"政者正也",就是要通过榜样的感召来引领民众共建社会秩序。在这个意义上,儒家就是一种人生哲学。儒家舍人生哲学外无学问,舍人格主义外无人生哲学。

人的同类意识而产生的同情心,其起点在人自身,并不断向家族、国家和天下万物扩展,最终发展成为天下意识。"儒家之理想的政治,则欲人人将其同类意识扩充到极量,以完成所谓'仁'的世界。此世界名之曰'大同'"。② 在游历了欧洲之后,梁启超感觉到国家主义的偏狭性,所以一反《新民说》中的国家主义立场,转而批评国家主义的偏狭而褒扬天下主义倡导合类相亲。"儒家之政治思想,与今世欧美最流行之数种思想,乃全异其出发点。彼辈奖厉人情之析类而相嫉,吾侪利导人性之合类而相亲。彼辈所谓国家主义者,以极褊狭的爱国性为神圣,异国则视为异类。"③国家主义会导致政治家驱使百姓以战争为光荣,鼓吹人与人之间的仇恨。而资本家也以极端的手段欺压劳工阶级。梁启超说以这样的政治原则是不可能引导社会健康发展的。

中国文化向来不以国家为最高团体,而有超越国家的意识在。"中国人则自有文化以来,始终未尝认为国家为人类最高团体。其政治论常以全人类为其对象,故目的在平天下,而国家不过与家族同为组成'天下'之一阶段。政治之为物,绝不认为专为全人类中某一区域某一部分人之利益而存在。其向外对抗之观念甚微薄,故向内之特别团结,亦不甚感其必要。就此点论,谓中国人不好组织国家也可,谓其不能组织国家也亦可。无论为不好或不能,要之国家主义与吾人夙不相习,则甚章章也。"④与《新民说》倡导国家主义之言论不同,既然国人没有国家意识,好坏姑且不论,但中国人自有以天下为范围的大同观念在。

出于对责任意识的强调,梁启超特别关注儒家伦理中的"正名"思想。所谓"正名",就是要对自己所担负的责任和权利有所觉醒。比如,为人之父,就要知道作为父亲责任和权利,否则便是名实不符。这里梁启超又回忆起他早年的公羊学。他说正

---

① 梁启超:《先秦政治思想史》,(儒家一),第 85 页。
② 梁启超:《先秦政治思想史》,(儒家一),第 88 页。
③ 梁启超:《先秦政治思想史》,(儒家一),第 87 页。
④ 梁启超:《先秦政治思想史》,序论,第 4 页。

名思想主要体现在《春秋》中,而不同的时代的正名原则会有所变化。变化的依据则是春秋三世义。"始据乱、次升平、终太平。谓以此为叫,则人类意识渐次觉醒,可以循政治上所悬理想之鹄而日以向上也。"①

梁启超将儒家的政治哲学名之为"人治主义"和"礼治主义"。儒家提倡贤者居位,通过自身的榜样性力量来达成社会理想,因此是一种贤能政治观念。这种观念所带来的问题是过于依赖居高位者的仁德,而如果不仁者居高位,则没有相应的措施来制约之。

对于儒家的人治主义,历史上或有法家式的严刑峻法来取代,或者是近代以来的"多数人"的民主政治来限制权力。梁启超认为儒家的政治已经在向民主政治发展的过程中。在这里梁启超把他在《新民说》时期的"民德论"转用到这里。他说:没有健全的人民是不可能有健全的政治的,只有养成多数人的政治道德、政治能力和政治习惯,那么理想的政治形态才可能真正建立。所以儒家倡导礼治主义,反对单纯依赖政治的制裁力,目的就是要培养国民的政治素质。据此,梁启超认为,儒家的人治主义,并不是说仅仅靠一两个圣贤就可以治理好社会,而是要通过化民成俗,自然而然地达成政治目的。"要而言之,儒家之言政治,其唯一目的与唯一手段,不外将国民人格提高。以目的言,则政治即道德,道德即政治。以手段言,则政治即教育,教育即政治。道德之归宿,在同情心组成社会;教育之次第,则就各人同情心之最切近最易发动者而浚启之。"②

梁启超还介绍了孟子和荀子的政治观念,特别是通过孟子批评"功利主义"。他说,在儒家"正其谊不谋其利"的政治原则和欧美流行的以效率为目的之实用哲学之间,他毫不犹豫地支持儒家的立场。他还反对近代以来的权利观念,"质而言之,权利观念,全由彼我对抗而生,与通彼我之'仁'的观念绝对不相容。而权利之为物,其本质含有无限的膨胀新,从无自认为满足之一日。……置社会组织于此观念之上而能久安,未之前闻。欧洲识者,或痛论彼都现代文明之将灭亡,殆以此也。"③所以,儒家强调礼让,注重分享。如果将权力集中到一个人手里,那么就以汤武革命的精神将之推翻。

虽然我们不能简单地把从《新民说》到《先秦政治思想史》的转变概括为从宪政

---

① 梁启超:《先秦政治思想史》,(儒家二),第95页。
② 梁启超:《先秦政治思想史》,(儒家三),第101页。
③ 梁启超:《先秦政治思想史》,(儒家四),第106—107页。

民主的想法到传统儒家的回归,但是梁启超对于儒家政治的基本原则的认同和对曾经肯定过的国家主义和自由民权思想的批评则是显而易见的。

梁启超是现代史学"新史学"的创始者,说明他是现代学科化的知识体系的奠基性人物。与历史学的贡献所不同的是,梁启超在儒家哲学上的探索相对不受重视,其实,他与王国维、梁漱溟一样,也是比较早的开始探索儒家哲学学科体系和研究方法的重要学者。

1920年,梁启超在写《孔子》的时候说,《易》是孔子哲理论的总汇;《春秋》,是孔子政治论的总汇。所以他是从《易》中去探讨孔子的本体论和方法论的。

梁启超说,欧美和印度的哲学乃至中国的宋明哲学,都是喜欢研究宇宙本体的问题,但是独孔子说"神无方而易无体"。这里面梁启超将"无体"解释成是孔子认为"宇宙万有是没有本体的",并开始发挥说:"讲学问的人,只好把这第一原因搁下,第一现象说起。"①梁启超接受力西方科学思想中的正负观念,认为乾坤代表物质中的正负的力,来推动事物的发展。他也开始用归纳法来解释周易中的解释原则,不过这方面,主要依循焦循的观点,梁启超自己并无特别的创见。

在《孔子》一书中,梁启超回复他的公羊学的立场,认为《春秋》是孔子政治论说之枢纽。然入手处却是大同和小康之别。他说,一般人都是从孔子提倡伦常礼教出发去理解他。这简直是把孔子等同于"大道废有仁义"了,其实孔子心目中的理想是大同。大同社会主张"天下为公、选贤与能,自然是绝对的德谟克拉西了。讲信修睦,自然是绝对的平和主义,非军国主义了。大同社会,是要以人为单位不以家族为单位的,所以不独亲其亲,不独子其子"②等等,这些都是孔子在政治和经济上的根本主义,就此而言,他借用孔子在《论语注》中的结论说,《论语》这部书是有子、曾子门人记的,没有把孔子的微言大义记录下来,应该与《礼运》对勘。

梁启超就认为"大同"说是孔子政治思想的核心,而纲常伦理只是一个救敝补偏的措施。他甚至用现代政治的术语来解读大同和小康的区别:"第一,小康是阶级主义,大同是平等主义;第二,小康是私有主义,大同是互助主义;第三,小康是国家家族主义,大同是世界主义。"③所以,只有在"大同"和"小康"的视野下,《春秋》一书以及其中孔子要传达的微言大义,才可能被真正的了解。当他用儒家的大同思想来批判

---

① 梁启超:《孔子》,载梁启超:《儒家哲学》,上海人民出版社,2009年,第155—156页。
② 梁启超:《孔子》,载梁启超:《儒家哲学》,上海人民出版社,2009年,第168页。
③ 梁启超:《孔子》,载梁启超:《儒家哲学》,上海人民出版社,2009年,第169页。

现代民族国家理论的时候,他的政治哲学也具有了反思现代性的一面。

在1926年秋季开始的新学年中,梁启超讲授了"历史研究法"与"儒家哲学"两门课,另外又在燕京大学以"古书真伪及其年代"为题做专门讲演。在儒家哲学系列讲座的开头,梁启超就明确指出如果以西方的"哲学"为规范,那么儒家思想最多可以算作是人生哲学,因为儒家所关注的主要是与人生有关的问题,包括"人之所以为人,及人与人的关系",所以"概括说起来,其用功所在,可以《论语》'修己安人'一语括之。其学问最高目的,可以《庄子》'内圣外王'一语括之。做修己的功夫,做到极处,就是内圣;做安人的功夫,做到极处,就是外王。至于条理次第,以《大学》上说得最简明。《大学》所谓'格物致知诚意正心修身',就是修己及内圣的功夫;所谓'齐家治国平天下',就是安人及外王的功夫。"①

儒家思想着重于人生问题的特征让梁启超觉得与其用"哲学"来名之,不如用"道学"贴切。不过,"道学"在历史上曾特指程朱学派,所以他又觉得"道术"更为合适,道是讲道本身,术是讲如何去做,梁说只是因为大家习惯了,所以仍然采用"儒家哲学"的名称,在具体的讲述中,还是不断会出现"儒家道术"这样的说法。身处1920年代,梁启超必须要回答一个问题,即为什么要研究儒家道术呢? 针对这个问题的回答,可以看作是梁启超对当时流行的五种对儒家的偏见的驳斥。

第一,儒家思想可以说是中国文化的核心部分,如果专打孔家店,要把线装书抛在茅厕里三千年,那么中国文化便没有什么内容了。

第二,儒家不是已经僵死的学问。梁启超从文化的时代性和超时代性的角度反驳将儒家哲学看作是"过去"和"旧"的学问的看法。梁启超指出:文化中有一些内容可能会因为外在环境的变迁而不适用于新时代,但是也有一些内容则是完全超时代的。在儒家思想中,外王部分,含有时代性的成分居多,但是"内圣的全部、外王的一小部分,绝对不含时代性。如智仁勇三者,为天下之达德,不论在何时何国何派,都是适用的。"②梁启超认为"术"可能有时代性,而道则是超时代的。

第三,针对一些人将儒家视为是贵族文化非平民文化的看法,梁启超认为,文化的平等虽是理想但还遥远,而且文化不能以普及程度之难易来衡量其价值。对于儒家只注重个人修养,而不注重社会意识的批评,梁启超指出个人和社会是不可分的。个人的人格培育必然会发展到社会关怀层面。儒家道术注重士大夫个人的修养,但

---

① 梁启超:《儒家哲学》,载梁启超:《儒家哲学》,上海人民出版社,2009年,第34页。
② 梁启超:《儒家哲学》,载梁启超:《儒家哲学》,上海人民出版社,2009年,第39页。

这些人作为社会榜样人物，可以最大范围地影响到别人。

第四，有人说儒家哲学是拥护专制的学问，奴辱人民的学问。梁反驳说历代的帝王假借儒家的招牌来实行专制的现象的确存在。但历史上最具有反抗精神的也是儒学大师，孔孟固不必论，汉代的党锢传和宋代的二程朱熹，均是以道抗势的例证。

第五，梁启超反对有人以提倡科学的目的而将儒学列为"玄学"，他说儒家向来注重现实，与科学不但不相悖，而且富有科学精神，至少不反对科学。

梁启超特别注重方法的提炼，这在《中国历史研究法》中就已经有其端倪。而在讨论儒家哲学的时候，他也归纳了儒家哲学的研究法。他借鉴西方哲学研究法，认为任何哲学都可以按问题研究法、时代研究法、宗派研究法这样不同的理路来展开。

所谓问题研究法就是对哲学史上讨论过的重大问题进行梳理，这种方法的优点是可以对问题的来龙去脉有清晰的掌握，缺点是所有的哲学问题都与别的问题相关联，单就某一问题展开就会把别的问题遮蔽，将所有问题都纳入讨论范围则会枝蔓丛生，难以穷诘。

哲学的历史就是不同时代的人对于一些重大的理论问题的不同切入方式的反映。或者说，哲学总是在试图回答时代所提出的问题。这种方法的优点是能看到哲学发展的时代特征，缺点是难以反映那些跨时代的问题。

哲学的发展经常以学派作为载体，所以宗派的研究也很重要。宗派的研究的优点是可以把各派的源流梳理得清晰明白，缺点是难以发现问题的时代性和社会背景，因此，在具体的研究中，这三种方法应该互相辅助使用。梁启超在叙述儒家发展的历史的时候，首先关于是历史和学派的结合。在这方面以清代儒学的发展论述最详。其次是关于问题的发展，在这方面他主要讨论了人性、天命和心体。很显然，他已经关注到西方哲学的方法，对于儒家的宇宙论和人性论多有侧重，而社会秩序的安排，则比较少涉及。

由于时人经常会提到梁启超属于清末今文学的代表人物，因此，在讨论儒家哲学的时候，梁启超有一种明晰的角色定位，即尽量抛开自己的观点而保持客观中立。不过，正如梁启超自己所评论的，其师康有为是过于坚持自己的立场，他自己是过于"变化立场"，但就哲学问题的讨论而言，客观中立是增强了解释力还是削弱了思想的力量，这本身就是一个值得反思的问题。这样的问题，同样可以反思梁启超在孔教运动中的表现。

三、保教非所以尊孔：
梁启超与孔教运动

儒学一直主张以其价值的普适性来吸引"化外之民"，而不是主动的传播。但在康有为的宗教家的气质和晚清浓厚的佛学气氛之下，梁启超说他与其他万木草堂的学生都有浓厚的传教兴趣和责任感。他回忆说他在万木草堂读书的时候，有模仿别教行传教之事的计划。因为觉得自己的所学不足以解决自己思想上的一些问题，还曾经想进山修炼一段时间，以便出来之后传教。"视一切事，无所谓成，无所谓败，此事弟子亦知之，然同学人才太少，未能广布长舌也。如此则于成败之间，不能无芥蒂焉矣。尚有一法于此，我辈以教为主，国之存亡于教无与，或一切不问，专以讲学授徒为事，俟吾党俱有成就之后，乃始出而传教，是亦一道也。弟子自思所学未足，大有入山数年之志，但一切已办之事，又未能抛撇耳。近学算读史，又读内典(读《小乘经》得旧教颇多，又读律论)，所见似畴昔有进，归依佛法，甚至窃见吾教太平大同之学，皆婆罗旧教所有佛吐弃不屑道者，觉平生所学失凭依，奈何？属劝长者勿行，某亦以为然。然某于西行之说，颇主张者，某意以为长者当与世相绝。但率数弟子以著书为事，此外复有数人在外间说世间法，此乃第一要事。"其模仿对象有明显的佛教痕迹，并认为"教主"因为遗世独立而建立起神秘感。他还对"救国"和"救世"之间作了分疏："某昔在馆亦曾发此论，谓吾党志士皆须入山数年，方可出世。而君勉诸人大笑之。……不知我辈宗旨乃传教也，非为政也；乃救地球及无量世界众生也。非救一国也，一国之亡于我何焉！"[1]梁启超在为康有为作传记的时候，就以宗教家为开题，他之投师于康有为，也存有一种宗教式的情怀。

康有为的宗教家的气质导向他对于将儒家"宗教化"的设想。康有为反复辩说儒家与其他宗教的差别，不过其他宗教的制度化形态则是康所倾心的。所以在陈焕章的支持下成为康有为政治活动的一个重要延伸。

在康有为的弟子中，梁启超与孔教运动之间的关系十分复杂。在万木草堂时期及保教运动之前，梁启超比较积极地支持康有为的孔教思路，即以建立孔教的方式来激动民意、鼓吹变法，实现"保国""保种"的目标。甚至认为，比较起来的话保教比保

---

[1] 丁文江、赵丰田：《梁启超年谱长编》，上海人民出版社，1983年，第58、59页。

国要更重要一些。按张灏的分析,梁启超这个时期看重保教的动机可能是看到了西方宗教对西方社会所起的规范和整合作用。更关键的是他们都认为中国在面对西方的挑战的时候,需要文化认同的力量来支持,而孔教则是最好的资源。

作为康有为门下最具感染力的弟子,梁启超凭借其明快的文采和有效的组织能力,使康有为的孔教思路得到了广泛的传播。"梁发起的传教运动,不止在一个地方表达他要求维护文化认同的愿望。这种特点也反映在他将中国文化传统作为一个整体加以肯定以与西方相对抗上。在有关道德价值观和社会政治思想方面,梁在理智上仍相当程度地认同中国文化遗产;但他所肯定的中学,似乎经常远远超出他真正理智地评价为正确的东西。"①从梁启超早期的作品而言,他对于中国的经学传统方面的理解主要来自经过康有为发挥的公羊学,而对于西方的了解也停留在一些二手的了解上,所以,他经常在中国与西方的价值观念之间做许多比附性的类比。

19世纪末20世纪初,受到了严复和黄遵宪等人的影响,梁启超开始怀疑建立孔教与政治改良之间的一致性,也怀疑将儒家教会化必然会对社会道德建设产生正面的影响。1897年间严复和梁启超有多次的通信讨论变法和孔教的事宜,他在给严复的信中描述了自己从严复的立场中所感受到"保教"活动所存在的内在矛盾,进而完全改变了自己的立场。"来书又谓教不可保,而亦不必保,又曰保教而进,则又非所保之本教矣。读至此,则据案狂叫语人曰:不意数千年闷葫芦,被此老一言揭破,不服先生之能言,而服先生之敢言之也。"②

1898年6月3、4日和7、8日,严复连续在《国闻报》发表《有如三保》和《保教余义》二文,阐述他对孔教运动的看法。在《有如三保》一文中,严复说"今日更有可怪者,是一种自鸣孔教之人,其持孔教也,大抵于(与)耶稣、谟罕争衡,以逞一时之意气门户而已。"③他说,教之保最关键在行动而不是口号,现在的国民一方面并没有遵循孔教的道理,另一方面,孔教也并不执着于具体的国家和民族,因此,保教与保国和保种之间没有关系。

在《保教余义》一文中,严复认为中国人所信奉的是佛教和土教(地方性宗教),而"孔教之高处,在于不设鬼神,不谈格致,专明人事,平实易行。而《大易》则有费拉

---

① 张灏:《梁启超与中国思想的过渡 烈士精神与批判意思》,新星出版社,2007年,第79—80页。
② 梁启超:《与严幼陵先生书》,载丁文江、赵丰田:《梁启超年谱长编》,上海人民出版社,1983年,第76页。
③ 严复:《有如三保》,载王栻编:《严复集》,第一册,中华书局,1986年,第82页。

索非之学,《春秋》则有大同之学。苟得其绪,并非附会,此孔教之所以不可破坏也。然孔子虽真,而支那民智未开,与此教不合。虽国家奉此以为国教,而庶民实未归此教也。"①在严复看来,儒家思想的优势就是没有鬼神而讲求理性,这样的思想即使将其宗教化,对于有信仰需求的一般老百姓而言,并没有吸引力。

戊戌变法失败之后,康有为在流亡的初期围绕公羊三世,有选择地注释重要的儒家典籍,并建构其从据乱到升平,最终发展到太平大同世的历史哲学。而梁启超则更多地接触西方和日本的著作的思想。从1902年之后,梁启超在孔教问题上完全和康有为分道扬镳,"启超自三十(1902年)以后,已绝口不谈伪经,亦不甚谈改制。而其师康有为大倡设孔教会定国教祀天配孔诸义,国中附和不乏。启超不谓然,屡起而驳之。"他的这种改变的重要原因是因为他反对西学中源或者什么事都采用"我注六经"的办法。"此诸论者,虽专为一问而发,然启超对于我国旧思想之总批判及其所认为今后新思想发展应遵之涂径,皆略见焉。中国思想之痼疾,确在'好依傍'与'名实混淆'。若援佛入儒也,若好造伪书也,皆本原于此等精神。以清儒论,颜元几于墨矣,而必自谓出孔子;戴震全属西洋思想,而必自谓出孔子;康有为之大同,空前创获,而自谓出孔子,及至孔子之改制,何为必托古,诸子何为皆托古,则亦依傍混淆也已。此病根不拔,则思想终无独立自由之望,启超盖于此三致意焉。然持论既屡与其师傅不合,康梁学派遂分。"②

作为师徒分道的重要文献,是1902年他写的长文《保教非所以尊孔论》。梁启超首先声明该文的观点与自己以前的观点相反,所以要进行自我批判。他对自己改弦更张的原因做了系统的分析。"至倡保教之议者,其所蔽有数端:一曰不知孔子之真相,二曰不知宗教之界说,三曰不知今后宗教势力之迁移,四曰不知列国政治与宗教之关系。今试一一条论之。"③

他认为孔子是哲学家、教育家、政治家,而不是宗教家,如此,保孔教则成其无目标的运动。"孔子者,哲学家、经世家、教育家,而非宗教家也。西人常以孔子与梭格拉底并称,而不以之与释迦、耶稣、摩诃末并称,诚得其真也。夫不为宗教家,何损于孔子!孔子曰:'未能事人,焉能事鬼;未知生,焉知死。''子不语怪力乱神。'盖孔子立教之根柢,全与西方教主不同。吾非必欲抑群教以扬孔子,但孔教虽能有他教之势

---

① 严复:《保教余义》,载王栻编:《严复集》,第一册,中华书局,1986年,第85页。
② 载丁文江、赵丰田:《梁启超年谱长编》,上海人民出版社,1983年,第279页。
③ 梁启超:《保教非所以尊孔论》,载梁启超:《儒家哲学》,上海人民出版社,2009年,第306页。

力,而亦不至有他教之流弊也。"①孔子并非宗教家,将之改造成宗教家,非但不能建立宗教之势力,反而会带来其他宗教的弊端。接着梁启超分析说,中国古代有宗教家,比如张道陵等:"然则以吾中国人物论之,若张道陵(即今所谓张天师之初祖也。)可谓之宗教家,若袁了凡(专提倡《太上感应篇》《文昌帝君阴骘文》者。)可谓之宗教家,(宗教有大小,有善恶。埃及之拜物教,波斯之拜火教,可谓之宗教,则张、袁不可不谓之宗教。)而孔子则不可谓之宗教家。宗教之性质,如是如是。"②

"持保教论者,辄欲设教会,立教堂,定礼拜之仪式,著信仰之规条,事事摹仿佛、耶,惟恐不肖。此麋论其不能成也,即使能之,而诬孔子不已甚耶!孔子未尝如耶稣之自号化身帝子,孔子未尝如佛之自称统属天龙,孔子未尝使人于吾言之外皆不可信,于吾教之外皆不可从。孔子,人也,先圣也,先师也,非天也,非鬼也,非神也。强孔子以学佛、耶,以是云保,则所保者必非孔教矣。无他,误解宗教之界说,而艳羡人以忘我本来也。"③梁启超对孔子和其他宗教信仰人物的区分固然是有理有据,但作为孔教运动中人,他应该了解康有为建立孔教的复杂动机,以及康有为对儒家与别的宗教差异的种种说明,更为关键的是,孔教会之孔教论,其所谓"教"更多是教化和文化的意义上的,康有为也是从这一点上认为孔教要优于其他的宗教,且符合进化论的趋势。

而梁启超也是运用当时流行的进化论观点来说明宗教是一种趋于衰落的文化,因此效仿西方宗教模式来建立孔教,是一种东施效颦的行为。况且,宗教之传入,均会像佛教和其他宗教一样,被容纳进中国文化中,不必过于担心其消失。触发孔教会动机的另一个重要原因是近代教案的频发,需要有一个能代表中国的专门的宗教团体来应对。在梁启超看来,教案产生的真正原因是西方列强基于侵略而取得的霸权,这不是建立孔教会所能解决的,建立孔教反而会加剧教争。

梁启超了解西方现代化进程中所出现的政教分离趋势。他认为宗教和政治分属不同的领域,信仰自由更是近代文明的重要成果和儒家思想的优越性之所在,而"今之持保教论者,其力固不能使自今以往,耶教不入中国。昔犹孔自孔,耶自耶,各行其自由,耦俱而无猜,无端而画鸿沟焉,树门墙焉,两者日相水火,而教争乃起,而政争亦

---

① 梁启超:《保教非所以尊孔论》,载梁启超:《儒家哲学》,上海人民出版社,2009年,第307页。
② 梁启超:《保教非所以尊孔论》,载梁启超:《儒家哲学》,上海人民出版社,2009年,第307页。
③ 梁启超:《保教非所以尊孔论》,载梁启超:《儒家哲学》,上海人民出版社,2009年,第307页。

将随之而起。是为国民分裂之厉阶也。言保教者不可不深长思也。"①康有为建立孔教的动机之一就是防止西方殖民者借口教争来发动战争,所以试图将"教争"限制在宗教范围。而梁启超固然看到设立孔教可能带来的宗教纷争,但他在这个时期还不能认识传教在近代中国所附带的其他"功能"。

梁启超指出保教可能产生的最大的弊端是束缚国民的思想,"自汉以来,号称行孔子教二千余年于兹矣,百皆持所谓表章某某、罢黜某某者,以为一贯之精神,故正学异端有争,今学古学有争。言考据则争师法,言性理则争道统,各自以为孔教,而排斥他人以为非孔教,于是孔教之范围益日缩日小。"②梁启超认为文明的发展仰赖于思想自由,所以,强调孔教在历史上束服了人们的观念,而现在又将西方传入的新学比附在孔子头上,既是对孔子的诬蔑又阻碍了人们的思想自由之路。

梁启超认为文明进化导致仪式的衰亡是"天演之公理",而孔子的思想因为关注人的伦理和教育,所以是越来越重要,因此不但不会灭亡,而会随着社会的进步而发展。所以孔子应广泛地吸收佛教和基督教的精神。"故如佛教之博爱也,大无畏也,勘破生死也,普度众生也,耶教之平等也,视敌如友也,杀身为民也,此其义虽孔教固有之,吾采其尤博深切明者以相发明。"③如果孔教中所没有的,那么应该加以吸收,万不能画地为牢。

梁启超说他自己由一个孔教运动的支持者到反对者,完全是因为爱自由、爱真理胜过爱老师,即使为此受到老师批评也不会改变自己的立场。他还专门写信给康有为来解释他自己的想法。

"至于保教一事,弟子亦实见保之之无谓。先生谓巴拏马、星加坡各埠今方兴起,而弟子摧其萌蘖。今所欲办者,如巴星各埠所办,果有益于事否乎?他地吾不敢知,横滨一埠则戊己庚辛四年皆庆诞,每年费二千余金,试问于孔教有何影响?于大局有何关系?徒为虚文浪费金钱而已。诚不如以之投诸学校之为妙矣。今星加坡集捐二十余万,建一孔子庙,弟子闻之实深惜之。窃谓此等款项,若以投之他种公共事业,无论何事,皆胜多多矣。

至先生谓各国皆以保教,而教强国强。以弟子观之,则正相反。保教而教强,固有之矣,然教强非国之利也。欧洲拉丁民族保教力最强,而人皆退化,国皆日衰,西班

---

① 梁启超:《保教非所以尊孔论》,载梁启超:《儒家哲学》,上海人民出版社,2009年,第309页。
② 梁启超:《保教非所以尊孔论》,载梁启超:《儒家哲学》,上海人民出版社,2009年,第310页。
③ 梁启超:《保教非所以尊孔论》,载梁启超:《儒家哲学》,上海人民出版社,2009年,第313页。

牙、葡萄牙、意大利是也。条顿民族如英、美、德各国,皆政教分离,而国乃强。今欧洲之言保教者,皆下愚之人耳,或凭借教令为衣食者耳。实则耶教今日亦何尝能强,其澌灭可立而待矣。哲学家攻之,格致学家攻之,身无完肤,屡变其说,以趋时势,仅延残喘,穷遁狼狈之状,可笑已甚,我何必更尤而效之。且弟子实见夫欧洲所以有今日者,皆由脱教主之羁轭得来,盖非是则思想不自由,而民智终不得开也。倍根、笛卡儿、赫胥黎、达尔文、斯宾塞等,轰轰大名,皆以攻耶苏教著也,而其大有造于欧洲,实亦不可诬也。

弟子以为欲救今日之中国,莫急于以新学说变其思想(欧洲之兴全在此),然初时不可不有所破坏。孔学之不适合新世界者多矣,而更提倡保之,是北行南辕也。先生所示自由服从二义,弟子以为行事当兼二者,而思想则惟有自由耳。思想不自由,民智更无进步之望矣。先生谓弟子故为立异,以避服从之义,实则不然也,其有所见,自认为如此,然后有利益于国民,则固不可为违心之论也。故先生以其所见之谬而教诲之,则弟子所乐受,而相与明辨,若谓有心立异,则不敢受也。弟子意欲以抉破罗网,造出新思想自任,故极思冲决此范围,明知非中正之言,然今后必有起而矫之者,矫之而适得其正,则道进矣。即如日本当明治初元,亦以破坏为事,至近年然后保存国粹之议起。国粹说在今日固大善,然使二十年前而昌之,则民智终不可得而开而已。此意弟子怀之数年,前在庇能时与先生言之,先生所面责者,当时虽无以难,而此志今不能改也。…至谓弟子从耶教,实则不然。耶教之不宜今日也尤甚,孔教且不欲保,何况于耶? 请先生勿过虑也。"①在这封长信中,梁启超认为建立孔庙等行为耗费巨大,不如投向别的事业。中国目前最为需要的是输入新的思想来改变国民的素质。此后梁启超就写作了《新民说》来推行他的"道德革命"。

梁启超的尊孔而"不保教"的立场,即使在民国建立后也没有根本的变化,如1915 年 12 月,发表《孔子教义实际裨益于今日国民者何在欲昌明之其道何由》,说"盖中国文明,实可谓以孔子为之代表…吾国民二千年来所以能抟控为一体,而维持于不敝,实赖孔子为无形之枢轴。"所以"诚欲昌孔子教旨,其第一义当忠实于孔,直绎其言,无所减加,万不可横己见、杂他说以乱其真,然后择其言之切实而适于今世之用者,理其系统而发挥光大之,则吾侪诵法孔子之天职焉矣。"②梁启超认为孔子思想最

---

① 丁文江、赵丰田:《梁启超年谱长编》,第 277—278 页。
② 梁启超:《孔子教义实际裨益于今日国民者何在欲昌明之其道何由》,载梁启超:《儒家哲学》,上海人民出版社,2009 年,第 315 页。

为有益于世界者,乃在于健全人格,而非宗教信仰,他反对康有为、陈焕章等人立孔教会为国教的主张:"则自海通以来,见夫世界诸宗多有教会,党徒传播,其道乃昌,欲仿效之以相拒圉,于是倡教部之制,议配天之祀,其卫道之心良苦,其仪式结集,且大有异于昔儒之所为。吾以为此又欲推挹孔子以与基督摩诃争席,其蔽抑更甚也。"①他认为教会的产生是历史形成的,不能依靠人的力量来特意设立,这样做会让人忽略孔子思想中真正值得关注的内容,而从事于与儒家思想相背离的部分。对于将孔子思想作为国民教育之大本的宪法修正案,梁启超认为孔子哲学中的性理之学作为哲学的一部分,有超越时代的意义,而礼仪规范和人伦道德,十有八九不符合时代的要求,应该把这两部分内容从国民教育的内容中去掉。②

梁启超并没有积极地参与发起孔教会,而是由他的同门陈焕章和麦孟华等人来操办。不过,1913年孔教会在宪法修订过程中所提出的"立孔教为国教"的请愿书,作为进步党的主要人物的他就是主要的发起者,他也参加了孔教会在北京的一些活动。

简明地说,梁启超对于儒家的道德的评判存在着前后不一的情况,以1903年的《新民说》为标志,代表他否定传统道德的最为激烈的阶段。随后梁启超的思想越来越倾向于调和。中西调和、古今调和。虽继续输入新知,但认为道德发自人心,制度起于传统,所以对传统的温情渐进发展。梁启超经常以今日之我来否定昨日之我,然其思想有一个立场并没有变化,就是不断探索救国、强国之道,他的自我否定也意味着探索的艰巨性。

---

① 梁启超:《孔子教义实际裨益于今日国民者何在欲昌明之其道何由》,载梁启超:《儒家哲学》,上海人民出版社,2009年,第316页。
② 梁启超:《孔子教义实际裨益于今日国民者何在欲昌明之其道何由》,载梁启超:《儒家哲学》,上海人民出版社,2009年,第318页。

梁启超后期文化观管窥

崔文娟[*]

晚年的梁启超站在"爱国主义"与"世界主义"相统一的立场上,在国内"五四"新文化运动的背景中,通过对以儒家为主的先秦思想的重新研究,修正了前期对诸子的一些有失公允的说法,指出他们对于我国乃至世界文明具有重要价值;又对国内盛行的"唯科学主义"思潮进行了批判和否定,既没有如胡适那样选择完全否定传统,倡导全盘西化,也没有像章太炎那样对科学予以多方面的限定,而是提倡以"中庸"的态度对待来自西方的科学。梁启超晚期的文化观念不仅开我国"现代性"批判理论之先河,而且对于今天的人们如何面对"回归优秀传统文化"的心灵诉求与"全面现代化"的现实必要这二者之间的巨大张力,并在其中安顿好自己的灵魂,依然具有积极的参考价值。

一、梁启超前期文化观回顾

要了解梁启超早期的基本文化态度,就不得不提到他在流亡日本期间的一篇长文——《论中国学术思想变迁之大势》。在这一开拓性的论著中,梁启超借助对中国学术史的整理系统地表达了自己的文化观念。通过对中国、印度和西方三大学术类型进行综合比较,梁启超指出,二十世纪乃是世界上仅有的泰西文明与中华文明"结婚之时代,"[①]虽然也是基于传统文化本位的态度,但其具体评价标准却以西方的价值观念为标尺,以学术思想是否自由来评价一个时代的文化兴衰状况。照此标准,先

---

[*] 崔文娟,女,上海师范大学哲学与法政学院伦理学硕士。
[①] 梁启超:梁启超全集[M].北京:北京出版社,1999年,第563页。

秦时代虽是梁启超笔下的"全盛时代",但他对其短处的列举仍然多于其长处;而"儒学统一时代"更是被看作我国学术思想衰落的开始。夏晓红指出,"晚清中国国势阽危,'救时之言'无疑更切合社会的需要。因此,在与西方文化的对比中,梁启超于中国传统中看到的缺陷更多,相应要求更多的采补。"①

在久负盛名的《新民说》中,梁启超提出了"淬厉其所本有而新之"和"采补其所本无而新之"两个方面的"新民"方针,但他仍然是把"采补其所本无"作为"新民"的重点,即大力引进和介绍"公德""权利""自由""自治"诸多等来自西方的政治文化观念。对于当时闭塞已久,且苦于政治腐败而无力匡救的国人来说,这些概念无疑令人耳目为之一新,并引得无数青年为之振奋。他提倡"破坏主义",认为只有像欧洲、日本那样彻底打破旧文化的羁绊,同时大力采纳西方的文明成果,中国才能免于亡国之祸,并顺利走上近代化的道路;提倡公德,认为我国历史正是由于"公德"的长期缺位导致了"政治之不进,国华之日替"。② 然而,《新民说》后期(考察新大陆之后)发表的文章,如《论私德》《论民气》等,梁启超立论的基调却有了明显的转变,不但不再提倡"破坏主义",对"公德"和"私德"之间的关系也进行了重新定位,并特别提出王学的正本、慎独和谨小等观念作为个人修养私德的基本参照。

关于这种转变(包括梁在《论中国学术思想变迁之大势》最后一章关于孔子的论述),黄克武认为是由于梁启超的精英主义倾向、"潜藏在他内心之中对传统的尊重,与对人性幽暗面的认识等因素"③;张朋元则将其归因于康有为当时对梁启超在经济方面的压迫、挚友黄遵宪在思想上的影响、梁启超与革命党人之间的矛盾、梁本人对"破坏主义"的反思,以及游美过程中的见闻导致对民主制度的怀疑和对国人政治能力的极度失望。④ 至于梁启超在游美之后很长一段时期都将"阳明学"作为"我国固有之传统道德",并加以多方面发挥的原因,日本学者狭间直树认为,梁启超一方面固然是受到康有为的影响,另一方面则是借鉴了王学作为明治日本的国民道德之重要组成部分,以对抗欧化主义和功利主义倾向这一历史背景,试图以此来对抗当时国内的"破坏主义"。狭间直树还指出,"尽管梁启超口上称颂'固有之旧道德'但他并非

---

① 夏晓红校,梁启超:论中国学术思想变迁之大势[M].上海:上海古籍出版社,2012年,第6页。
② 梁启超:梁启超全集[M].北京:北京出版社,1999年,第662页。
③ 黄克武:一个被放弃的选择:梁启超调适思想之研究[M].北京:新星出版社,2006年,第151页。
④ 张朋元:梁启超与清季革命[M].吉林出版集团有限责任公司,2007年,第110—116页。

为了复古,而在于纠正邪误的风潮以实现中国的维新"。[①] 在此基础上,我们似乎也有理由把这次转变看作他晚年的文化观念进一步朝着中国传统文化转变的前奏。

二、对先秦诸子的再考察

20世纪10年代中国最重大文化事件莫过于由陈独秀、胡适所引领的新文化运动。在那场以新式学生和新式知识分子为参与主体的运动中,一方面,全面肯定和接受以"民主"和"科学"为主的西方启蒙时代以来的制度和价值观念迅速成为主流;另一方面,由于认识到中国文化本身与西方民主、科学传统之间存在的深刻矛盾,救国心切的青年们选择彻底否定和抛弃传统文化,而只向西方寻找真理,胡适更是提出"专打孔家店"的口号。在这种文化背景下,欧游归来的梁启超就显得颇为不合时宜。他不但在游记中处处表现出对传统文化的乐观态度,宣称中国人对于世界文明"有个绝大责任横在前途",即"拿西洋的文明,来扩充我的文明,又拿我的文明去补助西洋的文明,叫他化合起来成为一种新文明,"[②]而且回国不久就迅速写成了《孔子》等文章,对先秦诸子的思想进行了精到的发挥和重构性的诠释,使其充满"后现代"的意味。从此,梁启超的学术研究重心,也由《新民说》前期对西方"公德"的引进转移到了对先秦诸子,尤其是儒家哲学的阐发方面。

在对孔子的研究中,梁启超首先重新考察了孔子与六经的关系,推翻了他早期在《〈西学书目表〉后序》中得出的"六经皆孔子所作"的结论,要求读者审慎地对待资料。其次,梁启超很早就把儒家哲学的功用限定在人生哲学方面,认为儒家哲学是一种"人格主义"的人生哲学,还根据近代西方心理学家对人性的划分来总结孔子的人格,认为孔子的知、仁、勇三者把西方伦理学家以为极难调和的智(理智)、情(情感)、意(意志)结合得非常圆满。此外,他还以自由、创造、意志力等现代性的概念来解释"尽性主义""知其不可而为之"等古语的含义。在谢世的前两年,梁启超还说:"我们这个社会,无论识字的人与不识字的人,都生长在儒家哲学空气之中",孔子及其代表的儒家文化虽然不算中国文化全体,"但是若把儒家抽去,中国文化,恐怕没有多少东

[①] 狭间直树:东亚近代文明史上的梁启超[M]. 上海:上海世纪出版股份有限公司,2016年,第245—246页。
[②] 梁启超:梁启超全集[M]. 北京:北京出版社,1999年,第2986页。

西了。中华民族之所以存在,因为中国文化存在,而中国文化,离不了儒家。"①

在相当长一段时间里,梁启超对待孟子和荀子的态度都可谓有天壤之别。早年的梁启超曾是"排荀运动"的主将,认为"荀卿实儒家中之最狭隘者也。"②晚年的梁启超则中肯地认为荀子既是儒家"礼文化"的集大成者,也是其流弊产生的开始;也强调荀子"论社会起源,最为精审":③荀子所言之"礼"目的在于化民成俗,与孔子"人格主义"的人生哲学一致。关于孟子,梁启超终其一生对其都有着极高的评价,只是到了晚年,他不再专以"传大同之学"言孟子,而是在对其重新解读中揭示出孟子对于现代社会的意义,认为孟子"注重精神上之扩充",一方面,他的"何必曰利""并非专指一件具体的牟利之事而言,乃是言人类行为不可以利为动机",④这就克服了西方功利主义的弊端;另一方面,梁启超不但根据"利"的性质引申出权利概念,批评当时国内一些人对其不够了解却邯郸学步,导致"新未成而故已失"的状况,而且认为西方的权利观念由彼此间的冲突而产生,与儒家"仁"的观念相抵触,因此也是孟子所坚决反对的。

三、以"中庸"之道对待"科学"

如果说对先秦诸子的研究是梁启超晚年文化活动的一大特色,那么他以中庸的态度对待"科学",则是全面认识晚年梁启超及其思想的另一个重要维度,这其中既包括了对"科学"方法和科学精神的热情赞颂,也包括了对"科学"之作用范围的严格限定,而后者也是他晚年被认为思想上"落伍"的一个重要理由。梁启超指出国人对待科学的两种错误态度,一是"把科学看的太低了,太粗了",二是"把科学看的太呆了,太窄了",认为人们"只知道科学研究所产结果的价值,而不知道科学本身的价值","中国人对于科学这两种态度,倘若长此不变,中国人在世界上便永没有学问的独立,中国人不久必要成为现代被淘汰的国民。"⑤他还认为,"科学精神的有无,只能用来横断新旧文化,不能用来纵断东西文化。"⑥因为科学精神在西方的繁荣也不过是"最

---

① 梁启超:梁启超全集[M].北京:北京出版社,1999年,第4957页。
② 梁启超:梁启超全集[M].北京:北京出版社,1999年,第569页。
③ 梁启超:梁启超全集[M].北京:北京出版社,1999年,第3649页。
④ 梁启超:梁启超全集[M].北京:北京出版社,1999年,第3647页。
⑤ 梁启超:梁启超全集[M].北京:北京出版社,1999年,第4006页。
⑥ 梁启超:梁启超全集[M].北京:北京出版社,1999年,第4008页。

近一百年内的事",并且在先秦和古希腊时代,东西方都不能说具有现代的科学精神。

梁启超对"唯科学主义"的批判,主要有两次比较集中的阐述,首先是在《欧游心影录》中对"科学万能之梦"的分析。他深刻地认识到欧战(一战)及战后的萧条,与人们对"科学万能"思维的长期依赖密切相关,而这种思维最终将会导致一种"纯物质的纯机械的人生观,"[①]甚至危及道德存在的合理性;同时,梁启超在书中也预测,"科学万能说当然不能像从前一样的猖獗,但科学依然在他自己范围内继续进步"。[②]另一次是在上世纪20年代初那场著名的"科玄论战"中,梁启超在论战伊始就表明了自己的立场。他首先区分了人生观和科学两个概念,批评张君劢将人生观全部归于主观的直觉和自由意志,而忽视其中受"物的法则"支配的部分,又批评丁文江"过信科学万能",指出"人生观的统一,非惟不可能,而且不必要;非惟不必要,而且有害"。最后,梁启超的结论是:"人生关涉理智方面的事项,绝对要用科学方法来解决;关涉情感方面的事项,绝对的超科学。"[③]

不难看出,梁启超对于"科学万能"的批判,主要集中在人生的精神生活方面。尽管他一再强调:"我绝不承认科学破产,不过也不承认科学万能罢了",[④]但在当时的环境下,他还是难免受到"科学派"的攻击。比如胡适就曾说:"自从中国讲维新变法以来,没有一个自命为新人物的人敢公然毁谤'科学'的,直到民国八九年间梁任公先生发表他的《欧游心影录》,科学方在中国文字里正式受了'破产'的宣告。"[⑤]胡适认为,彼时的中国"还不曾享着科学的赐福,更谈不到科学带来的'灾难'……我们哪里配排斥科学?"[⑥]从今天科学在我国的发展情况来看,胡适的观点显然更适合当时的中国。近百年后的今天,赵敦华一语道破了当时论战双方分歧的焦点:"平心而论,张君劢等人利用柏格森关于科学与哲学的区分,认为科学不能解决人生问题,从中并不能得出哲学必然是反科学的结论。只是在科学精神刚被引入中国的环境中,人们对柏格森哲学的理解与已经认识到唯科学主义弊病的西方人的感受完全不同,这才出现了把生命哲学家看做'玄学鬼'的不实之辞。"[⑦]

---

① 梁启超:梁启超全集[M].北京:北京出版社,1999年,第2973页。
② 梁启超:梁启超全集[M].北京:北京出版社,1999年,第2977—2978页。
③ 梁启超:梁启超全集[M].北京:北京出版社,1999年,第4170页。
④ 梁启超:梁启超全集[M].北京:北京出版社,1999年,第2974页。
⑤ 王心怡编,胡适:胡适论人生[M].南昌:江西高校出版社,2010年,第84页。
⑥ 王心怡编,胡适:胡适论人生[M].南昌:江西高校出版社,2010年,第86页。
⑦ 赵敦华:现代西方哲学新编[M].北京:北京大学出版社,2001年,第30页。

四、"中体"和"西用"之间

梁启超前、后期的文化观虽然不同,但却也不乏一致性,比如他一直坚持站在中国文化本位的立场上,不以新旧、东西来评判文化的优劣,既反对"沉醉西风",又反对"墨守故纸",始终以孔子"时中"的态度来对待东西方文化的交流,只是在前后期由于对政治局势的判断不同而有所侧重。而且他所提出的文化方针,也都是为了从根本上改变国家长期以来积贫积弱的状况。梁启超晚年根据佛教理论把文化定义为"人类能所开积出来之有价值的共业",①"是包含人类物质精神两面的业种业果而言。"②关于如何对待东西文化,他说,"东方的学问,以精神为出发点;西方的学问,以物质为出发点。救知识饥荒,在西方找材料;救精神饥荒,在东方找材料。"③从"什么是文化或文明"以及"如何对待东西方文明"这些问题的发展历史来看,尽管当时及后来的不少学者都对梁启超的观点提出过批评,但他毕竟是国内知识界较早地站在"爱国主义"与"世界主义"相统一的立场上对中西文化交流提出具体方案的学者,而且李泽厚关于"救亡压倒启蒙"的判断似乎也能够解释梁启超在"新文化运动"时期遭受冷遇的原因。

如前所述,晚年的梁启超从对以孔子和儒家为主的先秦诸子的重新解读,以及对科学和科学精神的重新定位中,提出了东西方文化平等交流,互相补助的方针。通过对战后欧洲社会的全面考察,他探寻当时欧洲精神危机产生的实质和根源,以及对治的方法;通过对先秦诸子思想的再次深入研究,梁启超不但没有单纯地要求回到过去,反而获得了对解决当时东西方社会的精神危机和诸多人生问题依然适用的丰富的理论资源;出于对近代西方由于工具理性过分发展所导致的精神危机的警觉,梁启超一方面身体力行全力支持在国内作为新事物的科学事业的发展,一方面又对"科学万能"或"唯科学主义"思潮及时提出批评和提醒。我们有理由相信,梁启超的愿景是,一方面通过儒家"人格主义"的人生哲学的锻炼,造就一个由无数具有"向上人格"的个体组成的政治独立、经济富裕、文化繁荣的向上的国家,最终实现个人的幸福;另一方面,则是对科学进行某些方面的限制,使其在合理的范围内发展,以免重蹈

---

① 梁启超:梁启超全集[M].北京:北京出版社,1999年,第4060页。
② 梁启超:梁启超全集[M].北京:北京出版社,1999年,第4062页。
③ 梁启超:梁启超全集[M].北京:北京出版社,1999年,第4160页。

欧洲社会精神和道德危机的覆辙。简而言之,物质与精神之间,各种不同文化形态之间,相互交流融汇的同时亦要保持总体局面的平衡。

梁启超晚年在思想上向传统文化的回归,尽管在当时显得不合时宜,并受到了来自胡适等人不无遗憾的批评,但庆幸的是,当代学者对这一事件更具有"同情地理解",比如蒋广学认为,欧游归来的梁启超"既不是死抱着'西学东源'、'中体西用'的虚诞的保守派",也不像早期那样"对西方科学与民主思想一味讴歌而合盘接受的思想不成熟者",而是"理解了现代西方思想文化的两面性,同时又将中国古代思想文化用现代精神作重新解释,使之适合现代人类精神健康发展的思想家"。[①] 刘东也说,《欧游心影录》之后的梁启超已经超越了文化相对主义的立场,"不光摆脱了半殖民地人民最容易产生的文化自卑,以及由此导致的'全盘西化'的目标,还同时突破了后发现代化社会最容易陷入的、仅仅为一个民族国家去'寻富求强'的情结,而升入了面向整个世界的、承担着人类共同未来的交互文化使命。"[②]梁启超晚年进行的文化活动,不仅力求东西方文化的交流融汇,使得沉默了数千年的老子、墨子等"吾先哲"重新回到人们的视线并至今发挥其学术和思想价值,而且在被人误解的情况下依旧不遗余力地推动科学事业在我国的发展。对于今天的学人而言,在关注梁启超批判"唯科学主义"的同时,我们也许更应当注重从整体上理解他的文化态度,这样才能够尽量避免因为"只缘身在此山中"而造成的理解和评价上的偏颇。

[①] 蒋广学,何卫东:梁启超评传[M].南京:南京大学出版社,2005年,第212页。
[②] 刘东、翟奎凤选编,梁启超:梁启超文存[M].南京:江苏人民出版社,2012年,前言部分第10页。

现代新儒学研究

《新唯识论》马序述记

杨少涵[*]

马一浮(1883—1967)、梁漱溟(1893—1988)、熊十力(1885—1968)被后人称为"民国三圣"。[①] 他们三个人之所以能走到一起,在大方向上自有其引为同道之处,但他们性格、学风等方面的区别也随时可见。从他们的区别之处来看,马一浮是仁者型的,梁漱溟是勇者型的,熊十力算是智者型的。梁漱溟一生勇于实践,敢于担当,威武不能屈,这从他终其一生四处办学、力行乡村建设、敢于与毛泽东当面争论等处足见其勇者性格。熊十力虽然早年从事革命,但自从中岁转而从学以后,终其后大半生,如切如磋,如琢如磨,一部部的专著陆续推出,将他对宇宙之思与人生之虑推向究极处。这绝对是一种智者型性格。马一浮自青年时"即自匿陋巷,日与古人为伍,不屑于世务"[②],涵养心性,一意体道,追慕颜回式的圣贤生活。所以说马一浮是一种仁者型的性格。

熊十力与马一浮两位现代圣人的交往始于1929年熊十力在杭州广化寺疗养期间。马一浮当时正在西湖隐居。马一浮虽然年长熊十力仅两岁,但当时的马一浮已经是享誉学界的宿儒名士,而熊十力当时还没有形成自己的思想体系,不过是一大学讲师。所以熊十力想结识马一浮,并非易事。熊十力为此也颇费周折,动用了在杭州的多种人际关系,才将自己的唯识学手稿(1930出版时题名《唯识学》)数页转递到马一浮手中。关于熊、马的这一段经历,牟宗三说:"马一浮在清朝末年就成大名了,他是到德国去的留洋生。民国以来,二十几岁就不见人了,住在西湖上,与社会上隔绝。

---

[*] 作者信息:杨少涵,厦门工学院国学院兼职教授,华侨大学哲学与社会发展学院试聘教授、博士生导师,华侨大学国际儒学研究院副院长。本文得到福建省高等学校新世纪优秀人才支持计划资助。

[①] 谢石麟:《往事历历如在眼前》,载《回忆熊十力》,武汉:湖北人民出版社,1989年,第83页。

[②] 马叙伦:《石屋余渖》"马君武"条,上海:上海书店,1984年,第63页。

瞧不起天下人,任何人来都不见。他不见熊先生,熊先生就把《新唯识论》寄给他。"①牟宗三在这里说熊十力将《新唯识论》手稿寄给马一浮,有三点不确:第一,不是寄的,而是托人转交的,因为马一浮隐居的地方没有几个人知道,熊十力也一样,所以熊十力不可能将书寄出去,不知道地址怎么寄;第二,转交的也不是《新唯识论》,而是1930年的《唯识学》,那个时候《新唯识论》还没有写成呢;第三,转交的也不是整本,而只是数页而已。但无论如何,马一浮阅后甚为赞许,并到广化寺往访,于是也就有了两人数十年的交往。其后,熊十力全力思考撰写《新唯识论》后半部分。在这种情况下,《新唯识论》必然会受到马一浮思想的一些影响,而马一浮为《新唯识论》作序也是水到渠成的事儿。

马一浮虽然曾赴多国留学,通英、法、德、日等多门外语,但基本上仍然是一位传统学养甚深的古典式人物。马一浮早年乡试,名列榜首,工于诗词,古典文学造诣颇深,曾有"天下文章在马氏"之誉。马一浮写起文章来,尽得中国古典散文之神韵。这从本序文即可以看出。所以牟宗三说:"熊先生的《新唯识论》开首那个序是马一浮作的,那个序作得漂亮得很,骈体文呀。"②

马一浮这篇序只有一段文字,从文意上来看,可以分三个部分。第一部分是从开头到"此吾友熊子十力之书所为作也",第二部分是从"十力精察识"到"长于语变者矣",第三部分是从"且见晛则雨雪自消"到最后。所以我们将这篇序文断作三段来看。首先来看第一段:

夫玄悟莫盛于知化,微言莫难于语变。

开头这句话就是典型的骈文,对仗非常工整,声律很是铿锵:"玄悟"对"微言","莫盛于"对"莫难于","知化"对"语变"。骈体文还有一个特点,就是好用典故,如果你不知道它用的是一个典故,就很难理解它的意思;你要知道它是个典故,就要知道它的出处;而要知道它的出处,就非要有渊博的知识,要读很多很多书。当然,如果这些典故的出处、意思搞清楚了,整句话也就明白了。马一浮这句话很费解,因为它涉及几个很哲学、很玄学的概念,而这几个概念又是典故,是有出处的。"玄悟"对"微言",也就是说它们的意思是对应的;再进一步分析会发现,"玄"对"微","悟"对"言"。所以"玄""微"的意思一致,是玄妙精微的意思;"悟""言"的意思一致,是人

---

① 牟宗三:《康德第三批判演讲录》(十二),《鹅湖月刊》第314期(2001.8),第7页。
② 牟宗三:《康德第三批判演讲录》(十二),《鹅湖月刊》第314期(2001.8),第7页。

的思维与表达。于是就可以知道,"玄悟""微言"其实就是玄妙之悟、精微之言。所以这里的"微言"决不能理解为"微言大义"的微言,"微言大义"的微言是讽谏之言。"知化"与"语变"相对,再细一点分析,"知"对"语","化"对"变"。如果我们知道"知化"一词源于《易·系辞下》"穷神知化",亦即穷究事物万象的神妙变化,便可知道"知化""语变"其实就是对"变化"的了解言说。这从下一句"穷变化之道"也可印证。总之,这第一句就是说玄妙之悟、精微之言没有比对变化的了解言说更难的了。可以说,这是对整个中国哲学特质的概括。

穷变化之道者,其唯尽性之功乎。

变化难言,但又不能不言;变化难穷,又不能不穷。那么就必然有言之穷之之道。这个穷之道,"其唯尽性之功乎",只有以尽性之功才能穷知变化之道。我们知道,"尽性"是儒家哲学的一个常用概念,《中庸》《孟子》《易传》都有"尽性"的说法:《中庸》第二十二章:"唯天下至诚,为能尽其性;能尽其性,则能尽人之性;能尽人之性,则能尽物之性;能尽物之性,则可以赞天地之化育";《孟子·尽心上》:"尽其心者,知其性也。知其性,则知天矣。存其心,养其性,所以事天也";《易·说卦传》:"穷理尽性,以至于命"。穷知变化之道,唯在尽性之功,那么儒家的这些"尽性"又是什么意思呢?为什么"尽性"就能"知化"呢?我们接着往下看:

圣证所齐,极于一性。

这就开始交待"性"与"尽性"的涵义了。但"圣证所齐"这句话不好理解,尤其是"圣证"二字。在词典中,"圣证"有两个意思:一是取证于圣人之言,用圣人之言作为证据。三国时的王肃曾经写过一本书,书名叫《圣证论》,但这本书现在已经遗失。二是一种文学的用法,"圣证"指诗文中传神入胜之句。这两个解释肯定都不符合这里的意思。根据马一浮序文的整体意思,我感觉"圣证"应该一个倒装,也就是"证圣"。"证圣"意思是证成圣人。"圣证所齐"的齐是齐同的意思。《中庸》第二十章"所以行之者一也""及其成功一也"的"一"与这个"齐"是一个意思。"圣证所齐"就是说证成圣人,其境界是齐一的。就如登山,我们可以从东南西北各个路上去,但不管从哪条路上去,只要到了山顶,所见到的风景都是一样的,或者都可以看到一样风景。这个风景就是这个齐一之点。而这个齐一之点就是他们共同的"性",所以接下来就说"极于一性",证成圣人而达到终极的一点,就是极成其共同之"性"。有了这个理论的预设,下面的话才能成立:

尽己则尽物,己外无物也;知性则知天,性外无天也。

这句话可以分成两截。前半截出自《中庸》第二十二章"能尽其性,则能尽人之性;能尽人之性,则能尽物之性"。由于人们的终极成就都是同一之性,所以《中庸》说"能尽其性,则能尽人之性","其"即是"己",人、己同性,尽己之性即是尽人之性。不但人己同性,而且人物同性,所以《中庸》接着说"能尽人之性,则能尽物之性",尽人之性即是尽物之性。尽己之性即尽人之性,尽人之性即尽物之性,于是也可以省却中间的人这一环节,直接说尽己之性即尽物之性,此即所谓"尽己则尽物"。在这个逻辑中,己、人、物在终极本性是同一的,所以也可以说是"己外无物",按《孟子·尽心上》的说法就是"万物皆备于我"。马一浮在这里把《中庸》与《孟子》的思想浓缩为一句话了。这句话的后半截出自《孟子·尽心上》"尽其心者,知其性也;知其性,则知天矣"。尽心、知性、知天是孟子心性论很重要的思想了,不是一两句话所能说尽的。但其基本意思是说,人心无外,这是人心之本然状态,孟子称之为"本心";"尽心"是说将无外之心扩充至极处,至此境界,就会发现这其实就是人之性。所以人之性不是另有物事,只是将无外之人心扩充其本然之极。这就是尽心则知性。在孟子那里,"天"基本上有两层涵义,一是天然而自然,二是必然而定然。此心是人之天然而自然之心,此性是人之必然而定然之性,尽心即是尽人之天然而自然之心,知性即是知其为人之必然而定然之性。这就是知性则知天。尽心知性知天,心、性、天是同一的,此即"性外无天",如果性外有天,此性就不是人心之扩充至其极处,此心就只是小心眼,此性就只是小性格。

斯万物之本命、变化之大原:运乎无始,故不可息;周乎无方,故不可离。

"斯"是指示代词,以指示整个一句话。"本命"后面应该是顿号,"大原"后面应该是冒号。"本命"与"大原"是主语,"运乎无始"后面整个是对主语的描述。"本命"不是人出生时的干支年命,它与"大原"相应,"万物之本命、变化之大原"其实就是万物变化之本命大原,万物是静地说,变化是动地说,本命大原亦即本质本源。万物变化的本质本源是什么呢?就是"运乎无始,故不可息;周乎无方,故不可离"。"运乎无始,故不可息"是说万物变化,动运流行,无始无终,因而是不息不已。"周乎无方,故不可离"是说万物变化,周遍而无方所,因而是不可须臾弃离。"运乎无始"是纵地说,"周乎无方"是横地说。《尸子》曰:"上下四方曰宇,往古今来曰宙。"陆象山十三岁时所悟"吾心即是宇宙,宇宙即是吾心",可能就是因为读到了《尸子》的这句话。"周乎无方"是从宇来说的,"运乎无始"是从宙来说的,于是整个宇宙万物就是一流行变化。这也是中国哲学对宇宙万物的基本观点。

《易》曰:"干道变化,各正性命。"性与天道,岂有二哉?

引文出自《易传·干象》:"《象》曰:大哉干元!万物资始,乃统天。云行雨施,品物流形,大明终始,六位时成,时乘六龙,以御天。干道变化,各正性命,保合太和,乃利贞。首出庶物,万国咸宁。"[1]孔颖达《周易正义》疏"干道变化,各正性命"曰:"此二句更申明干元资始之义。道体无形,自然使物开通,谓之为'道'。言干卦之德,自然通物,故云'干道'也。'变'谓后来改前,以渐移改,谓之变也。'化'谓一有一无,忽然而改,谓之为化。言干之为道,使物卒化者,各能正定物之性命。性者天生之质,若刚柔迟速之别;命者人所禀受,若贵贱夭寿之属是也。"[2]《周易》以干配天,以坤配地,"干道"即"天道"。天道运行不息,变化万千,这叫"干道变化"。"正"者正定,各得其所应得为正定。"性命",程伊川《程氏易传》说:"天所赋为命,物所受为性。"[3]这说了性命的根源,而没有解释性命本身是什么。根据孔疏,性是气质属性一类的东西,命是富贵寿命一类的东西。在理学家看来,这都属于气。万物各得属于其品类的叫"各正性命"。中国哲学的典籍中,讲变化讲得最好的非《周易》莫属。马一浮在这里引用的是《易传·干象》。《干象》的第一句话是"大哉干元,万物资始"。"各正性命"的主语就是"万物"。在天道变化的运作之下,万物流行不已,并在流行变化的过程中,获得其性命之正。天道是动地说,是不变中之变,性命是静地说,是变中之不变,所以天道与性命是一而二、二而一的关系,是不可截分的,所以马一浮说"岂有二哉"。可以说,马一浮这句话是抓住了熊十力此书的核心意旨。熊十力得到马一浮这篇序文以后,曾复函说:"序文妙在写得不诬,……'干道变化,各正性命',吾全部只是发明此旨。兄拈出此作骨子以序此书,再无第二人能序得,漱溟真有契否,尚是问题也。"[4]由此看来,马一浮引《易传》此语来总括熊十力此书,是得到熊十力本人首肯的。

若乃理得于象先,固迥绝而无待;言穷于真际,实希夷而难名。

"若乃"是"至于",这告诉我们要转到另一层意思了。"理"与"象"都是中国哲学的重要概念,像是象形、现象,而理是表示无形象的意义,所以说"理得于象先"。"象先"是"象之先""象之上",理得之于象之先。这个是逻辑上的先,而不是时间上的

---

[1] 王弼注、孔颖达疏、卢光明、李申整理:《周易正义》卷一,北京:北京大学出版社,2000年,第8—11页。
[2] 王弼注、孔颖达疏、卢光明、李申整理:《周易正义》卷一,第9页。
[3] 程颐:《周易程氏传》卷一,《二程集》,北京:中华书局,第698页。
[4] 熊十力:《复马一浮》,《熊十力全集》第八卷,武汉:湖北教育出版社,2001年,第388页。

先。这与《易传·系辞上》"形而上者谓之道"的意思相似。理是无形无象的,所以是"固迥绝而无待"。"固"谓固然。"迥绝"谓超绝。"无待"是与《庄子·逍遥游》"有待"相对的一个概念,意谓无凭借、无依赖。"真际"是一个佛学概念,是"真如实际"的略称,意谓断绝相对差别之相而呈现平等一如的真如法性之理体,通俗地说,也就是至极的意思。冯友兰的《新理学》中也讲实际与真际,但与此意思不尽相同。形而下之有形有象的东西都是有所对待、有所依赖者,而理是形而上之无形无象者,因而是超绝而无所对待、无所依赖者。对于"得于象先"的形而上之理应该如何来表达、言说呢？言说表达一般都是对形而下的有待的东西的言说,对于形而上之理的表达言说就是"言穷于真际"。言语表达穷尽到至极时,"实希夷而难名"。"希夷"出自《老子》第十四章:"视之不见,名曰夷;听之不闻,名曰希;搏之不得,名曰微。"看不见、听不到、摸不着的东西称为希夷,所以希夷所形容的东西是难以名状的。言语表达到了这个地步,就失去作用了。佛教常说"言亡虑绝""心行路绝""名言道断"等,都是这个意思。整个这句话是说,理无形象,超绝对待,是无法用言语表达,难以用思虑分别的。形上之理不能用言语表达,那就拿它没有办法了吗？不是。于是马一浮就又下一转语说:

然反身而诚,其道至近;物与无妄,日用即真。

"其道至近"后应该为分号,"日用即真"后应该为句号。这个"然"字一直盖到"日用即真",都是对上句"若乃"的转折,所以这几句话可以用两个分号分开。两句话中的"反身而诚"与"物与无妄"分别引用了《孟子》与《易传》,所以这两个词应该都加上引号。"反身而诚"出自《孟子·尽心上》:"万物皆备于我矣。反身而诚,乐莫大焉;强恕以行,求仁莫近焉。"言语表达之所以拿形上之理没有办法,是因为言语是对有待的东西的表达,言语是将被表达的东西当作一种外在的东西来对待、来描述的。人们往往企图用言语来详细地描述形上之理,这种企图实际上是一种向外逐驰的意图,结果是离自己越来越远。这涉及儒家对道、理的一个基本观点,那就是《中庸》第十四章所说的"道不远人,人之为道而远人,不足以为道"。既然道不远人,向外逐驰,肯定是适得其反。反过来说,就需要"反身而诚",反躬自省,诚实无欺,形上之理自然就到了,根本不需要多费唇舌,绕来绕去地说个不休。所以说是"其道至近"。"物与无妄"出自《易传·无妄象》:"天下雷行,物与无妄。"无妄䷘是《周易》第二十五卦,下震上干,干为天,震为雷,所以说无妄卦是"天下雷行"。"物与无妄"有两种解释:一、"与"谓"举",因"举"从"与",是"皆"的意思,"无妄"之"妄"从"亡",是"失"的意思,所以"物与无妄"就是"万物皆生,无所亡失"①的意思;二、"与"读为"舒",是"舒展"的意思,"无妄"之"妄"是"乱"的意思,"无妄"意谓"无曲邪谬乱之行",所以"物与无妄"就是"万物生长而舒展,此自然界之必然现象,从无妄谬"。② 从马一浮本序的意思来看,我认为"物与无妄"应该取上面第一种意思,即万物皆生生不息,无有逃失的可能,以照应上面所说"斯万物之本命、变化之大原:运乎无始,故不可息;周乎无方,故不可离"一句话。如此来说,对于万物生生的本命大原并不需要远求,"其道至近","日用即真",只须于一己日用常行中反身诚求即可。道、理本来是生生不已的,但当我们以名言来认识时,就出现两个方面的问题,一是静态化,二是对象化,把道、理当作对面的一个静止的东西来把玩。而这样一来,道已不是道了。

睽而知其类,异而知其通,非天下之至精,其孰能与于此!

这两句话都是直接引用,所以应该分别加上引号。"睽而知其类,异而知其通"③这句话出自王弼《周易略例·明爻通变》。"其旨在说明万物虽然相互乖异而不同类,但又可以相互感应而相通。"④睽䷥是《周易》第三十八卦,下兑上离,兑为泽,离为火,上火下水,水火不容,所以《易传·序卦》说:"睽者,乖也。"所这句话中的"睽"与"异"相应,是乖离、相异的意思,此卦的卦象就是物与物相乖离,人与人相乖离。但是《中庸》第三十章说"万物并育而不相害",万物虽然在品类上相互乖离不同,但宇宙万物亦有其相通相合之处,这就是《易传·睽象》所说:"天地睽而其事同也,男女睽而其志通也,万物睽而其事类也。"我们知道,"类"有两义:一是类聚,是相通义,所以与"通"相应。《易传·系辞上》"方以类聚"之类,即是此义。二是类别,是相异义,即这句话中"睽""异"的意思。对外讲区别,对内讲类聚,有类聚必然有区别,有区别也必然有类聚,所以说"睽而知其类,异而知其通"。这句话是在说同异的关系问题,同异问题与一多、变化等问题一样,看起来简单,但真正把握起来,实属不易,若不是能够精察细微之人是难以做到这一点的,所以说"非天下之至精,其孰能与于此!"这句话出自《易传·系辞上》,"精"者明、纯,"与"者及、至,非天下精明之至的人,是不能达到"睽而知其类,异而知其通"这种境界的。

惑者缠彼妄习,昧其秉彝:迷悟既乖,圣狂乃隔,是以诚伪殊感,而真俗异致。

---

① 李道平:《周易集解纂疏》卷四,北京:中华书局,1994 年,第 272 页。
② 高亨:《周易大传今注》卷二,济南:齐鲁书社,1979 年,第 246—247 页。
③ 王弼:《周易略例·明爻通变》,《王弼集校释》,北京:中华书局,1980 年,第 597 页。
④ 李尚信:《睽而知其类,异而知其通——〈睽〉卦卦爻辞新释》,《周易研究》2012 年第 1 期。

"昧其秉彝"后应该为冒号,是总说惑者之两方面,一是"缠彼妄习",一是"昧其秉彝",这两个方面分别对应下面的迷与悟、圣与狂、诚与伪、真与俗。与"天下之至精"相对的是"惑者","惑"是一个佛教概念,与"烦恼"同义,指扰乱身心的思想观念和精神情绪的总称。"妄习"是由虚妄不实的思想念头所形成的习惯。"秉彝"出自《诗·大雅·烝民》:"民之秉彝,好是懿德。"秉谓持,彝谓常,秉彝是指人们所执持的爱好追求美德之常性。惑者被那些虚妄不实的习惯所缠缚,而障蔽了其慕好美德之常性。在这个时候,既然出现迷与悟的分别与差异,于是也就有了圣与狂、诚与伪、真与俗之不同。在这里出现了几个对子概念:迷与悟、圣与狂、诚与伪、真与俗,与之相应的是既乖、乃隔、殊感、异致几个概念,它们的意思也相近,都不过是表示分别、差异。这些相互对立的概念之出现,都是由于"惑者缠彼妄习,昧其秉彝"。

见天下之赜,而不知其不可以恶也;见天下之动,而不知其不可乱也。

这句话出自《易传·系辞上》:"圣人有以见天下之赜,而拟诸其形容,象其物宜,是故谓之象。圣人有以见天下之动,而观其会通,以行其典礼,系辞焉以断其吉凶,是故谓之爻。言天下之至赜而不可恶也,言天下之至动而不可乱也。拟之而后言,议之而后动,拟议以成其变化。"赜谓杂,意谓万物繁杂。恶通亚,借为谔,意谓妄言、妄谈。乱谓乱说。[①]《易传》此段大意是说圣人见到天下万物纷繁复杂,用卦以象之,而不敢妄谈;圣人见到天下万物运动变化,以爻以效之,而不敢乱说。马一浮在此所引用是反其意以用之,继续针对惑者而说。惑者见到天下万物之纷繁复杂,但并不知其是不可以妄谈的;见到天下万物运动变化,但并不知其是不可以乱说的。或者说,惑者对于天下万物之纷繁复杂、运动变化而妄谈、乱说。妄谈乱说回带来什么后果呢?

遂使趣真者颠沛于观空,徇物者沦胥于有取。

到此应该以句号断句。趣谓趋向,徇谓随从。观空与有取都是佛教概念。观空的意思是观察诸法皆空之义,这是大乘空宗之所为。取是由固执的欲望而引起的对外境的执取追求,有取就是对外境有所执取,这是大乘有宗之所为。所以观空是针对佛教大乘空宗来说的,有取是针对有宗来说的。马一浮认为这两者都有问题,都是惑者。惑者由于对天下万物之纷繁复杂、运动变化妄谈乱说,于是就使那

[①] 高享:《周易大传今注》卷五,第549—550页。

些追求真理的人颠沛于观空之义,使那些追求外物的人沉陷于有取烦恼。

情计之蓸不祛,智照之明不作,哲人之忧也。

"蓸"原是覆盖在棚架上用来遮挡阳光的草席,引申作动词时是覆盖的意思。惑者的以上这些妄习也可称"情计",即情虑计度。这些情计如果不祛除,智慧普照的光明就不会生起。而这正是哲人所忧虑的。

唯有以见夫至赜而皆如,至动而贞夫一。

"至赜而皆如"与"至动而贞夫一"应属对仗,但"皆如"与"贞夫一"显然形成不了对仗,根据《马一浮集》,"皆如"后面有一空格,这就是说这里缺了一个字。①《成唯识论》解释"真如":"真谓真实,显非虚妄。如谓如常,表无变易。谓此真实,于一切法,常如其性,故曰真如。"根据序文的文意与文体,我感觉这里所缺少的这个字应该是"常","皆如常"与"贞夫一"对仗。前面说过,赜是繁杂,动是变化,与繁杂相对的应是一,与变化相对的应是常。所以我感觉这句话应该改为"至赜而皆如一,至动而贞夫常"。当然,不改也行,那这句话就是与前面"见天下之赜……"那句话相照应,"至赜而皆如常"照应"见天下之赜"一句,"至动而贞夫一"照应"见天下之动"一句。总之,这句话就是说,能够从极其纷繁复杂中见到其统一性,在运动变化中把握其恒常性。只有这样:

故能资万物之始而不遗,冒天下之道而不过,浩浩焉与大化同流,而泊然为万象之主。

"资万物之始"出自《易传·干象》:"大哉干元,万物资始,乃统天。""资"在《易传》原文中是主动用法,是依赖的意思;在这里是使动用法"使之资",是使之依赖的意思。"资万物之始而不遗"的意思是使万物皆依赖之以生长,无一遗漏。"冒天下之道"出自《易传·系辞上》:"子曰:'夫《易》,何为者也?夫《易》,开物成务,冒天下之道,如斯而已者也。'""冒"是包括、包罗的意思。"冒天下之道而不过"的意思是天下万事万物之道理尽包罗在内,概莫能外。"不遗"与"不过"相对,不遗是从内来说,不过是从外来说,这与《庄子·天下篇》所述惠施"历物十事"之第一事"至大无外,谓之大一;至小无内,谓之小一"是同一个意思。"不遗""不过"是说万物变化之道与万物本身不是外在关系的,而是一体的。如果做到这一点,那么就可以进一步"浩浩焉与大化同流",就可以与化育万物的大道一起,浩浩荡荡,流行不已。虽

---

① 马一浮:《〈新唯识论〉序》,《马一浮集》第二册,丁敬涵校点,杭州:浙江古籍出版社、浙江教育出版社,1996年,第28页。

然是同此流行，但并非随波逐流的一团盲动，而是有其静的一面，这就是作为"万象之主"的一面。动静两面合起来说，就是虽然与大化流行，但又恬然安泰而成为宇宙万象之主宰。

斯谓尽物知天，如示诸掌矣。

"示诸掌"引自《中庸》第十九章："明乎郊社之礼，禘尝之义，治国其如示诸掌乎。"而《中庸》这句话可能又源自《论语·八佾》："或问禘之说。子曰：'不知也。知其说者之于天下也，其如示诸斯乎！'指其掌。"其意思是说就像把东西放在手掌上一样清清楚楚，明明白白。"尽物知天"是照应开头"尽己则尽物，己外无物也；知性则知天，性外无天也"一句。开头那句是撂出结论，但如何达到那个结论呢？如果证成那种境界呢？"唯有以见夫至赜而皆如常，至动而贞夫一"云云，只有这样，才可以称得上是穷尽物理，洞晓天道。以上就是马一浮所认为的《新唯识论》一书所要表达的基本意蕴。所以他在这一段最后说：

此吾友熊子十力之书所为作也。

以下是马序的第二部分。第一部分是从整体上阐述《新唯识论》的思想意蕴，第二部分是具体交代该书的内容，并指出其价值与意义。

十力精察识，善名理，澄鉴冥会，语皆造微。

这几句是一般为人写序时赞扬作者的客套话。名理是指名相和义理。澄是明，鉴是察，所以澄鉴就是明察。冥会即默契。造微是臻于精微。总之是说熊十力精于观察识别，长于名相概念分析，明察事象而又能默契玄理，而且将这些心得体会付诸语言文字时，又能达到极其精细微妙的境界。

早宗护法，搜玄唯识，已而悟其乖真。

这与蔡元培序第三段"研求唯识论甚久，颇以其对于本体论尚未有透彻之说明"意思相近，都是在说熊十力的佛学学历与专业，以及其学习所得。"搜玄"即搜寻探索深妙玄理，华严宗二祖智俨（602—668）曾作《华严经搜玄记》（《大方广佛华严经搜玄分齐通智方轨》），华严宗三祖法藏（643—712）仿之又作《华严经探玄记》，通过解释《华严经》经文，搜寻探索其内在玄理。熊十力曾说："余初叩佛学即专攻唯识论，追寻玄奘、窥基宣扬之业，从护法诸师以上索无著、世亲，悉其渊源、通其脉络、综其体系、挈其纲要，遂成《唯识学概论》一书"①。熊十力在南京内学院跟欧阳竟无学习两

---

① 熊十力：《新唯识论语体文本壬辰删定记》，《熊十力全集》第六卷，第5页。

年,专攻唯识学。他这个时期于玄奘译《成唯识论》与窥基著《成唯识论述记》用功尤勤。《成唯识论》是对印度唯识学宗师世亲《唯识三十论》的集注。《唯识三十论》是世亲晚年所写的三十首颂词,他没有来得及自注就去西天了。于是后来很多人都为它作注,其中最有名的是所谓十大论师。这十大论师中就有护法。护法是一个王弼式的绝顶聪明人,虽然只活了三十二岁,但著述颇宏。护法还培养了一大批大师级的人物,其中就有比他还大一岁的戒贤。玄奘在印度留学时受教导师就是戒贤。玄奘当时精研过十家注书,据说玄奘学成,独得护法注书而归。玄奘、窥基翻译《成唯识论》,集译十家之注,但又以护法之说为最终裁断。总之,熊十力早期的唯识学师承是这样的:无著、世亲—护法—戒贤—玄奘、窥基—熊十力,他当时的唯识学是一宗护法的,所以马一浮说他"早宗护法"。此后,熊十力写出了几稿唯识学专著:1923年的《唯识学概论》与1926年的《唯识学概论》、《因明大疏删注》和1930年的《唯识学》。其中1923年的那部《唯识学概论》就是由熊十力在南京内学院读书笔记的基础上整理而成的,所以在内容上完全忠实于在内学院所受的唯识学本义。但自1926年的《唯识学概论》起,熊十力逐渐发现旧唯识学的各种不足,并引用儒家思想对其进行批判,所以这叫"已而悟其乖真"。

精思十年,始出《境论》。

这也是在说从1923年到1932年这十年间,熊十力殚精竭虑,苦思冥想,最终写成《新唯识论》。不过,这次所完成的只是起初所规划的一个部分即《境论》部分,另一部分即《量论》部分还没有完成,而且终其一生,都没有完成。

将以昭宣本迹,统贯天人,囊括古今,平章华梵。

"昭宣",昭明宣示。"本迹",牟宗三有一个理解:"马一浮给熊先生(的《新唯识论》)写的那个序只知典故,不知其中意思。序云:'将以昭宣本迹,统贯天人。'这表示他知道魏晋时代讲迹本论,但迹本论那个所以然他不了解,他了解不够,只知道那些典故。熊先生也不一定知道。我那时候也不懂,我刚上大学三年级,还没有看那些书。究竟甚么是'昭宣本迹',熊先生也没有讲给我听。"①根据牟宗三的这个理解,"本迹"似乎是指魏晋玄学中的"迹本"。"迹本论"是牟宗三以王弼、郭象哲学来会通儒道两家时提出的一个概念。牟宗三认为,儒家重视现实生活,这就是"迹";道家重形上之道,这就是"无"。于是儒道两家常说之间就有一个有与无的张力、形上与形下

---

① 牟宗三:《康德第三批判演讲录》(十三),《鹅湖月刊》第315期(2001.9),第9页。

的冲突。① 牟宗三认为,为了解决这种冲突与张力,王弼就提出了"迹本论",即现实生活以无为本,而道又要安放于现实生活,这样迹与无的冲突抹平了。但这只是牟宗三所理解的王弼、郭象哲学,至于王、郭哲学本身,可能未必如此,甚至可能相反。郭象本人的确提到过"迹":"法圣人者,法其迹耳。夫迹者,已去之物,非应变之具也。奚足尚而执之哉?执成迹以御乎无方,无方至而迹滞矣。"(《胠箧注》)郭象对"迹"是执否弃态度的,而且也没有将迹与无打通的意思。再者,即使王、郭有"迹本"的意思,也与马一浮这里所说的"本迹",仅仅在构词上也不是一个词。其实,马一浮这里所提到的"本迹"是天台宗的一个教义名词。天台宗的开山大师智𫖮(538—597)说:"本即所依之理,迹是能依之事。事理合明,故称本迹。"(《维摩经玄疏》卷六)本是本体、本原,是迹之内在根据;迹是行迹、事相,是本之外在活动。本与迹不即不离,合称本迹。从意境上来看,这与熊十力的体用不二思想也十分相合。再者,从构词上看,"昭宣"是动词,所昭宣的是"本迹"。"本迹"与后面的"天人""古今""华梵"是对应的,而后面这三个词儿都是并列词组,而不是偏正词组,"本迹"也应该是由"本"与"迹"两个词儿组成的并列词组。所以我感觉不是马一浮与熊十力不理解王弼的"迹本论",而很可能是牟宗三根本不知道天台宗的"本迹论"。所以牟宗三在这里批评马一浮应该是批评错了。"平章",语出《尚书·尧典》:"平章百姓,百姓昭明。""平"通"辨",辨别的意思。"章"者明,彰明的意思。"平章"即辨彰,辨别彰明的意思。②"平章华梵"就是说《新唯识论》对中国(华)、印度(梵)学术及其关系进行辨别、显明。熊十力以前不使用这个词,比如熊十力1923年的《唯识学概论》绪言中有"商榷华梵"③一语,意思与"平章华梵"相同。可能受马一浮此处的影响,熊十力后来也经常使用这个词。1950年的《申述新论旨要平章儒佛摧惑显宗记》(简称《摧惑显宗记》)中说:"平章一词,含分辨或批评等义。"④1956年的《原儒》中也说:"平章,犹云分辨,谓辨上下尊卑之等。"⑤所以在熊十力这里,"平章"除了保留原义中辨别之意外,还有品评、商酌的意思。这一句话是马一浮这篇序文中非常有名的一句话,学者们一提到马一浮的《新唯识论序》,或者一提到马一浮对熊十力的评论,往往都会引用这句话。

---

① 牟宗三:《中国哲学十九讲》,《牟宗三先生全集》第29册,台北:联经出版公司,2003年,第232页。
② 顾颉刚、刘起釪:《尚书校释》第一册,北京:中华书局,2005年,第22—24页。
③ 熊十力:《唯识学概论》,《熊十力全集》第一卷,第47页。
④ 熊十力:《摧惑显宗记》,《熊十力全集》第五卷,第400页。
⑤ 熊十力:《原儒》,《熊十力全集》第六卷,第403页。

牟宗三曾说："这几句表示马一浮先生的博雅。"①的确，这一句话对仗严密，排比气势，很是典雅。从内容上来看，这句话是总体上讲《新唯识论》的贡献的。这句话的后面三个词儿很好理解，"统贯天人"与"囊括古今"意思相近，只不过"统贯天人"是空间性的横向地说，"囊括古今"是时间性的纵向地说，"平章华梵"则是更为具体地说明《新唯识论》对中国（华）、印度（梵）学术及其关系的衡定、品评。总之，这几个词儿从体用、天人、古今、中外四个方面立体地表彰《新唯识论》对儒佛的贯通与融会。

以上是总体上交待《新唯识论》的情况，下面具体交待其各章内容：

其为书也，证智体之非外，故示之以《明宗》；辨识幻之从缘，故析之以《唯识》；抉大法之本始，故摄之以《转变》；显神用之不测，故寄之以《功能》；征器界之无实，故彰之以《成色》；审有情之能反，故约之以《明心》。

《新唯识论》境论部分包括一个绪言与六章。这六章分别是《明宗》《唯识》《转变》《功能》《成色》《明心》。《明宗》章第一句话就说"今造此论，……令知实体非是离自心外在境界"，即说明实体不是离心而外在者，也就是马一浮所说的《明宗》章是"证智体之非外"。当然在《明宗》章，熊十力只讲"实体""本体"，只讲智、慧之分，还没有讲到"智体"。到了《唯识》章才讲到："智体者，智即本体，故云智体。"②当然，智体即本体、实体，"证智体之非外"与"证实体之非外"意思是一样的。在《唯识》章，熊十力批评了旧唯识学只说境幻，而不说识幻，或者说只破境执，而不破识执。所以熊十力于此章力破识执，认为识（当然是习心）与境一样也是众缘和合而成。所以说《唯识》章是"辨识幻之从缘"。境与识都是幻，都是无自体的，都不能执之为实，那么宇宙岂不成了一片虚空？熊十力认为旧唯识学就是这样理解的。在旧唯识学者看来，一切皆妄，不值得过，所以需要抛弃。他反对这种看法，他认为虽然境与识都是虚幻，但并不能因此而将整个宇宙都看成是虚空。究其实，整个宇宙其实就是一大化流行，而大化流行之力量源泉，熊十力称之为"恒转"。所以也可以说《转变》章说的是"执法之本始"。对此大化流行，旧唯识学是从其否定面来看，因此主出世的人生态度；而熊十力从其肯定面来看，因此主入世的人生态度。也就是说，在对宇宙本质的理解上，熊十力与旧唯识学的区别，更多地是人生观、人生态度上的不同。大化流行的本体，熊十力又称之为"功能"。功能是从本体必然发挥作用、显发为用这一方面而

---

① 牟宗三：《康德第三批判演讲录》（十二），《鹅湖月刊》第314期（2001.8），第7页。
② 熊十力：《新唯识论》（文言文本），《熊十力全集》第二卷，第25页。

言的。但本体功能之发挥又是极其微妙、不可思议的。我们中国人常常将不可思议的东西用"神"来表示,功能显著为大用,微妙而不可思议,所以说《功能》章是"显神用之不测"。转变、功能的结构是一翕一辟、翕辟成变。其中翕是其成物(色)的一面,辟是其成心的一面。就其成物的一面,《新唯识论》专辟《成色》上下两章,主要说明功能本体在翕辟变化过程中摄聚而成器物世界,而器界本身则不可执着为实有。所以马一浮说《成色》章是"征器界之无实"。就其成心的一面,《新唯识论》专辟《明心》上下两章,功能本体在翕辟变化过程有一个主动的势能,此即是心;但这个心是本心,此本心在成物的过程中如果执物为实,此时本心就自溺为取境之习心。如果要明白宇宙之本体,就需要遮拨习心,以反归本心。① 有情即有情识、有执着的众生,能反就是能反归本心。有情众生陷溺于习心外驰之中,但又毕竟本有本心,只要能觉悟,就能从外驰之习心中反归本心。《明心》章就是说明这个道理的,所以说"审有情之能反"。

其称名则杂而不越,其属辞则曲而能达,盖确然有见于本体之流行,故一皆出自胸襟,沛然莫之能御。

《易传·系辞下》:"其称名也,杂而不越。"在《易传》中,名是指六十四卦卦名,杂是指阴阳相错,越是指逾越。六十四卦,阴阳相错,但各有次序,不相逾越;如果阴阳一错,整个卦名就变了。后来引申为事物名称虽然纷繁芜杂,但又各有次序,不越其度,不乱其序。再进一步引申,就是亚里士多德《工具论》中的《正位篇》,在思维逻辑中,名相概念各有其次序,有上位概念,有下位概念,互相不搞乱,否则我们就会说它没有逻辑性,就会说他语无伦次,意义混乱。比如名家那个"白马非马",这两个马不是一个层次上的概念,但如果当成一个层次上的概念来看,那么"白马非马"简直就不可理解了。马一浮这里即是在引申的意义上来说的。属辞是"属辞比事"的属辞,即连缀文辞,这里指作文。熊十力《新唯识论》文言文本精思十年,苦作数载,又是用当时的文言文写成的,用词讲究,文约意赅,辞旨澹远,意境幽深。文言文本虽然"曲而能达",但很多思想被隐没于字里行间。在后来的大辩论中,熊十力认为批评者不理解他,误读了他,而且这种误读在一定程度上是由于文言文造成的,所以1938年到

---

① "本心"出自《孟子》。程明道《识仁篇》曾有"习心"之说:"盖良知良能元不丧失,以昔日习心未除,却须存习此心,久则可夺旧习。"(《程氏遗书》卷二上,《二程集》,第17页)刘蕺山对此解释说:"良知良能是本心,昏昧放逸是习心。向来不识此理,故种种本心为习心用;今既识此理,故种种习心为本心转。"(《圣学宗要》,《刘宗周全集》第二册,杭州:浙江古籍出版社,2007年,第236页)

1943年，熊十力陆续将文言文本改写成语体文（白话文），字数增加了三倍多。但无论如何，《新唯识论》是熊十力"确然有见于本体之流行"，如就蔡元培序中所说，是确实感到旧唯识学"对于本体论尚未有透彻之说明"而有所感而发。有所感就不得不发，不吐不快，用孟子的话说是"若决江河，沛然莫之能御"，于是蔡元培说他"乃发愿着论以补充之"。《新唯识论》不是在为评职称、捞待遇而写的应景式的东西，而是熊十力真情实感的真实流露，所以我们读起来会有一种强烈的生命感、亲切感，丝毫没有呆滞感、陌生感。这也是所有原创性哲学著作的共性。原创性的哲学，可能在语言上对读者的阅读习惯有一定的挑战，但只要你进入了他的意境，熟悉了他的语言，这种挑战反而会是一种精神享受。因为他所道出的是大家都曾经在想的，只不过这些想法"一皆出自胸襟"，他是用自己特有的思路和独特的语言道出的，从自己胸中流出来的。原创性的著作，作者写起来是"若决江河"，读者读起来会"欲罢不能"。

尔乃尽廓枝辞，独标悬解，破集聚名心之说，立翕辟成变之义，足使生、肇敛手而咨嗟，奘、基挢舌而不下。

"尔乃"是发语辞。"廓"是清理、清除的意思。"枝辞"语出《易传·系辞下》"中心疑者其辞枝"，《易传》这句话是说如果心中犹豫不决，说出来的话也会辞枝语蔓，拉拉杂杂。马一浮这里用的"尽廓枝辞"即蔡元培序中所说"对于唯识论中各种可认否认之德目，亦多为增减数目，更定次序"，也是针对旧唯识学名相繁多而将其合并增减。"独标"就是独树一帜，标新立异。"悬解"，《新唯识论》文言文本中一共在两个地方出现过：《唯识》章"'宇宙不外吾心'，陆象山之悬解也"[1]、《明心下》"'悬解'用庄语，犹云大解脱也"[2]。查《庄子》一书并无"悬解"一词，只是在关于《庄子》的注释中出现过这个词儿，所以我感到熊十力所说"用庄语"应该理解成"用庄学说"。后来在语体文本中，熊十力对"悬解"一词有过解释："量智有时离妄习缠缚而神解昭著者，斯云悬解。悬者，形容其无所系也。解者，超脱义，暂离系故，亦云超脱。然以为真解则未也。"[3]悬解属于量智而与真解相对，大体上指的是超脱高明的理解，但还算不上熊十力所说的与本体合而为一的性智。当然，马一浮引用在此，仅仅是取其超脱高明的一般意义，所以"独标悬解"基本上可以理解为对唯识学中的一些概念予以高明的理解。"集聚论"，原是印度外道胜论学派的主张，即物质是各种分子之组合。熊

---

[1] 熊十力：《新唯识论》（文言文本），《熊十力全集》第二卷，第24页。
[2] 熊十力：《新唯识论》（文言文本），《熊十力全集》第二卷，第94页。
[3] 熊十力：《新唯识论》（语体文本），《熊十力全集》第三卷，第17页。

十力认为旧唯识学在论述心时也犯有这种毛病,即先将心分析为心王、心所等,然后又将它们组合在一起成为心,熊十力称之为"集聚论"或"机械论",并说"较以印土外道,殆与胜论思想类近者欤"。① 马一浮在这里将之概括为"集聚名心"。熊十力破除集聚名心之说的目的是宣示其翕辟成变之义。集聚论由于没有一个统一的本体,所以其综合只是一种由各个独立的分子组成的机械的统一体,而翕辟成变则是说本体之两个方面(翕、辟)任运成变,变与不变相统一,原无所谓独立之个体。"生"是指道生(355—434)。道生之前,中土佛教界根据《佛般泥洹经》坚信一阐提人没有佛性,根本没有成佛的可能。"一阐提"是梵语的音译,意思是"断善根","一阐提人"就是断绝一切善之人。道生是一个慧根极高的人,他根据自己对佛教教理的理解,认为"一阐提人皆得成佛"。道生因此得罪旧学僧侣,并受到围攻,甚至还被开除教籍。后来《涅盘经》译本传入,果然有"一阐提人有佛性"的说法。这件事震惊了当时佛学界。道生不但被翻案,还被尊为"涅盘圣"。"肇"是指僧肇(384—414)。僧肇也是一个王弼式的牛人,一生只活了三十来岁,但悟性极高,文笔极好,是当时对般若性空有纯正理解不多的几个人之一,其师鸠摩罗什曾称赞他为"秦人解空第一者"。"奘"即玄奘(602—664)。"基"即窥基(632—682),玄奘弟子,俗姓尉迟,字洪道,是唐代开国将军鄂国公尉迟恭(敬德)的侄子,十七岁出家,二十八岁助玄奘译《成唯识论》,是玄奘晚年最重要的弟子。窥基有两个响当当的名号。第一个是"唯识法师"。印度唯识学大师世亲造《唯识三十颂》,但颂写完后没有来得及写颂释文就去世了,于是后世就出现了十家解释。玄奘留学印度时将这十家注释都收集齐了,并准备与弟子们逐一翻译。但窥基感到这样做意义不大,于是建议以一家(护法)为主、参糅十家。玄奘采纳了他的建议,并将其他三名弟子赶走,由他两人翻译,玄奘口译,窥基笔受。这就有了《成唯识论》。玄奘去世后,窥基接着玄奘在慈恩寺讲授唯识学,并成为唯识学的大家,号称"唯识法师"。第二个是"百部疏主"。玄奘毕生忙于译事,没有时间进行经解及著述。窥基则在玄奘译经的基础上,对一大批经论进行注疏,号称"百部疏主"。当然,现在能考证出名字的有四十八部,而现存的只有二十八部。在窥基的注疏中,属于唯识学的最多,其中有四部都是专门对《成唯识论》的疏解:《成唯识论述记》二十卷,《成唯识论别抄》十卷,《成唯识论掌中枢要》四卷,《成唯识论料简》二卷。② 其中《述记》卷数最多,内容也最为详尽。这里引用的这句话就出自《述记》的

---

① 熊十力:《新唯识论》(文言文本),《熊十力全集》第二卷,第91页。
② 汤用彤:《隋唐佛教史稿》,北京:中华书局,1982年,第148—150页。

序。"敛手"就是缩手、拱手，不敢妄动，恭敬地站在一边。"咨嗟"意谓赞叹。"拼舌"意谓舌头翘起，不能出声。马一浮这句话是说，面对熊十力的《新唯识论》，道生、僧肇只能缩手站在一边徒表赞叹，玄奘、窥基只能目瞪口呆，都被震惊住了。马一浮这里对熊十力这一思想评价甚高，拿他与这四个人相比较。这四个人中，道生与僧肇是中国佛学摆脱玄学格义、走向独立成熟的关键人物，玄奘、窥基是唯识宗的创始人，他们都是中国佛教史上的顶级人物。但在马一浮眼中，他们与熊十力相比，还稍逊风骚。可见熊十力《新唯识论》在马一浮心目中的地位。马一浮当时在学界的地位已经非常之高，他对熊十力此书有如此评价，其影响可知，尤其是对佛教界人士的观感冲击。所以我想，《新唯识论》出版以后，遭到佛教界人士的围攻，一定程度上与马一浮这个序的这句话有关系。

拟诸往哲，其犹辅嗣之幽赞《易》道，龙树之弘阐中观。

"拟诸"语出《易传·系辞上》"圣人有以见天下之赜，而拟诸其形容，象其物宜，是故谓之象"，"拟"是比拟，"诸"是之于。所以"拟诸往哲"就是拿以前的哲人来比拟。马一浮举了两个"往哲"，一个是辅嗣，一个是龙树。辅嗣即王辅嗣，亦即王弼（226—249），辅嗣是其字。王弼以老解易，写出易学名著《周易注》与《周易略例》，一扫数理易学的繁琐之风，洞开义理易学之门，在易学史上，其功至伟。龙树是印度佛教大乘空宗的创始人，其最主要的论典就有《中论》。空宗宣扬中道空观，因为又被称为中观学派。马一浮将龙树宣扬中道空观说为"弘阐中观"，熊十力在《新唯识论语体文本壬辰删定记》引用为"宏阐空义"①。王弼之于易学，龙树之于空宗，都开一代风气并影响百世，马一浮将熊十力的新唯识论与他们相提并论，那可真谓是赞誉有加。但牟宗三对这句话颇不以为然，他在上课时曾对马一浮这几句话大发了一阵牢骚："这几句话是对熊先生不了解。你可知这只是随意作文章。什么叫做'其犹辅嗣之幽赞《易》道'呢？辅嗣就是王弼，辅嗣是他的号。这句话是称赞熊先生著《新唯识论》犹王弼之注《易》，但这恭维话也恭维得不对。《新唯识论》是从儒家的立场讲《易》，不是王弼的从道家立场讲《易》。王弼注《易》完全不相应的，拿道家玄理注《易》不相应的，因为《易》是孔门义理。所以，基本的句子都讲错。尽管王弼著《周易略例》大体不错，但那是反对象数，反对象数是不错。这表示王弼注《易》马先生根本没有仔细读，你看不出王弼的毛病。结果是瞎比附，恭维都恭维错了。熊先生也看不

---

① 熊十力：《新唯识论语体文本壬辰删定记》，《熊十力全集》第六卷，第7页。

出来,觉得还不错。熊先生的《新唯识论》是儒家的立场,他喜欢讲《大易》,讲'生生不息'。他批评佛教,则根本没有道理,他对佛教的了解根本不对的,不相干的嘛。马先生称赞《新唯识论》犹'龙树之弘阐中观。'更不对了。甚叫做'弘阐中观'呢?《中论》就是龙树菩萨造嘛。中观是龙树自己造的,不是有一个中观在那里让他宏阐。而且熊先生的《新唯识论》根本是儒家的精神,根本不是'不坏假名而说诸法实相。'中观学就是般若学,这个跟《易经》的道理毫不相干。可见(马先生作《新唯识论》序)只是作文章,一点没有了解。这怎么能讲学问嘛。中国的学问早就没有了。"①其实牟宗三在这里有些吹毛求疵了。马一浮自己也说他这里所说只是"拟诸",只是一种比喻,王弼的确开新了易学研究的风气,龙树也的确开创了空宗,熊十力也开创了新唯识论,在这一点上,熊十力是可以与他们两个相比拟的。至于王弼以什么解什么,解得对不对,中观是龙树造还是龙树阐,那是另一回儿事。牟宗三说马一浮此序"只是作文章,一点没有了解",这话说得也有些过。马一浮此序的确太讲文采,但并不能因此而断定他对其所讲没有一点了解。马一浮曾以三年时间(1906—1909)苦读文澜阁《四库本书》,还曾通读佛教三藏十二部。② 以他的学养,对王弼的易学、龙树的中观不可能"一点没有了解",只是这些了解可能不合于牟宗三之理解。牟宗三做学问有一个特点或者说是毛病,别人的理解如果不合于他的理解,他就说人家"不谛"、不通透。他在这里评马一浮,也是这个毛病在作怪。以上是拿熊十力与古哲相比,马一浮认为熊十力开宗立派的气象可以与中外那些高僧大德相提并论。那与同时代的人相比又会如何呢?马一浮说:

  自吾所遇,世之谈者,未能或之先也。可谓深于知化、长于语变者矣!

"深于知化"后应该为顿号。马一浮虽然青年时就隐居避世,不问时情,但他是个早熟的人,很早就与当时学界各个领域的一些核心人物诸如马君武、谢无量、马叙伦、苏曼殊、梁漱溟、弘一法师、丰子恺、竺可桢、蔡元培、鲁迅、周作人等都有过交往。所以马一浮虽然称不上阅人无数,但也可以说是交游甚广。但马一浮认为,与当时那些学者相比,熊十力的新唯识论绝对是独步当下,"未能或之先"。马一浮序文的第一句话说"玄悟莫盛于知化,微言莫难于语变",到了熊十力这里就有了照应:"可谓深于知化、长于语变者矣!"所以我们可以看到,马一浮这篇序文虽然是文字非常漂亮的古文,但他同时又非常重视语脉、思想的一贯性的,他的每一句话并不像牟宗三所偏执

---

① 牟宗三:《康德第三批判演讲录》(十二),《鹅湖月刊》第314期(2001.8),第7页。
② 陈星:《隐士儒宗马一浮》,济南:山东画报出版社,1996年,第9—10页。

地认为的那样是恭维熊十力的"随意作文章"。

下面是第三部分。第三部分与蔡元培序的最后一段一样，都是在向读者来推介《新唯识论》。

且见晛则雨雪自消，朝彻则生死可外，诚谛之言既敷，则依似之解旋折。

晛（xiàn）谓日光。"朝彻"，语出《庄子·大宗师》：一个叫南伯子葵的人问一个女偊（yǔ），也就是一个伛偻（yǔ lǚ）的老女人，是如何在一大把年纪时还能保持鹤发童颜。女偊回答说她三日能外天下，七日能外万物，九日能外生死，"已外生矣，而后能朝彻；朝彻而后能见独；见独而后能无古今；无古今而后能入于不死不生"。这里的"外"是遗忘的意思。朝指朝阳，彻谓通彻、明透。将天下、万物、生死都遗忘了，就能够达到像朝阳一样通彻明透的境界，后也引申为顿悟妙道。这与孔子所说"朝闻道，夕死可矣"（《论语·里仁》）意思相通。"诚谛"语出《华严经·十回向品》："为令一切众生，得六十种音声，发言诚谛，皆可信受。"诚谛即真实，诚谛之言即真实之言。敷谓陈述、宣告。"依似"语出《人物志·九征》："一征，谓之依似。依似，乱德之类也。"刘邵相人有九大特征，这称为"九征"。"九征皆至，则纯粹之德也"，如果九个特征都满足了，那就是道德纯粹之人。如果只有一征，只达到一方面，那就是依似的乱德之人。"依似"意谓似是而非。不过，在《人物志》中，"依似"是指人品上的似是而非；马一浮借用在此，是指思想理解上的似是而非，所以是"依似之解"。这整个一句都是在说《新唯识论》是真谛，是真实之言，对读者会有一种拨云见日的启蒙作用，这种启蒙作用就如雨雪见到阳光立即消融，让人有醍醐灌顶的顿悟感。看了《新唯识论》，市面上其他似是而非之言都不攻自破。当然，从文法来说，这一句话还只是比兴手法，还没有直接说出要说的话。下面就开始直指目的了：

其有志涉玄津，犹萦疑网，自名哲学，而未了诸法实相者，睹斯文之昭旷，亦可以悟索隐之徒勤，亟回机以就己。

"玄津"谓佛法，《文选》收录南齐王中《头陀寺碑文》有一句话说："释网更维，玄津重枻。""维"是纲，"枻"是楫。唐代的张铣在注《文选》的这句话时说："释网、玄津，并佛法也。""疑网"也是一个佛教语，意谓疑惑交织如网，如《大智度论》卷二十七曰："从诸佛闻法，断诸疑网。"我们平时说"心乱如麻"，就是这个意思。这里的"哲学"是一个形容词，"自名哲学，而未了诸法实相者"是指那些自以为很哲学、很明哲但又没有穷知宇宙万象真实本质的人。"诸法实相"是指真理。"斯文"是指《新唯识论》。"昭旷"是形容《新唯识论》义深旨远。"索隐"指对古籍文献的注释考订，这里是指一种与哲学思辨相对的一种学问路数，如蔡元培序中所提到的北京钢和泰、南京欧阳潜他们的那些工作，基本上就属于这种路数。"回机"是一个禅宗术语。机谓机关、机用、开窍，诸法实相是不可思议、不可用言语来形容的，只能用一些言语之外的手段比如棒喝等帮助受学者开启心智，打通关节点，了悟诸法实相，禅宗将这些方法手段称之为机用。回机就是受学者回归到自己的机窍，自我了悟。"者"前面整个都是对"者"的修饰，如果将这些词之间都用顿号分开，可能更明白一些。所以"者"就是指那些有志于研习佛法但又被疑网困扰、自以为很有哲思但又不能了悟宇宙万象的真实本质的人，如果看到《新唯识论》这种恢宏旷达、明朗清远的义旨，就会感悟到文献考订这种治学路数在研习佛法中的徒劳无功。因为诸法实相非言语可及，所以文献考订等索隐路数是无法"了诸法实相"的。知道了一点以后，就急需回归自己，回到自身，自我开悟，这才是研习佛法的真正法门。只有这样：

庶几戏论可释，自性可明矣。

"戏论"是佛教的一个术语，意谓有分别、取名相的毫无意义、违背真理的错误言论，这是佛教徒对外道理论的一种贬斥。"自性"也是佛教的术语，意谓万事万物的本质属性，有时也称为"自相"，与上面的"实相"意义相通。如果做到"回机以就己"，那么那些"依似之解"、那些"疑网"、那些戏论都可以洒然冰释，迎刃而解，诸法实相、万物本质也就自然开明了。熊十力的《新唯识论》就是为破这些"依似之解""疑网""戏论"而作，具有很强的论战性。但熊十力写此书的目的难道只是为论战吗？当然不是，所以马一浮说：

彼其充实不可以已，岂曰以善辩为名者哉？

《孟子·尽心下》说："可欲之谓善，有诸己之谓信，充实之谓美，充实而有光辉之谓大，大而化之之谓圣，圣而不可知之谓神。"内心充实，内在圆满，必然要兴发于外，发扬光大，这是没有办法的事儿，是阻挡不住的。这与前面"一皆出自胸襟，沛然莫之能御"的意思一样。所以熊十力此书是有所感而不得不发，并不是为了争强好胜，不是为了博取善辩之名。《孟子·滕文公下》说："予岂好辩哉，予不得已也。"有所感而不得不发，发而引生争辩，那时就又不得不辩，这时之辩与那时之发都是不得已而为之。最后一句：

既谬许予为知言，因略发其义趣如此，以竢玄览之君子择焉。

"谬许"是谦词，是马一浮自我谦虚的说法，意谓错误的称许、赞许。大概熊十力在向马一浮邀序时，称赞他是知言之人，所以马一浮有此自谦的说法。"知言"出自

《孟子·公孙丑上》:"我知言,我善养吾浩然之气。""知言养气"章是《孟子》非常有名的一章,历来很多大家都为这一章专门作注,北宋胡五峰最主要的著作就取名《知言》,徐复观也专门写过一篇文章《孟子知言养气章试释》。但这句话历来歧解纷出,不一而足,"知言"到底是什么意思,"养气"又是什么意思,都没有一个统一的说法。马一浮引用在这里,只不过说是大家都称许他精于察识,善知德道。"义趣"即意义与旨趣。"玄览"语出《老子》第十章"涤除玄览,能无疵乎","览"通鉴,即镜子,玄览是指心镜。《老子》原意是洗涤心镜,使之清明无丝毫瑕疵,而能照见妙道。所以玄览也可以引申为玄妙之见。马一浮认为他只是抛砖引玉,他这篇序文只是"略发其义趣",只是简要地介绍《新唯识论》的意义与旨趣,至于其深层义理,那要"竢玄览之君子择焉",留待有玄妙高见之人来简择抉发。

最后的署名是马浮。马一浮名浮,字一浮。古代男人出生三个月后将获得名,二十岁结发加冠以示成人,长者同时赐之以字,按《礼记·檀弓上》的说法,这叫"幼名,冠字"。《仪礼·士冠礼》说:"冠而字之,敬其名也。君父之前称名,他人则称字也。"这就是说,字是对名的一种尊敬表示。所以古人称名呼字是有礼数的,十分讲究。一般来说,自称只称名而不能称字,比如孔子自称为丘,而孔子绝不自称为仲尼的。我们看到影视上有自称其字的,那是对传统姓名文化不了解所造成的。当然,也有个别例外,以至于例外得需要专门考证,比如顾炎武《日知录》卷二十三《自称字》[①]、姜书阁《文史说林》第七十七则《古人自称字与自称子》[②]。其他人可以称其名,也可以称其字。长辈或君上可以直呼其名,或者在客观介绍与作传记时也可以直称其名;平辈与晚辈一般都敬称其字,如果直呼其名,那就不太客气了,往往流露出厌恶、贬视的情绪。

(说明:近几年,我为华侨大学哲学系硕士生和高年级本科生开设"熊十力《新唯识论》研读课",讲稿名称仿窥基大师《成唯识论述记》,美其名曰《新唯识论述记》。《述记》基本上以句为单位,采取纲目结构。原文为纲,字体加粗;述记为目,正文排印。版本以2001年湖北教育出版社《熊十力全集》本为主,参以1985年中华书局《熊十力论著集》本。《绪言》部分已在《东方哲学》第十辑刊出,本文为马一浮序言部分)

[①] 顾炎武著、黄汝成集释:《日知录集释》卷二十三,长沙:岳麓书社,1994年,第827页。
[②] 姜书阁:《文史说林百一集》,杭州:浙江大学出版社,2010年,第387—389页。

理性的觉解与价值的关怀

——论冯友兰《新原人》对中国现代性精神的培育[*]

徐建勇[**]

如果说冯友兰先生的宇宙观的基础是逻辑思辨,主要体现在《新理学》中;那么他的人生观的基础,就是现代性的分析理性和传统价值理性的结合。西方现代性的重要特征就是主客二分哲学思维模式下,人的主体的强调和知识理性的高扬,而放逐价值理性。前者的强调,使科技日益进步,社会物质财富日益丰富;后者的遗失,使人生意义日益淡薄,人性日益堕落,整个社会弥漫在颓废沉沦的迷雾之中。冯先生对此的反思和解救之道就是,将西方的分析理性与中国传统的价值理性相结合,力求对传统进行现代改造,同时又用传统改造现代。在这样的正、反、合的逻辑创造过程中,使中国哲学现代化。而其人生观的创造性的发展,主要体现在《新原人》中。在《新原人》中,冯先生延续的是程朱理学,但论证的方法却是西方的。

一、人的主体地位

人的主体地位,是指人在宇宙中的地位。西方中世纪是神高高在上,人是神的奴仆,人权匍匐在神权之下,人毫无地位可言。文艺复兴,使人成为世界的主宰,哲学上逐渐形成了以人为中心,来看待世界的主客二分思维模式。中国儒家传统重视集体,

---

[*] 本文湖南省教育厅重点项目:"现代性问题视域下的冯友兰中国哲学诠释研究"阶段性成果,项目编号:16A213。
[**] 作者信息:湘潭大学哲学系副教授。

轻视个体,导致个体人地位丧失,哲学上是天人合一的整体思维模式。因此,要使传统人生思想现代转化,首先就要挺立个体人的地位。冯先生的这一努力,在《新原人》中,主要表现在两个方面:

(一)人的主体的强调。1. 突出人的重要性。在《新原人》第一章,觉解的开篇,冯友兰就将意义作了规定,他说:"但一件事的意义,则是对于它有了解底人而后有底"①。这就是说意义的存在,在于有了人,人是意义的主体,意义的世界是属人的世界。了解是人一种认识活动,人不能仅仅只是认识,而要进一步追问认识的目的和价值,这就是觉,觉是自觉,是人的一种心理状态,即人心理明白自己的活动的目的和价值。了解加自觉,就是觉解,觉解是人生的意义,人生因觉解而具有价值。"有觉解是人生的最特出最显著底性质。因人生的有觉解,是人在宇宙间,得有特殊底地位"②。这种特殊的地位就是人在宇宙中的主体地位。人生意义在于人有觉解,觉解,使人获得了不同于其他动物的特殊性和地位,那么人之所以有觉解的原因是什么呢? 冯先生说:"人之所以能有觉解,因为人是有心底"③。人的心怎样能觉解呢? 它与人脑的活动有什么关系呢?"人的脑子的活动,是人的心的存在的基础,知觉灵明,是人的心的要素"④。这就是说,人脑思维是人心活动前提,人心的活动是比思维更高的活动。在这里,冯先生将人的思维活动仅仅理解为理性的向外求知的活动,即逻辑的理性思维,这也是现代科学主义对思维的理解。冯先生认为发挥人心的知觉灵明的活动既是觉解,包括向外的知解和向内明觉,即知识的求解过程和内在的心理认知过程的相互统一。很显然,冯先生将人心的活动看着比人脑的活动更为重要和高级。通过突出人的主体地位,进而强调人心的功能。突出人心的重要性,于是,冯先生将认识拉进人心,实现了工具理性向价值理性地转向。这一转向预示着,冯先生要将外在的理性认识活动转向寻求内心的心灵安顿,从《新理学》的自然观转向《新原人》的人生观。这样,冯先生不但将中国古代哲学重本体论的倾向拉向现代哲学的重认识论的探讨,实现中国哲学向现代认识论的转向,而且保留了中国古代哲学注重的是人生关怀的优点,使现代中国哲学的发展与西方现代哲学发展向一致,具备现代性,并且力图避免西方现代性发展中的弊端,真正具备中国现代性的精神。所以,冯先生非常重

---

① 冯友兰:《冯友兰文集(第五卷)·新原人》,长春:长春出版社 2008 年,第 5 页。
② 冯友兰:《冯友兰文集》第五卷,第 11 页。
③ 冯友兰:《冯友兰文集》第五卷,第 14 页。
④ 冯友兰:《冯友兰文集》第五卷,第 17 页。

视《新原人》对人生意义的探讨,他说《新原人》"实为继《新理学》之作,读者宜先观之"①。

2. 强调人与他物的区别,凸显人的地位。"我们可以说,人生是有觉解底生活,或有较高程度底觉解底生活。这是人之所以异于禽兽,人生之所以异于别底动物的生活者"②。觉解是人不同于动物,高于动物的所在。觉解的原因是因为人有心。然而世界上有物的心,人的心,宇宙的心,逻辑的心,神。但"只有人的心的知觉灵明的程度是最高底"③、可证明的,所以人为万物之灵。冯先生在定义人性之时,也将人特立独出。"生物之性,动物之性,亦是人所有底,但不是人之性,而是人所有之性"④。由于动物没有觉解,没有知觉灵明,因而就不存在境界、学养的问题,只是自然界。它们对于才命死生,只能顺其然而然,实际上完全是自然的产物,是自然之性,所谓饥则食,困则眠,它们的生完全是本能。在道德境界中认为只有人才具有社会性,这使人的世界不同于动物的世界,这也是人与动物的重要分别。

一件事一个物是客观的,而它们的意义则生于人对于它们的了解,由人的主观认识所决定。在这里,冯先生对事物的性质、可能引起的后果、与他事物关系等方面的意义,这些客观的意义都不讲。只讲人对于他们了解之后,这些事物对于人自身的意义,而意义的世界是属于人的,其他任何东西,如禽兽,是没有意义世界的。从而突出人自身的重要性,使人具有主体的地位。一切都因人的存在而具有意义,人不再是神的仆人,不再是道德的奴隶。人在宇宙中主体地位的确立,这种思想不仅是西方启蒙运动的核心,也是西方现代文明得以发展的先决条件。而在中国传统中以道家最具人的主体性思想,其对人的自身的重视,完全不亚于启蒙运动后的西方。所以冯先生在"新理学"中多以道家思想来阐释思维和境界。

(二) 以庄子思想来解释人生修养和境界,突出个体。庄子和儒家的重要区别就在于,庄子强调个人,而儒家强调集体。因此,用庄子思想来诠释传统儒家的人生哲学,能够更好的凸显人作为个体的重要性。而庄子对个体主体性的强调,表现在他对个体自由的强调上,这种自由既有作为物质体的个体自由,也有作为精神体的个体的自由,可以说是最适合解释境界,因此,《新原人》中,冯先生大量引用《庄子》来解说

---

① 冯友兰:《冯友兰文集》第五卷,第3页。
② 冯友兰:《冯友兰文集》第五卷,第9页。
③ 冯友兰:《冯友兰文集》第五卷,第14页。
④ 冯友兰:《冯友兰文集》第五卷,第25页。

人生境界,来解释比对人生现象。首先,在解释觉解之时,冯先生说引《庄子·齐物论》"梦之中又占其梦焉。觉而后知其梦也。且有大觉而后知此其大梦也"[①]。由梦到知其为梦,由知梦到知其为大梦,从而完成了,从不觉到觉,最后到大觉的过程,以此来说明觉解的层次性,肯定个体的人的主观努力能使人获得更高的境界。其次,在解释境界时,主要以《庄子》解释自然境界和天地境界:以《庄子·马蹄》中的"其行填填,其视颠颠"来比喻自然境界,以《庄子·在宥》中的'浑浑沌沌,终生不离'来赞美自然境界的朴素美,以《庄子》所谓恬愉之乐来解说自然境界的人的精神之乐。以《庄子·齐物论》之"一"来说"大全",以"至人无己""圣人无我"来说天地境界中的人精神状态,以道家"得道"的最高境界来说儒家同天的境界,即天地境界。可见"就强调'同天'境界必须超越道德阶段来说,他是属于道家的。"[②]第三,对才命死生的阐述。以《庄子·逍遥游》中的大鹏和小鸟,来说才的是人的天资的不同,来说天地境界中不受才的影响;以庄子"知其不可奈何,而安之若命"和"然而至此极者,命也夫"来说命的不可改变性。用《庄子·大宗师》"真人不知说生,不知恶死"来说自然境界中的人对生死的态度。"不生不死"来说天地境界之人的超生死的态度,强调的人作为个体的自由。

二、理性的认知

知识理性是西方科学发展的方法论。人们通过将对象分门别类,形成概念,然后,借助理性的分析和归纳,获得可还原的知识,从而极大地发展人们认识能力。可以说知识理性,是西方社会、思想、文化得以发展,从而实现现代化的主要方法。因此,中国传统的人生观思想要想完成现代转型,对中国社会的发展做出自己的贡献,也必然要借鉴知识理性这一方法。冯友兰在《新原人》中将这一方法主要应用在以下几个方面:

(一)理性的觉解观。觉解是中国传统人生哲学中的一个重要概念,对于怎样觉解?觉解什么?觉解的程度怎样衡量?觉解的意义是什么?可以说各有各的说法,再加上宗教的影响,更是具有浓厚的神秘主义倾向。觉解,可以说是一个说不清,理还乱的概念。冯先生对此采取了科学的态度,他从客观事物出发,通过理性的分析,

---

① 冯友兰:《冯友兰文集》第五卷,第203页。
② 张永义:《道家思想对冯友兰"新理学"的影响》,《中国哲学史》第4期,1999年,第98页。

对觉解,有了清晰地解释。他说:"人对于事物有所了解,而又自觉他有所了解。……了解和自觉,《新原人》简称为'觉解'"。① 这就是说,觉解又包括了解和自觉。了解就是对客观事物的求知过程,了解的工具是概念,概念的组织就是知识,通过了解得到的是对事物的知识。人对于事物有了知识,就对它有了了解;有了了解,就明白它的意义,明白了意义就会自愿去行为。冯先生认为人生亦是客观的事物,我们也是可以了解的,了解了人生的意义,人生才会有价值。他说:"人生亦是一类底事,我们对于这一类事,亦可以有了解,可以了解它是怎样一回事。我们对于它有了解,它即对于我们有意义,我们对于他底了解愈深愈多,它对于我们的意义,亦即愈丰富"。② 这样冯先生就把知识论引入传统的人生修养论。中国传统人生观是不讲知识的,只讲经验,而经验是个别的、散乱的,其中大部分是不能讲授和论证。因此中国传统人生哲学尽管资源丰富,但不成系统,带有浓厚的神秘色彩,学习者大多不明其中原因。冯先生通过知识的解析了解,极大地驱除了笼罩在中国传统人生哲学上的神秘主义色彩。

"觉是自觉。人做某事,了解某事是怎样一回事,此是了解,此是解;他于做某事时,自觉其是做某事,此是自觉,此是觉。"③冯先生不但给与了解以科学的方法解释,而且对于自觉,这种心理认知的过程,也是一反宗教神秘和道学家含混,给以科学的解答,他说:"不过研究科学,既在事实上亦是发展其心的知觉灵明,所以科学家如能本其所有的知识,自反而了解其知识的性质及其与宇宙人生底关系,则此自反既是觉解的自觉解"。④

觉解的依据是什么? 冯先生认为"人之所以有觉解,因为人是有心底。人有心,人的心的要素,用中国哲学家向来用的话说,是'知觉灵明'"。⑤ 人心的'知觉灵明'使人能够觉解,这也是人之所以人之所在。觉解的对象则是性,就是客观事物的本性。他说:"有些物不必有心,而凡物必有性。一类底物的性,即一类底物所以成此类底物,而以别于别底物者。所谓人性者,即人之所以为人,而以别于禽兽者。无心或觉解底物,虽皆有其性,但不自知之。人有觉解,不但能知别物之性,且于其知觉灵明

---

① 冯友兰:《冯友兰自述》,北京:中国人民大学出版社,2004 年,第 201 页。
② 冯友兰:《冯友兰文集》第五卷,第 9 页。
③ 冯友兰:《冯友兰文集》第五卷,第 9 页。
④ 冯友兰:《冯友兰文集》第五卷,第 22 页。
⑤ 冯友兰:《冯友兰文集》第五卷,第 14 页。

充分发展时能自知其性,自知其所以为人而别于禽兽者"。① 人充分发挥觉解之能,就叫做"尽心","尽心"则"知性"。"人之所以为人者,就其本身说,是人之理,对于具体底人说,是人之性。理是标准,能完全合乎此标准,即是穷理,亦即是尽性"。② "性即理也"。(这里的性是指逻辑上底性,而生物学上的性,冯先生称为才)人既然是人,则必求尽人之性。这样人不但能知晓万事万物之理,而且自觉其应该,人生的意义就是伟大的,就入了圣域之门。

人有能知之心,物有可知之性;主观和客观结合,就是尽心知性。最后知天,这仍然是程朱理学的老路,只不过冯先生将天换成了理。所以冯先生的思路是从理到性到心。冯先生不用"了解"而用"觉解",一个"觉"字便道尽了其人生境界的内在涵义。总之,觉解事物获得对于事物的知识,觉解,使生命获得对于人生的知识,从而获得人生的价值。

同时,冯友兰先生还专门就人脑和人心做出区别:"人的脑子的活动,是人的心的存在的基础。知觉灵明,是人的心的要素。"③其实,人脑和人心都是人的精神活动,冯先生之所以要做出这一区别,是在于他要保留中国传统理学在人生观上的特征:整体性觉悟。这样也就保留了传统理学神秘主义元素。因为从思维讲起就只能按照西方的思想来讲,也只能讲出自然境界和功利境界,讲不出道德境界和天地境界。

(二) 经验知识的学养观。冯先生承接程朱理学中的道德至上主义思想,他的人生观实际上也就是他的道德观,道德观实际上就是人生观。他所说的人生修养实际上就是程朱的功夫,包括两个方面:觉解和敬。学是觉解,养是敬。觉解和敬,虽然是一种境界和形式底观念,但它们在两个方面包括知识或者说需要知识:其一,要得到这种境界和哲学的观念需要经验知识。"上所说的哲学底观念,虽是形式底观念,但人之得之,亦必借助于经验。我们虽不能知,亦不必知,宇宙间所有底事物,都是什么,但我们必须对于有些事物,有些知识,然后可有宇宙的观念。"④人必须先有知识经验,然后才能觉和敬,否则,犹如"空锅煮饭",如佛道然。知识不仅是必要条件,也是逻辑的先在。在这一点上,冯先生讲的内容虽然和程朱相同,但冯先生讲得更加清楚,原因就在于,冯先生加入了知识的内容,进行了形式和内容的区别,比程朱只讲经

---

① 冯友兰:《冯友兰文集》第五卷,第 19 页。
② 冯友兰:《冯友兰文集》第五卷,第 24 页。
③ 冯友兰:《冯友兰文集》第五卷,第 17 页。
④ 冯友兰:《冯友兰文集》第五卷,第 98 页。

验自然要明白的多。其二,现代知识的一个最重要的特征就是可验证性。只有具有可验证性的知识才能成为科学的知识,可验证性是现代科学知识不同与传统经验的根本所在;只有具备可验证性知识,才具有教授、推广、普及的价值。这也是现代性在知识领域里的一个重要特性。中国传统的人生修养论,一直笼罩神秘主义色彩,就因其本身是经验的、个别的、零碎的,完全不可验证。要使中国传统的人生修养论从传统转向现代,获得新的生命,就必须接纳科学知识。"因此人必须对于各种道德底事的理的内容,有充分底知识,然后他才可以这些理为标准,以核对他自己的道德判断,以决定他自己的行为。因此他不能对于各种道德底事的理,只有形式底观念,而必须研究其内容。……康德《实践理性论衡》中所说'实践理性的方法论',亦是此种研究核对的工夫"。① 只有通过验证了的,才能使人的道德判断不致失误。

（三）人生境界的理性阐释。冯先生人生观思想主要表现为境界论。他认为境界是"人对于宇宙人生在某种程度上所有的觉解,因此,宇宙人生对于人所有的某种不同底意义,即构成人所有底某种境界。"②冯友兰发展了儒家的理性主义思想,并且接纳了现代性的主体、客体二分法来分析境界。"冯友兰借用此语,是指人对于理世界的体认程度以及由此形成的主观精神状态。用哲学术语来说;理世界是'自在之物',而境界则是'为我之物';理世界是客观的,而境界则是主观的;理世界是一般的,而境界则是特殊的;理世界是超越的,而境界则是现实的。每个人借助自己的觉解能力,在觉解理世界的基础上形成了主观精神世界,这就是新理学所说的境界。"③主体对于客体的觉解程度不同,因而客体对于主体的意义不同;主体客体相互作用的结果是形成了主体不同的主观精神世界,因而形成不同的境界。境界每个人都不一样,人人自有人人的境界。但去异存同,境界由高到低大致可以分为自然境界,功利境界,道德境界,天地境界。人是一个主体,人有人的精神境界,但精神境界最终有一个标准,这个标准即是理世界。理世界是人世界的标准,也是人世界的认识对象。理世界对人世界既然是一个认识对象,主体对其关系就是一种觉悟,并且这样的觉悟是有程度的不同。对于普通人来说,只有宇宙底心;只有圣人,才有宇宙的心,才能天人合一。

（四）才命的分析解读。才命死生是我们每个人一生中始终如一的关怀,对我们

---

① 冯友兰:《冯友兰文集》第五卷,第100页。
② 冯友兰:《冯友兰文集》第五卷,第27页。
③ 宋志明:《中国现代哲学史通论》,北京:人民大学出版社,2008年,第100页。

每一个人的人生影响极为巨大,甚至是决定性的。因此,我们每一个人从懂事起,就会不断思考探索它们,然而,由于才命死生的个人属性和表现的不确定性,才命死生一直云遮雾罩,神秘异常。怎样将它们讲清楚,一直是思想家们努力的方向。或者说,古今的思想家们或多或少,都对它们进行过阐述。冯先生用理性分析的方法解读它们。他说:"一个人的天资,我们称之为才"①。"我们此所谓命,是指人的一生的不期然而然底遭遇,是所谓运命之命"②。才是天授,命是遭遇;前者是本在的,与生俱来,后者是外在的,适然而然。二者都是不可改变的。才虽是天授,但须人力才能达到,如果不努力,就是有才也不能发挥,所以从这一点来讲,力是最重要的。对于命来说,力只能改变部分环境,但不能改变命。

三、境界的价值关怀

《新原人》求解的是人之所以为人者的原因,追寻的是实现人之所以应该为人者的意义,关心的是人生价值的实现,特别是现代人的人生价值的实现。而上面所讲的理性知识、人的主体地位的确立,都是为实现现代人的价值服务的,是手段、工具,而人的生命关怀才是终极目的。所以觉解、学养等只是实现或达到人生价值的方法而已,其根本目的在于安身立命,在于人的生命的价值关怀。冯友兰的生命关怀表现在两个方面:由低到高的境界说和才命死生的积极解读。前者建立在理性知识的修养积累之上,一扫含混先验说法和神圣难攀的崇拜;后者通过对才命死生积极分析解读,彻底剥去了命定说和神秘说。在《新原人》中,冯友兰多用意义代价值。

(一)境界的价值意义。冯友兰的人生境界论是建立在心性觉解的基础之上的,通过理性的分析,冯友兰将人与他物分别,确立人之所以为人的价值在于:人能觉他,更能自觉,从而挺立人在宇宙中的主体地位。人能觉他,使人能认识自然、社会、人生的本质,即本然的理;和规律,即道德大化流行,这种能力使他优于他物;人能觉他,处理的是人与外界的关系,解决的是人与他人和社会的矛盾,关系的是人的安身立命。人能自觉,使他能够认识到,这样思想和行为对自身、他人、社会、自然的价值,对其价值的大小、好坏、优劣、高低、道德、不道德能够自觉认识和评判,这种能力使他高于他物;人能自觉,这种自觉处理的是人的身与心关系,解决的是人的心灵与肉体

---

① 冯友兰:《冯友兰文集》第五卷,第102页。
② 冯友兰:《冯友兰文集》第五卷,第103页。

的矛盾,关系的是人的心安理得。人的这种既优于又高于他物的能力使他的生命具有了价值。同时,安身立命和心安理得,是人不仅具有了对于自身的生命关怀,而且具备了对他人、社会以及宇宙的"同情"的关怀,是生命的意义更加伟大。从价值的意义讲,境界就是传统儒家讲的仁,即"同情"的关怀与体认生命的价值。由于人对价值世界的关注,使他具备了"以己体人""以己体物",悲天悯人的襟怀。这种襟怀,使人生的价值有大小之分,境界有高低之别,使人的有了向上的基础和动力,这也是人的神性的表象。"在冯友兰这里,境界的发生并不就是'善'但却是趋善向善的前提和出发点"①。这种价值意义形成人生的境界。由高到低,冯先生将境界分为自然境界,功利境界,道德境界,天地境界,从而形成四种不同的生命关怀形式。在天人合一整体思维模式下,宇宙人生被看成有内在联系的统一体,天不仅仅是宇宙存在的哲学本体,而且是人生价值的哲学依据,与天地合一成为人生的最高关怀,所以天地境界是人生的最高价值所在。

自然境界的人生价值。自然境界的人,顺才顺智顺能顺习而行,而不觉其行者,是自然的产物。自然境界的人的行为可以是合法的,但不是道德的,是自然的。自然境界的人生活于社会之中,而不自觉其时社会生活,"不识不知,顺帝之则",亦不觉苦乐。自然境界的人没有自然与精神的分裂,是浑沌,他们的苦乐和天真是为他的,而不是自觉的,他们也不能享受这种快乐与天真。道家赞美的正是这种浑沌的美,这种自然淳朴的人生状态,亦是他们的追求,他们认为这种境界是人生应该的境界。这种境界的人的安身立命之道,就是顺生顺命。但是冯先生这种境界不能实现人之所以为人者,做这种境界中的人的价值是最低的,人生应该有更高的关怀。

功利境界的价值。"在功利境界中底人,其行为都有他们所确切了解底目的"②,他们的目的都是为利(利,亦含名)。冯先生认为功利境界的人生关怀表现为现实层面的功利论者和心理层面的快乐论者,同时,中国传统中受人崇拜的才子英雄,其境界也在功利的层面。功利论者自觉功名利禄能给自己带来巨大的好处,欲望的暂时满足能使他安身立命,欲望的不满足又驱使其不断地逐利于世,所以他总是雄心勃勃,不满足于现状。他们生命的意义在其不断地追求中消失殆尽。快乐论者认为财产多少、名誉高低、事业发达与否,这些利能使人在心理上得到快乐与痛苦,而人的心理都是避苦求乐的,都去追求最大的快乐,所以人们都去追求这种利。英雄才人,如

---

① 安继民:《冯友兰境界说的人生意义追思》,《中州学刊》第 2 期,2008 年。
② 冯友兰:《冯友兰文集》第五卷,第 9 页。

果所做的事和所创作的目的,是为了求自己的利,那么,尽管他们的事业和成就客观上有益于他人和社会,他们的境界也只能是功利境界。因为他们觉解的只是他们自己的利。所以功利境界的人虽然觉解其行为的目的,但不知道人生的意义所在,生命在失落中奋进,又在奋进中失落。同时,由于他是从自己出发,所以容易与他人和社会产生矛盾,导致身心俱伤。功利境界不是人生应该的关怀,人应该具有更高的关怀。

道德境界的价值。自然境界的人是莫知其然而然的不觉的人生,其人生之意义在于本能;功利境界的人是从自己出发来对待外界的觉自己的人生,其意义在于自身的利益;道德境界的人是从社会的角度出发来对待自己的自觉的人生,其意义在于社会的利益。从社会出发看待人,可以说人是社会的人,"人的性涵蕴有社会,是社会底是人的性"①。社会必有社会制度,确切地讲人是社会制度的人。人能觉解自己的社会性,尽力做其在社会中应该做底事,那么,其行为是道德的行为,其境界是道德的境界。但是社会及社会制度是抽象的,它们必须通过某种具体的社会及社会制度表现出来。人在具体的社会及制度中都有一具体的位子,这一位子所应做之事即职;这一位子与他人所发生的关系,即人伦。因此,人觉解在社会中应该做的事,在具体的社会中,就是尽伦尽职,也就是我们平常所说的行义。尽伦尽职,是从社会的而不是个人的角度来看待人生,与人与己尽心尽力,内不自欺,外不欺人,其行为的价值亦不待他人评定。因此,不像功利境界中人,经常出矛盾和痛苦之中。道德境界中的人努力化解生存中的各种矛盾危机,身心俱安,所以境界高于功利境界。

天地境界的价值。从宇宙的观点来看待人生、社会、自然,知觉其为宇宙的一分子,自觉人的生活都遵循道德底规律,"则一切事物对于他皆有一种新底意义。此种新意义,使人有一种新境界,此种新境界,即我们所谓天地境界"②,即圣人的境界。天地境界的人知天、事天、乐天、同天,即自同于大全的宇宙。知天使他不仅知道自己是心理的人、自然的人、社会的人,而且知道自己是宇宙的人,知天即知应做之事,应尽之性,从而尽自己之职之伦,做道德的事;又尽自己之天职之天伦,有超道德的价值意义。有了此种新意义,就有一种叫乐天的乐。他"不但觉解其是大全的一部分,而并且自同于大全"③,即同天,亦是以精神的境界,就是儒家说的仁。同天的境界是不

---

① 冯友兰:《冯友兰文集》第五卷,第62页。
② 冯友兰:《冯友兰文集》第五卷,第76页。
③ 冯友兰:《冯友兰文集》第五卷,第80页。

可思议的,有知而无知,自作主宰,顺理应事,无需努力。天地境界对人生的关怀有似于宗教,但宗教建立在神秘的基础上,而天地境界是建立在大全(道体、理)的哲学观念上。天地境界对人生的意义和关怀,首先,它化解了内外的对立。道德境界的人要达到身心、人己的平衡,需要不断地努力,天地境界中的人则由于同天的觉解,对人、人生、社会、自然、宇宙有最深的地觉解,宽广的眼界,他知"万物各得其所"的道理,主宰的不仅是自己,而且是全宇宙。天地境界的人内心没有理欲的斗争,心灵是平静的;没有与他人和社会的矛盾,自身是平安的;认识到人与自然各得其所。心情是和谐的;更认识到宇宙的大化流行,心境是浩大的。其次,消灭了动静的分别。天地境界的人的心情就如一面镜子,是定的。"其心普照万物而无心",而"其情顺万物而无情",所以动静皆是定的,不存在动静分别,它超越了动静。天地境界的人由于对宇宙人生有深的觉解,宇宙人生也具有了最高的价值和最大的关怀。一切都是平和自然,是圣人的境界。

(二) 才命死生的关怀。对于才命死生的态度,表现出一个人对人生价值的判断;对于才命死生的不同理解,表现出一个人不同人生的意义;对于才命死生的关怀,表现出一个人不同的境界水平。生命的关怀,说到底,落到实处,是对才命死生的关怀。生命关怀是才命死生的表象,才命死生是生命关怀的载体。对此,冯友兰极为重视,并作出了自己的解释。他认为:"人都受才与命的限制。但在道德境界及天地境界中底人,在事实上虽亦受才与命的限制,但在精神上却能超过此种限制"①。在自然境界中的人,顺才顺习随命而行,不觉才与命,对才与命毫无意识,所以,他虽然受才与命的限制,但不知其限制,终生懵懂而无知。在功利境界的人,在求名逐利而不能得到之时,觉得自己才尽命穷,从而感觉到二者的限制,因此感到痛苦和不幸。在道德境界中的人,由于认识到自己是社会中的一分子,是无私的,所以他的"行为皆是行义底,以尽伦尽职为目的"②。无论其才高才低,命好命坏,他都只求尽心尽力,事天赞化,而不计其他,因此,他在精神上不受才与命的限制,是自由的。"在天地境界中底人,能同天者,自同于大全,从大全的观点,以观事物"③。超越实际世界的限制,完全不受才与命的限制,他的意志是自由的。虽然人受才命的限制,但是冯友兰更加肯定的是积极有为的人生,他说"在道德境界或天地境界中底人的意志自由,必是由

---

① 冯友兰:《冯友兰文集》第五卷,第104页。
② 冯友兰:《冯友兰文集》第五卷,第105页。
③ 冯友兰:《冯友兰文集》第五卷,第106页。

学养得来底"①。"人理自占七分者,可以立志求之。……但可以大部分靠努力而成为一有高境界底人。所以我们不能教每个人都立志为英雄、才子,但可以教每个人都立志为圣、为贤"②。

  对于死生,冯先生认为"对于生底了解到某种程度,则生对于有此等了解底人,有某种意义。生对于有此等了解底人有某种意义,则死对于有此等了解底人,也有某种与之相应底意义"③。在自然境界的人对于生没有很清楚的意义,对于死,自然也没有意义,自然也不知怕死。死生对于他们是没有意义的。在功利境界的人对于生有相当的觉解,知道生是自己的生命的继续,是自己的消亡,功利境界的人最怕死,总希望长生不死。所以"他们有目的地、有计划地、设法对付死"④。他们的办法有四种:求避免死,求立名,求眼前底快乐,相信灵魂不死。在道德境界的人,尽心知性,对生死都有完全地觉解,只注意生前,不关心死后,所以他们在社会中尽伦尽职以尽心尽性。"在道德境界中底人,就其才之所能,命运之所许,尽力以做其所能做及所应该做底事。无论他所做底事,是大是小,他都尽其力之所能,以使其成功。他于做他所做底事时,无论其时大事小,他都自觉,他是在'承先启后','继往开来'"⑤。在天地境界中的人,达到了知天的境界,知道"实际底事物,无时不在生灭变化中","自同于大化者,亦自同于大全"⑥。他们觉解的不只是事物,而是永恒的理,所以其精神上可以说是超越生死的。"对于在天地境界中底人,生是顺化,死亦是顺化。知生死都是顺化者,其身体虽顺化而生死,但他在精神上是超过死底"⑦。

  在《新原人》中,通过将个人从中国传统的整体思维模式中解放出来,突出人在宇宙之中的主体地位,在人生哲学上,冯先生以自己的方式完成了中国的启蒙运动。在此基础上,冯先生通过对人与人生的理性分析和价值认知,将西方现代文明中优秀成果与传统儒家的价值观念相结合,力图培育出中国的更加优秀的现代性来,使中国人生哲学现代化,中国人现代化。四境界说,可以说是冯先生培育中国现代性的一个范例。冯先生的这种努力不仅符合时代和民族的需要,也是中国走向强大的理论必须。

---

① 冯友兰:《冯友兰文集》第五卷,第 111 页。
② 冯友兰:《冯友兰文集》第五卷,第 112 页。
③ 冯友兰:《冯友兰文集》第五卷,第 113 页。
④ 冯友兰:《冯友兰文集》第五卷,第 115 页。
⑤ 冯友兰:《冯友兰文集》第五卷,第 117 页。
⑥ 冯友兰:《冯友兰文集》第五卷,第 119 页。
⑦ 冯友兰:《冯友兰文集》第五卷,第 119 页。

徐复观政治思想的面相及研究现状画像

丁明利[*]

徐复观作为一个现代新儒家,在近四十年备受学界关注,尤其是关于其政治思想的研究,丰富多彩,精彩纷呈。但是,徐复观在众多研究者的心目中又有哪些面相?其政治思想的核心关切是什么?学界对其政治思想研究的现状又是怎样的?针对这三个问题的回答,来一一呈现,以便于我们更好地认识在传统文化热的背景下,更好地面对传统、处理好传统乃至创造新的传统。

一、徐复观政治思想的多种定位和面相

海内外知名的"当代新儒家三大师"之一,这是徐复观最为人熟知的定位和面相。但在徐复观同时代及现当代研究者的心目中,随着研究视角的不同,大家给予徐复观的定位和描述颇有不同。据不完全的统计,一种是基于多向度、多角度的定位,约略有如下一些:"以传统主义论道,以自由主义论政"[①],"新儒学大师、思想史巨擘、今日的陆宣公、当代知识分子的良心"[②],"创新的传统主义者"和"积极的保守主义"[③],"奉献民主的斗士"和"敢向现实政权挑战的人文自由主义者"[④],"一个诚切的传统论

---

[*] 作者信息:华东师范大学哲学博士,东华大学副研究员。
[①] 韦正通.以传统主义卫道,以自由主义论政——徐复观先生的志业.载罗义俊编,评新儒家.上海:上海人民出版社,1989年12月第一版. 557—576.
[②] 出自曹永洋.我景仰的徐复观老师.载曹永洋编.徐复观教授纪念文集.台北:台湾时报文化出版公司,1984年8月初版. 278—280.
[③] 萧欣义.一个创新主义的传统观.载罗义俊编,评新儒家.上海:上海人民出版社,1989年版. 555.
[④] 杜维明.徐复观先生的人格风范.载徐复观全集之廿六.追怀.北京:九州出版社. 2014年3月第1版. 174—190. 最早出现在《徐复观先生的胸怀》一文,见上文。

者、又是一个热烈的自由论者"①;还有一种是单向度的定位,诸如"当代中国的一支巨笔"②,"政论家"③"中国知识分子的典范"④,"体现忧患意识的儒学思想家"⑤,"当代真儒"⑥,"刚介正直的儒家宗师"⑦,"不畏权势的当代儒者"⑧,"无畏护义的真儒"⑨,"勇者型儒家"⑩,"激进的儒家"⑪,"好辩者与真儒者"⑫,"自由儒家"⑬,"新儒家的光辉典范"⑭,"儒家的整全人格",⑮"自由民主的斗士"⑯,"敢于向权势挑战的人文自由主义者"⑰,"学术界的一位传奇人物"⑱等。这些丰富的评价,既体现了他横跨不同学科的多重身份,又反映了对徐复观学术思想研究范围的广泛和复杂程度。但如果我们对这些评价进行再分析,其中频度最高的首先是儒家,其次是自由民主,这两个看似矛盾而关系紧密的一对概念,均呈现于徐复观的身上,这本身就是一个非

---

① 盛邦和."民本论"的现代性诠释——试论徐复观的文化反省.福建论坛(人文社会科学版),2006,08:60—65.
② 金耀基.学术与政治之间的巨笔.载曹永洋编.徐复观教授纪念文集.台北:台湾时报文化出版公司,1984年8月初版.113—114.
③ 朱渊明.政论家徐复观的生平.载曹永洋编.徐复观教授纪念文集.台北:台湾时报文化出版公司,1984年8月初版.57—61.
④ 王延芝.中国知识分子的典范.载曹永洋编.徐复观教授纪念文集.台北:台湾时报文化出版公司,1984年8月初版.480—483.
⑤ 杜维明.徐复观先生的胸怀——为纪念一位体现忧患意识的儒学思想家而作.载曹永洋编.徐复观教授纪念文集.台北:台湾时报文化出版公司,1984年8月初版.246—248.
⑥ 蔡仁厚.徐复观先生百年诞辰献辞证解.载徐复观全集之廿六.追怀.北京:九州出版社,2014年3月第1版.514—523.
⑦ 萧欣义.良心和勇气的典范——敬悼徐师复观.载徐复观全集之廿六.追怀.北京:九州出版社,2014年3月第1版.152—161.
⑧ 萧欣义.一位不畏权势的当代儒者对民主自由的探索.载徐复观全集之廿六.追怀.北京:九州出版社,2014年3月第1版.479—500.
⑨ 芮宏明.徐复观——无畏护义是真儒.北方论丛,1999,05:70—74.
⑩ 罗义俊.勇者型的新儒家——徐复观.载罗义俊编,评新儒家.上海:上海人民出版社,1989年12月第一版.616—624.
⑪ 陈昭瑛.一个时代的开始:激进的儒家徐复观.载氏著台湾儒学的当代课题:本土性与现代性.中国社会科学出版社,2001年7月第一版.193—204.
⑫ 冯耀明.形上与形下之间:徐复观与新儒家.载王中江、李存山主编.中国儒学(第五辑).中国社会科学出版社,2010年9月第一版.87.
⑬ 陈奎德.徐复观:自由儒家.http://www.aisixiang.com/data/7822.html。
⑭ 曾祥铎.新儒家的光辉典范——敬悼学界前辈徐复观教授.载曹永洋编.徐复观教授纪念文集.台北:台湾时报文化出版公司,1984年8月初版.285—290.
⑮ 陈昭瑛.儒家的整全人格——敬悼徐复观先生.载曹永洋编.徐复观教授纪念文集.台北:台湾时报文化出版公司,1984年8月初版.262—265.
⑯ 梅广.徐复观先生的遗产.载曹永洋编.徐复观教授纪念文集.台北:台湾时报文化出版公司,1984年8月初版.234—239.
⑰ 肖萐父.徐复观学思成就的时代意义.载李维武编.徐复观与中国文化.湖北人民出版社,1997年7月第一版.6.
⑱ 梅广.徐复观先生的遗产.载曹永洋编.徐复观教授纪念文集.台北:台湾时报文化出版公司,1984年8月初版.234—239.

常值得探讨的事情,当然,它们都与中国近代政治思想密切关联。考虑到徐复观一生由政界到学界的转变,可以说徐复观思想研究的核心,就是对其政治思想的研究。

上述不完全的论列充分展现学界对于徐复观定位的复杂性以及认识的多元化,可以说有多少研究者,就有多少个"徐复观"。当然,定位的多元背后,还是有相当共识的。对于多元定位中的典型,是来自台湾的黄俊杰和大陆的肖滨。黄俊杰是基于专制政体、经世儒学和农村社会三个角度出发,对徐复观的政治思想进行定位,指出其中体现出人民的、实践的、农本的性格;肖滨则是站在黄俊杰的"肩膀"上,一方面修正了黄俊杰的论说,指出徐复观的思想结构是基于专制政体、宗族社会和儒家文化而追求一个民主政体、自由社会和儒家传统。另一方面采用丹尼尔·贝尔的"三位一体法"(经济领域的社会主义,政治领域的自由主义,文化领域的保守主义)来对徐复观的政治态度进行定位。此一定位,修正了黄俊杰专注于传统的视角,而兼具"古今中西"的视域,因此还是深中肯綮的。①

对于双向度定位,萧欣义的观点广被接受。她从儒家思想与民主自由人权双向维度②来给徐复观定位。其中指出徐复观是"传统的人文主义",是属于第四派,即觉

---

① 陈昭瑛曾把徐复观的学术特色界定为辩证的、实践的、历史的。与此处的定位有类似之处,但亦有较大不同。(见陈昭瑛. 一个时代的开始:激进的儒家徐复观. 载氏著台湾儒学的当代课题:本土性与现代性. 中国社会科学出版社,2001 年 7 月第一版. 198—203.)。

② 萧欣义指出,"时下对于儒家思想和民主自由人权之关系的看法,大致有四派。第一派的基本观点是二者对立,以西反中。他们主张,从根本上来说,儒家思想是与现代民主政治高扬的自由、民主和人权对立的,是反对这三者的,因而,要想建立民主宪政,就要彻底打倒'孔家店',二者水火不容。目前民主宪政一再受挫,是由于当局提倡儒家传统的缘故。第二派也是二者对立,却以中反西。他们认为民主、自由、人权是西方人的玩意儿,不合东方国情;目前……须借重儒家或法家的照妖镜来彰显其邪恶的面貌。第三派强调二者等同,不分彼此,与第一派正好完全相反。他们认为儒家思想与现代的民主与科学是完全符合的,因此,只有从根源处推行儒家精神教育才能实现民主。第四派认为二者相近、互相融汇、互相补益。他们觉得儒家有其符合民主自由与人权精神的地方,但在长期专制政治压制之下,儒家渗入了反民主自由反人权的成分。第一派在五四时代最为风行、如鲁迅、陈独秀和吴虞等,外国的则有韦伯(Max Weber)、白鲁恂(Lucian W. Pye)和所罗门(Richard H. Solomon)。第二派人物则以社会上的顽固人物为代表。第三派则以过分美化传统的人。而真正需要的是第四派,在时下有狄百瑞(William Theodore de Bary)、傅乐斯(Charlotte Furth)、墨子刻(ThomasA. Metzger)、林毓生和徐复观为代表"。(见萧欣义. 一位不畏权势的当代儒者对民主自由的探索. 载徐复观全集之廿六. 追怀. 北京:九州出版社,2014 年 3 月第 1 版. 479—500.)此后,牟正通对此略作修改,以此来论述徐复观的志业——以传统主义卫道、以自由主义论政,具体见下引文。陈少明亦类似,其略有改动,具体见下引论文。此一区分法其实被广泛运用于分析儒家与自由民主的关系中,如 1996 年,何信全在《儒学与现代民主》一书中,在讨论儒学通向现代民主的问题,就采用这种说法。(见何信全. 儒学与现代民主——当代新儒家政治哲学研究. 中国社会科学出版社,2001 年 7 月第一版. 8—9.)李晨阳也曾采用类似的思路论述儒家与民主的关系,只是论点、次序等略有不同,且自叙为其于 1995 年首倡(见李晨阳. 儒家与民主:探索二者之间的中庸之道. 载郭齐勇主编. 儒家文化研究——近三十年中国哲学回顾与展望专号. 北京:生活·读书·新知三联书店,2012 年 11 月第一版. 198—221. 又见氏著. 道与西方的相遇——中西比较哲学重要问题研究. 北京:中国人民大学出版社,2005 年 6 月第一版. 187—195. 又见李晨阳. 天—地—人之天,还是超越天—地—人之天? 载范瑞平、贝淡宁、洪秀平主编. 儒家宪政与中国未来. 华东师范大学,2012 年 4 月第一版. 66—68.)。

得儒家既有其符合民主自由与人权精神的地方,但亦有互相抵触的成分,二者是可以结合的,不过需要先作一番清洗工作。此观点先后为韦正通①、陈少明②等采用。

在单向度的定位中,亦有一些定位产生深远的影响。如萧欣义基于对保守主义分类③这一单向度,把徐复观归为积极的保守主义④。这也得到一些学者的赞同,如周炽成等⑤。

对于徐复观融汇传统文化与自由民主而出现的各种不同的论断,需要我们进一步的探究。在当下的思想背景和社会变迁的影响下,基于中国现代性的角度,我们应该如何对徐复观的政治哲学思想进行定位?这也是值得我们探究的。

二、徐复观政治哲学思想的关切

虽然有如此繁多的定位,但从政治哲学思想的角度来看,徐复观的基点却是明晰的。众多学者基本上都是基于政治、文化、社会三个基点的交错融合来展开论述。如李维武教授曾指出"徐复观强调中国文化的性格是重现实生命的,换言之,是重生活、实践和文化创造的,因而,他对中华民族精神世界的把握,不在于重新建构儒学的形上体系,而在于回到中国人的现实生命活动中去,回到中国人的文化创造中去"⑥。盛邦和指出:"徐复观从政治经验出发来观察文化,从文化学养入手反哺政治思想,认为民主是'人生之门',还将'儒家民本论'诠释为与现代民主论一致的'儒家民主论',因而调和了'传统'和'现代'的关系"⑦。从浩如烟海的研究文献中还可以见到

---

① 韦正通. 以传统主义卫道,以自由主义论政——徐复观先生的志业. 载罗义俊编. 评新儒家. 上海:上海人民出版社,1989年12月第一版. 557—576.
② 陈少明. 为自由卫道——徐复观的思想、学术与人格. 载氏著汉宋学术与现代思想. 广州:广东人民出版社,1998年9月第二版. 179—199.
③ 萧欣义首先把中国现代的保守主义分成三种类型:顽固的保守主义、消极的保守主义、积极的保守主义。顽固的保守主义者幻想传统都是好的。他们宣称传统没有黑暗面,没有专制政治,没有吃人的礼教。他们指斥这一切都是别有用心的人捏造出来诬蔑中国文化,以迎合帝国主义及国际汉奸的丑剧。消极的保守主义者,虽然承认传统中有病态污秽的地方,但认为不能轻易谈改革。因为一旦改革,社会就会失去秩序,而混乱失序的代价,远远超过改革所得的益处。积极的保守主义者,则区分传统中值得肯定之处以及有待改革之处,而主张合理的改革(萧欣义. 一个创新主义的传统观. 载罗义俊编. 评新儒家. 上海:上海人民出版社,1989年版. 555.)。
④ 萧欣义. 一个创新主义的传统观. 载罗义俊编. 评新儒家. 上海:上海人民出版社,1989年版. 555.
⑤ 周炽成. 徐复观:20世纪中国知识分子的杰出一员. 华南师范大学学报(社会科学版),1998,06:10—16+117.
⑥ 参见李维武. 徐复观对中国道德精神的阐释. 江海学刊,2002,03:29—36+206.
⑦ 参见盛邦和. "民本论"的现代性诠释——试论徐复观的文化反省. 福建论坛(人文社会科学版),2006,08:60—65.

更多类似叙述,此不赘述。

如何构建现代中国的政治哲学,从而让中国人走出专制、极权的怪圈,让中国人也能够生活在自由民主的制度之中,享受到现代民主政治的益处。这是徐复观政治思想所要着力追求的目标。从思路来说,徐复观一方面要"返本",但更要"开新"。从理想的政治[①]着手,"返本"之"本"就非常关键,对此一定要有清醒的认识。开新之"新"更要明确,近代的主流是以追求西方近代的民主政治为"新",但徐复观认为单纯学习西方、或从西方直接借鉴一些思路、政治运作架构和模式等,这是不够的。最为重要的还是要从政治哲学主体——"人"/"民"的建构角度着手,要先明白构成现代中国政治运作的主体,到底是谁,他们有何性格;他们是如何从中国古代而进入到现代的,并且他们在古代的呈现是什么样的,有哪些特征和特性,现代的情况又如何?对于传统的专制政治,徐复观给予了充分且严厉的批判,通过他的批判,澄清历史的误解,为现代中国提供一个更为清楚明白的传统,而非历史包袱或丑陋的传统。其中尤为关键和重要的就是详尽剖析了专制政治的建立、演变的过程,以及由专制到独裁、极权的曲折及其危害之所在,其中很多观点或内容均发前人所未发,包括为历史中许多谬误纠错或作出澄清,从而还历史以真实和本来的面目。对于现代西方的民主政治、自由理念等,现代中国如何接续并发展,徐复观对此也展开了深入的剖析,他认为中国古代就有民主理念的萌芽,但缺乏制度的支持;中国传统文化中有自由的精神,但又总是淹没的社会"关系"之中。而在中国睁眼看世界,并从西方大规模引进各种思想、理念之后,面对全盘西化的现状,面对当代极权主义和殖民主义的危害,他也是基于"感愤之心"而奋起揭露、批判,基于中国传统和民族自主、民族主体的角度,给出他的论述。总之,他认为建立于个人主义之上的西方民主、自由存在根基不稳的问题,而中国传统的资源尤其是儒家的群己和谐的资源正好能够济之穷。

正如李淑珍教授指出的,阐扬儒学、鼓吹民主是徐复观后半生不变的宗旨,他关注的核心问题是,政治在人生中扮演何种角色?这可以从两个角度展开,一方面,政治哲学需要怎样的人性基础、其中又有哪些具体内容?另一方面,儒家政治思想的特色何在,其中它与专制政治有何关系?再进一步,儒家思想如何与民主制度接榫,实现由民本到民主的转变?这样,才能探究中国的自由民主何以可能,换言之,现代自

---

① 丁明利. 何谓理想的政治?——徐复观视域中的政治哲学研究论纲. 社会科学,2017,07: 115—122.

由民主需要怎样的转型才能够在未来中国社会中扮演重要角色？①

基于徐复观上述的定位与面向，我们反观徐复观思想研究的整体情况尤其是政治思想研究的整体情况，就可以发现其中的得与失。

三、徐复观思想研究的整体情况画像

自从徐复观于1982年逝世以降，针对他的学术思想，一直是海峡两岸三地②学界关注的热点之一，总体呈现出越来越广泛、深化的趋势。以知网数据库为例，2016年9月6日，以徐复观为"主题词"进行检索，共获得论文1193篇③，最早为1984年，其中除了1985年为0之外，其他年份均有，年均发文37.2篇。从发表学科来看，在经过数据处理后，哲学最多，占比达到45.3%；其次是思想文化，含中国文学、文艺理论、美学等，占比为38.1%；再次为政治思想，占比为9.3%。

随着中国大陆经济的快速发展及对民主政治讨论的持续深化，对于徐复观政治思想或政治哲学的研究，应该说是目前徐复观研究中最热烈、最深入的领域之一。从文本形式来说，既有专著④，亦有深入的学术论文，还有一些专著中的专门章节⑤；从研究形式来说，既有针对徐复观整体政治思想的研究，也有比较视域的分疏乃至批评；从研究者的分布地域来看，既有海外学者的研究，也有港台同仁的阐发，近年则以大陆学人为主；从主题来说，包括徐复观政治思想整体研究，徐复观政治思想研究要点、其中包括忧患意识、形中之心、性善论与德治主义、对传统专著政治的批判及批判精神、民本与民主思想、自由民主思想、知识分子思想、孝道思想、比较研究及其他相

---

① 参见李淑珍.徐复观与《民主评论》的民主想象——儒家/民主的多重诠释.载王中江、李存山主编.中国儒学（第五辑）.中国社会科学出版社,2010年9月第一版.91.

② 徐复观的一生曾先后活动在大陆、台湾和香港，足迹还曾到达日本和美国。对于徐复观的研究，也主要以中国的大陆、台湾和香港三个地方为主，中国澳门暂未发现，故此处说两岸三地。

③ 当时检索得到1193篇文献。由于此数据库主要收录大陆出版的期刊，因此，虽然有一些港台学者的研究论文，但数量极少，海外的亦如是。若以"全文"中出现徐复观来统计，则有25 954篇文献。从万方数据库检索，主题词为徐复观，可得453篇，数量略少，但收录范围与知网数据库略有不同，二者可以互相补充，特此说明。2018年3月8日，又进行了一次检索，检索2016年下半年、2017年全年和2018年初的61篇文献。这样总计1 254篇。

④ 据笔者不完全统计，相关研究专著总计有16本，其中李维武2本，黄俊杰1本，肖滨1本，谢晓东1本，蒋连华1本；王守雪2本，耿波1本，张晚林1本，刘桂荣1本，刘毅青1本，刘建平1本，张重岗1本，马林刚1本；刘鸿鹤1本，李淑珍1本，高焜源1本。李维武还有徐复观学案一部，前半部介绍徐复观思想，后半部分为选集，此处未列为专著。李维武编《徐复观与中国文化》，为研究文集，亦未作为专著。

⑤ 数量较多，不一一列举。

关研究共十个方面①。这里,仅从整体角度做一个全景的探究,以为近四十年的研究做一个画像,呈现近四十年来徐复观政治思想研究所取得的成绩。

(一) 研究阶段划分

根据对徐复观相关研究文献的分析,笔者认为,从1982年至今,徐复观学术思想研究可以约略可划分为三个阶段。第一个阶段为逝世至1991年,主要为研究初始尤其是纪念阶段,从地域来说,主要集中在港台;第二阶段为1991年至2003年,为研究深化、扩大阶段,从地域来说,范围由港台扩展至大陆乃至海外,但在大陆还只集中在个别地区;第三阶段为2003年至今,为全面开展与持续深化阶段,以大陆为例,一方面,徐复观研究群体不断壮大,博士、硕士选择徐复观为题的也越来越多;另一方面,尤其是2014年大陆的九州出版社出版了26卷的《徐复观全集》,虽然是由大陆、台湾两地四位专家协力完成,但这标志着徐复观研究的重心和中心已经转移到大陆。总之,近四十年的徐复观学术思想研究,可以说是经历并呈现为由回忆、追思和介绍,到专题研究再到全面开花、不断深化的一幅画卷。

之所以如此划分,还基于以下三点考虑。首先,从研究论文发表数量来看(仅限于知网数据库的统计)。其中最早的论文出现在1984年,在1991年前,发表的研究论文数量都在个位数,最多的年份也仅为9篇;1992年有11篇,至此进入两位数时代,从此至2003年,发文最多的年份为2003年的25篇;2004年上升到50篇,从此都保持在此数字以上,最高的年份有92篇。其中也在某种程度上反映了大陆改革开放和文化发展对于徐复观研究的显著影响。如对于第一、二阶段的划分,有两个因素值得注意。一方面,1992年邓小平的南巡讲话,为大陆的改革开放、解放思想的新起点,从此开始逐渐告别1980年代新启蒙运动的激进、反传统等特点,对于新儒家的关注和研究开始增多;另一方面,此时距离方克立、李锦全主持现代新儒家的大型研究课题②也基本完成第一阶段,到了出成果的时期。对于第二三阶段的划分,亦与大环境有关。众所周知,2004年被称为"保守主义元年",此时,新儒家已然成为"显学",因而,对于徐复观的研究也就进入了新的时代③。

---

① 限于篇幅,另文论述研究的详情,此不赘述。
② 1986年原国家教委"七五"规划确定"现代新儒家思潮"为国家重点研究项目之一,由方克立、李锦全主持。1987年9月在安徽宣州召开"现代新儒家思潮"首次学术会议。经过广泛讨论,首先确定了一个十人研究名单:梁漱溟、熊十力、张君劢、冯友兰、贺麟、钱穆、方东美、唐君毅、牟宗三、徐复观。后来老一代又补上了马一浮,较年轻一代则加上了余英时、刘述先、杜维明,最后还补上了成中英。
③ 另外,2003年为徐复观诞辰百年,相关的纪念活动也会促进徐复观研究的进展。

其次，从研究内容来看，也可以充分体现此一划分。下文的"专题会议"以及具体研究文献的述评即可看出，此处不再赘述。

再次，从研究主体来看，一开始局限于高校教师，他们是绝对的研究主体，如基于"知网"数据库，发表研究论文3篇以上的就有至少32位研究者，其中最多的达29篇，人均5.8篇。而1990年代先后有肖滨（中国中山大学）、刘鸿鹤（美国天普大学）和李淑珍（美国布朗大学）均以徐复观为博士论文选题并完成相关专著，反映了研究群体的扩展。进入新世纪以来，博士生、硕士生乃至博士后人员以徐复观为研究主题或曰选题也日渐增多。以新世纪以来大陆发表的硕博士学位论文情况来看。2018年3月8日，根据"中国知网"和"万方数据"两个硕博学位论文库，以题名"徐复观"进行检索，2001年—2017年，合计得到74篇论文[①]，其中博士19篇、硕士55篇。平均每年有1.1篇博士论文、3.2篇硕士论文。这充分反映进入新世纪以来，学界对于徐复观的研究热情是持续的。

表1 历年硕博学位论文一览表

年　份	硕士学位论文	博士学位论文	合　计
2001年	0	1	1
2002年	0	1	1
2003年	1	0	1
2004年	3	1	4
2005年	0	2	2
2006年	4	4	8
2007年	4	1	5
2008年	4	1	5
2009年	7	0	7
2010年	5	2	7
2011年	6	0	6
2012年	4	1	5

---

① 当然，由于知网和万方两个数据库对学位论文收集的不完整，据笔者所知，大陆方面，还有肖滨（中山大学、1998年）、王贻社（中国人民大学、2004年）、吴圣正（中国人民大学、2005年）、刘桂荣（中国人民大学、2006年）、马林刚（中国人民大学、2013年）的博士学位论文未统计。

(续表)

年　　份	硕士学位论文	博士学位论文	合　　计
2013 年	4	1	5
2014 年	3	0	3
2015 年	2	2	4
2016 年	4	1	5
2017 年	4	1	5
总　　计	55	19	74

表格来源：通过万方数据库、知网数据库检索后自行整理。

此外，对于徐复观研究文献的地域分布，仅从发文 3 篇以上的作者单位分析，累计 199 篇论文分布在 14 个省市的 28 所高校，其中最为集中的就是徐复观的故乡——湖北省，占比为 17.1%，余下依次为广东、北京、山东、湖南、浙江、上海、福建，均为 10 篇以上；从高校来看，前三位分别为武汉大学、山东大学和北京师范大学，分别为 34 篇、21 篇和 11 篇。

（二）徐复观著作在大陆的出版情况描述

作为研究的主要来源和第一手资料，徐复观著作在大陆的出版，可以为研究者提供更大的便利，也能够促进研究的深入和进展。此处单独论述，一方面与上文的研究阶段划分相印证，另一方面也可以给后续的研究者提供参考和指引。当然，港台版的著作和大陆出版的全集暂不论列。

徐复观一生著述丰富，既有专著，亦有研究论文集和杂文集[①]。因而，这里从两个角度来简略叙述一番。

1. 徐复观专著出版情况

徐复观的专著从 1987 年第一部在大陆出版至 2009 年最近一部，在 22 年间累计出版 8 部 10 册，几乎涵盖了徐复观单独出版的大部分专著。

徐复观专著进入大陆最早的专著为《中国艺术精神》、版本亦最多，1987 年 6 月由春风文艺出版社出版，系港台文化理论丛书之一。至今，该书大陆还先后于 2001 年 12 月由华东师范大学出版社出版、此为该社中国精神系列 5 册之一，2002 年 4 月由湖北人民出版社出版、系李维武编辑的《徐复观文集》（第四卷），2007 年 1 月由广

[①] 此处只论列全集以外的版本，特此说明。

西师范大学出版社出版,2010年12月由商务印书馆出版、此系该社中华现代学术名著丛书第一辑之一。

第二部为三卷本《两汉思想史》,最早是2001年1月由华东师范大学出版社出版。2002年4月由湖北人民出版社出版、系《徐复观文集》(第五卷),只选录部分。

第三部为《中国人性论史》,最早是2001年9月由上海三联书店出版、系上海三联学术文库之一,2002年4月由湖北人民出版社出版、系《徐复观文集》(第三卷),2005年11月又由华东师范大学出版社出版。

第四部为《徐复观论经学史二种》,2002年4月由上海书店出版社出版,后入选该社世纪文库。

第五—七部为徐复观生前结集出版的三种学术论文集:《中国思想史论集》、《中国思想史论集续编》和《中国文学精神》,2004年6月由上海书店出版社分别出版,其中《中国文学精神》入选该社世纪文库。

第八部为《学术与政治之间》,2009年11月由华东师范大学出版社,其中有删节。

2. 徐复观选集出版情况

徐复观的单篇文章在大陆相关选集或文集中入选较多,此处不赘述。这里只讨论由大陆学人选编徐复观相关文章结集出版的情况。总体来说,从1993年第一部选集到2014年最近的一部选集,21年间总共有11部选集出版。

依笔者所见,第一部选集是黄克剑等编的《徐复观集》,系当代新儒家八大家集之一,1993年12月由北京群言出版社出版。

第二部为李维武编撰的《徐复观学案》,1995年9月1日由中国社会科学出版社出版,系现代新儒家学案之一。

第三部亦为李维武所编《中国人文精神之阐扬——徐复观新儒学论著辑要》,1996年12月由中国广播电视出版社于出版,系现代新儒学辑要丛书之一。

第四和五部亦为李维武所编,即《徐复观文集,1—5卷》前二卷,文集名称分别为:《文化与人生》(第一卷)、《儒家思想与人文世界》(第二卷);后三卷为专著,前文已列,此处不再计算。2002年4月由湖北人民出版社出版,2009年4月出修订版。该文集系港台海外鄂籍学人文丛之一。

第六至九部为华东师范大学出版社出版的中国精神系列,均为2004年2月出版。共五部,其中《中国艺术精神》上文已提及,其他四部为胡晓明、王守雪编《中国人的生命精神：徐复观自述》，陈克艰编《中国知识分子精神》和《中国学术精神》，姚大志编《中国的世界精神：徐复观国际时评集》。

第十部为刘桂荣编，《游心太玄》，2009年1月由北京大学出版社出版。

第十一部为干春松编，《中国近代思想家文库·徐复观卷》，2014年6月由中国人民大学出版社出版。

（三）专题会议概述

1982年至今，以徐复观为主体，在两岸三地召开过五次纪念会或学术会议。首先是1982年徐复观逝世后的纪念会、追思会等，场次较多，后经曹永洋编为《徐复观教授纪念文集》①出版，其中多是会议回忆性文章，亦有部分研究论文。此外，还编有《文史研究论集》②。

其次是1991年6月，东海大学举办"徐复观学术思想国际研讨会"，这是第一次学术研讨会，也标志着对徐复观的研究由纪念阶段逐步迈入专题、深入的研究阶段，会后有《徐复观学术思想国际研讨会论文集》出版③。

第三次是1995年8月，武汉大学、东海大学联合举办"徐复观与现代新儒学发展学术研讨会"，这是在大陆举办的首次学术研讨会，会后由李维武教授编的论文集《徐复观与中国文化》出版④。

第四次是2003年12月6日—8日，武汉大学与哈佛大学在武汉举办"徐复观学术思想国际研讨会"⑤。第五次是2009年12月5—6日，在台湾举办"徐复观学术思想中的传统与当代"国际学术研讨会⑥。

此外，还有一些讨论新儒家等的专题会议中，徐复观亦会被专题研讨到，根据笔者的不完全统计，三篇论文以上的有如下一些。如2005年9月11日在武汉大学举办"第七届当代新儒学国际学术会议"，有李明辉、丁为祥、王守雪、谢永鑫的四篇专论

---

① 曹永洋编．徐复观教授纪念文集．台北：台湾时报文化出版公司，1984年8月初版．共收录各类回忆、纪念、研究文章98篇。
② 徐复观先生纪念论文集编辑委员会编．文史研究论集．台北：台湾学生书局，1986年12月初版．据编者介绍，共收录文稿12篇；中文9篇、英文3篇；文学2篇，史学4篇，哲学3篇。
③ 东海大学编．徐复观学术思想国际研讨会论文集．台北：台湾时报文化出版公司，1992年11月初版。
④ 李维武编．徐复观与中国文化．湖北人民出版社，1997年7月第一版．其中收录研究论文34篇，还有徐复观致曾恺的信件和研讨会综述文章。
⑤ 根据会议综述，共有80余位学者与会，提交研究论文60余篇．见谢永鑫．"徐复观与20世纪儒学发展"海峡两岸学术研讨会综述．孔子研究，2004，02：106—110。
⑥ 根据会议议程，共有来自中国大陆、台湾和香港的22篇专题报告．参见网址：http://www.docin.com/p-592173411.html。

徐复观的报告。① 2005年12月20—23日在香港举办的"香港中文大学的当代儒者——钱穆、唐君毅、牟宗三、徐复观国际学术会议"上,有Hsin-chuan Ho、李维武、吴根友、陈昭瑛、黎汉基、刘昌元的六篇专论徐复观的报告,会后由香港中文大学新亚书院结集出版《香港中文大学的当代儒者》。2013年11月15—18日在深圳举办的"儒学的当代发展与未来前瞻"——第十届当代新儒学国际学术会议,有李维武、黎汉基、黄兆强三篇专论徐复观的报告。② 2015年5月6—7日在香港举办的"香港经学研究回顾与前瞻"国际学术研讨会,有李金强、宗静航、黄梓勇三篇专题报告。③ 其他单篇或两篇会议报告的亦有很多,此不赘述。

以上是对于徐复观思想研究的一个整体刻画,具体到政治思想研究领域,情况又如何呢?

四、徐复观政治哲学思想研究述评

如果说学术研究需要站在"巨人"的肩膀上才能更好地开展,那么,是众多的前行者所共同组成了这个"巨人",我们只有越过它,才能开始新的征程。要想站在"巨人"的肩膀上,我们先要爬梳出通往"巨人"肩膀的道路,不然,面对"巨人",如同一堵墙那样,反而会阻碍我们直接面对研究对象的视线。前文的叙述指明了通往"巨人"肩膀的路径。笔者在广泛搜寻各类书籍、报纸杂志等各类研究资料的基础上,对徐复观政治思想研究做一个相对全面、深入的综述,一方面呈现这一"巨人"的具体形象,展现当前学界对徐复观研究的现状尤其是取得的成绩;另一方面希望能站在"巨人"的肩膀,展望并发现徐复观政治思想的现代价值、意义以及未来研究的可能。这里,拟从两个方面展开,首先是较为重要与关键的总体论述,对于分专题的论述、限于篇幅,另文讨论;其次是关于研究现状的评价。

(一)徐复观政治思想整体研究情况综述

对于徐复观政治思想研究的总体概述,主要集中在研究的第一和第二阶段④,第一阶段以港台为主,第二阶段以大陆为主。总体情况的探究中,除了前文定位的叙述

---

① 参见网址:http://www.guoxue.com/zt/0908rx/0911.htm。
② 参见网址:http://www.rujiazg.com/article/id/3805/。
③ 参见网址:http://www.doc88.com/p-7058978300583.html。
④ 对于徐复观思想研究的阶段,笔者经整理研究后认为可分为三段,详见前文所述。

之外,还从政治思想的角度把徐复观呈现为以下形象。

作为徐复观的同道、好友,牟宗三、韦正通、金耀基等均高度评价徐复观的政治思想。面对近代中国的现状,在为中国文化找出路、为中国找出路的背景下。徐复观作为"参与者"的身份,对中国的学术与政治两个世界之间的纠缠、关联,亦思考的最深切。对于阐述传统文化与民主政治关系,他担负的责任是"疏通致远,功劳甚大"。① 他笃信孔孟之道终必畅于斯世,无人能毁②;并在卫道的立场上,对自由主义者反对传统的言论痛斥不遗余力③。他笃信自由民主为政治之常轨,无人能悖④;并在论政的立场上,常与自由主义结为联合的关系⑤。他痛斥极权专制徒害人以害己,决不可久⑥;认为真正的儒家思想是以人性为根基,以道义为血脉,以民为本、以民为贵的,它根本不利于专制独裁⑦。他归根结蒂地指出中国必须走出民主政治之路,更必须首先建立民主主义的政治形式,始能从治道转向政道,由民本开出民主。⑧

黄俊杰指出徐复观所解释的中国文化是由"专制政体/经世儒学/农村社会"所构成的,其学可以定位在"人民的/实践的/农本的"。他希望努力于将中国专制传统所形塑的"国君主体性"彻底加以解构,转化成"人民主体性",回归先秦儒学的思想泉源,并以儒学特有的道德内在论,充实现代民主政治的道德基础,使现代西方民主政治因建立在契约论之上所带来的不健康的"个人主义"的弊病降到最低;再培育自耕农阶层,使之成为民主政党的社会基础。⑨ 在此,陈昭瑛的评价和黄俊杰是类似的,她指出徐复观儒学的特色,是辩证的、实践的、历史的。他对农民的关系一直主宰他

---

① 牟宗三. 徐复观先生的学术思想. 载徐复观全集之廿六. 追怀. 北京:九州出版社,2014年3月第1版. 69、79.
② 牟宗三. 悼念徐复观先生. 载徐复观全集之廿六. 追怀. 北京:九州出版社,2014年3月第1版. 66.
③ 韦正通. 以传统主义卫道,以自由主义论政——徐复观先生的志业. 载罗义俊编. 评新儒家. 上海:上海人民出版社,1989年12月第一版. 557—576.
④ 牟宗三. 悼念徐复观先生. 载徐复观全集之廿六. 追怀. 北京:九州出版社,2014年3月第1版. 66.
⑤ 韦正通. 以传统主义卫道,以自由主义论政——徐复观先生的志业. 载罗义俊编. 评新儒家. 上海:上海人民出版社,1989年12月第一版. 557—576.
⑥ 牟宗三. 悼念徐复观先生. 载徐复观全集之廿六. 追怀. 北京:九州出版社,2014年3月第1版. 66.
⑦ 蔡仁厚. 徐复观先生对中国思想史的贡献. 载曹永洋编. 徐复观教授纪念文集. 台北:台湾时报文化出版公司,1984年8月初版. 364—373. 后来,以《徐复观先生的学术通识与专家研究》为题,刊载李维武编. 徐复观与中国文化. 武汉:湖北人民出版社,1997年7月第1版. 26—36.
⑧ 金耀基. 儒者的悲情,儒者的信念——悼念徐复观先生. 载氏著敦煌语丝. 中华书局,2011年7月第一版. 125.
⑨ 黄俊杰. 当代历史变局下的儒家诠释学:徐复观对古典儒学的新解释. 载李维武编. 徐复观与中国文化. 武汉:湖北人民出版社,1997年7月第1版. 227—274.

的政治生涯,人民是他从事学术事业的绝对的范畴,主宰他的思想活动①。陈少明也采用类似框架,指出徐复观矢志重建现代性政治儒学。②

有不少学者从知识分子和古今中西的视域来评价徐复观。徐复观作为一个现代知识分子,杜维明指出他是"体道、求学和论证三途并进来弘扬儒家精神的现代知识分子见证者;并为现代知识分子特别是具有儒家特色的知识分子一方面开辟出深厚的意义空间,另一方面开创出广阔的公众领域"③。萧萐父指出徐复观"生活在后'五四'时期的时代风涛中,始终跋涉于学术与政治之间;学术上则长期涵泳于中西之学和新旧之学,以及历史与现实、传统与现代化之间"④。并把他学术研究和文化剖判的总方向概括为"以破显立,去芜存菁"⑤。其中,"在政治文化的剖判方面,重点放在反专制、反奴性方面。透过人性论史的探究,发掘儒道两家学说中的忧患意识与自由意识。"⑥周炽成指出徐复观自身经历展示了一个现代知识分子的典范。并从"学术与政治""传统与现实""中学与西学"三个方面考察作为知识分子的徐复观之学思与经历,指出他既关心政治,但又坚持学术独立和不屈从于政治的态度。做到了"既有分中西,又无分中西"。⑦翟志成指出徐复观和并世诸儒一样,对当代新儒学最为根本和重要的贡献,并不落实在为己之学,而是落在为人之学,所成就的主要是知识而不是道德,是立言而不是立德。传统和现代、中国和西方的两种张力,在徐复观这里以相辅相成的态势,有机地融合在一起。⑧李翔海指出徐复观的特点在于联结道德理性与认知理性的理路且介于二者之间,平章中西而保持开放心态看待中西文化,既不同于传统的"尊德性"而有开放性与平实性一面,又不同于"道问学"而有多元价值

---

① 陈昭瑛. 一个时代的开始:激进的儒家徐复观. 载氏著台湾儒学的当代课题:本土性与现代性. 中国社会科学出版社,2001年7月第一版. 193—204. 最早发表于1989年4月《历史月刊》第15期〈当代人物〉栏,后又收入《徐复观文存》作为附录,台北:学生书局,1991版.
② 陈少明. 徐复观:政治儒学的重建. 中山大学学报(社会科学版),1996,06:43—46+55.
③ 杜维明. 徐复观的儒家精神——以"文化中国"知识分子为例. 载李维武编. 徐复观与中国文化. 武汉:湖北人民出版社,1997年7月第1版. 14—25.
④ 萧萐父. 徐复观学思成就的时代意义. 载李维武编. 徐复观与中国文化. 武汉:湖北人民出版社,1997年7月第1版. 6—13.
⑤ 萧萐父. 徐复观学思成就的时代意义. 载李维武编. 徐复观与中国文化. 武汉:湖北人民出版社,1997年7月第1版. 6—13.
⑥ 萧萐父. 徐复观学思成就的时代意义. 载李维武编. 徐复观与中国文化. 武汉:湖北人民出版社,1997年7月第1版. 6—13.
⑦ 周炽成. 徐复观:20世纪中国知识分子的杰出一员. 华南师范大学学报(社会科学版),1998,06:10—16+117.
⑧ 翟志成. 徐复观先生史学思想的传统与现代. 载王中江、李存山主编. 中国儒学(第五辑). 中国社会科学出版社,2010年9月第一版. 20—54.

取向。因而，徐复观虽然被称为勇者型的新儒家，但其文化心态是相当理智、开放、平正与宽和。①

李维武作为大陆较早开展徐复观研究的专家之一，他指出徐复观超越海峡两岸的对立，把中华民族利益和中国文化前途看作是高于一切、大于一切、重于一切的。② 以此为基础，撰有两部专著，详尽介绍了徐复观的学思之路、文化之思、心性之论和政治之道。尤其在政治之道中，基于徐复观的相关著作，主要从痛苦的政治情节，民主政治的构思，解开中国政治问题的纠结，孙中山政治哲学的启示和中国知识分子的自省等5个方面展开叙述。③ 后来，又从对现代化与现代性的反思，以及在学术与政治之间等角度作了进一步的阐述。尤其是侧重他的政治实践层面，如对国民党失败的反省和蒋介石的批评，对大陆改革开放的关注和希望祖国强大的中国心等。④

对于徐复观的学思历程，黄克剑指出徐复观是当代新儒家学者中染涉政治最深却又对政治万分痛恨的人物。尤其是徐复观总结的七个儒家政治思想通义，展示了一种理想，其更多地被把握为对现实专制统治的一种抗拒，尽管这抗拒的形式是温和而内在的。⑤ 刘鸿鹤则指出，徐复观在青壮年时，深受马克思主义影响，在中老年时，则深度认同儒家文化和自由主义，提出二者的创造性融合作为中国文化的出路，其理想社会为民主社会主义⑥。刘启良指出，徐复观的基本进路是复兴传统儒学以打开现代中国民主自由的大门，他对待传统的态度上是谨慎的，而且背负着一种两难的包袱。体现于：第一，对传统的态度是辩证的；第二，敏锐地看到如何看待传统并非一个纯粹的学术问题；第三，认识到近百年中国文化思想上的传统派与自由派之争是紧扣着如何开出中国现代化新路这一主题。⑦

肖滨亦是大陆较早开展徐复观研究的专家之一。他指出徐复观主要是"通过对

---

① 李翔海. 徐复观中西文化观述评. 载李维武编. 徐复观与中国文化. 武汉：湖北人民出版社，1997年7月第1版. 138—157.

② 李维武. 国族无穷愿无极，江山辽阔立多时——徐复观的文化哲学与人文世界. 载李维武编. 徐复观与中国文化. 武汉：湖北人民出版社，1997年7月第1版. 37—90.

③ 李维武. 徐复观学术思想评传. 北京：北京图书馆出版社，2001年版.

④ 李维武. 大家精要：徐复观. 昆明：云南教育出版社，2008年版.

⑤ 黄克剑. 心灵真切处的忧患——徐复观先生文化思想论要. 载李维武编. 徐复观与中国文化. 武汉：湖北人民出版社，1997年7月第1版. 91—137.

⑥ 刘鸿鹤. 学术与政治之间——新儒学大家徐复观的学思与生平. 大连理工大学学报（社会科学版），2001,03：49—54.

⑦ 刘启良. 传统与现代之间：徐复观的忧患与两难. 浙江社会科学，1997,02：96—101.

儒家政治文化的重新构造与诠释,发掘传统文化中存在的那些与现代民主政治相契合的思想资源,并与现代民主政治的价值观念相衔接,以推动中国民主政治的发展"①。他的专著是大陆第一部研究徐复观政治思想的著作,从八个方面展开详尽阐述。第一,从同情地理解出发,介绍了徐复观对传统中国政治的批判。包括政治整体概念与传统中国政治的关系,皇帝一人专制政体的历史面相,历史的判断与历史的良知三个方面。第二,从面对历史之谜的否定性解答,中国本土型封建社会的解体,传统中国的社会形式三个角度审视和呈现了中国传统社会的状况。第三,通过对诠释主体的结构要素,心的文化及其性质,在儒家文化与专制政体之间的论述诠释了中国文化。第四,从对民主政治思想背景的概念界分与历史追溯,在两种民主理念之间的思想观察,民主与自由主义结合的理论重构三个角度论述了徐复观趋向自由主义的民主思想。第五,通过检讨两项理由来质疑文化根植论,通过审查三重进路来否定文化根植论,通过重解历史难题以走向文化支援论,从而走出文化决定论。第六,通过对自由主义的理论定位,拒斥极权主义,认同自由主义,在自由与传统之间来寻求自由与传统的统一。第七,从理解到超越,一方面借用丹尼尔·贝尔的"三位一体"并修订黄俊杰的论断而为徐复观进行角色定位,指出徐复观力图集民主(政治)、自由(社会)和儒家(文化)三位于一体的思想结构。另一方面阐述了徐复观思想的现代价值和意义。②

进入新世纪以来,关于徐复观政治思想整体的介绍日趋减少,为数不多的一些研究论文或专著,也主要是从政治哲学的角度展开。

李锦全指出徐复观对现实充满忧患意识,认为只有推行民主政治才能救中国。但反对直接引进西方民主制度,而主张通过批判继承,把儒家精神与民主政体融合为一,即将中国的民主改革植根于传统文化之中。③ 胡治洪的观点与此类似④。贺照田通过徐复观经历的论述,指出对于徐复观的著作,不能仅仅读为史学著作,更要读为思想,这个思想关注的是"如何形成一个深厚有力的文明体系、如何在直面历史与现

---

① 肖滨. 徐复观重构儒家政治文化的三个层面. 载李维武编. 徐复观与中国文化. 武汉:湖北人民出版社,1997年7月第1版. 301—320.
② 肖滨. 传统中国与自由理念——徐复观思想研究. 广州:广东人民出版社,1999年版.
③ 李锦全. 从批判与承传中走向民主政治——评徐复观的儒学发展观.. 西南民族大学学报·人文社科版. 2005,4:1—5.
④ 详见胡治洪. 专制政治·儒家精神·现代自由主义——徐复观政治思想述论. 中国哲学史学会2004年年会暨中国传统哲学当代价值学术研讨会论文集.

实中成就一个充实而有光辉的生命,只有如此,才能把握到徐复观著作的真血脉"①。李淑珍基于《民主评论》杂志中展现的民主理想,并基于台湾当下的政治现实来验证徐复观当年论断的价值和意义。② 薛子燕指出徐复观新儒家政治哲学的建构有其独特思路和特点,即理论基础是性善论,建立途径包括由"归仁"建立起政治主体,经过"转仁成智"的客观化过程实现"仁智双成"。但其局限亦较明显。③ 干春松从文化自信与民族生命,儒家思想与现代民主,儒家政治思想与徐复观的"民主想象"四个方面详细论述了徐复观对儒家政治哲学转进的情况。④ 任剑涛指出徐复观从文化信念、制度建制与重建契机三个方面对儒教中国信念世界的重建展开论述。但问题的关键是如何将信念的重建与国家的发展转变紧密连接起来,恰恰在这里,徐显示出与一般新儒家主张不同的别致之处。⑤

黄俊杰以徐复观对"中国文化往何处去"这个问题的思考作为分析的主轴,把徐复观置于二十世纪东亚儒家思想史的光谱之中加以考察,一方面将徐与他的思想论敌如胡适、傅斯年、钱穆对比,又将他与同时代的学侣唐君毅、牟宗三比较;另一方面又将他与二十世纪日本的涩泽荣一、福泽谕吉互作比较,既求其同,又求其异,以突出徐复观在二十世纪东亚儒学史上的特殊地位。对于狭义新儒家内部的矛盾,黄俊杰也多有阐发。指出,相对于唐、牟二先生之为哲学家而言,徐是一位思想史家。徐对古典儒学的解释,这是一种作为政治学的古典诠释学。徐与唐、牟的对比,正是古典儒学与宋明理学的对比。在某种意义下,也可以说是政治经济学与形上学的对比。徐笔下的"人"是胼手胝足参与生产劳动的人,而唐、牟笔下的"人",则是负杖逍遥、"思入风云变态中"的玄思冥想人物。他特别指出:"徐复观深入到中国文化的内核来把握住其特殊性,所以能够从这个特殊性中开发出具有普遍性的价值理念,使'传统'与'现代'更能融为一体"。⑥ 并指出"徐复观的人性论、政治经济学,以及他的

---

① 贺照田. 徐复观的晚年定论及其思想意义. 中国图书商报,2005 年 8 月 19 日第 B08 版.
② 李淑珍. 徐复观与《民主评论》的民主想象——儒家/民主的多重诠释. 载王中江、李存山主编. 中国儒学(第五辑). 中国社会科学出版社,2010 年 9 月第一版. 90.
③ 薛子燕. "仁智双成"与徐复观新儒家政治哲学的现代建构. 湖南行政学院学报,2014,02:78—82+100.
④ 干春松. 徐复观论儒家政治哲学转进之路. 载氏编中国近代思想家文库 徐复观卷. 北京:中国人民大学出版社,2014 年 6 月第一版. 1—15.
⑤ 任剑涛. 重建中国的信念世界——徐复观对儒教中国的精神激活. 马克思主义与现实,2010,03:178—186.
⑥ 参见黄俊杰. 东亚儒学视域中的徐复观及其思想. 台北:台湾大学出版中心,2009 年版. 大陆版,上海:华东师范大学出版社,2012 年 1 月第一版.

'人民主体性'的经世儒学,都使他坚信'抽象的价值'只能在'具体的生活'中寻觅"①。因此,一方面关注了普遍与特殊;另一方面又关注了抽象与具体。因此,黄俊杰指出,徐复观采用反实证主义的(anti-positivistic)的思考方法,来设想未来中国的民主,它不同于同道牟宗三'良知的坎陷',也有别于自由主义盲目地将西方式的民主政治②进行直接拿来或移植,而是基于传统、立足中国,"诉诸于中国农村中自耕农阶层的壮大与儒学传统中'人民主体性'的彰显,这一道路在思想内容上是'反形上学的'"③。应该说,黄俊杰的此一把握和认识是深刻的,也是中肯的。蒋连华亦撰有专著,在阐述了徐复观创办《民主评论》对他走向学术之路尤其是开展政治研究的作用后,基于他的《学术与政治》这部著作,从自由的思想出发论述了徐复观通向民主之路的相关思想。还结合"两汉思想史"和经学史研究,阐述了徐复观对传统政治的剖析。④ 何卓恩撰有《自由主义的新遗产》,其中第四章以文化哲学家徐复观为标题,从四个方面介绍了徐复观自由主义思想。首先论述了徐复观、牟宗三与新儒学在台湾兴起的过程以及产生的效果;其次通过三个方面的论述展现了徐复观对中国思想文化的阐释,即对近代中国文化论争的反思,中国文化中所蕴育的民主自由精神的抉发以及对中国文化人文精神的论述;再次从学术进路出发,对徐复观及牟宗三的儒学思想进行了比较。最后比较了徐复观与殷海光的自由主义思想,此外,在论述殷海光的时候,也比较了徐殷二人的政治思想,均详见后文叙述。⑤ 刘毅青撰有《徐复观解释学思想研究》,从解释学角度全面阐释徐复观的思想,其中第七章阐释了政治与解释的张力,有一定的新意。首先是通过论述皇权政治与中国解释学的关系来展开;一方面介绍了皇权专制的权力特点,另一方面介绍了儒家思想对皇权专制政治的反抗。其次介绍了徐复观通过史学所展现的隐微解释学内容,其中包括作为解释学的思想史,儒家学术如何在皇权制度中寻找话语空间,隐微书法的必要性,乾嘉学派实主义倾向的困境以及思想史的解释离不开具体的语境等五个方面。⑥

---

① 黄俊杰. 东亚儒学视域中的徐复观及其思想. 台北:台湾大学出版中心,2009年版. 大陆版,上海:华东师范大学出版社 2012 年 1 月第一版.
② 黄俊杰指出,这种民主政治是以资本主义和个人主义作为经济社会基础的。特此说明。
③ 黄俊杰. 东亚儒学视域中的徐复观及其思想. 台北:台湾大学出版中心,2009年版. 大陆版,上海:华东师范大学出版社,2012 年 1 月第一版.
④ 蒋连华. 学术与政治——徐复观思想研究. 上海:上海三联书店,2006年版.
⑤ 何卓恩. 自由主义的新遗产. 北京:九州出版社,2013 年 4 月第一版.
⑥ 刘毅青. 徐复观解释学思想研究. 北京:人民出版社,2014 年 2 月第一版.

李淑珍①和刘鸿鹤②均撰有英文专著,从不同角度,比较全面地介绍了徐复观的政治思想,惜未见到,特此留目。另外,还有关于徐复观文学思想、美学思想、文艺学思想等专著十余部,均与政治思想关系不大,不再赘述。

(二) 研究现状评析

通过上述对徐复观政治哲学思想整体研究文献的论述,可以发现学界在此方面的研究已经取得很大的成绩:研究的视角由单一到多元,研究的水平不断提升,成果日趋丰富,尤其是逐渐深入到徐复观思想的内部,基于现代性的角度展开了相关论述,这些研究成果几乎囊括了徐复观政治哲学思想的方方面面。

但是,对于徐复观跨界的身份和庞杂的作品来说,使得笔者在通读完徐复观的相关著作和这些研究文献之后,感觉还有继续优化的空间和余地。概括来说,表现在以下三个方面:

1. 关于徐复观民主政治等概念的模糊以及政治实践的弱化

追寻现代民主政治无疑是徐复观政治思想的核心要素之一,尤其是近四十年学界对政治哲学研究日新月异,相关概念的内涵、外延均不断更新,因此其中包含丰富的内容,但现有的研究对此往往是付之阙如的,没有明确界定。从上文简要的综述中可以发现,看似大家认同一种共识,但只是名词外表的一致,背后的含义却是不同甚至歧义的,因为研究者多是以自己的理解来代替了徐复观的认识,由此得到的结果就可能会存在一些错置。另外,随着社会分工机制和学术研究专家化的深化,从事研究的基本都是来自象牙塔内的学者,因此,针对徐复观的政治哲学思想的研究,大多是基于观念论的理路,从逻辑分析的角度着手,这当然会给我们非常有条理而且系统的认识,但有的时候我们会有一些疑问,这说的是徐复观、抑或作者自己的意象?因此,深入的研究除了采用逻辑分析方法进行分梳之外,需更加重视徐复观开展学术研究的历史背景和时代要求,关注徐复观本人的政治实践以及从事学术之后的政治观察的角度,这样才能力求更好地呈现徐复观政治思想的原貌乃至全貌。

2. 重视新儒家的同质化而区分度不够

近四十年来,随着新儒家思想研究的蓬勃发展和保守主义势力的不断增强,给人

---

① Li Shu-zhen, *Xu-Fu guan and New Confucianism in Taiwan (1949 – 1969): A Culture History of the Exile Generation*. 此系李淑珍1998年申请美国布朗大学博士学位论文,惜未见到,亦无中文版。

② Liu Hong-he, *Confucianism in the Eyes of a Confucian Liberal: Hsu Fu-kuan's Critic Examination of the Confucian Political Tradition*. New York: Peter Lang Publishing, inc, 2001.

一种"化约论"印象，即想当然地认为，既然同为新儒家，则有很强的"家族相似性"，即拥有共同的目标、路径和内容，否则不能称为"当代新儒家"。由于一些学者存在较多的"简单化约"的痕迹，因此，很多研究成果难免给人以大而化之之嫌。尤其以大陆的研究成果更为明显，一方面有宏大叙事的传统或习惯，即使知道新儒家内部的同中之异，也多是语焉不详或高度抽象与概括，从而不能真正深入研究主体的思想内部，进而有一种隔靴搔痒的感觉。在此方面，港台的研究虽占有天时地利，显得更加细化和深化，但有时却又有局促之感。毕竟，当代儒学研究离不开整个中国社会转型和变迁的大背景，而港台学人在此方面则有些旁观者的意味。正如牟宗三在评价徐复观时曾说的：徐是时代的参与者，而他只是旁观者。其实从 2015 年"大陆新儒家"和"港台新儒家"的争论①，亦可反映此一倾向。

3. 研究视角偏于以西解中、略失公允

面对"古今中西"的时代背景，针对徐复观丰富的政治哲学思想内容，众多的研究者采用中西二元对立的思维方式，或者采用"以西解中"的思路，或者以西方的标准来"框"中国的内容，从而导致许多评价有失公允。另外，既然徐复观以政治思想为主，则体现在他学术思想的大多数方面，而非仅仅停留在《学术与政治》以及一些关涉政治方面的论文或评论之中，因此，讨论其政治思想还需涉及他的思想史、美学和文学思想等研究领域，否则，则显得视角有些狭隘。尤其是以前《徐复观全集》没有出版，再加上海峡两岸的学术交流不畅通，因而，很多学者只基于徐复观的少数著作就展开研究，在一手材料的掌握上难免受限制。因此，要有全面的观点，从整体立论，这样或许会起到一定程度的纠偏作用，以更好地呈现出徐复观政治哲学思想的全貌。另外，大陆的研究在一定程度上存在同情理解不足，而港台的研究在一定程度上又粗存在批评的精神不够等问题，如何实现同情的理解和恰当的批判之间的融洽，值得探索。

五、余论及展望

当然，目前《徐复观全集》已经出版，给相关研究带来了极大便利，但由于徐复观

---

① 2015 年 1 月 24 日，澎湃新闻发布李明辉的专访，"我不认同'大陆新儒家'"，由此引起两岸儒者的争议，相关媒体、杂志等都参与其中。《天府论坛》于 2016 年 1 月 9 日在成都杜甫草堂仰止堂举办了首届"两岸新儒家会讲"，进一步深化两岸儒者的对话和交流。李明辉专访内容见澎湃新闻，网址：http://www.thepaper.cn/newsDetail_forward_1295434。新儒家会讲内容见《天府新论》2016 年第 2 期，电子版见网址：http://www.tianfuxinlun.com/ch/index.aspx。

的研究群体庞大,遍布全球,因此,虽然当下处于"全球化3.0"的信息时代,信息的汪洋大海常给人带来一些不便和障碍,因而相关二手研究资料收集也并非易事,从而还有一些缺失。因而,我们上文综述所呈现的"巨人"还是有较多缺失的,还需要继续"打磨"。但是,徐复观基于"感愤之心"而开展的对"中国政治及文化向何处去"的追寻,体现了时代的背景和特色,做出了时代的探索和努力,融汇了古今中西的思想资源,他立基于民族和民主的立场而开展的研究及取得的成果,在中国当下继续全面深化改革的大背景下,在进一步建构中国现代性的牵引下,值得我们深入徐复观政治哲学思想的内部,做出新的探索,以不辜负新时代的期望。

唐君毅心性思想研究专栏

专栏说明

【编者按】唐君毅先生(1909—1978)是现当代中国大哲,亦是现代新儒学的扛鼎人物,他与牟宗三、徐复观等一同建立并发展了"港台新儒学",并将儒学思想与中国哲学研究推向一个前所未有的高峰。唐先生的哲学思想与哲学史研究,可谓精思明辨,勾深致远,堂庑特大,气象万千,是一座思想与哲学的宝山。可惜当代学界对于这座宝山,赞叹者多,勤探者少;而此山中之曲折往复,则尚有待学界同仁探赜索隐,以期炼旷成金。今年恰逢唐先生仙游四十周年,为纪念唐先生的哲学贡献,思考儒学的新发展,本刊与武汉大学"中国哲学心性问题的现代性阐释"青年学术团队一拍即合,达成合作意向,以该团队在2017年11月所举办的"唐君毅心性论思想解读"学术工作坊所进行的深度学术交流互动为依托,从中精选五篇论文组成本专栏,谨以这组文章深切怀念唐先生并希望能够得到学界同仁的反馈与回应。

1. 刘乐恒:《"超越"、"能够"与"应当"——唐君毅早年对于心性本体的体证》
2. 王林伟:《试论唐君毅的道德自我学说》
3. 沈庭:《唐君毅佛教心性论研究述论》
4. 刘耕:《心灵与艺术境界——论唐君毅的美学体系》
5. 费春浩:《论唐君毅对语言哲学的思考和会通》
6. 胡岩:《论唐君毅的"宗教儒学"》

"超越"、"能够"与"应当"
——唐君毅早年对于心性本体的体证

刘乐恒[*]

"心性""心体""性体""本体"的问题,是中国哲学的主要问题之一,同时也是宋明理学和儒家义理之学所要关注的最核心的问题。儒家的心学与理学的大传统,更是将"心性"或"心性本体"视作德性之渊薮、人生之根源、天地之本体;同时,儒家的心学传统还通过各种"心证"的工夫,以揭示出心体的"即隐即显""即不易即变易""即有限即无限""即生灭即不生灭"之蕴。这是传统儒家对于心性本体的义涵的揭示与发明。但是,包括宋明理学在内的传统儒学,其对心体的揭示与发明尚多体现在"心证"以及围绕"心证"而形成的"工夫"上面。我们当然可以有理由认为,这些通过心证与工夫的磨合而所表达出来的义涵与境界,是人的真实生命的呈现,因此具有某种"客观性"与"普遍性"的意义。而且,我们可以看到,这种义涵与境界,不但先秦时代的孔子、孟子提点过,而且也同样地被程朱陆王等人所系统阐发过。据此而言,这种义涵与境界的"客观性"和"普遍性"就更增加一分了。在笔者看来,这种说法确实蕴涵真意实意而有其不可泯灭者在。但是,如果从现代的视野来看,我们就不可否认,传统儒学的心证与工夫的方式确实是不充分和不足够的。因为如果我们加入若干参照系,或者跳出儒学心证的立场而从别的思想与学派的角度,来看这种心证与工夫,就会觉得这种方式容易有"自说自话"之嫌,而难以让不同思想立场的人以及日常生活上的人,能够理解和体察到其特定的义涵所在。这样一来,儒家的心性之学在现

---

[*] 资助项目:武汉大学人文社会科学青年学者学术发展计划"中国哲学心性问题的现代性阐释"(项目号:Whu2016002)。作者信息:武汉大学哲学学院副教授。

代社会的脉络下,就更难以为众人所理解了。现代儒学如果是要处于这种状态的话,就难免有所遗憾了。

对于儒学的这一处境和状态,现代新儒家多少有所自觉。不过,自觉是一回事,能否通过这个自觉而作出系统的推进则是另一回事。第一代新儒家如马一浮、熊十力、梁漱溟对此都已经有所自觉了,他们都试图通过较为系统的方式以阐发儒家的心性之学。例如,马一浮通过其"六艺论"的系统,融通经学与理学,以揭示出性德流行之蕴;熊十力则通过其"新唯识论"的系统,以本体论与宇宙论展示其"翕辟成变""体用不二"的形上学,以呈现出心体健动生生之义;梁漱溟则通过"道德直觉"之说,以发明儒学仁与心性的义蕴。第一代的马、熊、梁对于儒家心性之学的推进功不可没,此自不待言。不过,马、熊、梁三氏的相关阐发仍显粗略,同时也多半继承了传统儒学的进路,他们强调心证工夫之意多,重视哲学辨析之意少。有鉴于此,第二代新儒家唐君毅、牟宗三、徐复观(特别是唐、牟二氏)则更重视通过哲学的思辨与客观的推证,从日常可见的内容出发,以步步揭示和展现出心性之体。根据笔者的理解,唐君毅和牟宗三的哲学,是迄今为止学界对于心性本体之域所作出的最系统深入的哲学探索。牟宗三对心性本体的证立,主要体现在他的"道德形上学"上,这是当今中国哲学界所特别关注和习闻者。而相对之下,唐君毅在其早年和晚年对于心性本体亦有详细的阐发与研探。唐氏在其青年时代所出版的《道德自我之建立》一书,就是要通过"道德自我"一义,以证立道德意识、道德自我、道德生活的根源在于心性本体;而在其晚年完成的哲学巨著《生命存在与心灵境界》中,唐君毅通过其"感通形上学",从不同的层面揭示出心性之"体""相""用"。当代学界对于《道德自我之建立》与《生命存在与心灵境界》二书多有研究,但是对于此二书是如何证立心性本体的问题,则关注、梳理、辨析、讨论不够。① 据此,本文就《道德自我之建立》一书是如何证立心体的问题,作出系统的梳理与讨论。

我们知道,儒家心性论的根源,是孔子所提点出来的"仁"的精神。在儒家看来,仁是最原初的德性,同时也是心性的主要体现。对于这个义涵,孟子哲学阐发得最为

---

① 中文学界的相关研究,可参见马亚男:《唐君毅的心灵直觉及其与心本论的内在联系》,《宜宾学院学报》,2013年第1期;余仕麟:《唐君毅心本论及其理论贡献》,《四川大学学报》(哲学社会科学版),2011年第5期;杨伟涛:《道德自我的确证及其价值意蕴》,《浙江社会科学》,2011年第5期;李明:《我感故我在:唐君毅人生之路的心本体论证悟》,《求索》,2008年第9期;林维杰:《心的无限性:唐君毅思想中的诠释学意涵》,《当代儒学研究》(台湾),2014年第17期;等等。相关资料检索,另可参见何仁富、杨永明、李蕾编:《唐学研究文献索引》,《唐君毅全集》,第39卷,北京:九州出版社,2016年版。

深入充分。另外,仁作为原初之德,其主要的特征是内与外的感通。这里的"内",指的是自我的心性;这里的"外",指的是自我心性之外的身体、他人、世界乃至超越界。而仁的精神,就是自我内在而自觉地要求内与外相感相通的精神。对于仁的内外感通之道,现代新儒学诸家都有所阐发。而这当中,唐君毅和牟宗三更特别加入西方哲学作为参照,以揭示出仁心感通之道,从而显示心性本体的真实性与根源性。根据唐、牟二氏的理解,西方哲学虽然有伦理学与人生哲学,但是其哲学传统素来不能正视道德自身的独立性意义,所以西方哲学在道德的问题上,未能如中土儒家一样能够探赜索隐,钩深致远。不过,这也并不意味着西方的道德哲学无可取之处。事实上,发轫于苏格拉底、确立于康德的道德哲学,能够揭示出道德与自我主体具有内在的关联,并理解到道德的本性是道德以自身为目的而非以外在之物为目的,这与儒家的仁爱精神、心性之学具有内在的相通性。孔子的"为仁由己"(《论语·颜渊》)之论以及孟子的"尽心知性"(《孟子·尽心上》)之说,也同样揭示出了道德与自我主体的内在关联性。因此,唐、牟皆认为儒家心性论与以康德为代表的近代理想主义哲学有着内在的相通之处,因为两者都能正视"道德的主体性"。正因为如此,唐、牟认为在现代的情景下,如果儒家要阐发其仁爱精神与心性之学,就可以同时也理应借鉴德国理想主义哲学的进路、视野、方法,以呈现仁与心性之蕴。不过,这只是其中的一方面。在另一方面,唐、牟二氏认为,儒家的仁爱精神与心性之学,要较康德、黑格尔的道德哲学更进一层,因为康德等哲学家未能沿着道德主体性之域而向上一步,进一步体证到道德的根源是形上的心性本体,心性本体体现为仁爱的精神,仁爱的精神是道德的最原初同时亦是最核心的体现。据此而言,康德等人尚未真正地沿着道德主体、道德自我而进至对心性本体的真切体认;换言之,康德等西方大哲尚未真切地"识仁""见性"。

由此,唐君毅对道德问题的思考,是一方面消化、接续、借鉴康德以降的近代理想主义哲学的视野、方法、进路,而另一方面则自将道德自我溯源至心性本体,以心性本体作为道德自我的根源。其云:"著者思想之来源,在西方则取资于诸理想主义者,如康德、菲希特、黑格尔等为多,然根本精神则为东土先哲之教。"[1]不过,要想通过借鉴近代理想主义哲学的进路,而推证出心性本体,这并不是容易的事。但经过唐君毅的努力,这个推证已经初具规模。

---

[1] 唐君毅:《道德自我之建立》,《唐君毅全集》,第4卷,第2页。

一、由道德的自我走向心性本体

在《道德自我之建立》一书的开篇,唐君毅指出,现实的自我形成现实的生活,而道德的自我则形成道德的生活。所谓现实的自我,是被现实时空中的现实对象所限制住和范围住的自我。事实上,严格地说,这种自我就并不是真正的自我,因为自我之所以为自我,是具有一定的自觉性的。而与现实的自我相对,则有道德的自我。唐君毅受到柏格森(Henri Bergson)、勃拉德雷(F. H. Bradley)等人的启发和影响,认为道德自我之所以为道德自我,其最关键的特征在于自我能够自由自律,自作主宰,因此不受现实的时空等方面的限制与约束。由此,现实自我的反面是道德自我,而道德自我的反面则是现实自我。现实自我受到现实时空所限而不能超越此限制,以此只成为形而下的自我;而道德自我则因为能够自由自律、自作主宰,因此道德自我能够超越现实,而向着形上之境而趋。据此而言,对于道德自我,最关键的词是"超越"。因此,在唐氏看来,道德自我就是能够自觉超越现实的自己及其限制的自我,而道德生活即是自觉的支配自己而不受现实世界所限制的生活。

在这里,我们要问,"超越"为何是道德、道德自我、道德生活的本质特征?唐君毅在《道德自我之建立》一书中并没有作系统的阐发,不过他曾指出,超越之所以是道德的特征,乃在于道德与"责任"相关,道德自我是能够自觉到自己应对自己负有绝对责任的自我,而自我本着我所自觉的责任,就不会安于接受现实的限制,而能自主自律、自己负责,这取向无疑就是要对现实自我与现实时空的一个超越。其云:

> 道德生活是要支配自己、改造自己。支配自己、改造自己,必须把被支配的自己,与能支配改造的自己,视作同一的自己。所以我们必须对于我们过去之行为,负绝对的责任,一一都承认是我作的。因为我们一承认之,我便是把他们一齐收摄,到现在的我自己之前,成为我现在之支配改造活动之直接所对。反之,如果我们溯其原因于外在之遗传环境等条件,我的目光,注视到各外在条件,我便是把此正要想加以支配改造的对象,推开到现在的我自己之外,我之道德的努力,便立刻弛缓下来了。说"你作的行为是你作的行为",似乎只是一重复语,然而"承认你作的行为是你作的行为",必需要把你现在的道德自我主体力量,伸贯

到你的过去,此中有各种不同的深度,从这深度中,可以看出你当下的道德自我力量之大小。①

在这里,唐君毅指出,道德与超越之所以是内在相通的,是因为我自觉地将过去的自己(包括自己的行为、认知等)作为责任承担起来,并通过现在的自己而涵摄之、超化之,从而使得自我主体不断提升。因此,自己对自己的超越与自己对自己的责任是相通的。反过来,如果自己对自己没有责任,现在的自己不将过去的自己承担下来并收摄在超越的自己之内,那么我自己就难以真实地将自己承担下来,于是要去寻找外在的条件与目的,以松弛、减杀乃至推卸自己对自己的责任感。由此看来,正因为超越与责任相连,因此自己对于自己的超越就体现为道德的特征。

据此,唐君毅便指出,道德即是超越,道德与超越异名同实。道德心理的共性是自己有超越现实自己的信心与动力,道德行为的共性则是自己有超越现实自己的限制的行动,而道德生活的本质,则是道德自我在生活中不断超越现实自我的限制,从而形成超越不息、进进不已的生活。从这个意义上说,唐君毅所理解的道德其实是广义的道德。在他看来,不仅我们日常所理解的仁义礼智等德性是道德,但凡一切自己对自己的超越的活动皆可以视作道德活动。日常的一般的德性是道德,因为这些德性是自我超越的。例如,勤俭之德是抑制现在欲望之德,它超越了现在的欲望的限制,因此它是道德的。又如,严整是约束现实的任意的活动之德,勇敢是不怕现实生活中可能的困难之德,忍耐是承担现实上持续性的困难之德,等等。这些德性、德目之所以是道德的,正在于它是超越某种内容和意义上的现实自己的。同时,唐君毅还指出,这些德性都有一个共同特征,也就是这些德性的确立都需要经历一个"忍苦"的过程,以征服和超越在现实生活中自己的自然的惰性。由此可见,这些我们日常所承认的德性,其之所以是道德的,正在于它们是超越的。不特如此,除了我们日常的一般的德性是道德的之外,我们的所有求真求善求美的活动也蕴涵着道德性,因为它们都是能够作自我超越的。求善的活动是道德活动,我们可以理解。但为什么求真、求美的活动也蕴涵着道德性呢?唐君毅认为,我们爱真理而求真理的活动其实是我自己破除和超越原有认识的限制,而要求自己获得新的认识的过程,而这个过程因为是自我超越的过程,因此求真活动本身蕴涵着道德性。当然,他又指出,在真理和认知

---

① 唐君毅:《道德自我之建立》,《唐君毅全集》,第4卷,第15页。

当中我们并不能找到道德,我们之所以说求真活动蕴涵着道德性,乃在于在求真活动中我能够超越故知而获得新知的机制。与此相近,我们爱美而求美并形成艺术活动的过程,也同样蕴涵着道德性。求美活动之所以蕴涵着道德性,也并不是我们在书画和乐曲当中发现了其有道德性,而在于我的求美活动本身,体现为我不愿意只有我自己能够体验美,而愿意将我所体验和创造的美分享出来,画给人看,唱给人听。据此,求美活动也是自我超越的活动,所以求美活动在某种意义上亦是道德行为。① 据此,唐君毅后来还撰写了《文化意识与道德理性》一书,更广泛地阐发家庭意识、经济意识、政治意识、国家意识、哲学意识、科学意识、艺术意识、文学意识、宗教意识等等文化意识,皆蕴涵道德理性之理。而正因为唐君毅揭示了人类的求真善美的活动皆蕴涵着道德性,因此他能够由此进一步展示并断定心性本体涵摄和奠基一切人类文化活动的观点。

对于唐君毅的道德即是超越的观点,这里尚可有两个方面的疏通。首先,道德的意义与价值就在于超越本身,而非超越性活动所对、所向、所置定的效果、目的、状态。换言之,道德价值在内而不在外。例如,有人因为觉得并体会到道德使我快乐,让人幸福,由此便将道德的意义放在快乐和幸福上面。唐氏认为,诚然我们的道德活动会带来快乐和幸福的效果,但我们在快乐和幸福当中,事实上是找不到道德的,因此快乐和幸福的效果并非道德活动之所系。恰恰相反,道德活动之所以为道德活动,就在于其能不断忘乐,因为如果它归宿在乐上,那么它就封闭在乐之中而不再显示其超越性了。由此可见,道德意义与道德价值并不在道德活动的效果上,而是蕴涵在其超越性当中,除了超越之外,道德活动更别无意义与价值。例如有人舍我利他,我们若认为其有道德价值,乃在于舍我而非利他。因为如果道德价值在利他,那么我们就难以说明为何在现实生活中,有人舍我而不能达到利他的效果,而我们仍然说这是有意义与价值的。因此,在唐君毅看来,道德价值超越快乐等效果并位于快乐等效果之上。而我们的第二个疏通,在于道德活动具有自由性和无限制性。正因为道德的意义与价值在于其超越性,因此道德活动是没有限制而不断地拓展自身的。这就与非道德性的活动不同。非道德活动虽然也可以暂时拓展自身,但因为这些活动的归宿是在对于外在的目的物的获得,因此它们并不能永远拓展自身,同时因为它们是有目的的活动,因此它们是有限制的。有目的有限制即是"有为法",而道德活动则是无目的无

---

① 参见唐君毅:《道德自我之建立》,《唐君毅全集》,第4卷,第33—34页。

限制的,因此是"无为法"。另外,正因为道德活动是无限制性的,所以它是自由的,因为它不断超越故我,不断作自主的决定。①

其次,道德活动与道德生活的超越义既明,唐君毅在此基础上,进一步考察和体认道德自我之所以能够超越的内在根据所在。据此,唐君毅引申出另外两个关键词:"能够"和"应当"。我们首先辨析他所说的"能够"义。唐氏指出,道德自我之所以得以超越现实自我,是因为道德自我能够超越现实自我,而道德自我的这一能够是完全在道德自我的内部的,而不是在道德自我的超越活动所面对的外在物质、条件、目的之中。换句话说,能超越的道德自我,其所有的义涵,全在于其能作自我超越之"能",而不在于其所超越之"所",也即不在于其所要超越的对象以及其将超越成为何种对象。因为如果它的义涵在于其所,那么它的义涵和意义就在于外在的目的与对象,而这外在的目的与对象则是有限制有范围的,而不是无限制无范围的,据此则道德活动与道德生活的超越性就会减杀乃至丧失,从而成为非道德者。所以,道德自我的超越性的根据在于其"能"超越而不在于其"所"超越。道德的性质一定是摄所归能、会物为己的,而不是归能为所、徇己逐物的。这是唐君毅特别强调的地方。

对此,或许有人会有两方面的质疑。第一,如果没有所,能也不会显出来;如果没有所,能也就丧失其能。对于这个问题,唐君毅可以有的回应是,能之显,固然可以是由所所引发的,但这所只是外缘的作用。外缘的作用,只是引发自我之能显发出来,而自我之能的显发,则全然是能自身之显,而非有所杂入能中。同时,没有所之引发,能自身的作用确实有显不出来的时节,但是这并不意味着能待所而有,因为所不引发能,能只是归寂而已。能之归寂,乃是能自身的超越性功能处于隐而非显的状态,而非处于无而非有的状态。从这个意义上说,能超越的道德自我纯然是一个能够,而并非能够之所对。此其一。其二,有人还会说,能超越的道德自我可以不以自我之外的对象作为其自身的内容,但是因为道德自我是超越的,这意味着它超越故我而获得新我,而这当中我自己就是被超越的对象,这样一来,我自己既是能,同时也是所。据此,超越本身就并非纯粹的能够,而是有能有所的。对此,唐君毅的回应是,这种观点其实是从外在的角度来看道德自我的超越性,而不是从内在的角度真切体认道德自我的超越性。通过前者,我们不能获得真实的超越之自觉;通过后者,我们的自觉会

---

① 参见唐君毅:《道德自我之建立》,《唐君毅全集》,第4卷,第37—39页。

理解到自我只是一能而已。其云：

> 所谓自己原只是一与"所对"相对之"能"，所谓自觉，只是对此"能"本身之自觉。对此"能"本身之自觉，即不断有新能，以此新能，贯彻于旧能，而不感隔阂之存在。此新能与旧能，乃非二非一。所谓自觉超越限制者，不外新能不停滞于旧能，旧能过渡到新能，而旧能复投映于新能。所以真正的自觉，真正的超越自己之限制，并非真以一自己，为所对之对象。所谓我们若觉有一所对之"自己"者，实因我们尚未真自觉此自己。只有向自觉之途而趋，方觉有此所对之自己，如以光照暗，暗虽渐去，尚未去尽，故若有暗为光所对。此即比喻我们通常视为所对之自己，实不外我们去自觉我们初不自觉的自然等流之心理状态，而尚未完成此自觉时，所假立者。①

由此可见，超越的道德自我、道德生活，只是一纯粹的能够，纯粹的自觉。同时，正因为道德自我是一纯能，而不夹杂着所对，因此它是无所对待的。正因为它是无所对待的，所以它能够自由自主、永不止息地作超越故我的活动。如果它是与所关联在一起，则所是有限的，那么道德自我的超越性意义就得不到保证。由此，道德自我之"超越"与道德自我之"能够"本是内在相通的。自我之超越性本身蕴涵了一切道德价值，超越自我之能本身同样也蕴涵了一切道德价值；而道德自我的超越性的根据，就在于道德自我是一纯然无待之能够本身。

最后，超越的道德自我，其"能够"亦是与"应当"关联在一起的。"能够"指的是超越的能力，而"应当"则指的是超越的方向。道德自我在作自我的超越的过程中，肯定是自觉到自己应当、应该从现实自我的某一具体内容中，超拔出来，而向着自己所认为的某一理想性的方向或内容而趋。因此可以说，"能够"是超越的基础，"应当"则是超越的动力。"超越""能够""应当"三者是互为一体、相互涵摄的关系，三者共同构成道德自我与道德生活的基本义涵。在唐君毅看来，道德自我所蕴含的"应当"之义，体现为一种"当然性"或"当然之理"。② 换句话说，道德自我在进行道德活动的

---

① 唐君毅：《道德自我之建立》，《唐君毅全集》，第4卷，第41—42页。
② 中文哲学界另有"应然性"这一术语。根据笔者现在的理解，我们或暂可以将"应然性"与"当然性"二语作出区分。"应然性"与"正确性"相联，而"当然性"则主要表示道德活动或心性修养过程中人心所自觉出来的应该、应当的方向。

时候,自我的超越性的自觉会自觉到自己有一种应当如此而不应当如彼的自我命令。而这种自我命令则是从超越自我之能当中所发出的,它全体皆属于我的超越性的自觉之中,它是属于自觉的道德自我、道德主体的。除此之外,更别无外在的任何来源。或许有人会这样质疑:我们怎么知道,超越的我的这种命令不是上天或上帝让我有这种命令呢?对于这个问题,唐君毅在《道德自我之建立》一书中似乎未有系统的讨论。不过,唐君毅在这里可以暂不处理这个问题。这是因为,唐君毅已经确认出道德自我的自主性、自觉性、超越性、能够性,那么据此我们亦可以不回答这个问题,而直接将自己心灵中的当然性的命令,理解为全然属于道德自我的内在特征。因此唐君毅说:"只要照着我自觉认为该如何作的去作,我便已作我所该作。而我之去作,乃是我自觉的心本身所能支配的。又我认为该作者,我必自觉一理由,其理由决定在自觉之中。所以感该作而作,是当下自觉的心自定自主的活动。"①

另外,唐君毅进一步指出,与其"超越"和"能够"一样,道德自我的这种"应当"是自己自觉得到从而自主地去做的"应当"和"该做",而并非我为了某一外在的目的(如达到快乐、满足欲望、扩展生命等)而"要做"和"想做"。"该做"和"要做"有着性质上的区别。我自觉到自己该做什么,这是道德自我的自觉;我想到自己要做什么,则是现实自我的习惯。对此,唐君毅说:

> 我现在只要你承认感该作而作之活动,是自觉之活动,与你要作而作之活动根本不同。你只要承认这一点就够了。感该作而作是自觉的活动,你自觉此时自定之命令,你自觉你可作可不作,自觉你能作你所该作,自觉你所以认为该作之理由,你自觉"你或该作而作时,你所自觉之上述之一切"。所以你可以自觉的以"作该作者""完成你该作者",为你人生之目的。②

对于道德自我的这个"应当"与"该做",我们或许会问:我应当做什么,有没有一个客观、具体的标准和内容?对于这一点,唐君毅认为我们不必过问,因为这个"应当"和"该做"蕴涵在我自己的自觉的一念当中。而我的这自觉的一念,则是道德自我不断地超越故我的进进不已的体现。正因为如此,所以我的自觉的一念当中的"应当"和"该做",是不能通过一个外在、客观、具体的标准和内容而可以框定的,而只能

---

① 唐君毅:《道德自我之建立》,《唐君毅全集》,第4卷,第26页。
② 唐君毅:《道德自我之建立》,《唐君毅全集》,第4卷,第27页。

是内在于我的主观自觉的一念当中。因此,应当如何,该做何事,根本上就需要自己将现实自我的作用逆转回来,并对道德自我的超越性有一自觉的反省,从而自知并自信我自己应当如何、该做何事。而在此过程中,这种自知与自信,又可以通过道德自我的超越性作用而得到进一步的充实与肯认。因此,在道德自我的意义上,应当如何、该做何事,乃是如人饮水、冷暖自知之事。据此,唐君毅便有理由指出,道德的自我应该做什么内容,并不需要同时也不能够规定,我们只要有感到自己应当、应该去做这自觉之一念,就已经足够了。这自觉的一念就是自己对自己下当然性的命令,这一命令是道德生活的源泉,亦是道德生活得以扩展的唯一途径。

另外,在道德自我的"应当"之义上,唐君毅还通过"自由"之理来作出揭示。在道德生活中,应该的命令和心灵的自由是互为基础、相互成就的。在他看来,道德生活之所以为道德生活,正在于我有可以不道德的自由;而当我自感到我走向不道德的时候,我能够完全自由地作出自我命令,以命我、令我、支配我从不道德中超越出来,不被本能等所牵引,而成为道德的自我。因此,应当的命令的实现,是要以自由和基础与前提的;而我如果要保持我的自由,我就不能被不道德、不应该的状态所牵引和束缚,而要通过我的当然性的自命自令以超越之。可见,应当与自由是循环互构的关系。[①] 通过"自由"之理,唐君毅更为充分地揭示出道德自我之"应当"的义涵。

综上所论,道德的自我、道德的生活是由纯粹的超越、纯粹的能够、纯粹的应当三义所构成的,而这三义则又是"三位一体"、互为基础的相涵相摄的关系。唐君毅认为,我们如果据此顺理而思,就势必肯定在现实自我之外,必有一超越现实自我的自我,作为我的道德心理之所自发的源泉与根据。同时,如果我们不自外而看超越的自我,而是自内而体认、反观超越的自我的超越、能够、应当之义,就可以理解到超越自我的超越、能够、应当之义必当全体内在于我的自觉的一念当中而毫无渗漏,而成为此自觉的一念的表现。据此,我的这一自觉的一念,便是超越现实自我的自我,亦即道德的自我。因此道德自我、超越自我、自觉一念,此种种名称,乃只是异名同实而已。同时,若我们对此本着当然之义、能够超越现实世界的自觉一念之自身,作进一步的体认,便会自然地肯认出心性本体也即心体的存在。换句话说,我的自觉一念,就是心性本体的体现。此一念是纯粹的能觉本身,能觉为用,用之所发,必有其体。因此若我们能够真切体认出自觉的一念,就必能够顺理而体认出心性本体,体证到心

[①] 具体内容参见唐君毅:《道德自我之建立》,《唐君毅全集》,第4卷,第43—48页。

性本体的恒常性、真实性、完满性、至善性。

对于如何从能觉而走向心体、如何体认出心体为真实存在的问题,唐君毅也有较为系统的阐说。在他看来,心体是不可见的,但是心体的表现则是可以说的。在这里,他以思想来作出说明。他指出,思想不会被现实的特定的时空所局限,换言之,我的思想可以运思于无限的时空中。这是显而易见的。据此,唐氏指出,因为思想可运于无限的时空中,因此我的能思想之能本身,必定是超越现实时空的限制并在现实时空之上的。而此能之本身又必定是恒常而不生不灭的,如果它是生灭迁流的,那么它就不能位居现实时空之上并运思于无限时空,而为现实时空所囿,因为生灭迁流正是现实时空的一个性质。另外,在唐君毅看来,思想本身只有隐显而无生灭。我们平常会认为,思想是变动生灭的,我们思一事之后再思一事,则前事之思旋灭,后事之思即生,所以思想就是生生灭灭的,怎么可能会不生不灭的呢?事实上,我们所认为的思想之生灭,实际上只是关于对象之思想或思想之所对的生灭,而思想本身并无生灭。思想之有生灭与差别,源于我们将之与对象关联起来看了;如果我们不从对象上看,而单自思想而看思想,则思想只有隐显而无生灭,前事之灭乃思想之隐,后事之生即思想之显。故思想自身只是一纯粹的能觉,而此能觉之觉源也即心体,可谓恒无差别相,无生灭相,如如自在,不生不灭。所以,心性本体是恒常的。①

心性本体又是真实的。我的自觉一念,蕴含着能够、应当、超越之义,本着此自觉的一念,我有动力、理由、根据以超越现实自我,确立道德自我。而此自觉一念之所以要兼能超越现实自我,正源于我的心能够自知自觉到我这一念真实不虚,而现实的自我则是虚妄不实的。这样我才有真实的力量,以超越现实的自我。但是,对此可能有人会问:这种能够、应当、超越之念之感,或许只是一个不真实的影子,而我将之误作真实的力量,凭什么说这自觉的一念必定是真实的?对此问题,唐君毅指出,如果我对我自觉的一念也即纯粹的能觉,作出省思的话,那么我就是在觉此觉。而正当我在觉此觉的时候,我又可以形成觉此觉之觉。这样推溯下去,可以至于无穷。据此,如果我去省思任何一觉的时候,此觉上面就总会有一觉以觉此觉。于是可以说,此觉就永远只是在它之上的觉此觉之觉的影子而已。这样一来,我的自觉一念、纯粹能觉本身,似乎就难以避免"影子"之疑。但是,唐君毅旋又指出,如果一省思之觉,是其之上的觉此觉的影子,那么一方面我的省思确实只是反省到影子,但是另一方面我的省思

---

① 具体内容参见唐君毅:《道德自我之建立》,《唐君毅全集》,第4卷,第71—76页。

其实又是不断地求得与真实的能觉之源相通。我的能觉之源之所以投射出层层影子，正在于它要让我不能只在影子中去省思它，由此我亦感到它亦有一种否定我在它的影子中看它的真实力量。这种真实力量之源，是我的觉之觉源，此觉源亦即超越的、恒常的真实存在的纯粹能觉。据此，心体之真实性是没有疑问的。①

心性本体又是完满的。有人会问：自觉的一念作为纯粹的能觉，实只是一纯能而已，我们为什么又必须要确认出这一纯能乃依于真实的心体而建立的呢？唐君毅指出，如果我们进一步省思纯能自身，就会体证到此纯粹的能觉即是纯粹的所觉，此觉必是能所合一之觉，因此此觉必有其觉之体，以兼摄能所，使得能所合一。他的理由是：

> 这是因为能觉一名，必对所觉而成立。然而此纯粹能觉，可不表现于时空意识，即可不以现实世界之事物为所觉。如此，能觉之名岂非无意义？但是此纯粹能觉是无限之觉，它可无定限的投射出其影子，为我们对它之反省，亦即表现它自己于我们对它之反省。而我们对它之反省，尚不能表现其全，即我们不能真对它有完全之自觉。它之不能表现其全于我们对它之反省，由于我们反省之所及，不知何故被限制住。而所谓我们对它之反省，即它之表现，故所谓我们对它之反省，不知何故被限制，亦即其表现之所及，不知何故被限制。由此可推知就其自身全体而言，以无任何限制，必即可有完全之反省或自觉。它有完全之反省自觉，即它以其自身之全部，同时为所觉与能觉。所以我们不能只说它是纯粹能觉，复可说它是纯粹所觉。就其兼为能觉所觉而言，故可名之曰心之本体。此本体之一面为纯粹能觉，故可谓纯粹能觉，依于此体。所以我们说，纯粹能觉有其所依之心之本体。②

最后，心性本体亦是至善的。当我反观自己此一念之觉、纯粹能觉，就会体认到此纯粹能觉，本于其超越、能够、当然之义，乃真真实实地不满或不安于现实的自觉以及我所身处的现实世界，由此我便生出善善恶恶、好仁恶不仁的心意和心念，以求转现实的自我为道德的自我。而我的善善恶恶等意念的发出，其根源正在于我的心体的至善性。正因为心体是圆满至善的，所以我能够本着当然之义，以超越现实的

---

① 具体内容参见唐君毅：《道德自我之建立》，《唐君毅全集》，第4卷，第76—78页。
② 唐君毅：《道德自我之建立》，《唐君毅全集》，第4卷，第78页。

自我。

综上所述,唐君毅从道德自我的"超越""能够""当然"三义出发,揭示出道德自我的基本义涵,同时亦由此体证出自觉的一念、纯粹的能觉,以及自觉一念、纯粹能觉之所依的恒常、真实、完满、至善的心性本体。根据唐君毅自己的说明,他的上述阐发受到了近代西哲柏格森、柏拉德雷、哈特曼(N. Hartmann)等人的启发,但其根本旨趣与归宿,则在中土儒家的本心本性之说。由此可见,他能够善于吸取与借鉴西方哲学的各种思想,以展示出心性本体之蕴。这种方式较第一代的新儒家如马一浮、熊十力等的传统的方式,更有说服力。

二、由生活的道德化体认心体

唐君毅《道德自我之建立》一书,不仅通过道德自我、道德生活的超越、能够、应当诸义以确立心性本体,而且还要通过"生活的道德化"以让道德自我得到延展。唐君毅所谓生活的道德化,就是自道德自我的当下的自觉、应该的一念当中,开辟并扩充自我的道德生活,以护持此一念之善。而在这个过程当中,心性本体可以得到进一步的确立与体认。在唐氏看来,西哲如康德等人实能了解到道德生活、道德自我的义涵与意义所在,但是在生活的道德化的问题上,则不一定能够较中土儒家体认得那么亲切。他特别注重发掘儒家的"仁"的精神与价值,使之与近代欧洲的理性主义、理想主义哲学相对照。他认为,近代欧洲的理性主义、理想主义哲学,能够充分阐扬自我主体,这是其优长之处;而其遗憾之处,则并未在自我主体的维度上深入一层、向上一步,以体证出心性本体。而儒家的仁的精神,最能揭示出心性本体的意蕴与作用。唐君毅指出,儒家的仁的关键特征,在于它体现为生命存在意义上的内外相感通的精神。因此,如果我们保持并呵护道德自我的超越的自觉一念,那么这一念的感通机制,就有如火之始燃、泉之始出,自然地从内而外地充润扩展开来,从而充实我的身体,并延伸至现实生活与现实世界当中,使得理想与现实、当然与实然得到真实的融通,最终实现生活的道德化。所以,心性本体作为仁的精神,其作用是要达致当然与实然、理想与现实的感通与相融。这样一来,我如果能够"明心见性"的话,我的道德自我是不会舍弃这个现实世界而升举出尘的,而是会形成与现实世界的感通,并求我的理想的当然之义,能够化为现实之实然。这就是仁的体现,也即是心性本体的体现。据此,如果我们在生活的道德化的内容上,展示出仁的融通理想与现实、当然与实然的作用，那么我们就能够进一步体证出心性本体的义蕴与作用。

有一个问题曾经萦绕在青年唐君毅的心中：如果我能够本着超越、能够、当然之义，而超越现实自我、现实世界，并由此确立道德自我、理想世界，那么我为什么一定要和现实自我（特别是现实的身体）、现实世界相结合？我为什么一定要活在当下这个世界中，而不会且亦不能舍弃这个世界？现实世界、现实自我不是要被我所超越的吗？当我超越它们之后，我为什么又要回来去管它们？他认为，必须有一个理由，以支撑他可以同时亦理应活在当下的现实世界中。其云：

> 吾于此一客观唯心论与绝对唯心论之书，在黑格尔之后者，由洛慈，至柏拉得来、鲍桑奎与罗哀斯之重要书籍，皆无不读。然吾之核心问题，唯在吾之个人之何以必须接受此自然、社会、历史之世界。因吾既有一能思一切可能存在之一超越的心灵，而此一心灵亦可对世界无所思，而舍弃此世界，则此心灵之接受世界，应有出自此心灵之本性或理性之一颠扑不破之理由，而后吾之心灵可出而接受此世界，亦可还归于其自身，以舍弃此世界。①

对于这个问题，唐君毅认为他很难从近代的理性主义、理想主义哲学中找到确切的根据以作疏导，但却可以从儒家的仁学、心性之学中获得支持。不过，他并不满足于引经据典，而是要继续从道德自我的自觉而超越的一念当中，以发掘我理应不舍弃我的现实身体、现实世界的理据所在。同时，他认为一旦他获得这样的理据，他就能反过来确证出儒家的仁的精神，乃有其不可磨灭的真义实义。

首先，心之本体对于我的现实的身体的意义与作用是有所肯定的。唐君毅问：既然心之本体是超越现实的自我、自我的身体的，而我的身体又是有限的，那么，为何心之本体必定需要与我的身体相联结？我不要我的身体行不行呢？同时，如果我们通过身体的限制性，来看我的无限的心体，那么我的心体则是受到限制的。这个受限制的理由是什么？例如，由我的心体所发出的认识活动，为什么不能有无限的认识对象？为什么不能同时认识过、现、未的一切事物，而只能是一个一个依次去认识？我们如果从身体的限制性来看心体的无限性，就会觉得身体对于心体来说，只有限制与"拖累"，而别无所长。不过，上述的问题，只是从身体或心体的一端，来看另一端，而

---

① 唐君毅：《生命存在与心灵境界》，下册，《唐君毅全集》，第26卷，第359页。

形成的困惑。但是,唐君毅指出,如果我们结合两端来互观无限之心体与有限之身体,就会理解到,心之无限和我之有限,其实是一个不可分、不必分、不应分的结。这是因为,心之无限性,乃体现在破除我之有限性的关节上,因此我们需要在破除与超越身体的有限性的基础上,来体认出心体之无限性。因此,心之无限,在于其有破除有限之能;而此心之无限,则必待有限而显出其为无限。这就可以解释为什么心体不能一下子表现为积极性的无限的道理所在。所以,我们如果要肯定心体的无限性,便需要肯定它在有限中活动。由此,我们的认识过程就需要次第进行,而不能当下就遍知一切。据此,则每一认识对象,其实都是心之本体所表现的通道,无限的心体有待于一个通道以表现其无限,但心体却不会停滞于此通道中,而会依次行于通道中来展示自身。

据此,则我们对于现实的身体的意义,是应该有所肯定的。在唐君毅看来,身体的存在,是消极性的,而不是积极性的。换言之,现实中有限的身体,其意义在于它的被消耗。正由于它能被消耗,所以它能作为一个通道与过程,以使得心理活动能够表现出来。所以,我们在现实生活中是要保存身体,但这个保存并非积极性的保存,而是消极性的保存,因为我们保存它,是要消耗它,以显出心体的积极性意义。所以,我们的生理上的快乐之感,并不是身体积极性地感到畅快,而是我的身体的物质能力被消耗了,而这个消耗的过程则使得我们有心理活动,有心性本体的表现,所以我们就会感到快乐。因此,我们的生理上的快乐乃属于心而不属于身,但没有身的消极性作用,此快乐也不会显出。同样道理,生理上的痛苦,亦源于我的身体的限制性。在现实生活中,我的身体是一个消极性的被消耗的存在,而这个被消耗的存在,也是有一定的结构与形式的。如果我们对它的消耗超过这个结构和形式的限制,同时亦得不到及时的补充,则身体就会因饥饿、疲乏而感苦痛。而这身体的苦痛,说到底,其实是心体、心理活动受到身体的限制而形成的。

在唐氏看来,我们的一切生理和心理的苦痛,其实都与身体的限制性有关。如果我们的身体是无限的,是超越时空的话,那么它就不会限制我的心体的表现,而我亦就不会形成身心之苦。正因为身体有限,所以我的自私与执着乃成为可能,从而生出精神上的苦痛乃至道德上的罪恶。但是,唐君毅又指出,身体的限制性虽然与苦痛、罪恶、错误有关,但它只是后者的条件而不是根源。苦、恶、错的真正根源,乃在于我的无限的心灵,误将有身体作无限之用。但如果我们知道身体的限制性,而不将身体作积极性的作用,而作消极性的道路与过程,并从中显出心体之无限,则身体的限制性不但不是苦、恶、错的根源，而且是心体与仁德流行的道路、桥梁、媒介。他认为，我们可以从外、内两方面来看人。从外面看，人是时空中的物质存在；而从内面看，人则是超时空的精神存在。前者的作用在于表现后者；而后者乃通过前者，而表现自身，让自身感通、流淌出来，从而达致人与我的精神上的交通。唐君毅云：

> 身体表现我之精神，我身体之动作，为他人所认识，此中已有人我精神之交通。然而此不是通常所谓真正的人我精神之交通。真正的人我精神之交通，要赖于人由我身体之动作，而透视我之精神。人要透视我之精神，便不能单从我身体之动作看，而须自我身体之动作与外物之关系上看。因必须那样，然后人才能了解我动作之意义，而真了解我之精神。但是人从我的身体动作与外物之关系上，看我之精神，则不仅我的身体是人我精神交通之媒介，我身体所关连涉及之一切外物，都成为人我精神交通之媒介。这样说来，整个物质世界，都可视作人我精神交通之媒介了。①

其次，心性本体对于现实世界亦有所肯定。我应该肯定我的身体的意义与作用，我同时亦须肯定现实世界的意义与作用。唐君毅认为，道德自我、心性本体内在地要求肯定一个现实的世界，这个现实的世界乃是为实现心性本体而存在的现实世界。在这里，我们就需要首先去处理世界的真实性或真实世界的问题。唐君毅对这个问题的思考，是采取先抑后扬、先否定后肯定的方式，此即先揭示出现实世界的不真实性，其次则再思考真实世界的问题。在他看来，如果我们若不觉得我们所身处的现实世界是不真实的话，那么我们就未必有这个问题，但与此同时我们实际上也肯定不能自觉地去真正肯定世界的真实性意义。在他看来，当前的现实世界的不真实，其最显著的理由，是它呈现在时间中，而时间的特征则在于其流动性，有流动即有生灭。世界有生可生，则必有灭而可灭。世界的生灭性，表现在世界之有灭可灭。有人可能会问：为什么我们要从灭而不是从生的一方面说世界？从灭一端看，固然世界在灭灭之中，但从生一端看，世界岂不亦在生生之中？唐君毅说，作生生之想者②，乃源于其

---

① 唐君毅：《道德自我之建立》，《唐君毅全集》，第4卷，第108页。
② 按：这里的"生生之想"，与儒家的"生生之德"，并不在同一思想层面中。因这一问题非本文所处理的问题，所以在这里我们不作具体的辨析。在这里我们可以先作粗略的区分：此处的"生生之想"是从执着现实世界之生之有而形成的想法，而儒家的"生生之德"，是从肯定心灵与德性的生生，并以此出发而对世界作一顺观而形成的观点。

心欲向前把握现实事物并要求有一现实世界,以此作为心的寄托,然后才形成这种想法。实际上,这一连绵不断的事物串系,其最后的判语仍是灭而非生。① 这样一来,现实的世界对于我来说,乃是一个残酷而可悲的世界,因为世界是无常的,人生是虚幻的。

但是,唐君毅指出,我们对于现实世界的生灭之观以及由此所生出的无常可悲之想,并不必然使我们走向出世。这是因为,我要求自己进一步省思此无常、可悲之感。我对现实世界的虚幻无常的不满,以及现实世界的生灭无常使我苦痛,这其实是体现出我的心中蕴涵着一个真实的要求,即要求有一真实的、善的、完满的世界。同时,如果我进一步省思我的这个要求,就会理解到我的这一要求是绝对的,而且位于现实世界之上,不居现实世界之中而作为其心理事实。这是因为,我的这一要求明明是对现实世界有所不满,而不满足于现实世界的。而反过来说,亦正因为我心中要求有一个真实的、善的、完满的世界,所以我才会对现实世界生出不满,我才会重视这个现实世界,而不舍弃这个现实世界。据此,则现实世界中的一切痛苦、错误、罪恶,虽然都可以逐渐地被去除,但却永不能去尽。这正是现实世界之所以为现实世界的特征所在。因为我们知道现实世界的苦、错、恶永不会全然去尽,因此现实世界正是使得真、善、乐之世界得以永远表现的凭借。唐君毅云:

> 一切苦之缘因,在原则上,总是可以设法去除的。所以我们总可以有法子,去除我们特定之苦。至于现实世界中继续不断产生的苦恶错,则当是永不能去除净尽的,因为这正是现实世界之所以为现实世界。然而这并不使我们悲观,因为只要我们相信心之本体之存在,则它们之存在,即真善乐之表现之前导。它们之永远不能去除净尽,即所以使真善乐得有永远之表现者。而我们之说它们永远不能去除,这只是在时间之流中去看它们。若我们将我们的心,同化于心之本体,将眼光放在时间之流上,把"苦错恶永远继续生出之历程"与"真善乐之永远表现之历程",二者合而观之,则前者之系列(Series),便是整个的在后者之系列所否定的势子之下,前者只纯粹是后者所否定之对象。所以自超时间的眼光来观宇宙之全,我们便当说苦错恶根本非真实。我们将不见世界有苦恶错之存在,世界只是真善乐表现之场所、心之本体表现其自性之场所。这样的世界,还能使

---

① 具体讨论参见唐君毅:《道德自我之建立》,《唐君毅全集》,第 4 卷,第 64—71 页。

我们悲观吗?①

据此,唐君毅便有理由肯认现实世界与身体都是心性本体所要显示与实现自身的通道与过程。这样的话,则世界与身体,就与我的心体形成一个内在的关联。心体延展自身并与身体、现实世界内在地相连,就成为生活的道德化的主要体现,同时这也就体现出心体蕴涵了仁的精神,而这仁的精神则促使自我对于现实世界有一肯认,而不忍因为自己已经能够明心见性,而舍弃这个现实世界。这正如他自己所说:"我们不能由追求精神实在之动机,而厌弃现实世界,只能由追求精神实在之动机,而愈肯定现实世界。"②通过心体的仁的精神,唐君毅揭示出当然与实然、理想与现实真正的相融之道。这种相融之道,是生命存在意义上的相融;因此唐君毅上述的"有限""无限"之论,乃属于存在理性,而非逻辑理性。

唐君毅的哲学探索之路是十分明确的,这就是要建立一个以"道德自我""道德理性"为核心的理想主义哲学系统。他说:"吾所尊尚之哲学,乃顺人既有其理想而求实现,望其实现,而更求贯通理想界与现实界之道德学兼形上学之理想主义之哲学。依此哲学言,人有理想求实现而望其实现,必求证明其能实现,而人在生活中,亦尝多少证明其理想之恒为能实现者,由此而理想主义者,必信此理想连于一实现之之宇宙人生中一不可见之形上的真实存在。"③而通过这种融通理想与现实、当然与实然的理想主义哲学,唐君毅能够通过传统儒学(特别是先秦儒学与宋明理学)所不能做到的方式,以展示与阐发心体之蕴,这无疑是对传统儒家心性之学的一个推进。不过,唐君毅的理想主义的哲学系统,也经历了一个不断成熟的过程。本文所梳理的《道德自我之建立》关于生活的道德化、身体、世界的阐释,仍显粗略,而尚未臻于圆融。而他晚年的巨著《生命存在与心灵境界》一书,其第六境"道德实践境"则重新阐明道德自我、道德生活、当下世界的义蕴,同时更通过"感通"为线索,以展示理性与现实、当然与实然的融通之道,以及蕴含其中的仁的精神以及心体之蕴。这无疑是对其早年之说的一个充实与推进。④

---

① 唐君毅:《道德自我之建立》,《唐君毅全集》,第4卷,第100—101页。
② 唐君毅:《道德自我之建立》,《唐君毅全集》,第4卷,第127页。
③ 唐君毅:《生命存在与心灵境界》,下册,《唐君毅全集》,第26卷,第384页。
④ 参见拙文《"感通"与"形上"——唐君毅〈生命存在与心灵境界〉对于心性之维的揭示》,收入刘乐恒主编:《中国哲学心性问题的现代性阐释》,长沙:岳麓书社,2017年版,第171—198页。

三、由感觉认知活动证立心体

前文从一个宏观的角度,梳理了唐君毅关于心体与身体、现实世界的关系的观点,而对于心体为何必须与世界相联的问题,唐君毅还有一二更为具体的辨析。他在《道德自我之建立》一书中,特别以感觉认知活动为例,以揭示出为何恒常的心体与生灭的现实世界必然相关联的道理,由此而进一步证立心性本体。由于唐君毅在此书中对这一问题有系统的处理,因此本文亦独立一节,以对之作出疏导。

在他看来,感觉认知的活动其实也是心性本体的表现。对此,我们要问:心体不是与道德自我相关的吗?为什么还会与感觉认知活动相关呢?这就需要我们回到唐君毅所论道德自我的特征上去。前文已经指出,道德之所以为道德,就在于其能自己超越自己。据此,则认知、求真的活动,其实也是一种道德的活动。我们运用概念来作判断的活动,就有超越性的意义,因为我们运用概念来做判断的过程,是我们自己选择不同的概念、更迭地运用不同概念来做判断的过程。而在这个过程中,我们的心灵是要从一个概念而过渡到另外一个概念。据此,则后一个概念乃是对前一个概念的超越;如果后一个概念不能超越前一个概念,那么我们就不能完成对事物的合适判断。因此,求知活动当中亦蕴涵着道德之义,求知活动在某种意义上说就是心体的活动。对于这个论题,唐君毅在其早年的著作《道德自我之建立》,中年的著作《文化意识与道德理性》以及晚年的著作《生命存在与心灵境界》中,都有系统的阐发。当然,他的早、中、晚各个时期在对这一问题的阐发上侧重点不同,但其整体观点则是一脉相承的。而在《道德自我之建立》中,他则特别通过感觉认识活动与其所认识的对象世界的关系,以揭示心体的义涵。

前文梳理了唐君毅关于身体的观点,即身体之作用,在于其有限性;身体的有限性,使得心体的无限性得到体现。所以,心性本体与我的身体是必然、必须相连的,这在感觉认识活动中体现得最为明显。我们举目而能视,这个过程,体现为外物通过它的某种能力,而刺激了我的眼睛神经,从而使得我对外物有所见。他指出,这种能力的首要意义,并不在于其积极地传到我的视觉神经中,而在于其消极性的意义,即这种能力的输入,在于其消除我的视觉神经的物质作用。而通过外物与身体的这一质力相消的过程,我才能够逐渐有所见。如果没有这一内与外的质力相消的消极性的作用与过程,则外物是外物,身体是身体,身体与外物便是各自封闭之物,这样一来，我是决不能举目即能视的，因为外与内是不相通的。此其一。其二，当我们举目而见到这个世界的时候，我当下所见到的世界及其物象，其实并不是此时的物象，而是外物经过光波而传到我的视觉神经中所见到的物象，而原来的物象，或许在我见到它的那个当下已经不存在了。而综合上述的两点，我们就可以得出一个结论，即我们所见到的世界，实际上乃是外物作用和身体作用相接触并造成质力相消之后，而所见到的世界。世界处于身体与外物的相交点上。唐君毅说：

> 这开辟出之世界，不在通常所谓身体或外物中，可姑说在两者相交之交点上。而通常所谓身体与外物，我们实从来不曾见。我们所见的都是此交点上开辟之世界。又通常所谓身体，在向着通常所谓外物接近时，我们可以发现此交点之世界中，关于该外物之物象，在不断变化。但我们的眼，真全密接那外物时，则我们对那外物，又将一无所见。我们由此便又可悟到，我们之有所见，不仅由于外物之力，通到我之身体之感官，而且由于外物之力之发出，到我们身体之感官，中间须有距离，而此力则是要通到我身体之感官，以否定此距离。然而他必需有此距离，以资否定，然后使我们有所见。我们细想此种认识之微妙的关系中，便可逐渐了解，我们何以有身体及其与心之本体相连之理由。①

正因为我所见的世界处于身体与外物的交会点上，所以我们当下所见的世界，实际上即是我之自心、心体所显现出来的世界。而身体与外物之所以有交感与交会，则在于消除身体与外物之间的封闭与隔阂，而让心体所显的世界逐渐呈现出来。而反过来说，如果我们要对现实世界有所认识，这其实是意味着我要逐渐显现出自心之世界；而这个显现的过程，则是感觉认识活动逐渐破除自身的限制的过程。因此，我们的认识的过程的实质，乃是让外物的质力，与我的身体的质力相互消耗、抵消，从而显示出我的心性本体的过程。同时，唐君毅还进一步指出，我们在这过程中其实并未真正认识到外物和身体的质力，我们所能够认识到的，只不过是身、物两端的质力相互消耗之后，我的心体所显现出的认识对象的世界而已。而身、物两端的质力本身，实际上只是一种纯粹的限制而已；这些限制的逐渐消除，同时亦即是我们自心的世界的逐渐显现；而我们之所以有各式各样的对于外界事物的认识，则源于身、物两端存在

---

① 唐君毅：《道德自我之建立》，《唐君毅全集》，第4卷，第127页。

着各种各样的限制。据此,则各式各样的对象的意义,并不在于其积极性的一面,也即它们有怎样怎样的意义,而在于其消极性的一面,也即它们有怎样怎样的限制被消除,而在这个消极性的消除的过程中,心性本体乃得以显现。因此,这各种各样的外物与对象,实际上乃是我的心体表现在现实世界的过程中的一条道路而已。上述的内容,可通过下面的图表来表示。

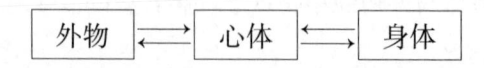

$$\boxed{外物} \longleftrightarrow \boxed{心体} \longleftrightarrow \boxed{身体}$$

唐君毅通过他所阐说的感觉认识活动的义涵,而进一步揭示出心体的特征。我们由上文而理解到心体是恒常而不生不灭的,而现实世界则是生灭迁流的;心体是不易的,现象则是变易的。而经过他的阐发,心体的恒常与世界的生灭,这两者就并不存在矛盾。其云:

> 当我的思想到此时,我了解了我们所认识的现实世界中之一切对象之生灭,都是恒常真实的心之本体在表现之象征,现实世界与心之本体,不复对立,心之本体真成了无乎不在的了。①
>
> 于是心之本体之恒常,与所认识对象之生灭变化、前后差别,现在对于我不复矛盾。因为不同的对象之认识所象征的,同是身物之质力之相消除,感觉认识范围两端限制之破除。认识对象后,我们所得的是同一的限制破除之经验。虽所破除的限制,有各式各样形式之不同,且所认识的对象不同,然而所得的限制之"破除",是同一的。因为限制破除以后,限制便不存在,所以各种形式之破除所得的结果,只是同一的心之本体表现之通道之造成,于是生灭变化之对象之认识,即同一而恒常的心之本体之表现。②

从这个意义上唐君毅便有理由说,心之本体乃是即生灭即不生灭、即有限即无限、即不易即变易、即隐即显的。这当中的"即",是说恒常的心体与生灭的对象并没有任何的对立与矛盾,这两者是内在地相互交会的。就心体尚未显现的时候,心体与对象同归于寂,此时真可谓"寂然不动";而在身与物的质力相互消除的过程的时候,

---

① 唐君毅:《道德自我之建立》,《唐君毅全集》,第4卷,第90页。
② 唐君毅:《道德自我之建立》,《唐君毅全集》,第4卷,第86页。

恒常的心体因着这一生灭变化而逐渐显出，此时则可谓"感而遂通"。而无论寂抑或感之时，心体乃是恒寂恒感、即隐即显、即变易即不易的。由此，唐君毅就揭示出感觉认知活动就是心体之即变易即不易的体现。

根据唐君毅的一贯思想，求知的活动与道德的活动，其实同是心体的体现，只不过两者的侧重点有所不同而已。中国传统儒者多是就道德活动、道德实践而道出其对于心体的义涵的心证，而疏于从认识论的角度来思考相关问题，唐君毅能够着眼于此并作出推进，难能可贵。另外，他指出物质对象以及身物之质力相消，首先体现为消极性的意义而非积极性的意义，只有先有这种消极性的作用，然后心体才能显示其积极性的意义。以佛教的话来说，就是先遮后显；以儒家的话来说，就是先阴后阳、一阴一阳。而后来唐君毅撰写《生命存在与心灵境界》一书，便是要以心灵活动的先消极后积极、先阴后阳、一阴一阳的次第感通作用为主要线索，而处理知识论、道德实践、形上境界等多方面的问题。在知识论的问题上，他以此线索广泛疏导了个体、类、因果、时空等问题，并从中揭示出各种认知性的活动，其实都是心性本体的直接作用。《生命存在与心灵境界》的相关内容较《道德自我之建立》更显系统、完备与圆融。在思考的深广度上，前者非后者可比；但后者已经奠基了前者的思想取向了。

四、结　　语

本文主要梳理和讨论唐君毅早年最重要的哲学著作《道德自我之建立》对于心性本体的体证与阐发。首先，唐君毅从道德自我、道德生活出发，以道德自我的"超越""能够""应当"三义，体证和确立了心体的真实存在性；其次，他通过对生活的道德化的过程的展示，揭示出心体不能自我孤悬，心体对于现实的身体与世界，都是要肯定的，而通过对身体与世界的肯定，则心体必然是融通当然与实然、理想与现实的仁心仁体；最后，唐君毅还通过对感觉认识活动的过程的阐发，以揭示出心体的即有限即无限、即变易即不易之蕴。通过这三方面的内容，唐君毅推进了儒家的心性之学，并使得传统的心性之学能够进入哲学的思辨中去，而与各种不同的哲学形态进行互动。在他看来，欧洲近代的理性主义、理想主义，如康德、费希特、黑格尔的哲学，颇能把握到道德自我与道德生活的重要特征，但是由于其未能进一步善体心性本体，所以尚有一间之未达；而他此书的一个旨趣，则在将近代理性主义、理想主义哲学作出消化、引申、调适，而使之能再有向上之一步，而通达至心之本体而后止。通观此书，笔者认为他能够基本呈现出中土儒学心性之学与近代理性主义、理想主义哲学的相通之处与殊别之处。中国哲学界如果要通过哲学的方式进一步界说心性之维,则不能不先正视唐君毅在此书中的相关阐发与体证。

当然,本书尚有许多未详、未尽之处。例如,唐君毅后来在该书的《重版自序》中,反思此书详于道德自我、道德生活,而略于道德实践、涉世之理,是其中的不足。他认为,道德实践是道德哲学中的一个独立论题,而对于这个论题,前贤多以格言精语道出其所证,而对于其个中委曲,则未有系统的阐论。① 事实上,我们不仅通过道德自我、道德生活而可以体证心性本体,通过道德实践的曲折,我们亦可以体证到心体的流行。对于道德实践的问题,后来唐君毅在《生命存在与心灵境界》一书的"道德实践境"的内容中有所补足。另外,此书除了详于道德自我而略于道德实践之外,还有若干重要问题未作进一步的处理。例如,为何道德自我或心性本体能够本着当然之义,而能够超越现实的自我?这当中的根源何在?对此问题,《道德自我之建立》亦未有系统的处理,而后来唐君毅在《生命存在与心灵境界》中,则通过"心境感通"的线索,而对此有所疏导。

另外,与其他现代新儒家一样,唐君毅在不同形态的主体与自我当中,最重视的是道德自我,并通过道德自我而体证出心性本体。但是,主体除了道德主体之外,还有求真主体、审美主体等主体,而自我除了道德自我之外,还有求真自我、审美自我等自我。那么,这里的问题是,心体是道德自我、道德主体的根源,还是所有自我、所有主体的根源?从《道德自我之建立》一书中,我们大概可以看到唐君毅应是赞同后者,因为他不仅通过道德自我的当然义以确立心体,也通过感觉认识活动以体证心体,这意味着他认为道德自我与认知自我都根源于同一心体。而这样一来,我们则还要问:同一心体,既能呈现为道德自我,又能呈现为认知自我,这两个呈现的机制是相同还是不同?如果是相同,则为何心体会呈现出两种不同的自我?如果是不同,那么为什么这两种不同的自我最后可以汇归至同一心体?此外,道德自我与求真的自我、审美的自我等的关系如何?哪一个自我最为根本、最有基础性的意义?在唐君毅看来,应是道德自我最具有根本性的意义,但这当中的理由何在?对于上述这些问题,唐君毅在《道德自我之建立》中都未有系统地作出探讨。这是该书的另一遗憾之处。

---

① 参见唐君毅:《道德自我之建立》,《唐君毅全集》,第4卷,第3—19页。

试论唐君毅的道德自我学说

王林伟[*]

道德自我学说是唐君毅先生整个思想体系的枢纽,有必要对其做确切的把握。以道德主体性为主导问题,本文首先从道德哲学、道德形上学以及文化哲学三个进路对唐氏的道德自我学说进行重构。在此之后得到梳理的是其思想渊源:亦即儒学、佛学、德国理想主义和自然主义认识论。基于此上重构和梳理,本文对唐氏之道德自我学展开批判性的考察:指明其间所包含的洞见和局限并尝试着对其加以推进。

引言:探讨的意义与方式

从历史的整体来考察儒家思想的发展,儒学三期说的提出有其相应的意义[①]。根据此说,儒家思想的发展经历了三个大时代:亦即先秦、宋明和现代。先秦和宋明儒学的地位早已得到确立,但现代新儒家的思想目前还在展开之中。它是否真的能够完成第三期的发展,这仍然有待历史的继续展开。但此下这点是无疑的:在古今、中西交汇的背景下,现代新儒家为儒家思想的新开展已做出了不少可圈可点的工作,儒学的未来发展只有在批判继承其成果的基础上才有可能。众所周知,唐君毅(以下简称唐氏)是现代新儒家的杰出代表。相对牟宗三而言,学界对唐氏思想的探讨显得有所不足。本文即意在从唐氏早年的道德自我学说出发,对其思想做初步的探索。

---

[*] 本文的撰写受到武汉大学中国传统文化研究中心自主项目经费的支持,特此感谢。作者信息:武汉大学中国传统文化研究中心。

[①] 儒学三期说最早由牟宗三在《道德的理想主义》一书中提出,后来在学者中被广泛接受。刘述先即据此而讨论儒家思想的三个大时代。本文认为,自创发性、体系性而言,儒家三期说是可以成立的。

盖道德自我学说是唐氏思想体系的基石或枢纽,由此出发可以通达其思想的整个殿堂。另外,道德自我学说也是探讨现代新儒家思想的重要突破口,由此我们可以窥见整个现代新儒家思潮的动向和消息。然而遗憾的是,学界目前对唐氏之道德自我学说的探讨依然有所不足。本文即尝试着在这方面做些推进:亦即从哲学诠释和批判的角度来探求唐氏道德自我学说所具有的启发意义。整个探讨以《道德自我的建立》为本并将遵循以下的思路展开:首先,本文将对其道德自我学说进行义理上的重构,亦即分别从实践理性、道德形上学、文化哲学三条进路来展示其义理架构。其次,本文将追溯这些义理的源头。这种追溯当然要参考唐先生自己的描述,但本文的追溯将不会局限于此。第三,澄清其义理架构和思想渊源之后,本文将尝试对唐氏之说作批判性的考察,以期发现唐氏思想视域中的某些盲点。最后,根据批判性考察的指引,本文试图在某些方面对唐氏的道德自我学说做些推进工作。

一、对唐氏道德自我学的重构

在对唐氏之道德自我学说进行重构之前,我们必须思考如下的问题:唐氏关于道德自我的思考是从哪里入手的?亦即:引导唐氏进行思考的主要问题是什么?只有把握此问题,我们才能真切地进入其思想。在笔者看来,引导唐氏展开思考的主导问题在于:澄明道德生活与道德实践的主体性,并进而由此建立道德的自我以达于理想的人格世界。而其借以澄明道德主体性的根本领悟则是:自由意志或本心具有绝对的超越性,这是唐氏运思的基石或阿基米德点。以此领悟与问题为基础,唐氏在《道德自我之建立》一书中从不同的角度对其道德自我学说加以阐发。根据唐氏自己的说法,这些角度之间是交涵互摄的关系(犹如因陀罗网),本不可截然加以区分。但为了更清晰地展示其义理架构,本文将其运思区分为三种进路,以下依次论述。

(一) 实践理性或道德哲学的进路

这条进路相应于《道德自我之建立》的第一部,该部以自由意志及自觉为出发点,我们可以称之为实践理性或道德哲学的进路,与康德的实践理性学说关系极为密切。其根本要点在于:自由意志在当下一念中能够自作主宰、自定方向,亦即过自觉、自律的道德生活。唐氏认为:一切真正的道德生活,只有置于自觉的范围内才有意义。他从如下五个方面对此加以论证:(1)自觉是道德生活的基础:人类正是因为能够自觉,所以才能自己支配自己,而自己支配自己正是道德生活的本质。因为人类能够自觉地支配自己,所有人类能够而且必须对自己的行为负起责任,那些不能自觉支配自己的存在者是无法为自己的行为负责的。最后,人类有自觉故而有其自由,而且能够随时恢复其自由。人类正是因为有这种自由才能不断地超越已成的自己而创造新的自己。基于这些理由,自觉成为道德生活的基础。(2)自觉点明了人生的目的:这是因为自觉能够开显出应然意识并由此规定人生的目的。应然意识的本质在于如下的指示:去做你应该做的。只有为此自觉意识所照亮的自主自定活动才能规定人生的目的。在此自觉意识之外的任何事物(如快乐、幸福、情境、欲望等),都不能成为人生的目的。盖自觉意识之外的事物都属于不自觉的支配。不自觉即是盲目,盲目即是无真正的目的,只是不自主的盲动。由此,只有自觉能够点明人生的目的。(3)自觉规定了道德行为或道德心理的共性:根据唐氏的见解,道德行为或道德心理的共性在于超越现实的自我。而自觉即是以应然意识对现实自我加以提升、超化,对现实自我的超越正是经由这种提升、超化工作而完成的。因而我们可以说:自觉规定了道德行为或道德心理的共性。事实上,自觉所具有的超越性就是自由意志或本心的超越性,其根本力量即源于此。(4)持续不断的自觉是道德生活发展的可能性所在:根据此前的阐述,持续不断地自觉即是持续不断地超越现实的自我,亦即持续不断地以自由来实现更多的自由。而自由、自主、自律生活之贯彻即是道德生活持续不断的发展。由此可见:正是自觉开启了道德生活及其无限发展的可能性。(5)持续不断的自觉也是生活道德化之可能性所在:此上所言的自觉不会仅仅停留在狭义的道德实践领域。实际上,道德生活的不断发展就是全部生活的不断道德化,亦即不断地以道德理性照亮全部生活并达于通体透明的德性境界。需要特别说明的是,唐氏认为:此上所言的自觉是不可以向外求索的,它只能以反求诸己的方式来赢得。更确切地说:该自觉只在当下一念。如果真能一念自反,那么当下便得本心。如果能够念念自觉,那么道德之能事毕矣。所以唐君毅说:"当下的你负担着你之道德生活及整个人生之全部展开。当下的你自觉之深度、自由之感之深度,决定你的道德生活及你整个人格的伟大与崇高。"①

(二)道德形上学或先验唯心论的进路:

第二条进路相应于《道德自我之建立》的第二部,我们可以称之为道德形上学或先验唯心论的进路。其要点在于:肯认心之本体所具有的超越性,并进而由此统贯

---

① 唐君毅:《人生三书·道德自我之建立》,北京:中国社会科学出版社,2005年,第48页。

乾坤、遍润宇宙以成就道德的形上学。简要而言,唐氏是经过如下四个环节来证成其道德形上学的。(1)现实世界的否定:唐氏首先以佛家的缘生义(亦即无生义)为本,揭示出经验的、现实的世界所具有的生灭不已的特性,从而否认现实世界具有终极的真实性。同时,他又本着佛家的悲悯情怀来揭示现实世界的不仁。当然,对唐氏而言,这只是一个消极的步骤,其目的在于引出第二个环节:正面的心之本体。(2)心之本体的肯认:唐氏进而指出,虽然整个现实世界都可以被否定掉,但那要求真实的心灵却不能被否定掉。仿照笛卡尔,唐氏提出"我感故我在"的说法,他认为只有心之本体才具有恒常的真实性。恒常而真实的心体具有如下的描述性特征:一、心之本体作为纯粹能觉超临于时空之上,它是时空的超越者,因而也是所有时空之物的超越者。二、心之本体是显隐不二、能所合一的,因而它也超越了形象之有无和能所之分别。三、心之本体交互融贯就是整个现实世界的绝对主宰,我们可以称之为神。由此三义,唐氏证成了心之本体所具有的恒常真实性。(3)自心体廻向现实世界:此上两个环节的阐释带来了如下的问题,虚幻不真的现实世界和恒常真实的心之本体是什么关系?作为有限的前者又如何能够与作为无限的后者拉上关系?唐氏为此提出了关于有限与无限之关系的吊诡说。唐氏认为:有限和无限是不能割裂的,实际上,有限与无限两者是相即不离的关系。无限就体现在对各种限制的不超超越中:自限制而言是有限,自超越而言则是无限。更确切地说,心之本体所具有的恒常真实性恰恰就体现为对有限之物(生灭)的不断克服与超越上。我们可以将身体与物质世界的生灭进程视为心体之永恒的象征。(4)现实世界重新被肯定:虽然在现实世界中,我们处处可以发现苦、恶、错(充满苦、恶、错的现实世界)。但它们不是绝对的苦、恶、错,它们只是限制之未能超越而产生的后果。一旦经由超越的心体对其加以提挈,它们都可以被转化掉。这就是说,经由此上有限与无限的吊诡,整个现实世界可以在思想认识上重新被肯定,而在行为上则持续不断地被否定(盖精神具有否定性)。在此肯定与否定同时进行的过程中,世界以及对世界的认识同时改变(两者交发并进、相得益彰),而整个现实世界即得到最终的肯定。道德形上学的规模即由此成立,自其对心之本体的超越性的强调而言,亦可称之为先验唯心论。唐氏在此处所端出的道德形上学,与牟宗三经由道德理性之三义而建立的道德形上学可以相通[1],两者在思想上的亲缘性亦由此得到揭示。

---

[1] 参见牟宗三所著《心体与性体》的"综论部分"。

（三）人文化成论或文化哲学的进路

第三条进路相应于《道德自我之建立》的第三部，我们可以称之为人文化成论或文化哲学的进路，与唐氏此后在《文化意识与道德理性》中所展开的思想紧密相关。这条进路的要点在于：它从精神的表现来讲人类的文化，认为一切人类文化都不外是精神的表现。精神的表现即是精神不断外化的过程，而精神外化之路即是人文化成之道。很显然，这是一套系统的文化哲学。唐氏通过以下四个方面来证成其文化哲学的理路。(1) 人类的生命存在具有两面性：这种两面性体现为，一方面人类具有有限的身体，另一方面人类又具有无限的精神。但归本而论，无限的精神统合有限的身体而为一。更确切地说，唐氏将身体和物质的世界视为精神交通的媒介，经由这些媒介，整个宇宙就成为人类精神的交光相网。这也就是说：整个物质、身体的世界都成为精神表现自身的场所，它们既是精神表现的限制，又是精神表现的依赖。(2) 人类各种精神活动是同源的：唐氏认为，人类各种精神活动都源于形上精神对现实身体、物质的突破与超越。这是由第一点而来的自然结论。在超越身体、物质限制的过程中，精神的表现有其种种不同的特性（种类、深度等），根据这些不同的特性可以划分出精神活动的类别。实际上，唐氏的确列出了十二类活动，并将它们归结为三个层次；愈到后面，精神的表现愈纯粹、愈深广。(3) 罪恶的起源及其命运：在精神活动展开的过程中，唐氏特别关注了罪恶的源头问题。唐氏认为：罪恶源于一念陷溺，也就是无限的精神陷溺在有限的身体与物质之中并将有限物当作无限来加以追求（亦即所谓的贪欲），罪恶就产生于这种有限与无限的颠倒错综当中。然而在这种追求中，罪恶最终将否定自身并成为善实现其自身（亦即形上精神实现自己的本性）的通道。要而言之，一切罪恶最终应该且可以被超化，由此唐氏建立其终极的性善论。(4) 精神上升之道：综括此上所言，在唐氏那里，形上超越的精神实在与现实世界之间是相即不离的关系。相对于精神实体而言，身体与物质是象征、媒介、工具（或者说是精神实现自身的道场）。人类有随时陷溺的可能（根源意义上的可能性），甚至有随时陷溺的事实（现实性），但人亦随时有改过迁善的可能（这同样也是根源意义上的可能性）。用宋明理学的话语来说，陷溺即是人欲，不陷溺即是天理。摆脱陷溺而回归天理流行的境界，这就是精神上升的道路。这种上升的道路具有如下的特性：亦即每个人都只能走自己的道路。在该道路的顶端则是作为理想人格的圣人，它是精神上升的最终祈向。在最完善的状态中，得到呈现的是人格世界之真（互识人格之真）、美（互赏人格之美）、善（相与为善）。换句话说，这就是理想的人格世界：至真、至美、至善之交涵互摄。这是人文化成的终极理境,也是文化哲学的最高祈向。

需要补充说明的是:上面这三条进路只是本文所疏解出来的理路,它们对唐氏思想的丰富性和深刻性可能会有所减损,但大体上还是相应于其思理的。另外,正如此前已经指出的,这三条进路之间并非截然区分的关系,毋宁说它们相互之间意蕴贯通。在这种贯通性中,第二条进路尤其具有某种枢纽地位。它最为彻底、最为清晰地展现了唐氏哲学运思的深广度。它彰明了唐氏思想之体,而其他两条进路则可视为此体之用。第一条进路紧扣自觉(自觉即是心之本体的发用)来讲道德生活的本质;第三条进路则紧扣精神(实则精神实在即是形上的心之本体)来展开全副文化生活的规模。这三条进路体用相融、交涵互摄,共同筑就唐氏的道德自我学说体系。

二、唐氏道德自我学的思想渊源

正如唐氏自己所言,其道德自我学说并非从天而降的突如其来者,它从不同的思想传统中汲取了极为丰富的思想资源来建构自身。更确切地说,中、西、印三方面的思想传统都在其学说中有所体现。我们于此无法一一追溯其思想源头,因而只能选取某些关键性的思想资源并对其相关性略加说明。

首先是先秦及宋明儒学的资源,这是最为根本的资源。它构成了唐氏道德自我学说的核心与灵魂,这是唐氏自己在导言中已经明白指出的。这种灵魂层次上的相关性体现在如下这些方面:(1)仁学的根本维度:唐氏的道德自我学根本上是一种仁学,这种仁体现为唐氏所言的"超越崇高伟大之理想、悲愿、仁心[①]",一切运思均在此仁心悲愿的背景中展开。(2)心学的根本洞见:唐氏继承了心学传统的根本洞见,亦即对心之本体的形上性、超越性有深刻而明确的肯认。另外,他也强调一念自反的极端重要性。在某种程度上,唐氏的道德自我学说可视为现代版本的心学。(3)理学的两层架构模式:在理学传统中,形而上者与形而下者相对的格局在唐氏那里也得到了继承,该架构成为唐氏运思的基本模式。(4)理想人格世界的祈向:圣人作为理想人格、天理流行或天德流行作为终极境界都在唐氏那里有极为明显的体现。这表明:自始至终,唐氏在其道德自我学说的展开中都遵循着儒家的基本矩矱。

其次,佛学的资源也在其思想中扮演了重要的角色。佛学中的诸多思想流派,如

[①] 唐君毅:《人生三书·道德自我之建立·重版自序》,北京:中国社会科学出版社,2005年,第8页。

空宗、禅宗和华严宗等,都在唐氏的论述中有所体现。它们虽然未必能构成唐氏道德自我思想的核心与关键,但对其论述方式的影响却不可小觑。例如在对现实世界进行否定的时候,唐氏就特别运用佛家的缘生义来破真实义,从而展现了现实世界生灭流变的无常性。在论述各种类型的有限与无限之间的吊诡关系时,唐氏更是将禅宗思想的神髓加以灵巧的应用,从而更为精妙地阐明了自己的思想。而在人格世界之"交光相网"等说法中,我们则明确地瞥见了华严宗的身影(华严宗之因陀罗网)。

再接下来,德国理想主义的传统也具有举足轻重的地位。康德的实践理性学说、费希特的自我与非我合一说、黑格尔的辩证法及精神学说乃至席勒的相关思想,这些都对唐氏产生了深刻的影响。如唐氏以自觉、自律来界定道德生活的本质,这就与康德的实践理性学说旨趣相通。当然,唐氏更重视从主体、工夫这面来讲道德生活,这是唐氏基于中国传统所具有的殊胜处。唐氏讲人类生命存在的两面性以及精神实体与现实世界之和合关系,这就与费希特自我与非我不可分离的说法相为呼应。唐氏对有限与无限之关系的论述,则明显地具有辩证法的味道。更为重要的是,借助于黑格尔的精神实体学说,唐氏对中国传统思想中所蕴含的人文化成论加以撑开并由此形成其文化哲学。如果说儒学为唐氏提供了根本的洞见与灵魂,那么德国唯心论则为唐氏提供了基本架构。这种架构甚至在某种程度上影响了唐氏对儒学的把握与展示。

此上三种思想资源即唐氏自己所云"东土先哲之教"及"德国理想主义"[①]:前者所以确立灵魂、挺立标杆(以儒标宗、以佛破执),后者所以思辨地展开其具体内容(分析地说以康德为宗、历程地说以黑格尔为宗)。但在此之外,我们还必须指出:唐氏的论述也深受自然主义认识论的影响,这主要体现在唐氏对身体、物质、认识的解说中。如果说此上三种资源所带来的主要是正面的影响,那么最后这种影响则以负面居多。我们以身体为例,唐氏就此曾说:"身体作为生理结构组织,原是一套机括一空架子""身体是消极意义的存在,为心理活动之积极表现而存在""身体原来是一在逐渐销融中之外壳"[②]。对身体的这种认识表明:唐氏对身体、物质的理解依然笼罩在自然主义认识论的阴影之下。对此唐氏自身并未做出说明,然其影响却不可忽视。在唐氏的具体论述中,归属这种认识论之下的阐述随处可见。它们指示出唐氏思想的某些盲点:例如,感性之先验维度的缺失、原始义之身体的隐匿。我们可借此

---

① 唐君毅:《人生三书·道德自我之建立·自序》,北京:中国社会科学出版社,2005年,第14页。
② 唐君毅:《人生三书·道德自我之建立》,北京:中国社会科学出版社,2005年,第69—70页。

赢得探求继承、推进唐氏思考的空间。

三、批判性的考察：唐氏之洞见与局限

对唐氏之道德自我学说的义理重构及对其思想渊源的梳理，为我们展开批判性的考察提供了较为扎实的基础。这里所谓的批判性考察包含两个方面：一是揭示唐氏道德自我学说中所蕴含的洞见，二是指明其间可能存在的局限性。对前者须加以继承和深化，对后者则须予以突破和超化。只有综括这两个方面，才能真切有效地对唐氏思想加以推进。

（一）唐氏之洞见

关于道德自我，唐氏之洞见其实很多、很丰富，此处不可能全部道及，我们只能择要而述。简要而言，唐氏关于道德自我的洞见主要体现在以下三个方面：（1）道德理性之凸显与阐扬：这主要体现在第一、第二这两条进路中。第一条进路紧握道德生活与道德实践的根本枢机，亦即以自觉、自律为本来揭示道德生活的基础、人生的目的、道德心理的共性以及广义道德生活的可能性。道德实践的蕴奥在此下的格言中被指明：去做我们应该要做的。这与康德的形式主义伦理学在旨趣上可以相通，然而唐氏对各种道德体验的分析深切而著明，更多地具有工夫、体验的维度。第二条进路以对心之本体的领悟为本，通过对道德理性之性体义与道体义（道德理性不仅是道德生活的本体，更通过其无限性与遍润作用而具有宇宙论的意义）之双彰来建立道德形上学的基本规模。此即超越了康德的道德哲学而真切地落实了牟宗三所谓的道德形上学。（2）心体之先验维度的打开：所谓心体的先验维度，其实就是唐氏所云的心之本体的超越性。对唐氏来说，这是最基础、最根源的洞见，其思想体系即从此洞见中生长起来。该洞见贯穿在唐氏关于道德自我的所有运思中，在第二条进路中表现得尤为明显。先验、形上、无限等特征，无非是对此超越性的不同描述。（3）精神活动之辩证开显：这主要体现在第三条进路中，该进路具体而微地描述了精神的上升之道。在唐氏看来，所有的人类活动无非都是精神生活的不断展开（既有深度的展开，也有广度的展开）。唐氏由此撑开了文化意识生活的宇宙，这是前人所未能完全做到的。

（二）唐氏之局限

在揭示其洞见之后，我们也须指出唐氏道德自我学说中所蕴含的某些局限性。

在笔者看来,以下三点或者可以构成其局限性。(1) 唐氏之两层存有论有割裂存有之嫌疑①:根据此前的梳理,本文认为唐氏的道德自我学说中隐含了两层存有论,我们可以分别称之为本体层和现象层。前者具有超经验、超时空、无生灭、无限等特性,而后者则以经验性、时空性、生灭性、有限性为其根本特征。更具体地说,唐氏所谓的本体包含两个方面:心本体以及作为物质、身体之两端的物质能力(这两者处在不同的层次)。唐氏认为作为两端的物质能力是我们无法认识的,它们类似于康德所说的物自体。现象则是心之本体藉物质能力之消除而来的绽放。此上是从世界整体来讲,与康德在《纯粹理性批判》中所言相类。这种两层性亦体现在主体结构上:自外看之身体与自内看之精神,然以精神为统会。唐氏曾说:"什么是有限之源?是身体。什么是求无限者?是心之本体。"②从世界整体来讲与从主体本身来讲,两者之间有着微妙的差别。推本而言,唐氏思想是以主体性作为运思之出发点的。(2) 完全透明的道德理性:道德理性在唐氏道德自我学说中具至关重要的地位,我们可以用光的隐喻来对此加以说明。道德理性是纯粹的、本源的、完全透明的光,它穿透黑暗抑或不透明的身体与物质,并将后者带入光明之中。心之本体的超越性与至善性、自觉所具有的无限功用、精神之交光相网,所有这些描述都指向完全透明的道德理性。然而,我们必须指出:这种完全的透明性只是理想、向往和信仰,它并不能完全道出道德生活的全部实情。或者说:它表征着圣人之极致而非普罗大众之生活。(3) 对物质与身体之贬损:与对道德理性的高扬相对,我们在唐氏那里发现了对物质和身体的贬损。在唐氏看来,身体是某种非独立的、消极性的存在;身体与物质的存在具有黑暗性。对心之本体而言,身体和物质世界只具有资具义和表现义,在某种意义上它们是需要被治疗、需要加以超化的对象。这体现在唐氏的如下说法当中:"身体作为对心之本体之表现的原始的形式限制""身体是生理痛苦、精神痛苦之根源,也是错误之根源、罪恶之根源"③"我们之身体本只具有限之物质,他是与其他有限之物质的东西,平等的存在于时空"④。实际上,唐氏的这种见解代表了现代新儒家的普遍态度。

---

① 唐氏自己曾指出:"此部(案:指第二部)乃先分开形上与形下,而再合之,故易引起人一种以形上与形下,心灵与身体物质对峙之情调。我在第三部之精神之表现,乃改而自始便自形上与形下,身体与心灵之合一上出发。"(唐君毅:《人生三书·道德自我之建立·导言》,第 8 页。)然而这种合一仍是以精神为本、为首出的合一,身体、物质不具备其本质独立特征。
② 唐君毅:《人生三书·道德自我之建立》,第 74 页。
③ 这当然不是唐氏之定论(定论为"一念陷溺"),但此中仍透露出唐氏对身体与物质的贬损。
④ 唐君毅:《人生三书·道德自我之建立》,第 72—73 页。

需要加以说明的是：虽然此上我们分三点来论述唐氏思想的局限，但所有的批评其实都可以汇聚在第一条批判当中，第二、第三两点无非是对第一点的深化和细化。从整体上来看，唐氏的道德自我学说具有十分严肃的道德意识（这点尤其体现在其自觉说上），它表明了君子对自身所持的高标准的道德要求（道德无放假）。就此点而言，它带有宋明理学的深深烙印。这种严肃的道德意识在其论述中随处表现，并且带来了某种泛道德主义的倾向。唐氏似乎未能看到：这种道德意识是某种高阶的意识活动，其真切落实必须回到某种本源的境域之中①。唐氏对心之地位的拔高、对身体与物质的贬损，阻碍了他以更切近的方式去进入这个境域。我们将此境域标识为幽明相生的终极发生境域，它具有缄默的维度、幽隐的特征（无言之言、无声之声抑或上天之载，无声无臭）。以此为本，我们赢得了推进唐氏思想的空间。

四、结语：继承与推进的尝试

赢得了此上的空间之后，我们现在尝试着做些推进工作。推进方式有二：一是对其洞见加以继承与深化，二是对其局限加以突破并对之作调适上遂的工作。前者体现为：把握道德理性的根本特性并使之真切地落实在具体、切身的道德生活与道德实践当中。后者体现为：破除自然主义认识论的限制，恢复身体与物质所表征的感性生活的真正地位，从而为道德生活和道德实践提供扎实、深厚的土壤。事实上，这两方面的工作是相辅相成、交发并进的。

首先是道德理性之真切扎根：笔者认为，在唐氏那里作为道德理性的心之本体，的确可以被视为光明之源、价值之源，因为在人类文化中它的确具有这样的真实地位。但我们也必须指出：它不是彻底无限的绝对光明、更不是无所凭依的纯然价值创造，它并不能彻底地超临于真实的时空之上。毋宁说，只有真切地扎根在那源始的时空整体之中，道德理性才能发挥它本己的功用。所谓扎根，即是指将高悬在天际的道德理性拉回到地上、人间（更确切地说，是"天地之间"）。心灵或者精神实在不是将身体、物质作为资具来加以贯穿统摄，而是在源始身物所共筑的源始情境中开枝散叶、开花结果。换句话说，就是要回到存有之整体，让道德理性扎根于大地之中。

其次是感性生活之调适上遂：这就是说，我们首先要超越隐含在唐氏论述当中

---

① 在重版自序中，唐君毅对道德实践的复杂性有更深入的认识，可以说是部分地回应了此处的批评。

的自然主义认识论,回到原初现象而非一般所谓的现象界。在此原初现象中,我们会发现身体作为心灵的具身化所拥有的原初构造功能及其相对的独立性,我们同时也会发现物性的不可穿透特征及其自身给予性。回归这个层次之后,它们不仅仅是通常所谓的经验、现象,它们也拥有自身的先验维度。对任何理性(当然包括道德理性在内)而言,它们都有其奥秘性。这就是世界的奥秘,理性只有在跟世界(及与理性自身)的真切交往中才能实现自己的真实意义。事实上,在唐氏后来的心通九境之说中,这种倾向或多或少已有所表现,因为唐氏的感通哲学具有根源意义上的开放性。

综括此上两点,我们就赢得了推进唐氏道德自我学的方向。然而正如此前所强调的,这只是初步的尝试,其有效性还有待进一步的检验。此外,还需补充说明的是:唐氏道德自我学说虽有其核心地位,却远不能覆盖其学术思想的全部内容,须得结合其他内容才能更好地理解其道德学说,但本文限于篇幅和学力却未能触及。另外还需指出:唐氏之学术思想实有不断的进展,其后期的感通思想尤具特色,对其早期的到的道德自我学说有实质的推进,但目前学界的相关探讨尚未全面展开。我们期待更丰富、更深入的研究,以期展示现代新儒家思想的高致并引领儒家思想的未来开展。

唐君毅佛教心性论研究述论

——以《中国哲学原论·原性篇》为文本

沈　庭[*]

唐君毅先生乃20世纪的学术巨匠,著作等身,其《中国哲学原论》系列,篇幅巨大,分为四部,分别为《中国哲学原论·导论篇》《中国哲学原论·原道篇》《中国哲学原论·原性篇》《中国哲学原论·原教篇》。其中《中国哲学原论·原性篇》(以下简称《原性篇》)紧扣"性"这一核心问题,"通中国哲学之全史以为论"[①],对中国哲学史上各家各派、各个时代的人性论及其发展流变的历程作了全面论述。该书有将近三分之一的篇幅讨论佛家之言性,主要论述了般若宗、唯识宗、南北朝之佛学各家、华严宗、天台宗、禅宗等佛家各派之佛性论、心性论的核心要义及其演变情况,唐先生以哲学史家之方法和眼光来分疏、论述佛教心性论之相关议题,颇具其自身之理论特色。霍韬晦先生曾评价《原性篇》关于佛教心性论的讨论"在当时来说,无遗为一篇综摄分疏自六朝以来到唐宋之交的佛教思想流变的大论文,为前所未有。"[②]本文将以《原性篇》为主要考察对象,力图论述《原性篇》在讨论佛教心性论上的理论创见和方法论特色。

一

唐君毅曾自述其哲学史的研究方式为"即哲学史以言哲学,或本哲学以言哲学

---

[*]　作者信息:武汉大学国学院讲师。
[①]　唐君毅:《中国哲学原论·原性篇》"自序",中国社会科学出版社,2005年,第1页。
[②]　唐君毅:《中国哲学原论·原性篇》"导读",第3页。

史"①,这种方法介于以历史先后为次序论述哲学思想之历史发展的"哲学史"方法和以探讨哲学义理而求普遍永恒之价值的"哲学"方法之间,"不同于:将一哲学义理,隶属于一历史时期之特定之人之思想,而观此思想与其前后之其他思想,及社会文化之相互影响之一般哲学史之著,亦不同于:面对永恒普遍的哲学义理而论之之纯哲学之著。"②它是这两种方法的"杂交",但实际上该书历史考证的意味淡薄,而阐发和分析哲学义理的色彩浓厚。虽然《原性篇》大致依据时间线索而次第展示中国哲学史上人性之种种理论,但对这个历史线索的处理是非常粗犷的,该书更多地致力于分疏各家人性论演变的内在义理线索。

唐君毅将这种方法的态度概括为:"要在兼本吾人之仁义礼智之心,以论述昔贤之学。古人往矣,以吾人之心思,遥通古人之心思,而会得其义理,更为之说,以示后人,仁也。必考其遗言,求其诂训,循其本义而评论之,不可无据而妄臆,智也。古人之言,非仅一端,而各有所当,今果能就其所当之义,为之分疏条列,以使之各得其位,义也。"③以此态度观中国哲学史,则各家各派的义理可以"不同而同之""不齐而齐之","矛盾冲突乃无不可解",即使是义理之间明显的矛盾冲突之处,也"皆只是宛然而暂有,无不可终归于消解;以交光互映而并存于一义理世界中。"④唐君毅将这种"即哲学史以言哲学"的方法贯彻于其对佛教心性论的讨论之中,从而展现出其在佛教心性论研究领域的独特见解。

大体而言,唐君毅对佛教心性论的研究包括如下三方面:

(一)主张佛教心性论丰富了中国固有哲学的心性论内容。唐君毅论佛教心性论有着"纵向"和"横向"两个维度,"纵向"即历史维度,将中国佛家心性论放入魏晋玄学和宋明儒学之间,视其为魏晋南北朝直至隋唐时期中国哲学心性论发展中极为重要的一环;"横向"即与中国固有儒道二家作比较,凸显佛教心性论的特点,他认为佛教的传入,给中国固有哲学的心性论带来了新的理论。他将佛家的谈心性之义归结为六种:(1)妄执之自性。按佛教教义,一切诸法都是不断流变的,有待因缘和合而有,宇宙万法都无永恒不变的自性,这是世间最大的真相、实相。但是芸芸众生往往执着于诸法以及自我具有独立不变的实体,故为"妄执之自性",而且这种妄执深植

---

① 唐君毅:《中国哲学原论·原性篇》"自序",中国社会科学出版社,2005年,第3页。
② 唐君毅:《中国哲学原论·原性篇》"自序",中国社会科学出版社,2005年,第3页。
③ 唐君毅:《中国哲学原论·原性篇》"自序",中国社会科学出版社,2005年,第5页。
④ 唐君毅:《中国哲学原论·原性篇》"自序",中国社会科学出版社,2005年,第5—6页。

于生命之自身,是无穷无尽的烦恼、染污之根源。所以佛教以破自性见为基本目标。(2)种姓之性。法相唯识宗较为典型地持有此种学说,它产生于印度四种姓制度的文化背景,认为有情众生在本性上有种别之分。唯识宗说一切有情众生本有五种姓,即声闻、缘觉、菩萨、不定以及一阐提。关于一阐提是否有佛性曾在中国佛教史上产生过多次重大的争论。这种种姓论的人性学说与中国儒道二家认为人人皆可成贤成圣的人性论显然差异较大。(3)同异性质之性、总别性、种类性。"同异之观念,中国固有之,然谓事物或诸法总别之相为性,此亦佛学传入后乃有之新观念。"①中国固有的同异种类之"性"或"质",皆指属于具体存在或生命或人心之一内在的性或质,而佛教所言之"性"抽象性更高,更具形而上学的特征。(4)自体或自己为性。也即一文句中主语之所指,而可以差别之宾辞说者。(5)种子与心识之因本或所依体性之性。按佛家"八识"说,一切诸法的种子或功能都潜伏于第八识阿赖耶识中,该识也称"本识",为诸种子所依之体。窥基说:"性者体也,体即本识,种子是用。"(《成唯识论述记》卷16)如来藏系佛学则以如来藏识与阿赖耶识不一不异之如来藏藏识为体。虽然佛家各派对此体性之性理解不同,"然皆是由其为种种当前之相用或当体之所依之实体,而得名者也。"②唐君毅此种综合概括也体现了其抽象思维之能力。(6)价值性之性。佛家将价值之性分为三种:善性、恶性和无记性或无善无恶之性。佛家之言性"在究竟意义上,知识义、存在义、价值义,三者恒不可分,故佛家之用一名,亦即可兼摄此三义。"③中国先哲"罕谓此善恶等,本身为'性',自身之又一性。"④唐君毅认为:"上述性之六义,盖可略尽佛家所谓性之一名之所涵。"⑤

其实,唐君毅是基于太虚、罗时宪等人已有的研究成果而对佛家言"性"之类型作上述归纳的。太虚将佛教的"性"归结为十种:一、"诸法离言自性",二、诸法空理以为性,三、诸法不增益不损减之如实相以为性,四、心心所之自性以为性(觉体),五、各各有情之自体以为性(异熟识),六、诸现行法亲能生之种子因以为性,七、亲能生起无漏佛智之无漏种以为性,八、异生之分别二执所具生之二障种子以为性,九、诸法相似不相似之差别分位以为性,即通俗说的类性,十、所谬计妄执之一个实在质体

---

① 唐君毅:《中国哲学原论·原性篇》,中国社会科学出版社,2005年,第112页。
② 唐君毅:《中国哲学原论·原性篇》,中国社会科学出版社,2005年,第115页。
③ 唐君毅:《中国哲学原论·原性篇》,中国社会科学出版社,2005年,第116页。
④ 唐君毅:《中国哲学原论·原性篇》,中国社会科学出版社,2005年,第117页。
⑤ 唐君毅:《中国哲学原论·原性篇》,中国社会科学出版社,2005年,第117页。

以为性。① 唐君毅认为太虚分性为十义过于繁琐，且没有——分析其中的哲学意趣，所以他将佛教之性的内涵分析为上述六种。如果将太虚的十义与唐君毅的六义相比较，可以发现唐君毅的六义并不是太虚十义的"浓缩"。他的第一义"妄执自性"与太虚的第十义，他的第三义"种类性"与太虚的第九义基本相同；而他的第五义"种子与心识之因本"是太虚的第六、七、八义的综合，他的第四义"自体或自己为性"总括了太虚的第四义和第五义；然而太虚最为重要的第一、二、三义，也即佛教主张的根本真实的真如性或空理之性却没有独立出来成为一义，而且唐君毅增加了"种姓性"和"价值性之性"，这可以说是他的一大创见。可见，相比太虚从纯粹佛教义理的角度来谈"性"，唐君毅论佛教之"性"更多地是从人性论的角度，而不是法性的角度来谈，也即他自称的"即心灵与生命之一整体以言性"之大方向，②而且其对"种姓"说的关注又为他论述唯识宗言"性"之局限作了铺垫。

值得注意的是唐君毅对佛家言性之"六义"的划分不是随意的罗列，而是认为此六者有着内在的逻辑联系。他认为，佛家言性"初实原自一根本之思维方式"，也即对人们所面对的所谓客观实有之法作分析，认为诸法种类虽多，但本性都是虚妄的，都是人所视为有自性的妄法。因此"妄执之自性"义是逻辑上的第一义，它是其他几义的逻辑起点。"在此种种之性中，最可称为实法者，则首为有情之种姓之性。此乃依于有情究竟能否成圣，与所成之圣之种类，而将具体有情，分为各种者"③，所以第二义便是"种姓之性"。既然众生有种姓、种类之分，诸法也不例外，故有第三"种类性"。按佛教的业力说，业力恒有一个所依之体，也即第四义"自体"之性。此自体可潜隐种子或如来藏等，则有第五义之性。至于第六义之性，则为本此上述之各种性之价值意义，而说其善恶无记之性。④ 可见，唐君毅对佛教所言之各种"性"的涵义不仅重新归纳、总结，而且试图建构了一套逻辑严密的理论体系。

（二）中国佛教心性论的发展有着内在逻辑性。唐君毅在分别论述中国佛学史上各种形态之"性"论时，非常注重梳理中国佛教心性论发展的逻辑理路。唐君毅认为，印度佛学传入中国之后，最先兴盛起来的是大乘般若之教，般若宗是"即空言性"，偏向于讨论如、法性、真际、实际等概念，其实质谈的是空性。此空性是一切现象背后

---

① 黄夏年主编：《近现代著名学者佛学文集·太虚集》，中国社会科学出版社，1995年，第118—120页。
② 唐君毅：《中国哲学原论·原性篇》"自序"，中国社会科学出版社，2005年，第7页。
③ 唐君毅：《中国哲学原论·原性篇》，中国社会科学出版社，2005年，第117页。
④ 唐君毅：《中国哲学原论·原性篇》，中国社会科学出版社，2005年，第117—118页。

的本质,"人欲知此法性,则赖人之空其对一切法之种种分别,空其种种自性之妄执,而后能。此法性,又唯是由正智之无执,所观得之'诸法皆无自性自相,而同为一空'之空性。"①此"空性""法性"与中国先秦两汉从"人物之所能生处所见之性"大为不同。

法相唯识学则即心识而谈空性,将空性纳入众生心识之中来论证,从而构建"阿赖耶识缘起"的基本教义,它开启了后世《起信论》、天台宗、华严宗和禅宗等从"心之体性义"而言"性"的心性论立场。不过法相唯识宗即心识言性,必然导致五种姓说,从而陷入理论困境。唐君毅认为唯识宗的种姓学说有多方面的不足:一是众生的无漏种子之现行,必带外缘熏习,也即正闻熏习,然而"三界皆属有漏,吾人将何处得此无漏者现行之外缘?"②第一位佛又如何获得正闻熏习?可见此说必有不妥当之处。二是如何判断一个人自身之种姓是能成佛之种姓还是不能成佛之种姓?这个问题显然不能答,人在学佛过程中,决不能先自知其种姓。③ 三是假如有一类众生必不能成佛,那么佛的慈悲就是有限的,佛怎么能忍心令一类众生不能成佛?这与佛无尽的慈悲弘愿相矛盾。四是正智所证得的真如是不生不灭的无漏法,但正智本身却由转染成净而来,是依他而起的有为法,有为之正智如何生起无漏之真如?④ 只有"将此真如与证之之心,合为一体"才能解决上述矛盾,⑤故《大乘起信论》等经典以"真如心""一心"统称"真如"与"能证此真如之智"或"智证真如心"为一整体。这种"理智一如",是华严宗、天台宗等共同的根本教义,而有别于唯识之论者。

唐君毅为《起信论》等如来藏系佛学的合理性作了辩护。他说:"人在其修道、求道之心中,既求证此涅槃,则必须同时自信其有能证涅槃之心性。此求证涅槃之心,亦已为一念之清净心,而证涅槃则可说为此心之清净之全幅呈现。此盖心性本净之论所自生。此如孔子之言我欲仁而仁至,即必引出孟子性善之说也。"⑥如果我们修佛道,以求证涅槃境界,那就必须自信此涅槃境界能证,必须自信我们有能证此佛道之"性",并且必须自始即信其有。而此"有",即一形而上之有。"故吾人之思此自性清净之如来藏,即当视之为在人之实际修道历程之上一层面之形而上之有,而逐步贯

---

① 唐君毅:《中国哲学原论·原性篇》,中国社会科学出版社,2005年,第125页。
② 唐君毅:《中国哲学原论·原性篇》,中国社会科学出版社,2005年,第148页。
③ 唐君毅:《中国哲学原论·原性篇》,中国社会科学出版社,2005年,第140页。
④ 唐君毅:《中国哲学原论·原性篇》,中国社会科学出版社,2005年,第150页。
⑤ 唐君毅:《中国哲学原论·原性篇》,中国社会科学出版社,2005年,第151页。
⑥ 唐君毅:《中国哲学原论·原性篇》,中国社会科学出版社,2005年,第153页。

彻，以充量实现于此修道历程中者。"①按唐君毅的理解，此纯净之如来藏"固皆只为一至善之纯精神之存在"②，类似于孟子的"性善"之性，是人们"求转染而依净"的精神动力。如果染污和尘劳覆盖于此清净心之上，则心生尘劳等万法，有生灭门；如果心由修道而舍染取净，以呈现其本有之净心，则还入心真如门，可见《起信论》"一心生二门"之合理。

如来藏说发展到华严宗则成为性起义，而在天台宗则为性具义，最终禅宗"向上一着"，将佛家所言之教观，全摄在"自性"之中。天台性具义主张自性清净心具染净性，而华严性起义主张由自性清净心起染起净，唐君毅说："（天台宗）止观法门论唯言自性清净心具染净性，能修净而通达于染，故分别为染法净业所熏。此同于由镜之明净，故现染净。然染业与心之性相违，能顺心之性者，只在净业；故不言此性净之心，能直成于染业与净业之中也。然法藏则兼论真如心之不动性净，以成于染净，此即不只言性具染净，且言由净性以起染起净，成染成净，染净乃皆直接为一性净之真如心之所起所成矣。"③禅宗则不立文字，直指人心，见性成佛，其实质是"以求直下与诸宗所说'具染净成染净而超染净'之净心或心真如，直接相契，以有此净心之自觉方可；而既契在净心，又复不当自谓其所见之心体为净。"④因为一旦见到自己心体为净，便已经陷入区分染、净的二元对立思维，也便远离了自性。

唐君毅曾对中国佛学中"性"论之发展脉络作一总结："然观整个中国佛学教理之发展，则于一切法治差别，在东晋时期之佛学者，已共许为：可由法性与般若二概念，加以统摄。至于种姓，乃自一有情生命之整体之可能性而说，故种姓之性亦为一统摄性之概念。众生种姓之分，为法相唯识宗所坚持。然天台华严则又或由别教一乘，或由同教一乘，谓一切众生实共一佛种性，以更加以统摄。又唯识宗之于八识差别，三性差别，种现差别，有漏无漏差别，皆分别就其共相自相、共性自性，加以辨析者，在天台华严，亦皆以清净如来藏，自性清净心，法界性起心，心真如之名，或十界一如，一念三千，一心三观等教义，加以统摄。于是此心性之一名辞，亦愈至后来之佛学，其涵义愈丰，在诸佛学名相中之地位愈重要。上文所述性之六义中，印度传来之自性之一义，乃渐全为心之体性之义所代。至禅宗而其所谓自性，乃直指心性自己，

---

① 唐君毅：《中国哲学原论·原性篇》，中国社会科学出版社，2005年，第155页。
② 唐君毅：《中国哲学原论·原性篇》，中国社会科学出版社，2005年，第157页。
③ 唐君毅：《中国哲学原论·原性篇》，中国社会科学出版社，2005年，第167页。
④ 唐君毅：《中国哲学原论·原性篇》，中国社会科学出版社，2005年，第185页。

若全忘印度传来之自性之原始义。"①可见在《原性篇》中关于佛家言"性"的部分可以独立成一个意义体系,它几乎全面梳理了印度佛教心性论中国化的逻辑演变过程。在唐君毅看来,佛教心性论在中国化的历程大致依次经过了:般若宗即空言性——唯识宗即识言性——《起信论》如来藏说的兴起——天台性具义、华严性起义——禅宗自性义等几个阶段,其总方向是:"以心性为主,统摄一切法之佛学教理。"②这也实际上论证了中国化佛学的合理性,似乎也可看做对近代以来佛学界反传统倾向的一次"拨乱反正"。

而且唐君毅认为此整个佛教心性论的中国化过程都是他所总结的佛家所言"性"之六义的展开,"历东晋南北朝至隋唐,中国佛学所讨论之问题,与性之一名相关联者,有法性、种姓之性、三性、心识体性、性之善恶等问题。……约而论之,此中种种关联于性一名之问题,皆不出于吾人前所谓性之六义之外。"③所以《原性篇》论佛教之性是一个结构完整的"总—分"结构,充分体现了唐氏"即哲学史言哲学"的特点。

(三)会通儒佛与由佛入儒之性论。唐君毅虽然为一儒家学者,但对佛家却不持绝对的否定态度,而是力图以儒学为本位来会通儒佛。唐氏认为对发心修佛道的人来说,禅宗教人当下见性自然有其意义,但不是每个世人都追求佛道。而且客观天地万物是否为唯识所现,或只言其具空性、法性或佛性而已足以,"此常人固不能无疑。"④佛家心性论虽然精微博大,但却仍有大量的宗教式的隐秘和预设在其中,故儒道二家的心性论可与之并行,鼎足而三,不可以某一家全面替代其他家。

首先,唐君毅认为儒佛二家在心性论的立论起点上是不同的,佛家主张人生无常皆苦,故其心性论之原始动机为欲求出离世间之苦与染业,探求众生受苦之因缘与解脱之道。儒家则"依人之面对世界而与之作平等的感通之心境,而就其所感、能感,及感后之所生者以言性,与佛家思路之不同。"⑤而且儒家认为生生不息之世界是可乐的,"儒家则素缺'无常故苦'之世界观,或以生死为人生之大苦之人生观。无常即变易。自周秦儒家观之,变易之义,即含生生之义,变易之事,即生生之事。而生生之事,乃被视为可乐而非所苦者。"⑥佛家讲成住坏空,儒家则讲元亨利贞,对生生变易

---

① 唐君毅:《中国哲学原论·原性篇》,中国社会科学出版社,2005年,第168—169页。
② 唐君毅:《中国哲学原论·原性篇》,中国社会科学出版社,2005年,第169页。
③ 唐君毅:《中国哲学原论·原性篇》,中国社会科学出版社,2005年,第168页。
④ 唐君毅:《中国哲学原论·原性篇》,中国社会科学出版社,2005年,第197页。
⑤ 唐君毅:《中国哲学原论·原性篇》,中国社会科学出版社,2005年,第200页。
⑥ 唐君毅:《中国哲学原论·原道篇(三)》,台湾学生书局,1986年,第425页。

其次，唐君毅认为李翱的"复性"说为沟通儒佛心性论作了铺垫。一是李翱在《中庸》的诚明并言之中加入了一个"虚"字，"诚而不息则虚，虚而不息则明"，唐君毅认为这"或正在说明儒家之诚之不息中，亦摄具道家佛家言虚言空之义，以见儒与佛道之可于此相通。"① 二是李翱"以诚言性"，启发了宋儒承续《中庸》而以诚为天道人道之本的滥觞。

最后，唐君毅花了大量力气论证儒家的"诚"可会通、融摄佛家心性论。禅宗讲以直心去顿超直悟，唐氏认为此直心去中之"直去"或顿超之"超"中，定有一"能趋、能向此真空自性"之"能"性，而此能"超"能"直去"之性，乃一"成此真空之显"之性，此"成"固非空而为有，而此"成"，亦即为一人之"能自成其证真空"之性。此"成"之性，即一性德之诚、或诚性也。② 这已经将佛教不执着、不造作的心性追求偷梁换柱为儒家君子成德之教了。唐氏更进一步反问：按唯识学种子生现行之说，善种子生善行，这过程必有"生"，则其间可"见一精诚贯注乎?"按《起信论》，心真如相续而"发"，于此心之"发"之中，而见有一诚性在乎?③ 此外，唐氏还依据佛教不杀生之教，推论佛教对此世界中的生命存在有一义之肯定，所以这个世界之存在为善，不能只视为染业之积聚之地，此世界非只值得悲悯，也值得敬爱。④ 唐君毅主张儒佛各有其分际，各有其合理性，人固不可先存门户之见以徒执一偏以为说。⑤ 他的目标是会通儒佛，认为儒佛之间的冲突矛盾"唯有观行之方便上之理由，而无真实义理上之理由"⑥。

由上可见，唐君毅论述中国佛教心性论之演变的基本方法是"即哲学史以言哲学，或本哲学以言哲学史"。"史"的维度最终服务于"哲学"的维度，在唐君毅那里，中国佛教心性论史实质上是人类"文化意识"的一种发用或体段。所以唐君毅对历史考证的处理是非常粗线条的，例如唐君毅认为法相唯识宗是般若学转向中国佛学心性论的过渡环节，法相唯识学的心性论是天台、华严心性论的先导，这与史实严重不符，中国佛学在东晋南北朝时期一个重要转向是由般若学转向涅槃佛性论，此中《涅槃经》的传译以及竺道生等人的影响起来重要作用，而且天台宗是隋唐时期第一个形

---

① 唐君毅：《中国哲学原论·原性篇》，中国社会科学出版社，2005年，第202页。
② 唐君毅：《中国哲学原论·原性篇》，中国社会科学出版社，2005年，第204页。
③ 唐君毅：《中国哲学原论·原性篇》，中国社会科学出版社，2005年，第206页。
④ 唐君毅：《中国哲学原论·原性篇》，中国社会科学出版社，2005年，第209页。
⑤ 唐君毅：《中国哲学原论·原性篇》，中国社会科学出版社，2005年，第209页。
⑥ 唐君毅：《中国哲学原论·原性篇》，中国社会科学出版社，2005年，第206页脚注。

成的佛学宗派,它的兴盛先于玄奘所提倡的法相唯识宗。所以唐君毅对佛教心性论的研究不可看做"佛教史学"的,而应看作"佛教哲学"的研究成果,更多地反映了他独特的哲学观。

二

唐君毅的佛教心性论研究不是呈现了一堆零散的哲学史论点和史料,也不是完全是一种坚持价值中立的客观学术讨论,而是渗透、体现了其一以贯之的哲学思想,这从他评判佛家心性论的价值取向、会通儒佛的立根处等几个方面可见一斑。

(一)评判佛家心性论的价值取向。中国佛教心性论大体而言可分为两大系统:一是法相唯识学的阿赖耶识说,一是《起信论》所代表的如来藏说,此两大佛学系统的争论是近代佛学史上最可值得注意的现象。断绝千年之久的唯识学在近代的复兴本身便带着对传统佛学的批判意图,欧阳竟无、吕澂、王恩洋等人大力弘扬唯识,而斥《起信论》一系的如来藏说及中国化的禅、台、贤等为"相似佛学"。唐君毅曾总结这些学者的观点为:"近人宗唯识宗之说者,则谓起信论之误,首在将真如与正智不分;不知真如之不生。并谓此以真如为能生万法者,乃同于外道之梵天自性能生化生万物之论。更谓依起信论之说,则本觉既可以不觉而有无明,则在其有始觉之后,应亦可更不觉,再起无明,则人生永无觉期。再或谓依起信论言本觉之不觉,与由自觉成始觉,皆由自不由他,即皆无因缘,而悖缘生之正理。再或复谓起信论由本觉之不觉而起之无明,更能与其真如相熏,即为染净相熏,淆乱法相,非熏习正义。"①

唐君毅虽自称欲平息《起信论》与唯识学之争,但实际上还是偏向于《起信论》自性清净心的立场。他对唯识学者的批评作了多方面的反驳:(1)人修佛道最终无不以求证涅槃为终极追求,然一旦有此求证涅槃之心,便已为一念之清净心,所以求涅槃便可说是此清净心之全幅呈现。"此如孔子之言我欲仁而仁至,即必引出孟子性善之说也。"②(2)佛之弘愿与学佛者之弘愿必肯定众生皆有佛性,说众生皆有佛性,便已肯定众生皆有此如来藏。③(3)如来藏自性清净心为修道者所最后所证得者,故修道时必须当下即自信其能证,"自信其能证,即须自信其有能证之性,亦有证之之心。

---

① 唐君毅:《中国哲学原论·原性篇》,中国社会科学出版社,2005年,第152—153页。
② 唐君毅:《中国哲学原论·原性篇》,中国社会科学出版社,2005年,第153页。
③ 唐君毅:《中国哲学原论·原性篇》,中国社会科学出版社,2005年,第153—154页。

此心尽可尚未充量呈现,然必须自始即信其有。"①(4)针对唯识学批评如来藏说主张染净相熏,本觉与不觉、真如与无明俱时而起,唐君毅认为自性清净心舍染转净是"一事之二面",可以同时而起,人在修道过程中,染心灭去而净心即生,"人于此便不能只先往观此净之在染之后,更直观此净,以分染净为二段;而必须直就染去而净生为一事处,以观此心之染净。"②所以染净不是同时并存,而是舍染即意味着转净。"人实从未见有染净二门之并在而并现"。③(5)针对唯识学批判如来藏说从本觉到始觉,皆由自不由他,违背了缘生之理,唐君毅依据《大乘止观法门》辩护道,自觉即由自而觉,仍需要自得缘,所以不违背缘生正理。④(6)针对唯识学批判如来藏说的真如缘起说不知真如是无生灭的,唐君毅重新诠释了心生万法之"生"义,此"生"为"吾人之修道心之贯彻于其所遭遇之一切之中,以使之呈现于此心之前,而又与此心求转染而依净,舍染而取净,相依而转"之生。⑤所以此真如心与其所遭遇者俱起而俱生,它贯彻此过程中"一面求转化此所遭遇者,而亦自转化其自身之一心。"⑥可见,唐君毅在唯识学与如来藏说之间,总的来说是偏向于维护如来藏系的自性清净心,而其论证思路既同于《起信论》"一心开二门"理论,又有孟子性善论的色彩,孟子曰:"可欲之谓善,有诸己之谓信,充实之谓美,充实而有光辉之谓大,大而化之之谓圣,圣而不可知之之谓神。"(《孟子·尽心下》)认为本性之善是转化自身心性的道德动力。唐君毅甚至露骨地说:学佛之人"亦必先能直下自观其修道之心,见得此本来性净之心,存于其当下一念求道之诚之中。"⑦这是以"诚"来界定自性清净心,已经完全是儒学式的解读了。

(二)会通儒佛的立根处。前文已经论述过,唐君毅以儒家的"诚"这一个概念来融摄佛教心性论。他认为儒佛之间的"毫厘之差"可由佛家不太重视此诚之概念而见,不过,佛家也有"诚心"的观念,只是它"非贯彻始终以至成佛之心也"。禅宗不惜身命,苦口婆心地普度众生,弘法利世,此中可见有"不惜身命之诚",此即佛家所含之"诚性"。唐君毅的"诚"似乎可理解为一种善良意志,一旦有求善、向善的心便已有

---

① 唐君毅:《中国哲学原论·原性篇》,中国社会科学出版社,2005年,第154—155页。
② 唐君毅:《中国哲学原论·原性篇》,中国社会科学出版社,2005年,第155页。
③ 唐君毅:《中国哲学原论·原性篇》,中国社会科学出版社,2005年,第159页。
④ 唐君毅:《中国哲学原论·原性篇》,中国社会科学出版社,2005年,第156页。
⑤ 唐君毅:《中国哲学原论·原性篇》,中国社会科学出版社,2005年,第157页。
⑥ 唐君毅:《中国哲学原论·原性篇》,中国社会科学出版社,2005年,第158页。
⑦ 唐君毅:《中国哲学原论·原性篇》,中国社会科学出版社,2005年,第160页。

"诚"在。禅宗的终极关怀无非是"直心去顿超直悟",也即凭借有限,力图超越有限而达到无限。此修道心中的"直去",顿超之"超"本身便是向善、向上之性,禅的境界是真空之彰显,那个自心之中力图使真空、实相显现出来的东西,便是"一性德之诚"或说"诚性"。佛家之所以不言此一诚性,是由于过于强调"观"在修行中的重要性,佛家的"观"很多,例如因缘观、空观、禅定观、唯识观、中观、止观、法界观等等。对"依观起行之功夫"而言,"诚"的观念似乎为无用。① 唐君毅认为对个人的心性修持而言,佛家可以不立诚为教,但一旦将个体放入天地万物中看,便必然涉及自他关系,从而要求人过着道德生活,此时道德生活的心性论基础——"诚"便已经在其中了。唐君毅甚至由佛家求道之"诚",推演出佛家心性论转向儒家心性论的全过程:"今若更将人之求佛道,或勉于圣贤之心志与行为中,必有诚之一言,更加扩大而说,则可谓一切人之勉于所事之心志行为中,皆有诚在。至于自一切人皆有可为圣贤或求佛道之诚性而观,更可谓一切人皆以诚为性。由此再进一步,则亦可谓一切有情皆有诚,正如依佛家义之当言一切有情皆有佛性也。然宋儒如周子、张子,于此乃更推进一步,谓天地万物皆依此诚道为本以生,亦依此诚道以为性。明道伊川朱子,更以理言性,而由此理之必实现于气言诚,亦言此理之为实理。"②

唐君毅曾于1946年作《宋明儒学之精神论略》一文,试图会通儒佛,其基本观点是:"以为佛家既有其修道之诚,则亦不能离此诚道;其不言及,唯有其观行之方便上之理由,而无真实义理上之理由。"③此文曾呈请当时的唯识学大家、也是唐君毅的四川同乡王恩洋先生批阅,遭到王恩洋、张德钧作文批评其"意在诋佛学"。唐君毅二十年多后作《原性篇》时依然坚持自己的立场,并表示:"实则吾乃意在明儒学自有其立根处,而此立根处,亦非佛所能外,即可见儒佛之通处。"④表明其心意实不在诋毁佛学,而是会通儒佛。不过,唐君毅所谓的"立根处"自然是儒学的,可以说他对佛教心性论的整体研究都立足于这个"立根处",其实质是以儒来摄佛,从而实现儒佛会通。

由上可见,唐君毅的佛教心性论研究立足于儒学的立场,渗透着他独特的哲学理念和价值取向。作为一个有着自己完整的哲学体系的现代新儒家,唐君毅的佛教心性论研究无疑是其文化观、哲学观的一种具体运用和展开。具体而言,唐君毅以"道

---

① 唐君毅:《中国哲学原论·原性篇》,中国社会科学出版社,2005年,第260页。
② 唐君毅:《中国哲学原论·原性篇》,中国社会科学出版社,2005年,第203页。
③ 唐君毅:《中国哲学原论·原性篇》,中国社会科学出版社,2005年,第260页脚注。
④ 唐君毅:《中国哲学原论·原性篇》,中国社会科学出版社,2005年,第260页脚注。

德自我"或说"道德理性"作为价值中心来统摄他的哲学史研究,所以他的价值取向是典型的儒家格调。他曾自称其文化哲学"乃扩充孟子之人性善论,以成文化本原之性善论。"①在对佛教心性论的讨论中,他在判释唯识学与如来藏说时,对自性清净心作了大量的辩护,偏向于支持《起信论》以及禅宗等中国化佛学的心性论;在会通儒佛时,又以宋明理学的核心概念"诚"来论证佛家修道之中"诚亦自在,而不须更立此诚之概念"②,实际是以儒摄佛。这都是其"文化本原之性善论"的具体体现。

在唐君毅哲学中,"道德自我"是整个文化宇宙的支撑点。他首先确立了道德自我为人人具有的纯善心体,"我曾从一切道德心理之分析中,发现一切道德心理,都源自我们之能超越现实自我,即超越现实世界中之'我',所以超越现实世界之'心之本体'中,必具备无尽之善;无尽之善,都从它流出。同时我深信,心之本体必是完满,因为它超临跨越在无穷的时空之上,无穷的时空中之事物,便都可说为它所涵盖,它必然是完满无缺。"③进而推衍这个道德自我不是某个人所有,而是人人共有,"心之本体即人我共同之心之本体,即现实世界之本体,因现实世界都为它所涵盖。心之本体,即世界之主宰,即神。"④既然现在的世界是心之本体的显现,那么,古今中西的文化宇宙无不如此。唐君毅说:"道德自我是一,是本,是涵摄一切文化的理想的。文化活动是多,是末,是成就文明之现实的。"⑤一切文化现象、文化形态和活动都是道德自我这个"一"或"本"的分殊。历史地看,则各个时期的文化活动都是道德自我在不同时期的具体展现,唐君毅说:"一切人类之活动,都是属于同一的精神实在,只是同一的精神实在表现其自身之体段,一切人类之活动,在本质上是互相贯通、互相促进、互相改变的。唯由此而后,低的活动可以含高级活动之意义,低级活动可转化为高级活动。人之重低级活动者,有自然而然的到重高级活动之路。"⑥所以唐君毅对佛教心性论的哲学史考察有着其完整的逻辑结构,其对佛家论性之六义的诠释似乎既是佛家的世界观一个方面,又铺展而成佛教史上不同时期的各种学说,似乎各期佛学皆是同一个"心"的精神活动;而且佛家言"性""自然地"会演变为宋明儒学家之"性",整个中国哲学史都是"同一的精神实在在表现其自身"。

---

① 唐君毅:《文化意识与道德理性》,台湾学生书局,1986年4月,第17页。
② 唐君毅:《中国哲学原论·原性篇》,中国社会科学出版社,2005年,第260页。
③ 唐君毅:《道德自我之建立》,广西师范大学出版社,2005年,第86页。
④ 唐君毅:《道德自我之建立》,广西师范大学出版社,2005年,第87页。
⑤ 唐君毅:《文化意识与道德理性》,台湾学生书局,1986年4月,第6页。
⑥ 唐君毅:《道德自我之建立》,广西师范大学出版社,2005年,第129页。

三

唐君毅对佛教心性论的研究是他哲学史研究的一个环节而已,但是却也足以反映了他整个哲学体系的一些核心特征。他以心本体论综摄人类文化大全,将中国哲学史通篇视作"同一的精神实在在表现其自身",所以他把中国佛教之言性放在魏晋玄学与宋明儒学之间,视其为中国哲学言性之一个承上启下的逻辑环节。不仅如此,佛教言性也有着自身的逻辑发展进程,东晋以降,首先般若宗即空言性,然后法相唯识宗即心识言性,再次《起信论》、天台宗、华严宗和禅宗等从"心之体性义"而言"性"——天台讲性具,华严讲性起,禅宗更"向上一着"将一切教观归摄于"自性"。在唐君毅那里,各家言性不是分头并进,各不相干,而是此消彼长,逻辑递进,唐氏在纷繁复杂、流派众多的哲学史中梳理出一条"心"自身展现自身的逻辑发展史。而且唐氏谈佛家言性之六义,并不是一种简单的归纳总结,而是将整个佛家视作一个精神实体,认为六义之间有着内在的逻辑关联,六义似乎是佛家之心在认识和构造世界时所遵循的六条逻辑规则。可见唐君毅哲学有着明显的本体论思维,他以心本体论来接通一切哲学的思考,他认为哲学是生命心灵活动的智慧表现,哲学史上之各种理论学说都是同一心"体"之不同"用"和"相"的表现。所以唐君毅著名的"心通九境"的哲学系统,试图囊括人类文化的各种价值形态、古今哲学的各种义理,进行"略迹原心"的遍观和通观,冶中西印及儒释道于一炉。[①] 作为一个成熟的哲学家,唐君毅有着自己独特的一套哲学理念,并以此理念来诠释整个生活世界和文化宇宙,这是唐氏哲学具有原创性的根本特征。如果只对某一历史时期的某一特定人物的哲学思想作一零星研究,那么,这至多是一个哲学研究者的工作,但真正的哲学家应该有自己独特的哲学理念,并以此来统摄其研究的方方面面,并对个体生命、文化生活和宇宙世界都作出合理的阐述。所以唐君毅是当之无愧的现代哲学家,他既延续了二千多年来中国哲学对本体论的追求,又对之作了现代意义上的独特诠释。

不过唐君毅的心本体论有着自身的局限性,这从他对佛教心性论的研究也可见一斑。正如上文所说,他的哲学史研究哲学意味更浓,而"史"的维度则比较薄弱,他的哲学史更多地是一种心灵史或精神史,所以他的哲学有着明显的唯心论特征,与其

[①] 单波:《心通九境:唐君毅哲学的精神空间》,北京大学出版社,2011年,第23页。

他唯心论一样,它缺少了对历史和现实的充分关注,中国佛教史在魏晋时期最重要的转向是由般若学转向对涅槃佛性论的讨论,法相唯识学的兴盛相对比较晚,但唐氏显然忽略了中国佛教史中这些现实的、复杂的面向,而对"史"作了过于粗糙的处理,我们猜想这也是为什么唐氏的佛学研究不被佛教研究学者或者佛教教内学者重视和推崇的一个重要原因。而且唐君毅最终归宗儒家心性论,具有儒学"一本性"的特征,故而偏重于强调各家各派的义理可以"不同而同之""不齐而齐之","矛盾冲突乃无不可解",这显然没有"以物观物",对各种哲学之间的矛盾和差异认识不足,不利于实现哲学自身的提升和批判,实际上思想上的矛盾和冲突也是推动哲学发展的内在动力之一。他以儒学融摄儒佛,已然没有对儒佛作真正客观的评价和会通,故而遭到王恩洋、张德钧等人的批判,以己家之立场去融会他家,没有跳出自己立场的局限,自然无法真正为他家所认同和接受。对他者的融摄首先要基于对他者现实性的认同,以己心去体会、诠释他人只能是一厢情愿。所以唐氏哲学的局限性大致表现在缺乏历史和现实的充分考量、缺乏足够的批判性等方面。

如果将唐君毅放到中国近代思想史中来看,唐氏的哲学建构无疑可以视作传统文化重建现代意义体系的一种努力。鸦片战争以后,西方的坚船利炮打开了国门,封闭的地理格局被打破,西方文化随之而入,以富强、进步之姿势猛烈地冲击着中国传统文化。近代中国面临着前所未有的巨大危机,不仅是在器物层面和制度层面,更为深刻的是在文化层面。用"天崩地裂"来形容近代中国一点都不夸张。故而国人的世界图景和自我感知大大地被改变了。此时最为迫切的任务是要重建被西学冲击的支离破碎的"意义之网"。唐君毅的哲学一方面重新在心本体论之下建构中国人的形而上学,另一方面这套哲学又是与其生命体验、道德情感相结合的,唐氏哲学是贯通形上与形下、理性与非理性、世界观与精神特质的。宗教和文化在本质上是"象征符号集(sets)",它"具有天然的双重性,既按照现实来塑造自身,也按照自身塑造现实,它们以此把意义,即客观的概念形式,赋予社会和心理的现实。"[①]这种双重性被格尔兹简略地概括成"世界观"和"精神特质",前者指的是认知的、存在的方面,后者则指特定文化的道德(和审美)方面。二者相互结合、相互作用,共同构成了宗教和文化的核心。"精神气质成为思想上合理的,是因为它看上去代表了一种生活方式,这种生活方式为世界观所描述的事物的真实状态所暗示。世界观则成为情感上可接受的,是

---

① 克利福德·格尔兹:《文化的解释》,纳日碧力戈等译,上海人民出版社,1999年,第108页。

因为它被作为一种事物真实状态的图像,这种生活方式是这种状态的真实表现。"①宗教和文化的本质就在于构建起主观价值与客观存在之间的意义关系,从而为个人解释其经验、组织其行为提供普遍意义。近代佛学的复兴是这种重建意义体系的需求的结果,但是近代佛学孕育出来的主流形态人间佛教在心性论上更多地采取了融摄现代思想的路径,不再在义理上着力提升,而是走向了全面的经世致用,表现出人间性、实践性等特征;反而是现代新儒学融冶中西印哲学、文化于一体,对中国哲学心性论(这原本主要是隋唐佛学的辉煌成就)作现代诠释,从而树立起近现代意义上的中国哲学体系或说意义体系。大致可以说,近代以降,现代新儒学越来越重视心性论的阐发、哲学的建构,而现代佛教则更多在经世致用、人伦日用中发挥作用,更重视社会事务的参与,似乎二者之间存在着角色调换。当然,这个话题仍有待更多细致深入的研究。

---

① 克利福德·格尔兹:《文化的解释》,第 148—149 页。

心灵与艺术境界

——论唐君毅的美学体系

刘　耕[*]

在当今对港台新儒家哲学的研究中,涉及美学的部分相对较少;而其中关于唐君毅先生的更是寥寥无几。可以说,唐君毅的美学思想,很大程度上被学界所忽视了。这或许因为唐君毅并没有专门的美学著作;而且其哲学的主要关怀,是在道德哲学和人文精神上。但事实上,在唐君毅的整个哲学生涯中,他从未放下对美学和艺术的关怀。他的美学,主要偏向艺术哲学,这符合黑格尔对于美学的理解。唐君毅虽未专门精研艺术,但字里行间却展现出其丰富的艺术知识、审美经验,以及对文学艺术的热情。但他又不停留在对艺术事实的叙述上,而是试图将艺术和哲学,艺术和心灵关联起来,以期通过艺术来帮助人实现精神上升和人格的完善。他对艺术的关怀中,充满了理想主义的精神。正如贺麟先生曾经评价道:"他指出心之本体之存在及其真实至善即是道德自我的根原,且说明心之本体即现实世界之本体。最后,讨论精神或心之本体之表现于生活文化的各方面,以明人性之善及一切生活皆可含有神圣之意义。可以说是代表一种最富于玄学意味的理想主义的道德思想。"[①]

唐君毅先生有过大量讨论美学和艺术的文字,散布于他的各部著作中。这些文字中,不乏对美学问题的深刻思考。我们可以说,唐君毅的美学存在着某种体系性。这种体系性是指:

---

[*]　本文受武汉大学青年学者学术团队"中国哲学心性问题的现代性阐释"资助,项目编号 Whu2016002。作者信息：北京大学哲学博士、武汉大学哲学学院讲师。

①　贺麟:《哲学与哲学史论文集》,商务印书馆,1990年,第202页。

一,唐君毅的美学是其宏大哲学体系不可或缺的一个环节。唐君毅深受黑格尔的影响,正如黑格尔将艺术视作绝对精神演进一个必要的阶段,唐君毅也将艺术视作其哲学体系中的重要部分。如在《生命存在与精神境界》中,唐君毅建构了"心通九境"的体系,而艺术属于"观照凌虚境",属于"观意义界"。在对此境的感通中,心灵得以超越"感觉互摄境",获得对"纯意义""纯相"的观照。故艺术是心灵之提升必经的一重境界。

二,唐君毅的美学思想自身也可构成一个比较完整的体系。他涉及美学的文章保持着思想的连贯性和一致性。他确立了"心灵"作为艺术的本体。围绕心之本体,他的美学涵盖了审美对象、艺术境界、艺术之形式和媒介、审美和艺术之功能等多方面的问题。不过,需要说明的是,他以心灵为本体的美学,主要还是阐释中国艺术。

三,唐君毅不仅关心哲学体系的建构,亦关注中华文化和人文精神的弘扬。而艺术正是文化和人文精神的重要载体。唐先生多次论述中国艺术的独特价值,这又与艺术背后中国文化、哲学的特点有着不可分割的关系。艺术是重建人文精神的必要方式。

而本文主要试图探讨上述三点中的第二点,即唐君毅美学思想自身的体系性,并由此呈现唐君毅美学的理论价值。

一 心灵与艺术本体

"心之本体"的确立,是唐君毅哲学思想之发展中关键性的一步,亦是其哲学体系最终得以构建的基础。而心灵同样也是艺术的本体。在唐君毅早期的著作《中西哲学思想之比较研究集》中,有《中国艺术之特质》一文[1],指出中国艺术的七个特色:一、重纯粹之形式美。二、贵含蓄不尽。三、贵空灵恬淡而忌质塞浓郁。四、艺术作品与自然万象之流行能融契无碍。五、以最少媒介象征最多意义。六、自然流露。七、各项艺术精神均能相通共契。

这七个特色,都和心灵及生命态度有关:

一、唐君毅认为形式美其实是心灵境界的呈现。如中国书法,以无意义的点线形式,"竟能象征各种各式不同之心灵"[2]。

---

[1] 此文最早于1935年12月发表于《论学月刊》上。
[2] 唐君毅:《中西哲学思想之比较研究集》,民国正中书局,1947年,第189页。

二、含蓄不尽之美,来自于"反求诸己"之人生态度。中国人回归于自心,以保全人与天本然之和谐①。

三、艺术境界的空灵,来源于心胸的澄澈无染。从空静的心灵中,自然创化万象。如唐君毅提到:"逸品之高,正由于作者胸襟廓然毫无渣滓,故能空以生灵,化机在手,落笔点墨,逸韵无穷。"②"空灵者恬淡之实,恬淡者空灵之本。空灵生于虚,恬淡生于静。是乃前述之虚静其心之人生态度来者也。"③这又是强调艺术的恬淡空灵,来自于虚静其心的内在修养。

四、艺术与自然之融合无碍,"盖由于创作艺术者之心灵,原是与自然打成一片之故。正可谓来自物我双忘之人生态度也。"④由于艺术心灵不把自然视作与我对立的外在对象,而是泯除物我的分别,融身于自然中,才能创造出与自然无碍的作品。

五、极少的媒介能象征最多意义,一方面也由于虚静的心灵能"自由融凝万象,纳大于少"⑤,故极少的形式可在心灵中生成无限的意义。

六、自然的流露,是从人格、从心灵的流露。唐君毅指出中国的各种艺术形式均强调这种流露。如"文学为性情之流露",绘画"贵有泉石膏肓,烟霞痼疾,胸中丘壑,幽映迴缭,郁郁勃勃不可终遏,而流于缣素之间","奏乐则归先有本于心",都是从心灵自然流露而出。"中国人只所重者,唯在其自家心灵之虚静,自家生机之流畅,不重所著于外之迹也。"⑥故艺术所重的并非外在的形迹,而是心灵和生命本体的自然流畅。

七、各项艺术的精神相通,亦有于它们均为"人格之流露,而人格乃以整一不可分"⑦。一体的心灵,为不同的艺术赋予了相通的精神。

可以说,这篇文章已经有将心灵和生命视作中国艺术的本源所在的倾向,只不过尚未对本源未加以细致阐释。

该研究集中还有《中国哲学与中国文学之关系》一文,体现了唐先生对于美学方法论的思考。唐君毅认为要研究中国哲学与中国文学之关系,有两种方法,"一为自

---

① 唐君毅对"反求诸己"的人生态度的论述,见《导言——中国文化根本精神之一种阐释》,唐君毅:《中西哲学思想之比较研究集》,第 28 页。
② 唐君毅:《中西哲学思想之比较研究集》,第 191 页。
③ 唐君毅:《中西哲学思想之比较研究集》,第 191 页。
④ 唐君毅:《中西哲学思想之比较研究集》,第 192 页。
⑤ 唐君毅:《中西哲学思想之比较研究集》,第 193 页。
⑥ 唐君毅:《中西哲学思想之比较研究集》,第 193 页。
⑦ 唐君毅:《中西哲学思想之比较研究集》,第 194 页。

中国何类文学特盛而溯源于何类特发达之哲学思想之特发达。一为提出一种中国文学哲学所共同表现之中国人之普遍的人生态度心灵活动之方式以说明中国文学哲学上各特质。"①第一种方法将哲学视作文学背后的思想根源。第二种方法可说是将文学和哲学视作共同的精神本体在不同层面的呈现。第二种方法显示出唐君毅先生以心灵为本体构建哲学体系以涵盖人类精神生活不同层面的思想倾向。

但在此文中,唐君毅主要还是采用的第一种方法。他指出中国文学三个最重要的特点:一,重自然之主题。二,重伦理道德之主题。三,重人生在世之根本情调的表现。这三点的论述都相当深刻,尤其第三点,揭示出中国人的生命观与西方人的深层差异,以及其和文学间的关联。简而言之,唐君毅认为:中国人的悲感和乐感均与西方不同。西方人的悲感,来自于人和宇宙的冲突,或人性之矛盾的冲突。西方人的乐感,来自于人之意志的战胜超拔。中国人的悲感,则是观人生之无常,进而悲叹生命之虚无梦幻。但中国人亦有乐观之一面,"信当下一念清明,即彼界天国即在吾心,未来之无穷可能皆具于当下充塞宇宙之真心。循此人生态度则能生顺死安,视死生如昼夜,盖心一不离当下,即无时间长短比较之念。"②唐君毅这里一念清明的"真心",比较接近禅宗思想。但他已揭示出真心对时间性的超越,以及真心"充塞宇宙"的普遍性。发挥真心,则能获得人生的超脱安乐。可以说,这里的真心已经具备了唐君毅此后心之本体的某些特征。

在全文的最后,唐君毅为第二种方法提出了可能性。"后者须以意匠先构成一凌空中国式心灵之模型,而将有关之哲学文学之材料纳于其下,而观此诸材料之内容意义相照应之处。"③唐君毅这一围绕"中国式心灵"构建其哲学体系的设想,有赖其未来的著作加以实现。

而经《人生之体验》和《道德自我之建立》,这一"中国式心灵"已经建立。唐先生体认到人之有其内在而复超越的心之本体或道德自我,并明确心之本体作为道德自我之根源。心之本体既超越于现实世界,又表现于现实世界。对心之本体的体证,不是通过思辨和对外部世界的认识,而是在道德实践的"一念自反"中实现。唐君毅以笛卡尔式的怀疑,质疑当前世界的真实性④。然而,虽然世界是虚幻的,但我们当下

---

① 唐君毅:《中西哲学思想之比较研究集》,第199页。
② 唐君毅:《中西哲学思想之比较研究集》,第209页。
③ 唐君毅:《中西哲学思想之比较研究集》,第211页。
④ 唐君毅提到:"现实世界不真实,其最显著的理由,便是它之呈现于时间,时间中之一切事物皆是流转、是无常。"唐君毅:《道德自我之建立》,台湾学生书局,1985年,第94页。

的"一念自反"却是真实的,由此一念自反,可建立起道德心灵的真实性与恒常性。这里,唐君毅融合了佛学与心学的心性论,同时吸取了笛卡尔、康德、黑格尔等人的哲学,"扩大了传统心体的内涵"①。道德心灵的建立,可说是由"用"而显"体"的过程,由心灵超越时空的作用,显现其恒常的本体。心之本体不仅是个体生命的主宰,亦是"人我共同之心之本体,即现实世界的本体"。② 心之本体是超越个体的,是全世界共同的精神主宰。

单波提到:"《人生之体验》,《道德自我之建立》与《中西哲学思想比较研究集》相比,的确有着中心观念的转变,即由后者所表现的纯由分辨比较上去了解问题、以自然的天道观为中心观念去比较中心思想的不同,转而把哲学的思辨与生活上的体认相贯通,肯定了道德自我或人的人心本性为讨论中西思想的依据所在。"③心之本体有多方面的含义。依据单波的归纳,包括如下六点:(一)内部之自己,即是我心之本体。(二)心之本体应是恒常的、真实的。(三)心之本体是至善的、完满的。(四)心之本体即世界之主宰。(五)心之本体的无限渗贯于有限。(六)心之本体是充内形外的精神实在。④ 心之本体最终开展为人类现实的各种文化,艺术也是其中之一。由此,唐君毅先生建立了自己系统的文化哲学。各种文化可归于心之本体的表现而得到研究和评判。

因此,在《道德自我之建立》中,心之本体的意义已得到相当详尽的阐发。而这一道德的心灵,同时也是艺术的本体,乃至宇宙的本体,万象都从其中流衍而出。艺术家和哲学家相似,亦可在反求诸己,归复自性中获得对心体的体证,以完善而恒常的心体作为艺术创造的源泉。艺术是心体之无限渗透、贯通于有限的感官形象中。这和黑格尔"美是理念的感性显现"的观点有相近之处。但不同意黑格尔的"理念",唐君毅的"心体"是可以在实践中通过"一念自反"来体证的。

此后,唐君毅在其美学论文中,继续丰富着心灵作为艺术本体的理论内涵。如在1953年出版的《中国文化之精神价值》中,唐君毅在一开篇提到:"中国之艺术文学之精神,皆与吾人上述之中国先哲之自然宇宙观、人生观,及社会文化生活之形态,密切相连者。艺术文学之精神,乃人之内心之情调,直接客观化于自然与感觉性之声色,

---

① 单波:《心通九境》,北京大学出版社,2011年,第38页。
② 唐君毅:《道德自我之建立》,第110页。
③ 单波:《心通九境》,第9页。
④ 单波:《心通九境》,第39—49页。

及文字之符号之中,故由中国文学、艺术见中国文化之精神尤易。"艺术精神,是心灵的情调客观化于各种媒介中。从自然到文字符号,艺术之媒介的抽象程度越来越高。故艺术的生成,源自心灵。而艺术的功能,也是指向心灵。中国各艺术,"皆可为吾人整个心灵藏修息游所在者也"①。中国艺术精神的核心,在于心灵的栖居、陶养、安顿和悠游。

在1958年的《文化意识与道德理性》一书中,唐先生有《艺术文学意识与求真意识》一章,进一步论证人之求美活动,依于一道德心灵而可能,因此表现道德价值。

但文学艺术之求美,并非直接以道德的训诫为目的。道德意识与艺术,实是体用的关系,而非目的和手段的关系。不可以美作为实现善的手段。"尽管吾人自觉目的是为求美而求美;而此求美所依之心灵之本身,仍为一道德的心灵,因而皆可表现一种道德价值。"②审美与道德,在心之本体处相通。历史上关于审美或艺术的起源众说纷纭,唐君毅列举了四种代表观点,认为它们"皆与心灵不相应"。关于审美,一个无法否认的事实是:"吾人欣赏美或表现美时,吾人必至少暂时有一主观之心神之活动之忘却或超越。……吾人乃忘却我之其他一切实用目的,而唯以欣赏美表现美味目的者。吾人此时之心灵境界,即谓超主观而超实用的。"③审美是无功利的。就超越主观和无功利而言,审美与求真皆具道德价值,皆依于道德心灵。

在1977年出版的《生命存在与心灵境界》中,唐君毅建立起三向九境的哲学体系,心灵是感通生命诸境界的本体,而艺术正属于九境中的观照凌虚境,其意义在心灵的观照中呈现。

唐君毅道:"境与心之感通相应者,即谓有何境,必有何心与之俱起,而有何以起,亦必有何境与知俱起。此初不关境在心内或心外,亦不关境之真妄。"④对境而生心,因心而起境。心与境相涵相摄,互为感通,两者并不孤立存在。

"观照凌虚境"中,不仅包括艺术,也包括种种纯粹知识学术文化。此界之意义,不必指向实际之事物,而纯为知觉或直观的,乃是一"纯意义、纯相之叙述",如在直观中观红异于蓝,而不必将红蓝之形状系于具体事物,也不必归纳红蓝之概念。

唐君毅将纯相之直观和西方的现象学联系起来。通过悬搁和还原,超越感觉互

---

① 唐君毅:《中国文化之精神价值》,广西师范大学出版社,2005年,第231页。
② 唐君毅:《文化意识与道德理性》,中国社会科学出版社,2005年,第228页。
③ 唐君毅:《文化意识与道德理性》,第229页。
④ 唐君毅:《生命存在与心灵境界》,中国社会科学出版社2006年,第11页。

摄境,树立心灵纯粹的意向性,来直观其对象。唐君毅道:"将所感觉之物之性相,一方如推之而出于其主观感觉之外,与其感觉心灵,游离脱开;一方如提之而上,自其所附属之客观实体,游离脱开,而更自升起其心灵,与此性相之位平齐,再与之形成一距离,而就其如何如何,或如是如是指纯相而观之,更有一向此所观之意向。"①在这一观照过程中,物之性相既脱离了心灵的感官欲望、又脱离了客观的实体。而相应的,心灵也摆脱了欲望,观照纯然的性相。这一观照,形成一种原始的审美欣赏。审美之境,外与实物脱离,内与初始之感觉脱离,"无依而邻虚",因此是一"观照凌虚境"。在审美和艺术中,心灵和境界都是超越的、悬搁的、空灵的。但对这一境的判定,却需要从更高的境界来反省自觉。因为在此境中,心灵欣赏此相,物我两忘。因此不对该境发生反思。人在对自然风景,以及日常生活中前所未见之事物时,最易超越实用,形成此审美之观照。而文学艺术,则帮助人成此观照境界。

可以说,在《生命存在与心灵境界》中,作为艺术之本体的心灵的意义,得到了更好的阐释。虽然心灵,既是艺术的本体,也是道德实践乃至宇宙万物的本体。而唐君毅此前也强调审美和艺术之心灵本身,仍为一道德的心灵,道德心灵和审美艺术是体用的关系。但艺术心灵与道德心灵究竟有着不同的状态和呈现。艺术强调心灵的澄澈无染,因此能任物象显现,而不起欲望之心。而道德强调心灵中良知的发动和善念的充盈。故一为虚,一为实。相应其境界亦有虚实之别。唐君毅道:"(道德实践境)其与观照凌虚境之不同,则在一虚与一实之别。"②而道德心灵之"实",恰恰得益于艺术心灵之"虚",能荡涤物欲和功利,为道德意识的自然流露扫除障碍。

二 艺 术 与 自 然

唐君毅美学思想特别重视艺术与自然的关系。在唐君毅哲学中,自然既有"大自然"之意,即相对于人类社会的物质世界;也有"自然而然"之意,即万物自生自化的运作机制。在美学中,就第一意而言,自然既是审美的对象,也是艺术表现的对象,同时还是艺术作品所安置的空间。就第二意而言,自然是作品的发生机制。艺术作品不是艺术家在刻意的目的下,以机械的技巧和手段完成的,而是心灵中自然流露中生成的。

---

① 唐君毅:《生命存在与心灵境界》,第350页。
② 唐君毅:《生命存在与心灵境界》,第475页。

在《中国艺术之特质》中,自然已包含这两层意义。唐君毅认为中国艺术和自然的万象融洽无碍,这里自然主要作为艺术置身的世界。如中国的雕塑、建筑和园林,并不追求从自然中挺立出来,彰显主体的崇高;而是与周遭的自然相融相洽,而人亦可借艺术而融身于更广大的天地中。唐君毅先生道:"以中国建筑而言,则宫殿式房屋之外,恒绘以花纹鸟兽,五色斑斓,使与宫殿外之云彩山光相应;又常围以参天古柏,使屋顶掩映于积翠重阴之下。一般建筑,亦无不以木为柱,覆以瓦或茅,使与自然界之树干石片茅草无异。"①建筑不追求形界分明的外观,而是与外界环境相呼应。亭子置于天地中,容纳自然万象。而山水画之自然,并不是创造对象性的外在景观,而能使人忘记自己"与画境之对立",仿佛身入画境之中,"随画境逶迤,心游万里"②,这里,自然成为了性灵化的空间。唐先生又认为中国艺术是自然流露,心中油然而发,不加造作和矫伪。

在《中国文化之精神价值》中,唐先生认为受中国哲学之自然观影响,中国人对自然有独特的审美感情。"中国哲人之观自然,乃一方观其美,一方即于物皆见人心之德性寓于其中。"③自然万物,与人情和人德相应。西方好表现自然的原始生命力,表现其相争相迫,唤起人精神的超拔,产生一种壮美感。而中国则认为自然有生生之德,他们更愿意表现与世无争的自然,喜好泉石、烟霞、盆景。

这里的自然,是就审美对象而言。在唐先生看来,自然虽是质料性的,但其中融入了的德性和精神。中国人欣赏的,并不是自然的感性外观,而是情景交融的意象。作为审美对象的自然,恰恰是非对象化的。

自然美显现人之情感,虽借助于质料;但中国人又恰恰能从极少之质料中显示丰富之精神,故亦超越质料之束缚,融丰富的精神活动于自然和艺术中。唐君毅道:"就自然之审美言,吾人亦谓于最少物质,见更多之美,表现更丰富之精神活动或心之活动。"④由自然至艺术,质料性逐渐减少,而精神性却愈加丰富。

三 空灵与艺术境界之生成

"境界"本为佛教名相,"境"为心灵攀缘游履之对象,"界"意为"种类、种族",诸

---

① 唐君毅:《中西哲学思想之比较研究集》,第191页。
② 同上。
③ 唐君毅:《中国文化之精神价值》,第214页。
④ 唐君毅:《中国文化之精神价值》,第217页。

法相之聚集,而成一界。"境界"意为心灵所呈现的世界。境界可以是物质世界的投射,也可以是纯然的心灵世界。而在美学中,很早即用境来指涉艺术所创造的世界,如王昌龄即有"物境","情境","意境"的三"境"说,三境对应着心灵的不同悟境。近代以来,境界更成为中国哲学及美学的核心范畴之一。在唐君毅的哲学中,心与境互相感通,不孤立存在。通过心灵的修养和超越,会感通于不同的境界。而每一境界,亦可呈现相应的心灵状态。在艺术境界中,虽然心灵并未摆脱物的感性形式,但这一感性形式,已从物质实体上剥离。同时,心灵也从欲望和功利中解脱,浑然忘我。故艺术是一"物我两忘的境界"。唐君毅先生特别强调空灵在艺术境界之生成中的作用,空灵既是心灵的虚静,也是审美对象的虚灵空寂。以空灵之心观空灵之物,才容易"物我两忘",成就审美的观照。

唐君毅在《中国艺术之特质》中讲中国艺术贵"空灵恬淡",即强调心与物两方面的空,心灵"廓然毫无渣滓",而"色相愈空,物态愈灵。墨色弥淡,画味弥永。"[1]

1947年,唐君毅在《东方与西方》第一期上发表了《中国之艺术精神与科学》[2]一文,提到:"艺术精神在于物我相忘以通情。故表达精神之媒介,愈柔软轻便者,愈与艺术精神相应。"[3]这是因为轻便之媒介,所造就的艺术之物更加"空灵"。而中国艺术境界之空灵,更深层次上,是一种形而上的苍茫虚寂。如《水浒传》和《红楼梦》,"皆寂天寞地中一团热闹。""实则此团热闹,乃是虚于一苍茫之氛围中。"[4]"水浒红楼之形上意识,即人生如梦如烟之意识。"[5]因为佛教之人生无常,使中国人易生一虚无主义情调,将世界和人生看作空幻的。而这种情调,适合艺术精神的传达。因为"纯粹之艺术精神,根本在移情于物而静观静照之。静观静照之极,必托出对象,使之空灵。对象真达空灵之境,即在若有无之间,与我全然无对待。"[6]万物皆是空幻的,因而人不执迷于物,而是托出对象,形成审美观照。基于人生无常的形而上学意识,中国人在艺术中营造一寂寞空灵之境。唐君毅又道:"游心寄意于万物之中而观照之,必游离形相于实物之外,使之宛尔凌虚,剔透空灵,全不作实物想也。"[7]自然经过空灵化而成艺术境界。

---

[1] 唐君毅:《中西哲学思想之比较研究集》,第190页。
[2] 此文后来收录于1955年出版的《人文精神之重建》中。
[3] 唐君毅:《人文精神之重建》,台湾学生书局,1974年,第96页。
[4] 唐君毅:《人文精神之重建》,第97页。
[5] 唐君毅:《人文精神之重建》,第98页。
[6] 唐君毅:《人文精神之重建》,第98页。
[7] 唐君毅:《人文精神之重建》,第99页。

在1961年《间隔观及虚无之用与中国艺术》一文中,唐君毅又专门论及了空灵与艺术境界的关系。虽然统于道德之艺术精神,比纯粹之艺术精神更高。而前者主要来源于儒家之礼乐精神,后者则来自道家观照欣赏的艺术精神。但道家"物我之别忘,而游心于万象",顺应万物,使自然空灵化,更易成艺术之境界。后代的书画文学,多少皆表现道家精神。这与徐复观先生在《中国艺术精神》中的观点是相似的。

在1973年出版的《中国哲学原论·原道篇》中,唐君毅特别论述了玄学与魏晋文学艺术之道的关系。文学艺术境界,需要反省观照而形成。而玄学对玄理之反省观照,虚静其心,通于艺术之境界。故玄学对于文学艺术的影响,实在于通过反省形成一空灵之心,以显现一空灵的艺术境界。至于《生命存在与心灵境界》中,通过心灵和审美对象两方面的悬搁和超越,呈现的亦是一空灵之境。

空灵境界之营造,亦是中国艺术胜于西方艺术之处。中国艺术能使"吾人自身之精神,得生长而成就"①。中国的文学艺术之境界,较西方有更进一层处。艺术境界在于"通物我之情",超越我的执着,亦超越物的牵绊。而西方的"主客对立"的美学,始终有我和物在。"真正物我绝对之境界,必我与物俱往,而游心于物之中。心物两泯,而唯见气韵与丰神。"②。我与物俱往,则不滞于物,不滞于我,共同消融于空灵之境。

四 艺术之形式与媒介

在唐君毅美学中,艺术之形式和媒介也相当重要。精神需借形式和媒介来表达,空灵之境的生成,亦有赖形式和媒介的配合。唐君毅先生认为,中国艺术擅长于简化的、极少的媒介,以纯粹的形式来寄托无尽的意义。中国艺术之媒介,往往既与自然融合无间,又适合心灵的传达。形式和媒介的简化,又形成含蓄的风格,不着一字,尽得风流。

各种艺术的媒介与形式不同,唐君毅往往依各艺术门类而论之。如他论书画道:"中国之字,恒脱略数笔,草书恒一笔数字,而书家整个人格即现于其中。中国画家之画,亦恒以寥寥之数种点画,表现层出不同之意境。"③中国人之所以能以极少的笔墨

---

① 唐君毅:《中国文化之精神价值》,第220页。
② 唐君毅:《中国文化之精神价值》,第221页。
③ 唐君毅:《中西文化之比较研究集》,第192页。

和形式呈现丰富的精神世界,其原因仍在艺术本源之心灵的完足,心灵流露于媒介而又不束缚于媒介。但对中国艺术"言外之意"的领会,也需要相应的心灵境界。又"中国画之不求貌似,不重阴影、明暗、远近、观景,又不重形界,复运以淡墨,使虚实莫辨,气韵深动,则远离科学家观测实物之精神。"①中国画超越形似,营造虚实莫辨的空灵之境,使人摆脱对物象的执着。中国书画之工具为毛笔,而"毛笔之妙,在其毫可任意加以铺开,可回环运转,于是作书者,可顺其意之所之,而游心于笔墨之中。"中国书画之媒材为绢与宣纸,而"绢纸宣纸,可供浸润渗透,有虚处以涵实,故能有沉着苍劲之美也。"②中国画用线条,有书法美,有虚白处,而能有疏朗空灵之美。"③

中国建筑之回廊、亭、楼阁、塔等建筑形式,亦能"以虚涵实",使人之精神有"藏修息游之地"④。中国音乐中,古乐之浑沦肃穆,七弦琴之舒徐淡宕,洞箫之清幽优和,钟鼓磬之浑沦清远,使人之心灵荡涤杂念,游于"无何有之乡"。中国之雕塑,则并不凸显其物质性使人敬畏,而往往有所掩蔽遮藏,使人起缅怀流连之心。总之,中国艺术媒介和形式上的特征,往往适合于空灵境界的营造,适合精神的藏修息游。

依照不同艺术媒介所含真理程度的高低,唐先生将艺术分为三个层级。这和黑格尔凭借物质和精神的关系,将艺术分为象征性艺术,古典艺术和浪漫艺术三个阶段有相近之处。但唐先生具体的分类则和黑格尔很不相同。他认为散文、小说、喜剧是内容大于形式,故美的价值较低。建筑、雕刻、图画、书法、舞蹈、音乐是纯形式的美,美的价值较高。而诗歌颂赞箴铭等将意义融于形式,价值最高。

五 艺术与审美之功能

艺术以心灵为本体,而其功能,首先亦是对心灵的陶养和安顿。唐君毅将艺术的功能归结为"游心"。虚实相涵而可游。中国建筑以"可游"为上;中国绘画"皆所以表现虚实相涵,可往来悠游之精神也"⑤;中国音乐"使人之精神'游'于无何有之乡,而'息'焉'修'焉者也"⑥。总的来说,中国各艺术,"皆可为吾人整个心灵藏修息游

---

① 唐君毅:《人文精神之重建》,第99页。
② 唐君毅:《中国文化之精神价值》,第225页。
③ 同上。
④ 唐君毅:《中国文化之精神价值》,第223页。
⑤ 唐君毅:《中国文化之精神价值》,第226页。
⑥ 唐君毅:《中国文化之精神价值》,第228页。

所在者也"①。中国艺术精神的核心,即在于心灵的藏修息游。艺术为心灵提供安顿和陶养。

这种精神,也表现于中国文学中。中国文学的形式,如格律、语法等,可"助成物我主客对待之超越,而使吾人之精神,更得藏修息游于文艺境界中"。中国的自然文学,"涵摄宗教性之解脱精神","大解脱而忘我忘神,境界直接呈现,心与天游,亦无心无物"②。中国的豪侠文学,侠者之侠义公正,磊落不平之气,亦有过于西方英雄之处。中国之小说戏剧,绘出整幅之人间,"如阔大之宫殿,其中自有千门万户,故可以使人藏修息游于其中。"③。

文学艺术也承担着伦理的功能。如中国之爱情文学,重婚后或定情后之情。中国文学,善表现两面关系中一往一复之情,尤关乎伦理。中国有自己独特的悲剧意识,即一种"人间文化之悲剧意识"④。世界人生本然的寂寞荒芜。但中国之悲剧,又常悲而不失其壮,境界则极高。如杜甫之诗,于苍凉沉郁中,永怀对天下苍生之挚爱与担当。"中国最高之悲剧意识即超悲剧意识,诚可称为中国文学之最高境界矣。"⑤可以说,最高境界,在于醒悟人生的悲苦,却不失本心的光明,不昧道德自我。唐君毅最欣赏的,并不是纯粹的艺术精神,而是通于伦理道德的艺术精神。这又显现出唐君毅对道德生活的深切关注。

在1958年的《文化意识与道德理性》一书中,唐君毅特别讨论了理智活动与审美的同异。虽然理智活动与审美皆具道德价值,皆依于道德心灵。但二者仍有种种差异。这种差异,显示出审美之特别功能及其不足。概括唐先生观点,可列举如下:

一、求真:以观念判断实在,发现观念与实在同一,获得知识。真之判断先于知识之获得。

审美:凝神于境相发现其美,再将美抽离而出以判断此境相。美之判断后于美之欣赏。

二、求真:观念与实在相对待,无法破除物我之对待。

审美:吾心安住于境相中,"吾人之此觉识即弥纶布濩于此境相中","融入此境相",无物我之对待。

---

① 唐君毅:《中国文化之精神价值》,第231页。
② 唐君毅:《中国文化之精神价值》,第242页。
③ 唐君毅:《中国文化之精神价值》,第247页。
④ 唐君毅:《中国文化之精神价值》,第259页。
⑤ 唐君毅:《中国文化之精神价值》,第264页。

三、求真：需要不断扩充观念以求与实在合一，限于永不止息之过程。本性上无法自足，因此需要超越。

审美：刹那的绝对满足。

四、求真：真理虽是超时空的，但求真有赖于对经验事物的观察，而经验是在时空之中的。

审美：忘却境相在时空中，此心自觉为超时空关系之意识者。

五、求真：真理可互相结合涵蕴成一知识系统。

审美：每一境相皆是独立的。

六、求真：求真理之心，与个体实在"旋即旋离"。

审美：美的境相必为个体实在。

七、求真：有主观思想之形式与客观之形象之形式之对待。

审美：境相之形式即吾心之形式。

八、求真：真理超感觉想象。

审美：美的境相必为可感觉想象的。

九、求真：理智活动中，情感与理智相违。理智可开拓人生之情感。但理智不能诞育情感，也不能安顿之。

审美：能诞育安顿自然情感。审美使人从自然情感中超拔，诞育新的情感。艺术创造则使人之情感客观化，由私情化为公情而安顿之。

总之，审美使人融身于感觉之世界中，并安顿人之情感生活。

但求真与求美又有种种贯通之处，可概括如下：

一、绝对真理中，包含美之理念。绝对真理仅为一超越理想，但在求美中，能相对实现这一理想。

二、吾人求将真理具体化，在直观中把握，这是求美意识的体现。

三、美的境相之形式，为普遍贯于特殊之形式，而有真理之成分。但求真者先对普遍者有自觉，而审美中则无明显自觉。

四、美与真理皆有赖直观，直观普遍者在特殊之中。

求真之意识与求美之意识，可补充彼此的不足。

就求真意识的不足而言：

一、观念的"固定性"可造成法执，桎梏人心，产生罪恶。但审美则可使人从观念中超拔。

二、求真不能破除身体对物质的执着,求美则能够。

三、美可以在一特定时空被众人欣赏。

四、艺术可使人的私情私欲渐化为公情公欲。因果知识可能沦为满足私情私欲的手段。但审美"使吾人自私欲超拔,即已表现道德价值"[①]。"可培养出吾人对其他生命人物之同情。由此而对于美的境相之欣赏表现,即成为转出吾人之仁心与道德目的之媒介。"[②]

就求美意识的不足而言:

一、心灵不满足于审美各境相不相通,必求普遍之概念。

二、美之境相之感觉性,可能唤起本能欲望。因此须求真意识以补足。

三、真理之传达超越特定时空之限制。

四、艺术虽能安顿情欲,但未必能形成普遍之道德观念来节制情欲。普遍之道德观念,需要依靠求真意识来形成。

五、审美之价值判断诉诸直觉,而求真则对于事物持价值中立态度。

因此求真和求美意识,需互相补充。"此二种意识,根本未相涵而相待"[③]。审美有其重要而根本性的功能,是求真所不具备的。审美可以弥补科学的不足,使人破除对物质的执着,破除物我的对待。使求知不致沦为欲望的工具,使个体的意义和价值得到保证,使情感获得安顿,获得刹那的绝对满足。审美对于解决科学主义泛滥时代的精神危机,有着不可替代的作用。

总的来说,本文从五个部分,阐述了唐君毅先生的美学体系。这一体系,已涵盖了美学中最重要的一些问题,而心灵作为本体是其中最核心的观念。艺术是心灵的自然流露,作为审美对象的自然,是心灵化了的自然。中国艺术以空灵之心观照空灵之物,物我两忘,艺术境界由此而蕴生。而中国艺术以简化的、纯粹的媒介和形式,虚实相生,便于空灵境界的营造,便于心灵的悠游与栖居。艺术源自心灵,其功能也指向心灵。艺术和审美既为心灵提供安顿和游心的空间,又可促进心灵中道德、伦理意识的萌发,还能弥补心灵因求真意识所产生的种种危机。正是从心灵的当下一念中,一个深远空灵、意蕴无穷的艺术世界创化而出。虽然唐君毅先生虽没有专门的美学

[①] 唐君毅:《文化意识与道德理性》,第255页。
[②] 同上。
[③] 唐君毅:《文化意识与道德理性》,第260页。

著作，但在一系列论文里，他融宏大深邃的美学思想于逻辑连贯的体系中。他尤其抓住了中国美学中最重要的观念和问题，如心性、境界、自然、空灵等。在今天，研究唐君毅美学，对我们回顾二十世纪中国美学的发展历程，以奠定未来的方向，仍有着非常重要的意义。

论唐君毅对语言哲学的思考和会通

费春浩[*]

关于语言哲学的定义非常多，并且关于其与语言学、分析哲学等的关系也是模棱两可，一直为哲学界所争论。[①] 本文依陈嘉映先生的观点，认为语言哲学有广义和狭义之分：广义的语言哲学认为凡是对语言进行的系统之思考都可称为语言哲学；狭义的语言哲学则有其特指，一般指20世纪以语言为主要课题的哲学研究，或较狭窄的用法则是指分析哲学传统中的语言哲学。[②] 本文对唐君毅先生语言哲学的讨论，是在狭义的语言哲学即20世纪以语言为主要课题的哲学研究这一意义上来使用这一范畴的。一般认为，语言哲学的中心问题有两个：一个是语言和世界的关系问题，另一个则是语言或语词的意义问题。[③] 此二问题并非是绝然无关的，实际上它们常常互相勾连在一起。唐君毅先生对语言哲学的思考和研究也是以此二问题为主的，它们包括对语言的意义问题的思考，和对唯名/实在论之争[④]及真理的意义和标准问题的疏导和会通。

语言哲学是二十世纪西方哲学的重要组成部分，分析哲学、现象学—解释学以及实用主义这三大哲学传统无一不对语言哲学作出了深刻的研究。第一、二代新儒家的代表人物的学术活跃期也大致在此一时期，但其主要探讨的问题是道德主体如何

---

[*] 作者信息：武汉大学哲学学院博士研究生。
[①] 关于这方面的相关论述可参看：陈嘉映：《语言哲学》，北京大学出版社，2003年；王路：《走进分析哲学》，生活·读书·新知三联书店，1999年；徐友渔等：《语言与哲学》，生活·读书·新知三联书店，1996年；王寅：《语言哲学研究——21世纪中国后语言哲学沉思录》，北京大学出版社，2014年等书。
[②] 陈嘉映：《语言哲学》，北京大学出版社，2003年，第2页。
[③] 陈嘉映：《语言哲学》，北京大学出版社，2003年，第17页。
[④] 现在多翻译成唯名论（Nominalist）与唯实论（Realist），唯名论与唯实论的争论是西方中世纪哲学中一个很重要的哲学论题，唐君毅先生对此二论有细致的疏导和会通，此下凡提及此二论，皆依唐君毅先生称作唯名论和实在论。

奠定知性主体和政治主体之基础的问题,即内圣如何开出外王,道德如何开出科学和民主的问题。所以整体而言,新儒家对语言哲学这一课题研究不多,唐君毅先生是为数不多地就此问题进行过深入论述的新儒家。

现在对唐君毅先生的研究主要集中在其道德哲学、政治哲学或文化观方面,对知识主体或知识论方面的研究非常缺乏。大多认为新儒家中牟宗三先生关于知识论的论述最多也最有可观之处,而实则"唐君毅在知识论领域的研究也有很多有价值的思想,值得去挖掘和整理。而且对于其知识论的深入理解是我们理解现代新儒家如何走向现代化的重要部分。"[1]一切思想理论、知识系统都由语言表达,对语言思考之成果又为一知识,知识和语言有密切的关系。知识论是探讨一切知识之通性的学问,而语言哲学本身即属于知识,所以从这个意义上而言,研究语言哲学亦是在探讨知识论问题。唐君毅先生也多是在讨论知识论时论及语言哲学的,所以了解其对语言哲学的思考和研究对分析其知识论思想颇有助益。另外,本文取材主要来自《哲学概论》,只有语言表义问题取材于《生命存在与心灵境界》。唐君毅先生虽谦称此书为"一通俗性的哲学教科书"[2],但在笔者看来,此书非常有原创性,它和唐君毅先生的大作《生命存在和心灵境界》是可相互发明而相得益彰的。唐君毅先生在第一版的序言中指出,写作《哲学概论》的目的"期在大之可证成中国哲学传统中之若干要义,小之可成一家之言。"[3]可见唐君毅先生自己对此书也是有很高的期许的。正如彭国翔所说:"目前所有关于唐君毅先生的研究,几乎都没有对其《哲学概论》一书予以足够的重视。"[4]直到现在,这种状况也没有多少改观。本文即以唐著《哲学概论》为主要研究对象,希望能够对此一研究缺失作些补充。

一 语言的意义问题

意义问题一直被很多语言哲学家视作为语言哲学的中心问题,唐君毅先生对语言的意义问题的探讨主要包括三个方面:第一,是否一切语言都有知识意义?第二,语言如何取得一定意义?第三,语言文字如何表义?语言的意义问题是一个极为复

---

[1] 马亚男:《唐君毅论休谟问题》,台湾《鹅湖月刊》第30卷第3期(总号第351),第59页。
[2] 《哲学概论》,台湾学生书局,2005年,第3页。
[3] 《哲学概论》,台湾学生书局,2005年,第8页。
[4] 彭国翔:《唐君毅的哲学观》,《中国哲学史》,2007年第4期,第110页。

杂、颇费思量的问题,唐君毅先生于此问题之思考亦颇为转折,但却极富见地。

(一) 是否一切语言都有知识意义

语言的意义问题是语言哲学中两个中心问题之一,唐君毅先生对此问题的探讨首先是从思考一切语言是否都有知识意义开始的。唐君毅先生首先指出一方面确如这些学者所说①,表达情志之语言(如祈使句、命令语句、感叹语句等)和图像式之语言可以说是没有知识意义的,因为此二者都没有对实际存有的事理的"内容共相"如共同性质之类有所说明,这由知识世界和直接经验世界的分别即可引申出来。但唐君毅先生又进一步指出,从客观方面看语言,一切语言在一定意义上都有知识意义,因其都可以反指所以说出此语言的心意来。图像式语言并非全无知识意义,如"时间如流水"即为一图像式语言,是将流水譬喻时间,这个譬喻之所能形成,是因为流水和时间在某些方面具有共同性质,换句话说就是具有共相之知,如其共相为"一去不复返",而既有共相就有知识意义;另表达情志之语言没有对以客观事理的共相之知有所说明,只能说明其对说者是无知识意义的,实际上其对听者是可以有知识意义的,因为听者"可将说者之语言,视作一符号,而加以适切之了解,而由之以知说者之想象情感意志之如何如何"②,此时此语言对听者而言是有所指有所说明的,所以也是有知识意义的。从这个角度而言,一切语言都能在某种程度上反映说者的心意,所以都是有知识意义的。

(二) 语言如何取得一定的意义

对于语言如何取得一定的意义这一问题,唐君毅先生是从三个方面来进行说明论证的。首先指出语言文字之有意义的最初根据在文字指向对象时所表示的各个方向,以及各个方向之间的相互限制和相互规定。正是其所指之方向间的相互限制、相互规定,使得语言文字的意义界域逐渐归于确定,形成了一语言文字的系统,这可以说是意义限定的第一步。为了阐发此中涵义,唐君毅先生举出了一些只表示指向对象方向且初并未有确定意义的字词加以说明,对这、那等冠词,我、你、他等人称代词,以及表示时间之现在、过去、未来和表示空间之前后上下左右等词都进行了具体分析,可以参看。比如"这"和"那"二字,是有知识意义的,因为说话者说此二字时恒有

---

① 唐君毅先生分析了学术界关于此问题的基本看法:一些现代西方哲学家将语言分为陈述事理和表达情志等两种语言,并认为前一种语言是有知识意义的,而后者则没有;又有些学者,认为一切图像式语言因无法由经验证明其有,所以也是无知识意义的,如表中有蓝色而无重量之小魔鬼,开表即飞之类即无知识意义。

② 《哲学概论》,台湾学生书局,2005年,第281页。

所指；但它们并没有确定的内涵外延意义，因为说话者可以用它们来指示任何对象。实则它们是通过彼此相互限定来规定彼此的意义的，如我所指为"这"，非我所指就是"那"，我所指为一方向，非我所指也为一方向，两者相互限制，如此就形成了一最简单的文字系统。①

其次，对语言文字的第二步限定是定义法，一般是通过指出一字之意义内涵，以对一字之意义加以规定。人们造一定义规定一字，其定义中的新字，有需要新字对其进行定义，如是一字的一连串之定义就形成了一系统，各个意义系统的相互限制就形成了一个意义相对确定的语言文字系统。另外，唐君毅先生还着重探讨了定义的方式问题，指出西方传统哲学中，有唯名和实质之定义之分。实质论认为定义最重要的是指出事物的本质属性；而唯名论则主张取消的实质的定义之说，认为一切定义都是以语言界定语言，此二者之争实是现代哲学中关于定义问题之滥觞。最后唐君毅先生列举了九种作定义的方式：纯语言之定义、指谓之定义、功用的定义与运作的定义、实质之定义、概念构造之定义、使用的定义、设定的定义、遮拨的定义和劝服的定义。②

再者，语言文字有确定的意义，但不一定有限定的意义，其非限定性不但是意义不断增加生长的原因，也是语言文字存在混淆，以致文字误用和思想错谬的原因。语言文字的确定意义首先可以由语言文字之意义间相互限制来实现的，也可以通过定义法来规定。但一语言文字有确定意义，并不能限定只有某意义。一方面，第一步限定中，语言文字之意义间限制，是所指对象之方向间的限制而非内容的限制；第二步限定的定义法中，定义的串系是不能无限延长的，所以语言文字之意义并没有绝对的限定。另一方面，语言文字的意义或由于我们对其所指之事物的了解增加，或由于一字被兼用以指类似或相关联的事物而不断引申，不断增加生长。同时，意义的引申也是语言文字存在混淆，以致文字误用和思想错谬的原因，但唐君毅先生指出语言文字之意义的含混于混淆是不可绝对免除的，"语言之含混及误用之事，仍将与语言之运用相终始。"③人正是在语言文字的不断误用及改正过程中，逐渐正确掌握使用确定意义的语言文字，并发现其确定意义的价值的，所以语言文字意义的混淆误用当为我们应用语言文字所必经之历程。

---

① 《哲学概论》，台湾学生书局，2005 年，第 285—287 页。
② 唐君毅：《哲学概论》，台湾学生书局，2005 年，第 304—319 页。
③ 唐君毅：《哲学概论》，台湾学生书局，2005 年，第 319 页。

（三）语言文字如何表义

语言文字因彼此间的相互限制相互规范而有确定意义，但语言文字符号只是一可感觉性的声音形象之"屈曲"，它和其所要表达的超感觉性的意义恒是不全相似的，那么它又是如何将意义表达出来并为他人所理解的，这就是语言文字如何表义所要解决的问题。唐君毅先生首先判定语言文字的表义为"消极的表义"，指出语言文字的表义是一种消极的"遮拨"其他行为与境物，以显示心中之境与境中之义的语言行为。唐君毅先生的"消极的表义"说是依次从语言的以下三个方面来阐释语言文字的表义问题的。

语言行为首先体现出一种消极的"遮拨"人的其他行为或其他境物的效用。

语言行为有暂时停止其他行为的作用，而其他行为的停止又能使人之意念维持在语言所指之人或物上。如人呼一人或物之名时，此呼一人或物之名之语言行为本身之进行，首先即赖暂时停止人的其他行为而得以实现和完成，此即以此呼名之语言行为，消极地去除人之其他的行为，而其他行为的去除，又使人之意念得以维持在此人此物上。所以唐君毅先生认为"人凡欲对一人物维持其注念，莫若对一人物呼名。"[①]另外，语言行为具有"遮拨"其他境物的效用，这主要是体现在人的表示不愿意或禁止之意的语言中。当人有此不愿意或禁止之意的声音语言时，初或只为表一拒绝反抗不愿者之声音，但其同时也使得人之心意更向于所愿望之境物，这就有遮拨去除心意中之不愿之境物，而凸显其所愿之境物的效用。

其次，语言之形声在时空中各占有一分别而相排斥的地位，以合成一可感觉的系统，这是人运用语言表达意义及此意义能为他人所理解的根据。一语言文字与另一语言文字间的不同，乃是通过语言文字之形声在大小、长短以及排列顺序和组合方式不同来体现的。此不同之声形一旦说出或写出，便分别占有一段时空，且在时空中相互排斥之位置上形成一可感觉的语言系统。从这个角度而言，人说出或写出一语言文字，即是将人心中之超感觉性的意义布列在此相互排斥之时空位置上，而他人理解此此语言文字，便是循着此时空位置而依次加以理解的。此外，此语言文字的形声之大小、长短以及排列顺序和组合方式不同，也体现了语言文字相互遮拨消除其他语言文字之声形及意义之功用，因一语言文字一旦说出或写出，其他语言文字在此时空中便消于无声形无意义之世界。

---

① 唐君毅：《生命存在与心灵境界》，台湾学生书局，1986年，第459页。

再者,一切语言皆为待超越者,无独立实在性,是人可通过之以达超感觉性之意义世界的桥梁。在唐君毅先生看来,感觉性的语言文字之形声世界与超感觉性的意义之世界的对应相似,并非是二者在内容上相似,而是在形式结构上相似。超感觉性的意义世界是纷繁复杂的,必须通过形声不一的语言文字与之对应以区别分辨开来,通过此繁多的在时空中的相互排斥的语言文字,纷繁复杂的意义世界才能有序地呈现出来,为人所辨别。所以人是通过语言文字在时空中一一相互排斥的位置或繁多的形式本身,而不在其繁多的内容,来辨别通向意义世界的,所以唐君毅先生说语言文字"除为此道路桥梁之外,即更无有其他内容。"[1]正如道路桥梁最终只为人所通过之以达房屋人烟之处一样,人通过超越语言文字之可感觉性的形声世界最终达到超感觉性的意义世界,如是人自己心意之前后才得以沟通,人自己之心意与他人之心意也才得以通达。

二　唯名论和实在论问题

唯名论和实在论之争是中世纪最著名的争论,它们"通过一些变形广泛存在于20世纪语言哲学"[2],对后来哲学有深远影响。唯名论和实在论之间的争论主要在共名、共相、概念是否是真实存在的,以及其与个体事物的关系问题上。实在论认为共名和概念是真实存在的,而唯名论则只承认有共名,而否认有所谓共相的真实存在。此二观点之争论自柏拉图和亚里士多德开端,一直到近代哲学,几乎贯穿在整个西方哲学史中。唐君毅先生对此二论的讨论不是对其争论之历史进行阐述,而是从其争论内容内部进行剖析以指出其各自所持之理由及其可能会通之处。

唐君毅先生认为唯名论反对共相概念为实在之理由有三点[3]:第一,共相和概念不能成为我们想象的对象,故为非实在者,如我们想三角形之概念时,我们所想的一定是特殊个体的三角形,而非一抽象的三角形,所以只有共名以指各特殊个体事物,而没有共相概念真实存在;第二,共相和概念无实作用,故为非实在者,如一碗饭吃了就能饱肚子,而饭的共相或概念则不能有此作用;第三,一切指类或抽象的性质关系的语言,都可以用指——特殊具体事物的语言代替,所以没有我们认识所对之知识,

---

[1] 唐君毅:《生命存在与心灵境界》,台湾学生书局,1986年,第458页。
[2] 陈嘉映:《语言哲学》,北京大学出版社,2003年,第11页。
[3] 唐君毅:《哲学概论》,台湾学生书局,2005年,第353—355页。

此可见前者没有单独之实在性,此是从逻辑技术上来分析的,可以和第一点合看。唐君毅先生认为实在论以有共名必有概念共相的理由有四点①:第一,人用一共名指一特殊事物,必有内在标准和根据,此内在标准和根据即为共相和概念。又承认共名即承认"一名可用于不同之特殊具体事物"这一性质为一名之共相,名有共相,则人对此共相可有概念无疑。第二,唯名论只承认有特殊事物或特殊观念之相似之说实有理论困难②,实在论一方面可说二物相似必有一部分之同一,此同一即为共相,为相似之根据,否则"相似"无根据;另一方面,"相似"之概念若要成立,则必要有同一之概念。第三,唯名论为求理论一贯而主张无共名的观点亦存在问题,因一方面其不能解释人何以有同一之概念、共相之感觉;③另一方面,人不能否认有同一之共名,故必须承认有共相概念之存在。第四,一切逻辑讨论皆离不开共名,如"是""或"等逻辑语言之本身即表示逻辑关系之种种共名。

在指出唯名论与实在论各自所持之争锋相对的理由后,唐君毅先生进一步指出:"自另一方面观之,则二者亦实并非能争锋相对。"④完全有可融通之处。唯名论反对实在论的主要观点就是认为共相概念不能像一般特殊事物一样成为存在对象,实则共相概念和一般特殊事物的存在确实是不一样的,它存在于人的思想和求知活动中,为形而上世界的另一种存在。这样唐君毅先生通过对"存在"的形上和形下两层面的疏解,并将共相概念和特殊事物安排在不同层面的世界里,它们即同在又相区别,这样化解了唯名论的质疑,使二论得以会通。

既然共相概念是一种形而上的存在,那它是如何应用于特殊具体事物中,如何与特殊具体事物相结合的?这是唐君毅先生疏导会通二论后所要面对的问题。唐君毅先生从两个方面来对此问题进行解答:第一,人应用一表共相概念之共名时,并不会留驻于此共名之上,而是通过之以达特殊具体事物,此共相、概念和共名实际上就是起到一桥梁道路作用。第二,共相概念同时为内在于个体特殊事物,又超越于个体特殊事物者。正因共相概念与个体特殊事物的关系是即内在又超越的关系,所以人如只注意到内在的一面而忽视超越的一面,就会承认具体事物的存在,

---

① 唐君毅:《哲学概论》,台湾学生书局,2005年,第356—360页。
② 唯名论针对实在论第一个理由,提出用共名于不同特殊对象之根据,在各特殊对象间,或我们对之之观念间,有某种相似的关系。(唐君毅:《哲学概论》,台湾学生书局,2005年,第357页。)
③ 唯名论提出共名是为了解释人何以觉得有同一之概念与共相的原因,现若其否认共名,则此原因也就不能解释了。(唐君毅:《哲学概论》,台湾学生书局,2005年,第358—359页。)
④ 唐君毅:《哲学概论》,台湾学生书局,2005年,第360页。

就会出现唯名论的观点;而人若只留意到超越的一面而忽视内在的一面,就会出现共相概念和个体特殊事物的二元论,进一步就会出现否定个体特殊事物的实在性,或认为个体特殊事物的实在性是通过分享普遍的共相概念的实在性而来,这就会出现柏拉图式的实在论。

三 真理的意义与标准问题

"亚里士多德把哲学定义为关于真的科学,依此,哲学就是各式各样的关于真理的理论。"[1]这些关于真理的各种理论就是真理观,其最基本也是最重要的论题就是真理是什么(即真理的意义)和依据什么来断定真理(即真理的标准),唐君毅先生对真理问题的讨论也是就此二问题进行的。

关于真理问题,唐君毅先生首先指出其所要讨论的"真理"是就知识论中真理而言的,和同于价值上的善美之真理、纯粹之形上学上所谓真理及指客观事物或理之本身之真理有别。他认为观念、判断、思想、意见、信念、语句,在一定义上,都是具有真假之性质,而与真假相连的。[2] 在此基础上,唐君毅先生对五种真理观[3]进行了分析和批评,并对其中符合说、自明说、融贯说和实用主义说等四种真理观进行了比较,指出其可融贯及会通之处。

唐君毅先生首先分析了以大多数人及权威人物所说,及以能满足主观之要求为真理之意义与标准的真理观,认为此真理观多是在日常生活中人所不自觉采取的,就其本身而言,并没有学术价值。[4] 这是第一种真理观。第二种真理观是符合说的真理观(Correspondence Theory of Truth),此真理观发端于亚里士多德,为诸种真理论中最为古老、最为经典,且在当代仍不失其重大影响的一种真理观。[5] 符合说主张认识的真理性在于观念、信念或语句等与客观对象相符合,并以是否与之符合为真理的标准。通过对符合说的"客观对象"和"符合"进行重新的定义,和对"如何知其符合与否"等问题的重新回答与诠释,唐君毅先生完成了他对符合说的改造。以唐君毅先生

---

[1] 陈嘉映:《语言哲学》,北京大学出版社,2003年,第58页。
[2] 唐君毅:《哲学概论》,台湾学生书局,2005年,第607—612页。
[3] 它们分别为:以大多数人及权威人物所说及以能满足主观之要求为真理之真理观、符合说、自明说、融贯说和实用主义说。
[4] 唐君毅:《哲学概论》,台湾学生书局,2005年,第615页。
[5] 曾志:《真理观的历史与理论》,北京大学学报(哲学社会科学版),2000年第6期,第53页。

的观点,一切能成为我们所知者,都可称为客观对象;一合语言规则的语句所指之客观对象为一种存在的事实或事实情状,即为符合之涵义;而欲知其是否符合,则必待对存在事物之经验以证实之。① 以此,唐君毅先生提出了通过语句、语句之涵义、客观对象以及对客观对象之经验这四项之相符合之关系来重新阐释符合说真理观之意义:"吾人谓一'知识为真',或'一语句所表达吾人对某存在事实所思及者为真',则必须知吾人所认识所思及,指向某存在事实;某存在事实,又确为能引生吾人对存在事实之经验;而此经验,又能证实吾人之所思及者。"②

第三种真理观是自明说的真理观(Self-Evidence Theory of Truth)。自明说之真理观认为人必须有一些最基本的、最原始的真理是不待另做证明而自明的。自明说判断真理之是否能自明之标准有二:一,看其是否为其他真理所持之以证明之最原始、最简单之真理;二,看其反面者是否不可设想,反面者是否为自相矛盾,或为反面者必预设正面等。③ 针对此自明说真理观之标准,唐君毅先生指出"反面之不可设想"和"反面者之预设正面者、包涵自相矛盾"不能作为自明说真理观的标准。前者是因人于反面之不可设想可能是由于被正面限制,并非反面真实不可设想,如持地球为平面之说的人不可设想地球彼面的人相对他为头向下而能不坠落;后者因为此由反面之假以证正面为真的方法本身就说明正面者并不是自明的,它需要反面之为假以证明,而此证明之原则不一定处处有效,如康德的二律背反说就是反例。④

第四种真理观是融贯说的真理观(Coherence Theory of Truth)。融贯说的真理观主张一知识之真假,不能仅从一知识本身孤立的来看,而当从其与其他知识相联系相融贯处来判断。⑤ 唐君毅先生指出融贯说有两种不同之意义:一指内部一致融贯之孤立系统,此系统可只对其本身为真,不必对此系统之外系统为真;二指一

---

① 唐君毅:《哲学概论》,台湾学生书局,2005 年,第 618—623 页。
② 唐君毅:《哲学概论》,台湾学生书局,2005 年,第 626 页。
③ 这种自明说,在近代西方以笛卡尔之说为代表,其著名的"我思故我在"的说法即在指出思考和我的存在是不可被怀疑的,为自明的真理。因我如果怀疑我所思,即在思我不能思,此怀疑即为思,这就预设我能思,与说我不能思自相矛盾的,而我不能思亦为不能设想者。由此亦可见自明说之诸标准。(详见唐君毅先生之分析:唐君毅:《哲学概论》,台湾学生书局,2005 年,第 628—632 页。)
④ 唐君毅:《哲学概论》,台湾学生书局,2005 年,第 633—635 页。
⑤ 唐君毅先生定义融贯论云:"所谓融贯论,即说一知识之真假,必与其他知识之真假,有一相互依赖的关系,以合成一系统。因而我们要决定一知识之真假,我们应看与其他知识,是否彼此不矛盾,并彼此相互涵蕴,以为决定……一知识之为真知识或真理之意义,亦即涵有与其他真知识或真理能融贯之意义。"(唐君毅:《哲学概论》,台湾学生书局,2005 年,第 614 页。)所以从融贯说的真理观来看,符合说之从知识正面判定真假和自明说从知识之反面之为假或可预设正面来判断真假都是孤立的判断,不符合真理的标准。

思想系统或知识系统成真之理由,为其中之命题或判断,与经验世界中之事物之理,及人的理性中之理,相与一致,相互贯通。① 依融贯说的第二种意义,欲使此融贯说有意义且意义一贯,则人类之一切知识须合成一唯一绝对之相互依赖之大系统,而且真理价值当不一、真理当有不同等级。针对融贯说的真理观,常有两点批评:第一,依融贯说,一方面,在此唯一之大系统中一知识为真则一切知识界真、一假则皆假是有悖事实的;第二,一知识系统对经验世界之事物为真时,我们的判断与所经验者之融贯,如是指判断与经验中事物相融贯,则符合说似为融贯说的基础。针对此二问难,唐君毅先生指出,就第一问,若此一前提知识为一切知识皆依的共理,那么一真则皆真、一假则皆假是没有问题的;就第二问而言,被客观事物内容所决定的认识内容,本身只是知识的材料,还不是知识,尚无真理的意义。所以融贯说的真理论不可还原为符合说的真理论。此处唐君毅先生似为维护融贯说之立场,实则是对融贯说的补充和发展。

第五种真理观是实用主义的真理观(Pragmatic Theory of Truth)。实用主义的真理观主张一真的观念,可一直运用,且有意想中的效果。唐君毅先生指出实用主义真理观有可分为三种形态:第一种是皮尔士(Pierce)式的实用主义真理观,此说重视观念之所预期或所指示者为何,即此观念所涵具之意义,主张通过未来之观察经验,以看某物是否涵具此观念之各种意义,以确定此观念是否对某物为真。第二种是詹姆士式的实用主义真理观,此说重视一事物在各情景下所表现之功能效果,主张判断一物之种种观念为真之标准,为看此物在各种情境下所表现的直接或间接的种种功能或效果是否皆为真。② 第三种是杜威式的实用主义真理观,为综合前两种真理观者,此说重视事物存在于一情境中的工具意义,即其帮助人实现目标的意义,认为人的知识兼包括对事物之存在于情境中,所发生的效果的探究与预期及以后之观察。最后

---

① 于此或有疑融贯说与符合说没有分别,唐君毅先生指出"我们不能将我们主观之思想、判断、观念等,视为主观的,而与客观之经验世界或存在于人之理,彼此分离而相对待,以论其符合与否。因吾人论其符合与否本身,仍依于吾人对此符合与否,先加以思想判断,而后可能。"如我们问桌下有猫之一判断之真假,我们只需看桌下有无猫,有猫则判断为真,则为真之标准相当为经验存在之事实与我们判断相融贯,而不是符合(唐君毅:《哲学概论》,台湾学生书局,2005年,第638页)。

② 据此,唐君毅先生指出,依此理论,一事物因在各种情景下所表现的功能效果乃在变化中,所以没有不变的或预先存在的真理。而人因可通过造成未来的成功,使预断未来成功的思想或判断成为真,由此可说人能造成真理。此点成为实用主义真理观被重点批评的内容(唐君毅:《哲学概论》,台湾学生书局,2005年,第648页)。

唐君毅先生列举出对实用主义真理观常有的四种批评①,并指出罗列此四种批评,不为否认实用主义真理观的价值,乃在重申其余诸真理观同样具有不可抹灭之价值。

　　唐君毅先生在对四种真理观作了详细的分析批评之后,又作了一个简单扼要的总结,以凸显前面所作的叙述批评的落脚点或归宿所在。唐君毅先生指出四种真理标准论都具有各自的理论价值,皆可有颠扑不破的真理成分。比如符合说的真理成分在于真知识必有一意义上符合客观事实。同时正因为各有此颠扑不破之真理在,所以各种真理观皆有自己不同之偏重,最适宜之知识领域。如因符合说的真理成分,在于真知识必有一意义上符合客观事实,所以其偏重自人的知识对客观外在事物为真上说,由此其对于客观存在之个体的经验事物之知识,历史地理中之事物,则尤为适用。最后唐君毅先生指出:四种真理论可以互不矛盾、相互融贯。并认为,此融贯是此四种真理论本身的一种客观关系。由是唐君毅先生通过边叙述边批评的方式,将四种真理观会通,但这种会通当是以融贯说为基础和归宿的,包涵其他三真理观的会通融贯。

四　对唐君毅语言哲学研究的分析

　　语言哲学就其广义而言,则无分中西,凡是以语言为研究对象的思考皆可称为语言哲学。中西方对于语言哲学的主要论题或着重点各不一样,如西方语言哲学中多以意义问题、真理问题为主要论题,而中国传统哲学则对名实之辩、言意之辩等论题有浓厚兴趣。唐君毅先生对中西语言哲学中的这些重要论题都进行过深入探讨,前者主要集中在《哲学概论》和《生命存在与心灵境界》二书中,后者则多集中在《中国哲学原论》系列著作六大卷中。限于篇幅,本文主要是对唐君毅先生关于西方语言哲学中的主要论题的研究和思考进行梳理和分析。对意义问题,唐君毅先生比较系统的提出了自己的观点,我们认为唐君毅先生关于语言取义及表义问题的观点,可以说

---

① 唐君毅先生列举出此四种对实用主义真理观的批评,指出此说的理论缺陷,由此见其他诸说之不可代替,此四种批评观点为:第一,一现实存在之事物不等于其所表现之一切功能效果之和,当尚有其事物本身,故一观念对某事物之功能效果为真,实可谓对表现此功能效果的事物本身为真,所以实用主义真理论不能完全代替符合说。第二,人造一事物不等于造一真理,其所谓"造真理"实是发现判断概念与事物之符合或融贯。第三,人并不能改变所有事物,如过去之事物,但人对过去事物之认识也要真与不真,所以实用主义真理观在此为失效。第四,事物之理与其工具的意义,皆非人所造,所以实用主义真理观之人可改造真理的观点有问题(唐君毅:《哲学概论》,台湾学生书局,2005年,第648—652页)。

是"消极"取义说和"消极"表义说。唐君毅先生对于真理问题以及唯名论与实在论之争等论题的研究,则主要体现在疏导和会通方面,但此疏导和会通却非简单的梳理,而是一种在会通基础的创新,这种会通创新前者以实在论为基础,后者则以融贯说为基础。

所谓"消极"取义说是针对以单个的文字具有确定的内涵外延之意义,为语言文字具有意义的根据的"积极"取义说来说的。"积极"取义说多将语言之所以具有意义归根源于社会习惯,如最初某人随意用某字指某类对象,然后此人自己及他人,乃至其后人代代相传以此字指某对象之某义。对于此一想法,唐君毅先生承认其确能便易地说明单个文字取得意义的方式,但却不能解释新文字如何被创造,文字意义如何引申变化,特别是文字系统如何形成等等重要问题。与此相比,唐君毅先生关于语言取义问题的观点,则是通过文字指向对象时所表示的各个方向之间的相互限制,以及通过定义法,即通过指出一字之意义内涵,对一字之意义加以规定。这种通过文字间的相互限制而取义的语言取义说,就和正面的积极的指定某字为某义的方式有明显不同,所以我们将其称为"消极"取义说。

所谓"消极"表义说,是针对"积极的表义"说提出来的。"积极的表义"说或是从语言行为或语言之声形本身,或是从语言与与意义之心理习惯的一定连结上来看语言表义问题。因前者解释不了语言之声形本身,原可没有所表之义的事实,而后者则忽视了语言的自由性和创造性,所以唐君毅先生认为此说存在理论困境。① 唐君毅先生关于语言表义问题的观点是通过语言行为的消极"遮拨"人的其他行为或其他境物的效用,语言之形声在时空中各占有一分别而相排斥的地位,以及一切语言只是人可通过之以达超感觉性之意义世界的桥梁这三个方面来依次分析语言文字表义问题的。唐君毅先生将以上三方面总结为语言的三度向,②认为唯有通过对语言的此三度向次第了解之,才能对语言使人由感觉性之世界,升进超感性的意义世界的原因有所了解,也才能更好的理解语言的表义问题。

---

① 文中,唐君毅先生分析了一种常见的"积极表义"说:语言之行为论。此观点认为人的语言行为和人的其他行为一样,是受所感觉之物之刺激而有的一种反应表现,而人之理解一语言文字亦只是对此反应的一种反应。至于人恒对感受某物有某语言之行为或恒对某语言有某行为,则是一种生理上的习惯(唐君毅:《生命存在与心灵境界》,台湾学生书局,1986年,第455—457页)。

② "此人之以相继之语言行为,以次第拨除其感觉性之行为与事物,可说为语言之第一度向。——语言在时空中各有一分别而相排斥之地位,可说为语言之第二度向。而其自身之可由代替而终被通过而超越,或直接被通过而超越,以使人达其所表之意义之世界,即为语言之第三度向。故吾人亦必须自了解此语言之第一度向始,而至于其第二、第三度向之了解,然后知此语言之可使人由感觉性之世界,升进入超感觉性的意义世界之故。"唐君毅:《生命存在与心灵境界》,台湾学生书局,1986年,第469页。

关于唯名论与实在论的疏导和会通,唐君毅先生是以实在论为基础的会通,这一点是显而易见的。唐君毅先生敏锐发现二者并非绝对的争锋相对,其主要矛盾乃在于实在论认为共名和概念是真实存在的,而唯名论则只承认有共名,而否认有所谓共相的真实存在。唐君毅先生站在共相概念是存在的立场,即实在论的立场,指出共相概念是存在的,只是这种存在和一般特殊事物的存在是不一样的,它存在人的思想和求知活动中,为形而上世界的另一种存在。这样唐君毅先生通过对"存在"的形上和形下两层面的疏解,并将共相概念和特殊事物安排在不同层面的世界里,它们即同在又相区别,这样化解了唯名论的质疑,使二论得以会通。所以说在唯识论和实在论问题上,唐君毅先生是以实在论为基础的会通。也正是在承认共相概念的基础上,才有唐君毅先生进一步对这种形而上世界的存在之共相概念,如何应用于特殊具体事物中,如何与特殊具体事物相结合的思考。

关于真理观问题,唐君毅先生分析了五种不同类型的真理观,并着重对其中四种真理观的涵义进行分析,对其得失进行评判,消解其中不必要的理论冲突,在某种程度上达到了会通四种真理观的目的。唐君毅先生对此四种真理观的比较和会通,可以说是以融贯说为基础的会通。在融贯说的基础上使得其他各种真理观各得其适宜之范围,各显其理论之价值。这里所说的以融贯说为基础的会通有两方面的意思:一方是说虽符合说、自明说和实在主义真理观各有其颠扑不破的真理成分,各有其最适用的的范围,但此包括符合说、自明说和实在主义等诸真理观若想成一确切的颠扑不破的真理观的哲学体系,则其必须保证自己内部之逻辑融贯相通,这就是说必以融贯说为基础保证。正是其能以融贯说为基础,它们各自的理论价值才能更好地呈现出来。一方面是说唐君毅先生以融贯说为基础,会通此四种真理观,实成一新的真理观,此真理观作为一哲学体系,首先即需要以融贯说为基础,要求其内部之逻辑皆融贯一致,所以唐君毅先生说:这四种真理观彼此不相矛盾,而相互融贯。此融贯就是此四种真理观本身间的一种客观关系。[1] 这体现了唐君毅先生的哲学家的基本素养和会通诸学的气概。

会通诸学可以说是唐君毅先生学问的一个重要特征,其对语言哲学的思考和研究就充分体现了这点。他认为会通诸学,以使之各安其位,是学问中的王道,而独尊一家,罢黜百学,则是思想中的霸道。他说:"人之思想,原初如野马,而不受羁勒。又

---

[1] 唐君毅:《哲学概论》,台湾学生书局,2005年,第653页。

恒不免持一概百,如偏霸一方者,必欲问鼎中原,而思想义理之天地,不得清平。"①持一概百,独尊一家,导致的是思想义理世界的动荡,而要使思想义理世界得以清平,"必赖王道之行,以使之各安其位。"当然对各家学问的批评亦是不能少的,正如唐君毅先生所言:"王道之征伐,亦不可少,此即喻破思想偏执之事之不可少,然后能成此思想之天地中之王道荡荡。"唯有知各家学问之优劣得失之处,才能知其各自独特之价值,才能使其各归其当有之地位,如是才能会通诸学,如是学问之王道才能通行天下,思想义理之世界也才得真正清平。

---

① 此段所引唐君毅先生论学问之王、霸道之思想,全引自唐君毅:《生命存在与心灵境界》,台湾学生书局,1986年,第54页。

论唐君毅的"宗教儒学"

胡 岩[*]

"宗教儒学"是当代儒学发展的一个重要形态。[①] 在这一形态下,人们努力从不同的进路阐释儒学的宗教特征,发掘儒学的宗教价值。作为宗教儒学的代表人物之一,唐君毅对儒学进行了全面的宗教化阐释,并形成了独特的宗教儒学体系。唐君毅的宗教思想已经引起了学界的关注,但人们似乎忽视(或许是有意回避)了去考察其宗教思想与其儒学立场之间的关系,因而也没能全面地揭示其宗教儒学思想。唐君毅试图融合宗教与儒学并最终形成宗教儒学,主要目的是为了解决现代性问题,因此,考察唐君毅的宗教儒学思想对我们思考现代性问题以及宗教、儒学的现代价值有一定的借鉴意义。

一

作为自觉的哲学家,唐君毅的哲学创造是为了回答时代所提出的问题。他曾自述写作《生命存在与心灵境界》一书的缘起是"应此时代之呼召,以尽个人之涓滴之力"。[②] 其实,这不只体现在该书中,而是唐君毅哲学创造的一贯追求。时代对唐君毅提出了什么样的"呼召"呢?这取决于他对时代问题的理解。在《人文精神之重建》中,他将时代问题称为"人类之物化"[③];而在《生命存在与心灵境界》中,他又认为当前时代是一个由"观照凌虚境,而向其下之感觉互摄境,以高速度的外转、下转,而

---

[*] 作者信息:华东师范大学学报副编审。
[①] 李承贵:《当代儒学的五种形态》,《天津社会科学》2008年第6期。
[②] 唐君毅:《生命存在与心灵境界》,石家庄:河北教育出版社,1996年,第908页。
[③] 唐君毅:《人文精神之重建》,桂林:广西师范大学出版社,2005年,第3—6页。

至于自觉到人类世界之毁灭之有一真实可能之时代"①。虽然表述不同,但它们指向的问题是一致的,即人类精神的物化和堕落,以及由此导致的种种苦难。时代问题体现到个人身上,就是"自我的失落"。实际上,在唐君毅哲学中,自我的失落既是时代问题在个人身上的体现,也是导致时代问题的重要原因,因此"重建理想的自我"就不仅是个人的人生追求,也有着更广泛的时代意义。唐君毅认为自己的使命就是通过哲学创造给人类指明重建理想自我的道路,从而挽救苦难的时代。在唐君毅看来,要想解决这一时代问题,需要充分发扬人的宗教精神。"吾人须以宗教精神担负时代之苦难,以求中西古今之人文理想之会通,以解除此苦难。"②由于当前时代的苦难源自人类精神的物化,要想解除人类的苦难、解决时代的问题,便需要扭转物化的趋势,而这"便须有上升而求神化之宗教精神,以直接挽住下堕而物化之人类命运"。③ 正是由于认识到宗教精神对解决时代问题的重要作用,唐君毅认为,"这个时代,尤特需真正宗教精神之价值普遍的被认识"。④

问题是,现实中存在各种不同的宗教,它们也都蕴含着唐君毅所谓的"宗教精神",何以它们不能挽救人类精神的物化、解决时代的问题呢?唐君毅当然也注意到了这一问题。在他看来,现有的各种宗教所蕴含的宗教精神,虽然为解决上述问题发挥了积极的作用,但毕竟它们不是真正的宗教精神,因而无法根本解决这些问题。不但不能从根本上解决问题,它们还导致了彼此之间的冲突,这也是现实的情形。因此,唐君毅认为,对解决时代问题而言,宗教精神固然重要,并且事实上也确实存在着不同的宗教并且它们也都有独特的宗教精神,但却不能从这些宗教中任选一种作为解决问题的根本资源。这里,唐君毅实际上对宗教精神也做了现实和理想的区分,现实的各种宗教精神虽各自都发挥着重要作用,但要想从根本上解决时代问题,则需要一种新的理想的宗教精神。并且,这种理想的宗教精神,不能任选一种现有的宗教作为基础,因为这样一来不但问题不能解决,还会导致宗教冲突等新的问题。

唐君毅认为理想的宗教精神必须从儒学中发展出来。"吾人所向往之新宗教精神,必须由吾人传统宗教精神以长出,而不能外袭。"⑤这里所谓的传统宗教精神,就是儒家的宗教精神。对唐君毅而言,以儒家宗教精神为基础的理想的宗教精神,不仅

---

① 唐君毅:《生命存在与心灵境界》,第899页。
② 唐君毅:《人文精神之重建》,"自序",第5页。
③ 唐君毅:《人文精神之重建》,第5页。
④ 唐君毅:《人文精神之重建》,第7页。
⑤ 唐君毅:《中国文化之精神价值》,桂林:广西师范大学出版社,2005年,第393页。

可以回应时代的需要，也可以避免宗教之间的冲突。他认为，儒家宗教精神"可协调和融各宗教，而使之各得其所，而永绝各宗教徒间之互相轻蔑之意，由此而可绝一切以往因宗教而生战争之种子"。① 因此，"人类要根绝宗教上之一切不必要的纷争，而安和天下，必赖于儒家之学与教之自树立为人类文化之一骨干。"②

与这些认识相关，唐君毅哲学中对儒学表现出一种明显的宗教化解释的倾向。当然，对唐君毅而言，相信儒学、相信宗教，并对儒学进行宗教化的解释，并不只是一个理论上的选择，也与其自身的情感有关。唐君毅是一位儒家，对儒学有着深厚的情感，这是比较容易理解的。他在其著作中的不少地方都流露出这种感情，比如著名的《中华民族之花果飘零》《花果飘零与灵根自植》等。同时，唐君毅也有着浓厚的宗教情怀，这在他对自己经历的回忆中多次提到，他也曾明确表示"我个人是相信宇宙间有鬼神存在的"，③等等。唐君毅还曾自述其研究宗教的动机："人之研究哲学与宗教之原始动机与终极目的，毕竟在解决其在生活中所真切感到的问题，以使其生活有一最后的安顿寄托。真正的哲学家、宗教家，决不同于哲学史家、宗教史家。他必须有所主张，有所信仰，而以其自己之觉悟或信仰启发人之觉悟或信仰。"④事实上，正是在这一自觉的学术态度指引下，唐君毅对宗教的研究并非只是对历史上的宗教现象做客观的介绍和梳理，而是通过梳理这些现象来彰显自己的宗教信仰，用他的话来说，他做的是宗教家而非宗教史家的工作。可见唐君毅身上有明显的宗教情怀，⑤这种情怀加上他对儒家思想的自觉维护，使得他与许多前辈学者反对将儒学视为宗教不同，而是着力阐发儒学的宗教性因素，对儒学做了积极的宗教化的阐释，从而形成了别具特色的宗教儒学。

二

儒学是否宗教这一问题，早在唐君毅之前就存在不少的争论。尽管有些相反的看法，大体来讲，不管是儒学中人，还是其他宗教中人，大多不认为儒学是宗教。唐君

---

① 唐君毅：《人文精神之重建》，第508—509页。
② 唐君毅：《中华人文与当今世界》，台北：学生书局，1975年，第456页。
③ 唐君毅：《人文精神之重建》，第7页。
④ 唐君毅：《人文精神之重建》，第479—480页。
⑤ 其实，对唐君毅本人的宗教情怀，也可以从他对宗教意识的研究中看出来，他对宗教意识的研究，更多的不是基于实证的调查，而是对其自身宗教体验和宗教情感的一种描述。参见拙作《论唐君毅的"宗教意识"概念》，《船山学刊》2013年第3期，第124—129页。

毅虽然有时也说儒学不是一般意义上的宗教，但他对儒学的宗教意义和价值是深信不疑的。从根本上讲，对这一问题的争论既涉及对"宗教"的看法，也涉及对"儒学"的看法。因此，为了说明儒学的宗教性，唐君毅对"宗教"和"儒学"都进行了新的解释。

唐君毅认为，"宗教"是一个汉语词，对其意义的界定不能局限在与其相对的英文词上，而应该"以中国之宗教二字原义来看"。他说："中国之所谓宗，可兼指祖宗，与为人与万物之大本大宗之天或道，与学术文化教育中之宗师三者。此乃与中国所谓礼之三本，或三祭中祭祖，祭天地，祭圣贤师尊三者，直接相连者。宗师圣贤立教于昔，后生承学于今；祖宗垂教于前，子孙承训于后；'天有四时，庶物露生……无非教也'，则天以不言之教示人于上，而人承法于下。则宗教二字之相连，其固谊应即凡有所宗，即有所教，亦有所学之义。"①这里，唐君毅将"宗教"解释为教与学的活动，按照这一解释，显然儒学是宗教。不光如此，"以中国宗教二字之原文，衡量西方所谓宗教，既有其宗旨，亦有所垂教于世，自亦可称为宗教。"②而与此相反，"如以西方盛行之宗教，如犹太教基督教回教皆只信一神，而本之为标准，以衡量儒家佛教道教之非只信一神者，说其不足称为宗教；或以西方之 religion 一字之某一义，定宗教与非宗教之范围者，则此皆不知宗教二字，原为中国固有之名辞，理应以其原义之引申，以统摄译名之义；而不能反客为主，忘己徇人，遂以译名之义，篡夺侵占其原有之义。"③可见，唐君毅反对那种用西方所理解的宗教的标准来衡量儒家，而是主张用中文词"宗教"的本来意义来界定宗教的范围，这样一来，便可能从术语上为论证儒学的宗教性扫清道路。

唐君毅当然知道，虽说他可以对宗教的概念进行重新界定，从而将儒学划进宗教的范畴，但现实情况是，大多数人基本上是在与 religion 相对应的意义上使用"宗教"一词。因此，为了论证儒学的宗教性，唐君毅不仅在概念的重新解释上下了功夫，还对儒学在现实中所发挥的宗教功能进行了确认。宗教在现实生活中的功能体现在很多方面，唐君毅比较重视的是其对个人安身立命的作用。在他看来，世界上现有的各种宗教对信仰者而言都在一定程度上发挥着安身立命的作用，儒学虽然不是现有的典型宗教中的一种，但也同样发挥着安身立命的作用。他不仅肯定了儒学所具有的

---

① 唐君毅：《中华人文与当今世界》，台北：学生书局，1975 年，第 463—464 页。
② 同上，第 464 页。
③ 同上，第 464 页。

安身立命的功能,还认为在这方面,儒学甚至比其他宗教更为高明。他认为:"吾人之言安身立命,其本意原为自安此身、自立此命。而通常人对此词之习惯联想的意义,则如为求得一此身此命之外之另一处,而安放置立此身此命于上。于是一超越的宗教信仰,遂若成为人之唯一的理想的安身立命之地。而实则当吾人思一超越的宗教信仰而求安身立命时,吾人尚只是悬此身此命于此所信仰者之前。吾人真欲安身立命,更必须实践此信仰,而彻此信仰于此身此命方可。然此所信仰如初为超越外在,其如何彻得下来,以真实贯注于此身此命,便有种种问题。而此超越外在者,如不同时化为内在,则此身此命于所信者,仍毕竟为二。而儒家则凝摄外向之信仰成自信,而自信其此心此性,内在于此生命此身,便更无如何彻得下来之问题,而一切工夫要在充内形外。此方是直下安此身立此命之道也。"①

可见,在概念和功能方面,唐君毅都试图论证儒学的宗教性,并在两个方面都表现出视儒学高于其他宗教的倾向,这一倾向也贯穿于唐君毅对儒学进行宗教化解释的其余环节中。

三

唐君毅不仅对"宗教"概念以及儒学的宗教功能进行了重新的解释和挖掘,还从哲学的角度论证了儒学的宗教性,这也是他对儒学进行宗教化解释的关键环节。

他首先对宗教的本质做了自己的解释。我们知道,对宗教本质的讨论可以有不同的进路,唐君毅的讨论类似于宗教心理学,是从主观意识的角度对宗教的本质进行探讨。唐君毅对宗教本质的讨论集中在他对"宗教意识"概念的考察,他认为"宗教意识"是人们信仰宗教的根本原因。对唐君毅而言,"一般宗教"与"宗教意识"是不同的。所谓"宗教",就是指现实存在的各种典型形态的宗教,它们往往包括一定的仪式、教规、教会等,比如回教、犹太教、基督教、佛教等;而所谓"宗教意识"指的是人所具有的导向宗教信仰的主观心理倾向,有时唐君毅也称其为"宗教动机""宗教精神""宗教要求"。在唐君毅看来,宗教意识"贯注于高高低低的人类宗教",②是宗教得以产生的主要根源。

唐君毅认为,宗教意识在本质上是一种"求价值的实现与生发之超越的圆满与悠

---

① 唐君毅:《中国人文精神之发展》,桂林:广西师范大学出版社,2005年,第316页。
② 唐君毅:《中国人文精神之发展》,第284页。

久之要求"①。显然,这是人的一种主观心理倾向,从根本上讲,它就是"一超越于我们所知的现实世界,而不能为此现实世界之现实情状所能满足者"②。可见,唐君毅所谓的宗教意识或宗教要求,包含着一种"超越性",这种"超越性",就是指超越现实的不完满,而达到完满的理想状态。分析地看,这一"超越性"表现为一个包含有三个环节的结构:被超越的现实、希望达到的理想以及超越活动本身。

所谓被超越的现实,指的是人们的现实生活状况。人是有限的存在,人的现实生活总是不完美的,在唐君毅看来,它充满了苦痛、罪恶和限制,但这些问题在现实生活中无法获得根本解决,因此,也就会"必然地逼出人之宗教的精神要求,与宗教性的道德实践"③。显然,在唐君毅看来,人的宗教意识的存在是必然的。而所谓超越活动所希望达到的理想,是指超越活动所指向的对象,它其实就是指对上述各种现实问题的完满解决,或者说是"价值的实现与生发之超越的圆满与悠久"。这一理想世界与现实的不完满不同,它总是无限、完满的。一般而言,这一完满的世界既可以在超越的彼岸,也可以在现实的此岸。对大部分宗教而言,完满世界只在彼岸存在,而唐君毅所追求的完满世界则是在此岸。唐君毅说它是超越现实世界的,这里的"现实"是与理想相对的,因而这里的"超越"表示的是对理想的实现,并不意味着必定要达到一个彼岸世界。唐君毅的这一主张与其儒家的思想立场是一致的。至于由现实到理想的超越活动本身,则是超越性结构中最重要的部分。人们希望摆脱现实、达到理想,总要通过一定的超越活动来实现。超越活动可以有不同的类型,而不同类型的超越活动又在很大程度上取决于人们对现实和理想的理解,尤其是对理想的不同理解。如果人们认为理想的世界在彼岸,那就需要一个全能的形上实在来解救我们进入彼岸世界;而如果人们认为理想的世界就在此岸,那就需要人们在此岸世界的现实生活中,通过各种现实的活动来实现最高的理想。唐君毅强调的超越就是后者,他有时也称其为"内在的超越"。

显然,如果以宗教意识的超越性结构来看待儒学,儒学无疑是包含着宗教意识的。作为道德的理想主义,儒学对现实的有限性是有所认识的,也在追求一种理想的境界,并且主张通过人的道德实践来完成由现实到理想的超越。不管唐君毅对宗教意识的说明是否正确,但他通过这一步确实肯定了儒学的宗教意识。

---

① 唐君毅:《中国人文精神之发展》,第284页。
② 同上,第284页。
③ 唐君毅:《中国人文精神之发展》,第289页。

当然，唐君毅并没有仅仅停留在论证儒学具有宗教意识，他还认为宗教意识本身也有现实与理想之分。在他看来，现有这些宗教的宗教意识，虽各有其现实原因和存在价值，但却并不完满，因而也导致了种种问题。这些问题中，唐君毅特别强调的是宗教之间的冲突甚至战争。同样追求对现实的超越而实现理想，不同的宗教意识何以会导致种种冲突，唐君毅认为原因在于，它们过分强调了"宗教之具体的信仰内容"，而没有从"人依于其超越性而生之宗教的精神要求上着眼"。① 在唐君毅看来，人的宗教要求都根源于"吾人之心灵精神之主体"，"超越的信仰，皆唯是本吾人当下之道德生活、道德心灵所原具之涵义，所推扩而出之信仰，亦只是此生活、心灵所放出之一纵摄三世、横照三千大千世界之一智慧之光。"②而这一心灵主体是统一的，因而各种宗教要求就其来源而言，并不是互相冲突的。化解各宗教之冲突，就需要使宗教信仰的内容复位于宗教之精神主体。

唐君毅这里所谓的"心灵精神之主体"，与他常用的"道德自我""超越自我""良知"等概念表达的是同样的意思。"自我之良知，则永能自己肯定其自身之价值，肯定其自己之应有与当存在，因而自己为其自己所内具之价值，及所由存在之来源。"③良知既是各种宗教信仰之根源，又是判断各宗教之价值高下的标准。④ 唐君毅赋予良知一个基础性的地位，⑤而儒学所信仰的正是人的良知，因此，唐君毅实际上是肯定了儒学在宗教世界中的优越地位。

对"宗教意识"的讨论，只是从信仰者主观意识的角度论证了儒学的宗教性，要想更全面地论证儒学的宗教性，还需要从信仰对象的角度加以说明。唐君毅当然也认识到了这一点，所以他又从信仰对象的角度对儒学的宗教性展开了论证，当然，这种论证也主要是哲学上的。

一般而言，通过考察现有各种典型的宗教形态中的宗教意识可以发现，这些宗教意识大多将某种超越者（他有时称"终极实在"等）作为信仰对象，从这个角度看，儒学似乎不是宗教。针对这种看法，唐君毅首先肯定了宗教信仰中确实存在某种超越者，但他不认为儒学中就没有这种超越者。在谈到儒学中的超越信仰时，唐君毅指

---

① 唐君毅：《中国人文精神之发展》，第 304 页。
② 唐君毅：《生命存在与心灵境界》，第 777 页。
③ 唐君毅：《人文精神之重建》，第 502 页。
④ 详见唐君毅：《人文精神之重建》，第 503—505 页。
⑤ 大多数情况下，唐君毅著作中的"良知"与"道德理性"是同义的概念，因此，唐君毅在《文化意识与道德理性》中强调道德理性对宗教意识的主宰，与《人文精神之重建》中强调良知是宗教信仰的根源是一贯的。参见《文化意识与道德理性》（桂林：广西师范大学出版社，2005 年）一书中《宗教意识之本性》一章。

出,"于人之仁心、圣心中见天心,以真肯定仁心、圣心、天心之不二,至于此中何以不只用一名,则以仁心是自个体人上说,圣人自个人仁心完全实现说,而天心则自诸圣同心一心上说,而显于人我之仁心交感处及天地之化育中者也。依人之仁心而求与死者有精神上感通,顺人之仁心之先表现为孝,故必有祭祖,顺人之仁心必尊圣贤,故包含祭圣贤,连对天心之祭,即荀子所谓礼之三本,宗三先生所谓三祭。三祭皆所以通神明之道,亦充达吾人之仁心以澈幽明,而无所不至其极之道也。"①显然,在他看来儒学中的宗教意识也指向一个超越的信仰对象,只不过这种信仰对象与人的"仁心"(良知)是异名同实而已。与前面将良知看作宗教意识的根源的主张联系起来,可以发现,人们所信仰的终极实在正是人的良知。对唐君毅而言,信仰这一对象的宗教意识不但比那些信仰一个纯粹的外在的对象的宗教意识更基础,也更高明。因为,如果信仰的对象是绝对外在的,那便有因信仰对象不同而走向冲突的可能性;而如果信仰的对象是内在的良知,就会避免这种可能性,这与唐君毅希望以儒家的宗教意识为理想的宗教意识的主张是一致的。

可见,通过从主观意识角度对宗教本质的重新界定,以及对宗教意识各环节的重新解读,唐君毅在理论层面给儒学赋予了宗教意义,并进一步论证了儒学对其他宗教而言的优越性。

四

唐君毅清楚地知道,现有的各种宗教不仅有主观的宗教意识和理论层面的教义,还有客观外在的宗教仪式,因此,为了论证儒学的宗教性,还需要对儒学中的某些类似宗教仪式的内容进行宗教化的解释。这方面的努力,主要体现在他对"三祭"的宗教意义和宗教价值的讨论中。所谓"三祭",就是"对天地、祖宗与圣贤人物之祭祀",②这是儒家所主张的主要祭祀形式。对"三祭"的宗教意义和宗教价值,唐君毅分别从祭祀者和所祭祀者(祭祀对象)的角度展开了论证。

唐君毅认为人们在进行祭祀时的主观意识,实际上就是一种宗教意识。"祭祀时,吾所求者,乃吾之生命精神之伸展,以达于超现实之已逝世的祖宗圣贤,及整个之天地,而顺承、尊戴祖宗圣贤及天地之德。则此中明有一求价值之实现与生发之超越

---

① 唐君毅:《中华人文与当今世界补编》,桂林:广西师范大学出版社,2005年,第699页。
② 唐君毅:《中国人文精神之发展》,第317页。

的圆满与悠久之要求之呈现,乃视死者亡而若存,如来格生者,以敬终如始,而致悠久,使天地与人,交感相通,而圆满天人之关系。则此三祭中,明含有今人所说宗教之意义。"①根据唐君毅对宗教意识的界定,儒家的"三祭"显然包含有这种宗教意识,也就是说,"三祭"具有宗教性。

对唐君毅而言,儒家"三祭"的宗教性不仅体现在祭祀者的主观意识方面,还体现在所祭祀者(或者说祭祀对象)方面。关于宗教信仰的对象,有人认为"三祭"中的对象最初都是现实的事物而不是绝对超现实之神,因而否认了三祭的宗教性。唐君毅针锋相对地指出:"三祭之对象之圣贤祖宗,虽曾为现实存在者,然在祭时毕竟非现实存在。又天地中之具体事物,虽为现实,而天地中一名之所指,可含天地神祇,亦可指一统体之自然生命或宇宙精神,或天帝之先万物性或后万物性。此即皆为含超现实之意义者。"②"三祭"中的"所祭祀者,为一超现实存在,与宗教之对象同。"③"儒家重人非不尊天,亦非必不信鬼神,祀天之礼、祭礼亦非必只是自尽其心,而可是与天地鬼神有真实之感通,引此儒家思想之绪,亦尽可能有与西方基督教思想接触之处。"④

唐君毅不只论证了"三祭"的宗教性,还论证了"三祭"高于其他宗教的宗教价值。这大概也可以从祭祀者和所祭祀者两个方面来看。有人认为"三祭"不重视向所祭祀者的祈求,而较重视报恩,这与一般的宗教不同。唐君毅认为,一般宗教对神的祈求确实可以增强人们的罪业感,并促使人们迁善改过,但这种祈求也包含着人的偏私欲望的满足,并使人的偏私欲望更为加强。与此不同,"中国传统之宗教性的三祭,则因其不重祈求而特重报恩,故此祭中之精神,为一绝对无私之向上超升伸展,以达于祖宗、圣贤、天地,而求与之有一精神上之感通。则此中可不生任何流弊,而其使人心灵之超越性、无限性得表现之价值,则与一切宗教同。"⑤而关于祭祀的对象,有人认为三祭中的祭祀对象有多种,并且作为祭祀对象的祖宗圣贤都是可以增加的,而不像一般宗教那样是唯一的。针对这一说法,唐君毅认为,信仰唯一的神,当然可以增强信仰者宗教意识中的迫切感和超越感,从而产生了不少正面的价值,但也存在走向反面的可能性,比如会导致宗教偏见、对现实世界的冷漠等。与此不同,三祭"所祭者中,包含自己之祖宗,自己地方或自己所特崇拜之圣贤人物,而不只为一普遍之神或

---

① 唐君毅:《中国人文精神之发展》,第319页。
② 唐君毅:《中国人文精神之发展》,第319页。
③ 唐君毅:《中国人文精神之发展》,第318—319页。
④ 唐君毅:《中华人文与当今世界补编》,第702—703页。
⑤ 唐君毅:《中国人文精神之发展》,第321页。

佛或天地；则表示一对于'我之个体之特殊存在，与所祭者之特殊的生命精神之关系'之重视。……由人类之自然生命及文化生命之延续，而人类所祭之世界中之祖宗及圣贤人物，即有增加。此即使人类所祭之世界，与人之自然生命之进展、文化生命之进展，同时开展。而此祭中之精神，亦即为一开展的，而非永远封闭于一定之神的。便可使人之宗教性的精神本身，亦时在生长、创新、扩大之中。则人类所祭之对象，其总体之在增加变化中，正所以使人类之宗教精神，与人之自然生命、文化生命互相呼应，而如如相孚者。"①

可见，对唐君毅而言，儒学所主张的"三祭"，不仅具有与其他宗教基本一致的宗教特质，而且还有其他宗教所不具备的优点，因此，相比其他宗教来说，是一种更为高明的宗教形式。

五

通过上面的讨论可以发现，唐君毅从概念、功能、主观意识、外在仪式等方面对儒学进行了多方位的宗教化解释，他不仅肯定了儒学的宗教性，还论证了儒学高于其他宗教的价值。对唐君毅的工作我们可以放到一个更广阔的历史背景中去考察。我们知道，对儒学是否宗教问题的讨论由来已久，人们围绕这一问题展开了长久而又丰富的讨论。参与这一讨论的研究者观点不一，关注的角度也不同。就新儒家自身对这一问题的讨论来看，也发生了一个转变。第一代的新儒家（如梁漱溟、熊十力）基本不认为儒学是宗教，对宗教本身的价值也较多消极的认识；第二代新儒家（唐君毅、牟宗三等）则较多肯定了宗教的价值，对儒学也进行了宗教化的解释，着力发掘儒学中所蕴含的宗教精神；第三代新儒家（杜维明、刘述先等）对宗教的价值更加强调，对儒学中的宗教精神更加肯定，并且对儒家宗教精神之价值也更为自信，因而，他们不只强调儒学有宗教精神，而且认为儒学的宗教精神可以为世界文明对话和宗教交流贡献更为积极的影响。② 通过上面的讨论可以发现，唐君毅不仅肯定了宗教对当今世界的价值，肯定了儒学所蕴含的宗教精神，更肯定了儒学的宗教精神在未来的宗教世界中所能发挥的决定性作用。某种意义上说，唐君毅对儒学进行宗教化的解释工作，对后来儒学的发展产生了积极的影响。

---

① 唐君毅：《中国人文精神之发展》，第321页。
② 郭齐勇：《当代新儒家对儒学宗教性问题的反思》，《中国哲学史》1999年第1期，第40—53页。

唐君毅对儒学进行宗教化的解释，一个重要目的是化解现实的宗教冲突。但出于宗教宽容的目的而将儒学进行宗教化的解释，也存在着走向其反面的可能性。他对儒学的宗教精神进行了深度的挖掘，并在此基础上指出，儒学所蕴含的宗教精神是理想的宗教精神的代表，同时他并不主张将儒学建立为与其他宗教相并列的一种宗教，这都是为了避免儒学成为宗教冲突中的一种。现有各种宗教在教义、仪式等方面存在诸多不同，也确实存在各种各样的冲突，在理论上提出一种新的"宗教意识"作为各宗教对话的基础，或许有一定的可能性，但在现实中是难以实现的。对儒家文化背景中的人来说，或许可以接受以儒家宗教意识作为各宗教之基础，但对其他宗教的信仰者来说，接受看似可以彻底消除宗教冲突的理想的宗教意识，实际上是不可能的。因此，这样一来，不但消除宗教冲突的愿望无法实现，反而会被其他宗教认为是一种新的宗教压迫，最终使儒学成为宗教之一种，加入到与其他宗教的冲突中去。可见，唐君毅的用意显然是良好的，但现实可能并非如此简单。唐君毅明确表示自己没有加入孔教会，[1]或许也是意识到了这一点。实际上，化解现实的宗教冲突，与其高调地宣扬儒学宗教化的作用，将儒学视为未来宗教的基础，还不如将儒学视为现有宗教之一种，发掘自身的宗教精神，平等地参与到与其他宗教的对话和沟通中。这不仅是当前宗教对话的基本形式，对儒学的当代发展而言，似乎也是更为务实的选择。从这个角度看，第三代新儒家的相关工作或许更为合理。

前面提到，唐君毅强调宗教的作用以及儒学的宗教精神，与其哲学的问题意识有关。在唐君毅看来，时代问题反映到哲学上，就是自我的失落，而重建理想的自我就应该成为哲学所要解决的主要问题。理想自我的实现，对唐君毅而言，需要宗教的参与。前面提到，唐君毅曾明确表示他本人相信鬼神等是真实存在的，对他来说理想自我的实现便必须要面对并处理好与神的关系。他认为在处理人神关系时，宗教会发生重要的作用，但并非所有宗教都能够合理地处理人神关系，只有儒学（经过宗教化解释的）才能做到。唐君毅从自我存在的角度切入对时代问题的把握，将时代问题诊断为自我的失落，并将理想自我的重建作为自己哲学创造的目的，无疑是有积极意义的。但一定将自我的存在关联于神的存在，并过度强调宗教的重要作用，似乎值得商榷。对作为类的人而言，宗教的存在及其作用已经得到了证实，但就个体而言，并不意味着每个人必须相信神灵的存在、必须信奉某种宗教才能实现其理想人格，比如无

---

[1] 唐君毅：《中华人文与当今世界补编》，第706页。

神论者。换句话说,理想自我的实现不一定需要宗教。而将儒学进行宗教化的解释,对实现这一目标而言,不但不必要,而且对儒学自身的发展而言,还可能出现负面的影响。我们知道,儒学本身就可以发挥安身立命的作用,对理想自我的实现而言意义重大。对儒学进行宗教化的解释,反而可能让那些不需要甚至反感宗教的人对儒学本身有所抵触。这样一来,对唐君毅将儒学建立成为世界文化之主干的设想,可能会起到消极的作用。

通过上面的论述可以发现,尽管唐君毅先生没有明文将自己定位成宗教哲学家,但他确实为自己的信仰进行了哲学上的论证,因而事实上做了宗教哲学家的工作。当然,如果我们认可约翰·希克对宗教哲学与神学的区分,[1]唐君毅先生的工作实际上表明了他是一位神学家。因为,他的最终目的不是为了客观地探究所有宗教现象的共同本质,而是为了论证他所信仰的儒学的宗教价值。与唐君毅有相同思想倾向的新儒家,虽然所采用的概念、思路等有所不同,但对儒学宗教性的论证也基本上围绕上述几个方面展开,因而唐君毅的论述中所存在的问题也程度不同地存在于其他人身上。当然,尽管唐君毅对儒学所进行的宗教化解释,确实存在一些局限。但总的来说,唐君毅的工作,有自觉而又鲜明的问题意识,对儒学自身的发展、宗教对话等问题都有着积极的意义。唐君毅提出的一些问题和为解决这些问题所做的工作,还是值得重视的。

---

[1] 〔英〕约翰·希克著:《宗教哲学》,何光沪译,北京:三联书店,1988年,第6—11页。

知识与道德

知识与德性

——《礼记》与《理想国》关于美德教育的比较研究

何善蒙　陈　辰[*]

　　美德教育始终是人类社会的重要问题。美德教育何以可能？美德是否像一般的知识，可以通过教授和学习获得？在现实中往往存在知识与德性并不相匹配的状况，或是知识丰富而德性低下，或是德性较高而知识匮乏，如何解决这一问题？古人早已对这些问题进行了思考，他们的观点在今天依然具有借鉴意义。因此，本文将通过《礼记》(《小戴礼记》)中的《学记》和《大学》两篇重点分析早期儒家学者对美德教育的看法，并以柏拉图著名的"美德是否可教"的问题和《理想国》中对教育的讨论作为比较，体现中西方早期思想在美德教育问题上的异同。

一、《礼记》对美德教育的思考

　　今称《礼记》，通常是指西汉戴圣所编的《小戴礼记》，主要记载了先秦时期的各项礼制，内容十分丰富，其中一个重要部分便是对个人修身和教育教学的论述，主要体现在《学记》《中庸》《大学》三篇之中，而后两篇经过朱熹的整理成为"四书"之二，可见其中的教育思想对于儒家思想体系而言的重要性。但《中庸》和《大学》更多是对于儒家教育的纲领性论述，《学记》则更具体地展现了教育实施过程的步骤和细节。因此，本文以《学记》和《大学》为主，探讨儒家对于美德教育的看法。

---

[*] 作者信息：何善蒙，浙江大学哲学系教授，贵阳孔学堂入驻学者；陈辰，浙江大学在读学生。

从此二篇看,学习的首要目的和最高标准便是在于德性的养成。《大学》一篇的开头即是:"大学之道,在明明德"[1],朱熹称"大学"乃"教之以穷理正心修己治人之道"[2],又称"明德为本"[3],足以见德性是教育之根本,甚至格物所获的闻见之知,其目的亦是为提升德性之知,如《大学》有言:"物格而后知至,知至而后意诚,意诚而后心正"[4],"物格"是学习关于对象的知识,这只是学习的第一小步,"知至"既是知识的极大丰富,也是对于学习目标的充分了解。如此之后,方可实现内心的"意诚""心正"的境界。《学记》结尾强调道:"君子曰:大德不官,大道不器,大信不约,大时不齐。察于此四者,可以有志于本矣。"[5]即圣人或君王之德不限于一官一职,圣人之道不限于一物之用,圣人之信乃不言而信,无须盟誓,天时生杀不共在一时,本节论"学为众事之本"[6],孔疏道:"若能察此在上四者之事,则人当志学为本也"[7],说明了解此四者方能立志为学,但同时也只有通过不断学习才能够达于此四种境界,正如《学记》所说"虽有至道,弗学,不知其善也"[8],所以"大德、大道、大信"是学习所参照的最高标准。

那么,儒家所说的德性是什么呢?这个问题一时难以定论,固然不可能在本篇中得出精确的定义,因此姑且先对其有一个大致的印象。首先,毫无疑问,这种德性可以理解为一种内在的修养,包含了孔子所说的"仁",孟子所说的"仁义礼智信"。其次,它也外化到具体的为人处世之中,"为人君,止于仁;为人臣,止于敬;为人子,止于孝;为人父,止于慈;与国人交,止于信"[9],即是说明在不同的身份和情境中,有不同的德性要求。

德性的培养必然通过教学,此教学亦有方法可言。第一,在学习过程的诸形式潜移默化地影响学生。教学形式并非只是教学内容的载体或补充,而是可以对学生的心灵和意识产生重要和长期影响的途径。《学记》中详细描述了教学过程中七大重要的仪式和规范:

---

[1] 郑玄注,孔颖达疏:《礼记正义》,上海:上海古籍出版社,2008,第2236页。
[2] 朱熹:《四书章句集注》,北京:中华书局,2016,第1页。
[3] 朱熹:《四书章句集注》,北京:中华书局,2016,第3页。
[4] 郑玄注,孔颖达疏:《礼记正义》,上海:上海古籍出版社,2008,第2237页。
[5] 郑玄注,孔颖达疏:《礼记正义》,上海:上海古籍出版社,2008,第1449页。
[6] 郑玄注,孔颖达疏:《礼记正义》,上海:上海古籍出版社,2008,第1450页。
[7] 郑玄注,孔颖达疏:《礼记正义》,上海:上海古籍出版社,2008,第1450页。
[8] 郑玄注,孔颖达疏:《礼记正义》,上海:上海古籍出版社,2008,第1425页。
[9] 郑玄注,孔颖达疏:《礼记正义》,上海:上海古籍出版社,2008,第2239页。

> 大学始教，皮弁祭菜，示敬道也。宵雅肄三，官其始也。入学鼓箧，孙其业也。夏楚二物，收其威也。未卜禘不视学，游其志也。时观而弗语，存其心也。幼者听而弗问，学不躐等也。此七者，教之大伦也。①

在学生即将开始"大学"阶段的学习时，由相关官吏身着皮弁，众人在筵席上将蔬菜留下不食，以祭先圣先师，表明对最高的道的尊敬。王夫之言："菜，蘋藻之属，舍菜之礼，俎豆具焉而专言菜者，尚质也"②，"俎豆"指礼器③，可见"祭菜"之礼专门使用了祭祀所用的礼器，而只专言"祭菜"，是因为菜的朴素之质，更显尊敬之意。接着吟唱《诗经·小雅》开头的《鹿鸣》《四牡》《皇皇者华》三篇，让学生感受君臣宴乐、互相慰劳的和谐场景，培养起学生为官辅佐君主的志向，也是对君臣互相体谅、和谐融洽之美德的歌颂。入学时，学生们需在庄严的鼓声中等待学士的到来，方能打开书箧拿出书籍文具等物，元人陈澔对此补充道："警之以鼓声，使以逊顺之心进其业也，《书》言：惟学逊志。"④可见此仪式可增强学生的谦逊之心，并且由《尚书》之语，亦知唯有广博的学习方可使人知其不足、逊其心志。教学中适当的惩罚可以收敛学生的懒惰、散漫之性，克制人的欲望。在学习遇到疑问时，后入学者需先向先入学的学长请教，若仍不明，由学长向老师请教，而后入学者在一旁聆听，这是使学生养成尊卑有序的观念和习惯，不轻易僭越等级高者。此七者，前言皆是形式，后言皆是对学生心志和品性的影响，将它们列为"教之大伦"，足见庄严的仪式和日常教学的形式对学生德性养成具有潜移默化的重要影响，所以不可忽视形式的作用。这些形式是"礼"的一部分，说明德性的培养很大程度上依赖于"礼"的学习。《礼记》深受《荀子》的影响，荀子十分重视"礼"，他说："礼者，法之大分，类之纲纪也。故学至乎礼而止矣。夫是之谓道德之极。"⑤也就是说，学"礼"并且按照"礼"的要求来做，便可以达乎道德的最高境界。

第二，对学习成果的考核本身包括对德性的考核。《学记》言："一年视离经辨志，三年视敬业乐群，五年视博习亲师，七年视论学取友，谓之小成。九年知类通达，

---

① 郑玄注，孔颖达疏：《礼记正义》，上海：上海古籍出版社，2008，第1429—1430页。
② 王夫之：《船山遗书》（第五册），北京：中国书店，2016，第45页。
③ 参见程树德所撰《论语集释》（第四册，北京：中华书局，1990，第1049—1050页）中对"俎豆"的解释。
④ 陈澔注：《礼记》，上海：上海古籍出版社，2016，第416页。
⑤ 王先谦：《荀子集解》，北京：中华书局，1988，第14页。

强立而不反,谓之大成。"①"敬业乐群""博习亲师""论学取友",皆包含了对非知识性的品行的考核,朱熹总结道:"盖考较之法,逐节之中,先观其学业之浅深,徐察其志行之虚实,读者宜深味之,乃见进学之验"(《仪礼经传通解·学礼》②),故而学习成果考核的内容至少有两大方面,一是学生学到的知识,如"知类通达",是重要的学习能力,同时以广博的学识为基础,故而是知识方面的考核;另一方面是内心的德性,"强立而不反"即是对克服欲望、保持心志的要求。

以上可见,"美德可教"在《礼记》编者或儒家学者看来是不言而喻的,德性的提升是学习的首要目的,圣人之德是学习的最高标准,通过学习"礼",以及"礼"化在学习过程中的各种形式,在潜移默化中培养学生的心性和行为,并以品行作为学习成果考核的重要指标。

二、柏拉图对美德教育的思考

柏拉图在《美诺篇》③中首先明确地提出"美德是否可教"的问题,为了回答这一问题,美诺和苏格拉底从探讨"美德的定义"开始,接着给出学习之所以可能的依据是"灵魂的回忆"(《美诺篇》81C—D),最后两人探讨"美德是否是知识"亦即"美德是否可教"的问题,因为可教的——或者说可经提醒而回忆起的——都是知识,反之,知识也都是可教的,或者是可经提醒而回忆起的(98E)。经过讨论,他们同意不存在美德的教师,因为被城邦公认为具有美德的人并不能将他人同样教授成为具有美德的人,因此美德不可教,即美德并非知识(98E)。《美诺篇》的最后,苏格拉底只能草率地结尾:"拥有美德的人通过神的恩赐而得到美德"(100A)。

《美诺篇》常被看作是柏拉图早期创作向中期创作过渡的重要作品,其中已体现出著名的"理念论"的萌芽。尽管在《美诺篇》中,柏拉图对"美德是否可教"的问题并没有给出令人信服的答案,但随着其思想的不断发展和完善,到写作《理想国》中,他对"智慧、勇敢、节制、正义"这些德性提出了新的定义,并为如何培养起灵魂的德性而提出了具体的教育方案,说明美德是可教的,默认了其师苏格拉底的"美德即知识"的

---

① 郑玄注,孔颖达疏:《礼记正义》,上海:上海古籍出版社,2008,第1426页。
② 朱熹:《朱子全书》(第二册),上海 合肥:上海古籍出版社、安徽教育出版社,2010,第538页。
③ 本文所引《美诺篇》文字以及标注,以王晓朝先生翻译的《柏拉图全集》(第四册,北京:人民出版社,2017年版)为准。

名言。这虽与他在《美诺篇》最后草率的结论相悖,但是文本中的细节体现了对《美诺篇》中已蕴含的思想的联系和发展。

在《理想国》[①]中,柏拉图将美德或善的这类伦理问题划归为知识问题,对美德或善的追求本质上是对知识的追求,准确而言是对其理念的追求。苏格拉底说,"要最完善地认识这些美德(指智慧、勇敢、节制、正义),需要另走一条弯曲的更长的道路"(《理想国》,504B),这条路正是对理念的了解。因为"善的理念是最大的知识问题","如果不知道关于善的理念,那么别的知识再多对我们也没有任何益处,正如别的东西,虽拥有而不拥有其善者,于我们无益一样"(505B),可见此时"美德是知识"似乎是一个不言自明的命题了,但是这种说法继承了《美诺》时已出现的"理念论"的萌芽,即要求获得事物纯粹、单一的本质,如果理念世界是唯一真实的、最高的世界,那么伦理上的德性就必然被归于相应的理念,否则伦理世界就会成为可见世界中不属于可知世界的影子的部分,柏拉图关于整个世界的图景便无法圆融,因此,承认苏格拉底的著名命题"美德即知识",似乎是一种更加明智的选择。认识到这些德性的理念的过程,必然是知识学习的过程,而不是脱离于知识的现实实践过程。由此,美德教育便被划归于知识教育的一部分了。同时,苏格拉底接着说,走完了理念认识的道路,就可以清楚地看见这些美德了(504B),因此更准确而言,美德教育几乎是知识教育的终点部分。

"美德可教",不仅因为存在与德性相应的理念,从灵魂德性的角度理解,柏拉图也同样认为美德的养成可通过教育而达到。在《理想国》中,柏拉图将"正义"规定为灵魂三个部分——理性、激情和欲望三者的有序、各司其职(443D),为达到这一目的,他主张的教育方法是通过学习最贴近理念的知识来提升灵魂中的理性。他为哲人王的教育依次安排了算数、平面几何、立体几何、天文学、音乐、辩证法这六大科目,目的是使灵魂中知识的器官恢复明亮,通过理性思辨的方法认识到可知世界中的理念(《理想国》,522A—539E)。了解了理念世界的哲人王,能够使自己的灵魂和谐有序,使理性在灵魂中居主导地位,从而自然是一个具有智慧、勇敢、节制和正义这四种德性的、合格的统治者。诚然,培养作为统治者的哲人王,也需要经过实践的过程,在学习完上述科目之后,优秀者需要经过实际治理城邦的锻炼和经验积累,方能成为最终的统治者。但这并不意味着柏拉图认为德性的培养同样依赖于实践,因为这些未

---

① 本文所引《理想国》文字及标注,以郭斌和、张竹明先生的译本(北京:商务印书馆,1986版)为准。

来的统治者在实践阶段实际上是在学习统治的技艺,学习如何将理念化用到世俗世界的城邦之中,而不是学习真正的知识。

柏拉图在《理想国》中体现出的对于美德与知识的关系的态度显然与《美诺篇》里大不相同,但他保持并发展了创作《美诺》时已具有的"理念论"的萌芽,并且因其思想的逐渐成熟,才能够将通常世人所认为的德性归于对应的理念的存在,从而使得"美德可教"具有更完善的逻辑推论。需要注意的是,"美德可教"的教育方法并不是像教授算数或几何学一样可以直接讲授,而是通过六门科目的学习掌握了理性思辨的方法之后,能够认识到四种德性的、善的理型。因此,一方面提升了灵魂中的理性部分,使得灵魂更加和谐有序,达于"正义";另一方面,了解了"善的理念",于是可以使事物都发挥其有益的一面,从而最后实现的是个体灵魂和现实实践中的德性。

三、《礼记》与《理想国》美德教育之比较

(一) 崇高律令——教育内容的超越性

无论在《礼记》还是《理想国》中,都为实现德性培养的教育内容赋予了超越性的内涵,即将其提升到高于世俗社会的地位,在《礼记》中是将"礼"提升为具有终极性意义的内容,在《理想国》中是将"理念"提升到本体的、永恒的地位。如此,才能使学生对学习的内容保持谦逊和敬畏之心,甚至将其作为最高的价值或真理来进行贯彻。

本文的第一部分已经证明在《学记》中将"礼"的实施作为美德教育的部分,而对"礼"的根源与根据的描述主要在《礼运》一篇中,"是故夫礼,必本于天,效于地,列于鬼神,达于丧、祭、射、御、冠、昏、朝、聘。"①此句表明"礼"具有天地所赋予的神圣性,表现在宗族和政治生活的各方面。

> 是故夫礼,必本于太一,分而为天地,转而为阴阳,变而为四时,列而为鬼神。其降曰命,其官于天也。夫礼必本于天,动而之地,列而之事,变而从时,协于分艺。其居人也曰义,其行之以货、力、辞让、饮、食、冠、昏、丧、祭、射、御、朝、聘。(《礼记·礼运》)②

---

① 郑玄注,孔颖达疏:《礼记正义》,上海:上海古籍出版社,2008,第882页。
② 郑玄注,孔颖达疏:《礼记正义》,上海:上海古籍出版社,2008,第939—940页。

这段话更全面地肯定了"礼"的崇高地位。"太一"是借用自道家的重要概念,在传世典籍中大量出现,内涵丰富,尤其在出土的郭店楚简中发现《太一生水》篇之后,这一概念更引发众多研究①。大体而言,"太一"既具有在时空上先于天地、万物之前的内涵,指天地未分时混沌的元气,又具有在价值上至高无上的地位,常被等同于"道"。"礼"的崇高性正是因其与"太一"保持一致,太一分离而有了天地、阴阳和四时、鬼神,相应地,礼也与天地、四时、众事相配合,礼在人的身上体现为"义",礼的实施无处不在,除了宗法与政治生活需要礼的规范,包括日常的饮食起居、劳作生意,都有相应的礼。由此,礼既具有了形而上的超越性地位,又具有了相应的形而下的表现,使礼成为人们生活必要的规范和不可动摇的仪式,因此学生们必须学礼,方能知天地四时和各种人事,也必须尊礼,因为礼具有本于天的地位。

同样,在《理想国》中,理念的地位也是至高无上的。柏拉图以"线喻"说明可知世界高于世俗的可见世界,可见世界的事物是可知世界的影子,理念是可知世界的最高级的部分(《理想国》,509D—510B);他以"洞穴喻"说明可见世界的虚假,城邦里的所见仿佛洞穴壁上的投影,身后的光亮只是火光,而不是洞穴外最光明的太阳(《理想国》,514—517C)。"太阳"比喻的正是"可见世界中创造光和光源者"、"在可理知世界中它本身就是真理和理性的决定性源泉"——"善的理念","它的确就是一切事物中一切正确者和美者的原因"(《理想国》,517B—517C)。柏拉图明显地表现出了对理念的推崇,使人相信理念是值得追求的,因为理念超越流变的世俗世界,超越可朽的肉体,具有稳定的、永恒的性质,是最高的存在,所以学生学习算数、几何学、天文、音乐等科目,最终都是为了"使灵魂的视力向上"(529B),而不是停留在世俗世界。"善的理念"更是理念世界的源泉和核心,因此美德本身即是知识的核心部分,"任何人凡能在私人生活或公共生活中行事合乎理性的,必定是看见了善的理念的"(517C),因此知识极渊博者、理智极发达者,同时也一定是处事极妥当者、道德极高尚者。此外,柏拉图也将灵魂的德性对应于"线喻",由高到低依次存在四种灵魂的状

---

① "太一"概念历来受到学界重视,《太一生水》出土前,代表性的研究成果是顾颉刚《三皇考》和钱宝琮《太一考》(载于《古史辨》第七册);出土后,有李零《太一崇拜的考古研究》阐释了太一的图式和含义(Li Ling, "An archaeological study of Tai yi (Grand One) worship", translated by Donald Harper, Early Medieval China, vol.2 (1995—96), pp.1—39),葛兆光《众妙之门——北极与太一、道、太极》将太一概念与其他三个概念相比较讨论,提出对太一概念来源的猜想(葛兆光:《众妙之门——北极与太一、道、太极》,载于《中国文化》1990 年第 3 期,第 53 页),强昱《〈太一生水〉与古代的太一观》梳理了不同时期"太一"观念的变化(强昱《〈太一生水〉与古代的太一观》,载于《道家文化研究》第 17 辑,第 358 页),丁四新《楚简〈太一生水〉研究》指出了太一的三种语义内涵(丁四新《楚简〈太一生水〉研究》,载于《楚地出土简帛文献思想研究》(一),第 195 页),等等。

态：理性、理智、信念和想象（511E），哲人王的教育正是要达到最高层次的理性的灵魂状态，而理性同时也是一种灵魂的德性，所以柏拉图认为通过教育最终可以达到至高的德性。

为教育的内容赋予形而上的地位，本质上是赋予其崇高的意义和不可违背的律令，对存在于流变不定的世界中"向死而生"的人类而言，不断追求的正是一种稳定不变的、达于永恒的内容，这一点在中西方古代的思想都有明显体现，甚至有人将这种超越性看作广义上的宗教性的一部分。当"礼"具有了与天地相比肩的地位，其崇高的形象便向世人提出了绝对的、必然的要求；当理念成为超越令人不安的世俗世界的存在时，对其的追求便有了吸引力和意义。而美德融于此二者之中，便可以被看作是人类值得追求的、应当追求的境界。但今天，恰恰是现代性消解了这种崇高，这种对永恒的追求和对绝对性、必然性的遵守。毫无疑问，这是近代科学发展的影响之一，一方面，可证伪的实验科学、生物进化论在人文社会领域形成了反权威、契约论、解构主义、相对主义等各种思潮，使得当代人往往将道德看作统治群体的意识形态或约定俗成的观念和规则（因此默认了其可以被改变），这使得一部分人抗拒道德教化或自由订立规则。另一方面，自然科学逐步独立并壮大，因其与人际交流、社会交往缺少关联，自然科学知识和社会道德被看作是两条平行线，这是不言而喻的。但是其影响却绝不仅限于自然科学知识，包括语言等各种技能的知识、各学科的理论等都被看作与道德不相关的知识，因此今天将教育分为知识素养和道德品质两个方面似乎已成为理所当然。但事实上，无论在古代的中国还是在古希腊柏拉图的教育思想中，教育内容本身与德性的培养是浑然一体的，学习一种具有超越性和普遍价值的内容（"礼"或理念）能够自然而然地培养美德，提升个体内心的德性修养和外在表现，可惜现代人却难以理解苏格拉底"美德即知识"的箴言。

（二）推论与自明——论证方式的差异

从本文第一、二部分明显看出，柏拉图的《理想国》和我国汉朝儒家学者戴圣所编的《礼记》，都表达了"美德可教"的信念，即知识教育可以实现美德的培养，并且将德性的养成作为教育的目标。但是，柏拉图对此进行了较为严密的推论，与其理念论的思想体系结合起来，而在《礼记》中，因为古代儒家所认为的教育本身即是知识与人格的统一，知识内容也以人事为主，所以这一结论便显得不言自明了。

柏拉图的推论是，智慧、勇敢、节制、正义和善这些通常认为属于美德的内容，都存其对应的理念，只有通过理性思辨的方式才能达到。因此想要了解真正的德性，而不是可感世界中不准确的、时常变化的所谓美德,便需要通过对接近理性的知识的学习,掌握理性思辨的方法,最终认识到美德所对应的各种理念,尤其是"善的理念",由此美德教育便被归于知识教育的内容。此外,因为所谓正义是灵魂中理性、激情和欲望三个部分的和谐有序、各司其职,并以理性占主导地位,那么便需要通过算数、几何学等的学习,提升理性的力量,从而提升个体灵魂的德性,所以知识教育的结果也必然包含了美德的养成。这种论证虽不能说无法被反驳,但是在其体系内是自足的,因此是一种可满足的论证。

在《大学》中,明确论证知识教育与内心道德的关系的两句是"欲诚其意者,先致其知,致知在格物。物格而后知至,知至而后意诚"①,"格物"是知识教育的阶段,"意诚"是内心修养的阶段,"知至"或"致知"是二者之间的桥梁,因此明确此三者的内涵,便能够理解古代儒家学者何以认为知识教育可以提升内心德性。郑玄将"格物"注释为"格,来也;物,犹事也"②,"格物"是讲事情的到来是由于个人所好,孔颖达进一步作疏解释道,"善事随人行善而来应之,恶事随人行恶亦来应之","致知在格物,言若能学习,招致所知"③,可见"格物"说的是了解所遇到的善恶事物的因果关系,学习善事、了解善因便能有善果。郑玄将"先致其知"的"知"注解为"知善恶吉凶之所终始也"④,孔颖达将"知至"解释为"物既来则知其善恶所至……知至则行善不行恶也"⑤,因此"知至"即是对事情的善恶因果有准确的把握,这会自然督促人们向善。"意诚"则《大学》原文已有解释:"所谓诚其意者,毋自欺也,如恶恶臭,如好好色"⑥,即指向善是自然而然地发自内心,"诚于中,形于外"⑦。朱熹将"格物"的内涵进行了拓展,他认为"格物"乃穷尽事物之理,"知至"即内心所知都是彻底的,知道得彻底便可领会其意,那么内心所想便是真实无疑的了("知既尽则意可得而实矣"⑧)。朱熹所指的"格物"已包含了客观物理的知识,否则王阳明也不会顺从朱子学而去"格竹"了。但从郑玄与孔颖达的解释来看,无论"格物"还是"知至",都是旨在了解人之事而非物之理,并且这些人事皆包含了道德价值判断,那么其本身就是一种对伦理的学

---

① 郑玄注,孔颖达疏:《礼记正义》,上海:上海古籍出版社,2008,第 2237 页。
② 郑玄注,孔颖达疏:《礼记正义》,上海:上海古籍出版社,2008,第 2237 页。
③ 郑玄注,孔颖达疏:《礼记正义》,上海:上海古籍出版社,2008,第 2241 页。
④ 郑玄注,孔颖达疏:《礼记正义》,上海:上海古籍出版社,2008,第 2237 页。
⑤ 郑玄注,孔颖达疏:《礼记正义》,上海:上海古籍出版社,2008,第 2241 页。
⑥ 郑玄注,孔颖达疏:《礼记正义》,上海:上海古籍出版社,2008,第 2237 页。
⑦ 郑玄注,孔颖达疏:《礼记正义》,上海:上海古籍出版社,2008,第 2237 页。
⑧ 朱熹:《四书章句集注》,北京:中华书局,2016,第 4 页。

习,所以从伦理学上升到德行修养,对于古代儒家学者来说是不言而喻的。可见古代儒家的教育本身就是知识与人格的统一,这是不言自明、无需论证的,而在将个人品德与理论知识分而论之的今天,论证"美德是否可教"才显得如此必要。

(三) 兼济与独善——有德者政治角色的差异

诚然《礼记》与《理想国》中都将美德的养成作为教育的目标,但是二者对于最终理想德性的期待并不尽相同,尤其是在具有德性的学成者与社会的关系方面。《礼记》保持了儒家"内圣外王"的理想,学成者不仅"独善其身",而且以"化民易俗"为己任;但柏拉图认为达到最高的理性状态的哲人王绝不会愿意返回洞穴,所以需要强制要求哲人王回到城邦、轮流治理。

《礼记·学记》的第一节便已指出教育对社会发展的重要性:"君子如欲化民成俗,其必由学乎"①,即君子想要变化民众形成新的社会风气,必然要通过教育这条途径,此句同时暗示了"化民成俗"是君子的任务。"君子知治学之难易,而知其美恶,然后能博喻,能博喻然后能为师,能为师然后能为长,能为长然后能为君。故师也者,所以学为君也"②,此结尾处的"君"并非君子,而是君王,可见在儒家学者心中,君师是合一的,君王或老师应当是政治、道德和学问"三位一体"的代表者。尤其重要的是,政治身份是儒家语境下的君子主动承担、乐于承担的身份。

但是在《理想国》中,哲人王具备洞察理念的最高学识,具有灵魂最高的理性之德性,但其政治身份却是被强制赋予而非自愿承担的。按照柏拉图的论证,哲人王因为离开了昏暗的洞穴,逐渐习惯了洞穴外的风景和生活,不愿意堕回到洞穴即城邦之中。但由于《理想国》中所构想的法律是为了城邦整体的幸福,所以必须说服或强制哲人王回到城邦。尽管理念世界是至高至真的存在,但是强迫哲人王关心和护卫其他公民的主张并非不公正,因为哲人王享受了城邦所提供的比其他公民更好的教育才能有此成就,并且具备更大的能力参与哲学生活和政治生活,因此必须报答城邦的培育之情,下到"洞穴"中与其他人同吃同住,习惯于观看模糊的影像,但是他们必然会比其他人看得更加清楚,从而清醒地治理国家使之向善,柏拉图同时认为,也只有哲人王这样并不热衷于权力的人才能够真正当好统治者的角色。(《理想国》,520A—D)直到当哲人王培养起了合格的接班人时,他们才可以退休,一直沉浸到理念的生活中,而世人将为他竖起丰碑。(同上,540C)因此,《理想国》中具备最高理性

---

① 郑玄注,孔颖达疏:《礼记正义》,上海:上海古籍出版社,2008,第 1423 页。
② 郑玄注,孔颖达疏:《礼记正义》,上海:上海古籍出版社,2008,第 1442 页。

德性的哲人王并不自愿承担政治角色,这是与《礼记》中具备最高德性的儒家君子所不同之处。

这两种思想中有德者的政治角色的差异,可能源于此两种不同思想体系中道德的出发点不同。儒家所倡导的"仁"、"义"等道德品质,是围绕着人在现实中的各种人际关系而展开的,其中最核心、最基本的是家庭关系,即儒家的道德不是独立于具体关系和行为之外的、固定不变的概念,同一种道德品质在不同的角色、不同的情境下会表现为不同的行为。同时个体所具有的道德品质是在不断的人际交往中被评价、被塑造起来的,所有的人格、品德都是在不断养成和进行中,"勇敢",其实是"去勇敢",在某个具体的角色和情境下做出被人们认为是"勇敢"的行为,从而这一行为主体也会被评价为"勇敢"的人。因此,安乐哲说:"价值其实是从对每天做得不错的行动方式的简单特征概括中而来,而不是植根于或从先决原理起源而来"[①]。相反,柏拉图理念论体系下的道德,对应的不仅是独立于世俗社会所存在的理念,更是脱离于人际交往、被个体的理性所发现和认识的理念,即某一个体认识到善的理念,并不意味着他人对善的理念的认识,因此他可能会面临善的理念与现实中世人对善的认同相矛盾的困境,尽管柏拉图并不如此认为,因为在他看来,可见世界是理念世界的影子,世俗社会关于善的观念同样是善的理念的倒影和更低级的存在,所以以善的理念行事必然能在可见世界获得肯定。但这毕竟只是一种理想状态和理论的推论,而不可否认的是,因为理念本身独立于现实世界和人际社会的特点,柏拉图以理念论衔接美德与知识本身便蕴含了哲人王"个体化"的倾向和风险;而儒家的道德以现实中鲜活的各种人际角色和关系为出发点,各种道德品质便必须在这些人际交往中实现,因此有德的君子必然不会是离群索居的,而是积极承担起自身各种角色的责任。

四、总　　结

总而言之,美德是否可以通过知识教育养成其实是一个古代西方和现代教育的共同的问题,并不是中国古代儒家教育的特殊问题,但是从苏格拉底提出"美德即知识"的洞见开始,知识教育能够达成美德的命题便在柏拉图的《理想国》中得到了自足的证明,和《礼记》的《学记》《大学》两个篇章所展现的一样,中西两本文献都将德

---

① 安乐哲:《儒家角色伦理学——一套特色伦理学词汇》,济南:山东人民出版社,2017,第177页。

性的培养作为知识教育的目标,而且德性教育的内容本身即包含在知识教育的过程之中。在柏拉图看来,每种德性都具有其相对应的理型,所以掌握以理性思辨通达真实的理念的方法便可以认识到这些德性真实的理念,同时通过这种理性思辨的训练,可以达到理性的灵魂状态,也是灵魂中的各部分和谐有序,达到个体的正义。而在《礼记》中,"礼"本身即是儒家教育的重要方式,人伦事理也是教育的主要内容,所以通过学习人事而培养起德性是不言自明的。为了使学生敬重并遵循教育的内容,追求受教育所要达到的目的,《礼记》和《理想国》都给各自的教育内容赋予了超越性的内涵,"礼"被上升到"法于天,效于地"的形上地位,理念在柏拉图的世界观中占有最高的实在地位。但是作为不同思维方式下的产物,《礼记》和《理想国》中对美德可教的论证方式仍存在明显差别,对儒家学者来说这是不言自明的,因为学习的知识内容本身即是关于礼制和人事的,但是柏拉图则需要严谨的、自足的逻辑论证。最后,两者对理想德性的期待也有差异,主要表现在有德者的政治形象不同,《礼记》中体现出儒家所期待的学成者仍是"内圣外王"、政治主体与道德、知识主体"三位一体"的形象,主动承担"化民易俗"的政治责任;而《理想国》中的哲人王则必然沉浸于"洞穴"之外理念世界的生活,必须以强制的方式,要求其怀着报恩的心情回到城邦,使整体城邦向好的方向发展。古代中西方都将美德教育融入知识教育的范畴,以实现美德为教育的目标,其背后蕴含的逻辑是:人类社会的各种知识都不能脱离于道德而存在,而道德在人类社会无处不在。这正是因为我们生而为人,必然处在人类社会、人际关系之中的宿命,正如孔子曾说:"鸟兽不可与同群,吾非斯人之徒与而谁与?"[①](《论语·微子》)

但生活在一个充满了"解构"的时代,我们难免丧失对真理和普遍价值的追求,缺少形而上的热忱去追求真理和自我修养,同时由于科学知识本身是纯粹自然的、从人事和价值判断中脱离而出的,所以在现代教育中,知识教育和品德教育往往被看成两条平行线,可以同步也可能有一者滞后,但其实它们本应该是一体两面,是同一种价值下的两个侧面,如儒家的"仁"之下的礼制和六艺与正心诚意的内在德性,如柏拉图的"理性"之下真实的理念和灵魂的德性,知识与美德交织而成一股强韧的麻绳,方能固定住高尚的人格。

---

① 程树德:《论语集释》(第四册),北京:中华书局,1990,第1270页。

新 书 评 论

"山中云出雨乾坤,洗过一番山更好"

——朱承教授《信念与教化:阳明后学的政治哲学》读后

崔海东*

我国之政治,独化于中土,前后相承,自然生长。秦汉之后,封建解而为郡县,世卿既涣,门阀继矣,然则经学察举,名教胶著,治事虽隆,而政失之也;唐宋之后,藩镇毕而为科场,武乱既消,士人兴矣,然则理学八股,文词风行,治权虽开,而德失之矣。其势之缓骤,环环相因。而与之匹配之政治思潮,则张弛之间,辩证否定,概莫能外。故前有两汉名教之僵滞,则有魏晋自然之鉏鋙,前有程朱天理之弥纶,则有阳明良知之罅隙。

朱承教授继《治心与治世——王阳明哲学的政治向度》一书后,冰冻三尺,积腋成裘,总十数年心得,广采时贤,一统前说,又成大作《信念与教化——阳明后学的政治哲学》(下文简称朱著),建立起完整的明代王学之政治体系。全书以发明良知、重建秩序为脉络,义理时势相结合,哲思治策互表里,庙堂江湖共照拂,高度还原了王学针对时代困境、提出整治对策、展开改造行动的波澜壮阔的社会图景,实为近年来王学研究之大成者、佼佼者。

---

* 作者信息:江苏科技大学人文学院副教授。

一

朱著开篇即对阳明后学之政治哲学作一概述①,由时势而出义理,由义理而成学派,由学派而行运动,由运动而定秩序,其在性质上是一种信念政治,其落实途径则主要是一种社会教化运动。

朱著带着这样的问题切入,即阳明学为何要从朱子学中出走而另立门户? 其答案就在于因应时代之困境。朱著屡屡提醒读者注意之。自程朱理学被定为官方哲学、科举标准后,"社会是假道学盛行的社会,道德信仰与实际行动之间形成巨大的分裂,因此导致社会风气日渐败坏。"②首先在为学上,"当时很多学道之人不顾羞耻,作假成风,将学道之事当成游戏和工具,道变成了只具有工具性价值,和个人的精神追求没有关系,学道只是为了博取功名利禄。"③其次在社会生活上,"人们往往言语则言不由衷,从政虚与委蛇,著文则辞不达意。三种行为的虚伪将对风俗的恶化推波助澜,导致人心大坏,政事颓靡。"④由此时代困境,阳明学派提出对策,实施对朱子学的革命以完成由外而内的哥白尼转向,即发明良知以收拾人心、确定信念,走向民间、教化社会以重建秩序。

首先,阳明一门相信良知即是一种信念与力量。朱著认为"龙场悟道后,王阳明逐渐看重人自身的内在资源,相信人自身就是道德、政治、日常生活力量的源泉,其中的源头活水就是人的内在良知和道德本心。社会生活(包括道德、政治和日常生活)走向良好的力量在于人自身道德的人性能力,而不在于外在的规范和其他原则。即使是外在规范和道德原则,也是源于人的道德本心和良知的"⑤。故"王阳明政治哲学的主张大致可以概括为'化治世为治心',其最显著特征是将政治社会中的问题化约为人的道德本心之问题,把公共性的治理问题转化为个体的心性修养问题。在此

---

① 一般来说,政治学研究的是政治权力系统的形式、功能以及二者之间的关系,而政治哲学则更多地将其注意力指向基础的关于人性、本体以及价值的假设,其证明人类自我治理且彼此施加权威的模式与实践具有正当性。在研究方法上,政治学往往倾向于描绘性的、经验的、预测性的以及数量的,而政治哲学则倾向于更加说明性的与分析性的。朱著既是讨论阳明后学之政治哲学,则舍去其对明代政治权力安排、制度设计等方面理论实践之讨论,而对其政治哲学予以准确概括。
② 朱承:《信念与教化:阳明后学的政治哲学》,上海人民出版社,2018 年,第 215 页。
③ 朱承:《信念与教化:阳明后学的政治哲学》,上海人民出版社,2018 年,第 209 页。
④ 朱承:《信念与教化:阳明后学的政治哲学》,上海人民出版社,2018 年,第 216 页。
⑤ 朱承:《信念与教化:阳明后学的政治哲学》,上海人民出版社,2018 年,第 32 页。

基础上,阳明后学坚信之,认为依靠致良知,个体在道德上能够不断完善,而家国天下就会得以治理,理想的社会就会实现,他们对良知的政治效用持有一种信念"①。正是由于"阳明学派以道德为基石的政治设计,如同宗教一样提供一种道德信念"②,他们方对此抱有使徒般的信仰。

其次,阳明学派形成了改造社会的五个基本政治命题。一是治心与治世的关系,二是何为理想的秩序以及理想的秩序如何可能,三是良知何以成为现实规则,四是教化与民众觉悟,五是学术思想与现实政治的关系。③ 而这其中又以教化优先,以觉民行道,重建斯文。朱著云:"阳明学派政治哲学集中反映的是人的内在道德与良知政治社会之间的关系,其最根本特质是化治世为治心,即通过道德情感、道德意志的塑造,通过致良知并在此基础上形成政治信念,进而追求先儒们所向往的万物一体的理想社会,或所谓三代之治。"④此亦本书名为"信念和教化"之原因。

综述既毕,朱著又浓墨重彩,对阳明后学六大重镇——王畿(龙溪),邹守益(东廓),聂豹(双江),王艮(心斋),欧阳德(南野),李贽(卓吾)各作精彩剖析,深入血髓,十字打开,构成一个充分完满的逻辑发展圆圈。

其一,龙溪主"先天本心"。一则其以先天正心既是道德之前提,也是良好政治之前提。二则其理想之政治秩序,在坚持"万物一体"信念,以之审视人我、人与世界之关系,促进儒者真正履行担负世界的职责,以实现良好的社会秩序。三则在具体的治理环节,其推崇王道之和平有序,并从诚伪之辨引申至王霸之辨,认为掌握权力者运用诚心致良和、推行德礼之治,则可能会实现王道,反之则为霸道。⑤

其二,东廓主"乡村礼治"。一则其心礼互诠,既以心说礼,追溯礼的本源,明确人们之所能够守礼的可能性;又以礼说心,强调了礼对于人的本心良知之实现的必要性。二则其在现实生活中积极实践礼教,通过推动修订族谱、家谱,推行乡约制度,完善讲会组织的活动规则等途径,不遗余力地实行儒家的礼仪教化,以实现儒家礼治理想。⑥

其三,双江主"良知归寂"。一则其自觉社会问题在于心体不明,故须调养本体归

---

① 朱承:《信念与教化:阳明后学的政治哲学》,上海人民出版社,2018年,第6页。
② 朱承:《信念与教化:阳明后学的政治哲学》,上海人民出版社,2018吾,第9页。
③ 朱承:《信念与教化:阳明后学的政治哲学》,上海人民出版社,2018年,第47页。
④ 朱承:《信念与教化:阳明后学的政治哲学》,上海人民出版社,2018年,第9页。
⑤ 朱承:《信念与教化:阳明后学的政治哲学》,上海人民出版社,2018年,第97页。
⑥ 朱承:《信念与教化:阳明后学的政治哲学》,上海人民出版社,2018年,第156页。

于虚寂,从而更好地发挥良知治天下的效用。二则要更好地实现社会治理,就应该"得贤才""正风俗",要求士大夫们摒弃形式主义的科考作风,通过社会教化端正风俗,从而引导社会走向良善。三则认为士大夫的教化作用,在"仕学一体",将"为学"与"为政"紧密关联。希望将为政引向良知之学上来,认为为政应该秉持良知之学,只有讲明良知之学,天下之治才能实现。①

其四,心斋倡"平民政治"。一则心斋变阳明"化治世为治心"为"化治世为治身",把抽象心体变成实在的身体,突破阳明乃至传统儒家精神意志至上的道德政治观,强调个体安危个体安顿在政治生活中的重要地位,更加关注普通百姓的生活感受,从此角度去解释政治生活。二则以其发轫的泰州学派之平民教化活动,走进民间,走向田野,弘扬大成师道,通过道德教化改善社会,恢复三代之治,实现儒家的王道乐土。三则阳明学派不拘一格自由狂放的精神特质,为其发挥到极致,特别是将平民儒者积极入世试图救世的精神气质集中的展现出来,丰富了阳明学派政治哲学精神。②

其五,南野主"政学合一"。南野继承发挥阳明既重视心性之学又注重政事践履的传统,对学政作了较多阐述。其紧扣德性这一核心观念,认为学就是良知之学,人们在生活中应该通过学习活动自觉个体的良知。政也是道德之政,好的政治即是人们依照自己的道德本心在社会中各安其分,履行自己的伦理和道德责任,实现类似三代之治的良好社会秩序。政学为良知之两面,体现成己与成人、求道与仕宦、明德与亲民、达天德与修人纪的一致,也实现了公共性与个人性的融合。③

其六,卓吾已非名教所能羁束。其正视百姓日常生活真切感受,沿袭泰州学派"百姓日用即是道"提出"穿衣吃饭即是人伦物理"。一则崇尚多元反对整齐划一,主张多元的至人之治,提倡社会生活的多元性,强调良好的治理应该是个体的自由得到尊重。二则崇尚真实反对道学走向虚伪,由此他提出童心说,强调真实对于社会生活的重要性他希望通过真实价值的高扬来弥合道德信仰与实际行动之间的裂痕,从而形成良好的社会。三则崇尚个体解放反对精神禁锢,主张"一人自有一人之用",强调多元社会、真实社会必然要依赖个体自我意识的觉醒以及由此而来的个体之解放与自由。四则崇尚平等反对壁垒森严的等级与界限,主张圣凡平等,质疑传统的权威,

---

① 朱承:《信念与教化:阳明后学的政治哲学》,上海人民出版社,2018年,第182页。
② 朱承:《信念与教化:阳明后学的政治哲学》,上海人民出版社,2018年,第205—206页。
③ 朱承:《信念与教化:阳明后学的政治哲学》,上海人民出版社,2018年,第123页。

提倡尊重、平等基础上的多元性,希望最终能使天下人各得其所。这些具有现代性色彩的政治价值观念,无疑构成了对于传统儒学的明显挑战。①

故六子既罢——往高处说之龙溪,往低处行之东廓,往寂静处之双江,往热闹处之心斋,往成圣路之南野,往异端路之李卓吾——阳明政治哲学义理各个侧面俱已得到充分发育,正如阳明出走朱子学,卓吾至此亦出走阳明学,阳明学也完成了通过自我否定而迈向更高阶段的转变。

二

伊川云:"古之学者,优柔厌饫,有先后次序。常爱杜元凯语:'若江海之浸,膏泽之润,涣然冰释,怡然理顺。'"②比此语,朱著庶几。本书中,古人唇吻,千万头绪,然择入纸墨,井然有序,可谓备矣。行笔裕如,如公孙之剑舞,鞭辟入里,如庖丁之寸铁,亦尽是可观。既有对阳明后学整体阐述,又有对各人的详尽分析。既有对心学义理的毛丝辨晰,如聂双江的归寂之学,又有对政治事件的详细还原,如邹东廓所遭之"大礼仪"。既有对人物性情的深入剖析,如李卓吾之悲欣交集,又有对专门著作别出机杼之解读,如王心斋之《鳅鳝赋》。著者谋篇之用心、行笔之严谨,纤毫毕现。其特色尤以下列几则为荦荦大者。

其一,虽以政治为名,实通摄体用,使内圣外王之道一览无遗。儒学本是即体即用、本末一如之学。朱著于良知教化,齐头并进,剥茧抽丝,层层展开,又以体用之道一以贯之,繁而不乱。于良知一路。龙溪之良知,定在先天,此是本体。双江之良知,断于寂灭,重在工夫。至南野发为学政,东廓发为礼治,则重在发用。泰州则突生波澜,由"淮南格物",更"心本"为"身本"。至卓吾则摇身一变,为普通个体之情感意志乃至物质欲望。由此,良知已由先天之"天理"下凡,坠为现实之"人欲"。教化对象也有一脉相承之演变。龙溪、双江处,教化尚是儒士修身之精致工夫。南野上行"政学合一",则更为庙堂之士大夫;东廓下行"乡村建设",则更为宗族与乡党。至心斋,则为社会之平民。至卓吾,则自整体主义中解放出来,注意力完全是独立自由平等之个体。

其二,虽以儒学为号,实旁撷西学佛老,自成一家之言。梨洲云:"学问之道,以各

---

① 朱承:《信念与教化:阳明后学的政治哲学》,上海人民出版社,2018年,第233—234页。
② 朱承:《信念与教化:阳明后学的政治哲学》,上海人民出版社,2018年,第145页。

人自用得着者为真,凡倚门傍户,依样葫芦者,非流俗之士,则经生之业也。"① 朱著斟酌古今而能尽化之以出己意,此尤为突出。

首先,比较佛老深入揭示思想渊源。如言及卓吾"君子之治""至人之治",即与《庄子·应帝王》进行比较,认为分别类似于"日中始"与"狂接舆"之主张②。言及卓吾批评假道学,嘲设名教,又旁征魏晋时期竹林士人"越名教而任自然"之思想③。言及其"童心说",则揭橥其受所佛教之影响④。

其次,运用西方哲学相关理论予以说明。此例比比皆是,如在解析阳明"南镇观花"时运用海德格尔在者意义之理论⑤,解析阳明学对朱子学革命之时代背景时借鉴黑格尔关于伊壁鸠鲁哲学转向之理论⑥,在解析龙溪"一体之治"时以哈贝马斯之重叠共识予以佐证⑦,在剖析李卓吾"君子之治""至人之治"时,又与以赛亚·柏林之积极自由、消极自由比较⑧,显示出著者深厚的哲学素养与娴熟的理论运用。

其三,虽以客观分析为主,实同情理解、深沉反省兼之。朱著对于阳明后学,并非一味拔高,而是冷静批判,对其得失俱有评析,尤其对个中缺点,更是抱有高度警惕。如在论述南野之学时认为"从整全的角度看,片面追求德性的学也存在问题。彻底否定知识性的学习,所带来的问题是容易流入空泛玄虚之境。实际上,即使是伦理活动、道德行为,也需要有对于伦理、道德知识的把握,同样也需要积极获取关于客观世界的知识,否则,所谓的为人、德行是盲目的,会陷入偏执而罔顾现实环境的境地"⑨。又如,认为"从消极的角度来看,从伦理道德引申到政治层面的儒家价值优先性原则,可能会形成一种在学之领域的专断性一元论,即如果学不关涉儒家伦理道德,不涉及德性良知,那么学的合法性及意义都会受到质疑,这种思路如果借助政治力量予以推行,就会造成对人们思想的钳制、视野的封闭。在涉及思想意识、人格成就的学上,唯此是好、非如此不可的取向往往会导致多元丰富性的丧失和自由观念的退场。"⑩再如,认为卓吾"个体解放思想中蕴含着自私自利的成分,这是需要我们加以辨别的。

---

① [清]黄宗羲:《明儒学案·发凡》,沈芝盈点校,中华书局,1983年,第15页。
② 朱承:《信念与教化:阳明后学的政治哲学》,上海人民出版社,2018年,第212—213页。
③ 朱承:《信念与教化:阳明后学的政治哲学》,上海人民出版社,2018年,第216页。
④ 朱承:《信念与教化:阳明后学的政治哲学》,上海人民出版社,2018年,第219页。
⑤ 朱承:《信念与教化:阳明后学的政治哲学》,上海人民出版社,2018年,第26—27页。
⑥ 朱承:《信念与教化:阳明后学的政治哲学》,上海人民出版社,2018年,第25页。
⑦ 朱承:《信念与教化:阳明后学的政治哲学》,上海人民出版社,2018年,第80页。
⑧ 朱承:《信念与教化:阳明后学的政治哲学》,上海人民出版社,2018年,第214页。
⑨ 朱承:《信念与教化:阳明后学的政治哲学》,上海人民出版社,2018年,第104页。
⑩ 朱承:《信念与教化:阳明后学的政治哲学》,上海人民出版社,2018年,第106页。

李将为己置于为人之先,融为人于为己,显然是反对那种无条件牺牲个人利益的观念。在否定漠视个人利益的专制主义面前,李发出为己的呼声,崇尚个体性情的自由发展,将一人自一人之用的个体性原则充分的具体化了,具有其一定的历史合理性。其缺陷,容易走向群体利益的极端,这种不顾他人利益、社会责任以及社会评价的思想,以新的形式将个体与群体对立起来,从而走向整体主义相对的另一个极端,这也是其被视为异端的重要原因之一。"[1]这些批判性结论均是立论深刻且令人警醒。

三

"旧学商量加邃密,新知培养转深沉"[2],朱著之内容、特色已如上言,则其意义亦雄浑深远。

其一,学术史意义。首先,揭橥了心学政治之历史得失。愚常谓,心学源起于孟子,复兴于象山,大成于阳明,结穴于牟宗三先生。朱著展示了有明一朝心学政治观完整的发展脉络,极好地总结了心学政治之得失,而这些经验教训对包括牟先生"良知坎陷"在内的当代心学政治发展的可能理路,具有极高的借鉴意见,此价值毋庸多言。

其次,展示了儒学活泼泼的生机和活力。面对理学胶著,阳明打出生天,良知立教,重建乾坤,而其后学皆是"赤手搏龙蛇"辈,龙溪、双江既主先天、本寂,虽不免说得太高,然尤可本末相即;南野、东廓,分峙朝野,体用不二,亦能守住规模;至泰州横刃四击,渐失其初,卓吾则倒戈相割,睥睨纲常,已不可谓匡扶名教。由此完整地展示了阳明后学政治哲学之演变,表明儒学从来具有蓬勃之生命力,乃是一个可以不断更新、造血之系统。然则有明之良知,方与汉唐之名教、两宋之天理,鼎然而三,俱是在中土肌体内自然发生者。

故而再次,提供了当代儒家政治哲学开展的新路向。简言之,当代儒家政治哲学之发展,有儒教路线、儒家宪政方案以及儒家自由主义等多种进路。然不需讳言,皆重于外在之制度而短于内里之道德。朱著则启示吾人一种新可能,那就是,与复辟、复古、复制之路向不同,吾人是否可以效法王门,实事求是,与时俱进,从当代社会自

---

[1] 朱承:《信念与教化:阳明后学的政治哲学》,上海人民出版社,2018年,第227页。
[2] [宋]朱熹:《鹅湖寺和陆子寿》,《朱子全书》第12册,上海古籍出版社、安徽教育出版社,2002年,第365页。

身的困境和问题出发,探讨良知立教新的可行性。

其二,现实意义。首先有助于挺立德性主体。朱著以良知贯以始终,此正如郭齐勇先生所言,王学强调人的道德主体性,即道德自由。人不应该向下沉沦,不能为物欲所遮蔽,不能陷入异化之中而否定自我的人性。这一点可以唤醒现代人冷漠的、功利的、庸俗化的心灵,反抗当下社会拜金主义、享乐主义、虚无主义,拯救当下的生态危机、信仰危机、道德伦理危机。①

其次,有助于挺立入世担当精神。朱著对阳明后学之剖析,神采飞扬,栩栩如生,特别是其强烈的入世精神令人百世之后,拍案惊奇。如心斋以"万物一体"为政治理想,表现了极为狂妄的救世热情。于身份而言,其是平民,于理想而言,其则有担负宇宙、拯救社会之狂情,既体现了儒者一脉相承的入世情怀,也表现了作为平民儒者没有身份束缚而呈现出来的不羁②。而良知一脉至李卓吾,则黄钟大吕,孤明先发,名虽阳明之后学,实是近世之先声。故本书与其说讲王学,毋宁说是儒学。与其说是儒学,毋宁是整个传统文化。然则卓吾个人之悲剧,实乃民族新生之契机。故本书若能为药引,使士林涣然,庚续此经世致用之精神,痛作省察,剔抉赘疣,则意义尤为可贵也。

曩昔五峰诗云"山中云出雨乾坤,洗过一番山更好"③,王学既洗旧江山,则朱著之流布,如云行雨施,是为盼。

---

① 郭齐勇:《阳明心学的当代价值及其意义》,载《人文天下》,2018年3月,第6期。
② 朱承:《信念与教化:阳明后学的政治哲学》,上海人民出版社,2018年,第205页。
③ [宋]胡宏:《胡宏集》,吴仁华点校,中华书局,1987年,第77页。

宋明理学十五讲书评

陈睿超[*]

宋明理学历来是中国哲学研究的重镇，涉及此领域的学术专著与课堂讲义已可谓汗牛充栋。尽管如此，将北京大学哲学系杨立华教授新近出版的《宋明理学十五讲》(以下简称《十五讲》)一书置于其间，仍然难掩其所独具的思想光辉。诚如杨教授在本书《序言》中指出的，《十五讲》虽然是北大哲学系2013年秋季学期"中国哲学史"课程宋明部分的讲义整理稿，但"并不是对前人研究成果的一般性概括"，而是杨教授"个人多年来讲授宋明理学的心得的总结"，"关键处都有个人研究的新见"。实际上，正是这部讲稿中时时迸发出的学术钻研与哲学思考的种种"新见"，为当下的宋明理学研究提供了一种别开生面的思想格局与致思路径。

概括来说，杨教授《十五讲》中对于宋明理学的"新见"主要集中在两个方面。第一方面，便是此书在哲学史叙述上始终把握住了宋明理学发展的思想主线，即"儒学复兴运动"这条主线。近年来的宋明理学研究多数呈现出两种倾向：或者遵循哲学史的进路，依据传统意义上的理学谱系对宋明理学家进行分别的、个案式的哲学研讨，但对于理学进展的总体思想脉络、不同思想家之间的对话与承继关系则体现不足；或者遵循思想史的进路，通过对思想发展路径丰富可能性的挖掘试图对传统理学谱系进行补充甚至挑战，但其对理学谱系的重新建构又往往诉诸历史或人为的偶然性而缺乏哲学史理路的确定性。杨教授的叙述方式则避免了上述两方面的缺陷，《十五讲》一书在研究对象的选择上与传统哲学史写作并无二致，而对于每一位道学或理学思想家的细致阐释，又都以"儒学复兴运动"这一宋明理学的普遍思想主题贯彻之，

---

[*] 作者信息：中国哲学博士，首都师范大学哲学系讲师。

这便揭示出：所有理学家的哲学创发实际上都朝向着一个共同的思想目标，那就是在新的历史环境下为儒家生活方式进行理性化的论证与奠基，此共同目标正构成了推动宋明理学发展的内在动力。如是，便可自然而然地将各个理学家的思想体系"置入纵向与横向的历史对话关系中加以考察"，从而获得了囊括宋明理学全部发展历程的总体思想视野：唐代韩愈面对佛道二教对士大夫精神世界的侵蚀而力图建立儒家道统、恢复理性思想风格的努力构成了儒学复兴运动的开端；及至北宋，伴随着士大夫的精神自觉，北宋五子——周敦颐、邵雍、张载、程颢、程颐，纷纷借助易学哲学的思想资源建构自己的世界观体系，将儒家人世价值奠定在坚实的天道基础之上；而在此多元化的思想氛围中，唯有二程之洛学所提出的"自立吾理"的思想主张把握住了儒学复兴运动的根本方向，从而宣告了儒家价值之哲学奠基的基本完成，并由此引生出南宋朱子"集大成"的宏阔精致的哲学系统；而朱子、陆九渊的理学、心学之辩，明代王阳明对朱子学的反动，罗钦顺站在朱子学立场上对阳明学的反思，也都需要纳入这一整体脉络中加以探究。我们看到，正是通过对"儒学复兴运动"这一理学思想主线的把握，杨教授明确地回答了一个重要的哲学史问题：何以思想差异性如此巨大的宋明理学诸家能够汇聚为统一的、作为"儒学第二期发展"的理学思潮？这个答案显然不能单纯归因于任何思想史意义上的历史偶然因素或人为主观建构，而是有其哲学史内在思想理路的客观性与必然性的。

在上述的总体思想视野之下，杨教授对理学家思想的个案研究也得出了诸多不同前人的创获。举例来说，对于"北宋五子"之一的邵雍的处理，从来都是理学研究的难点问题。其繁复庞杂的、充满数字运算的思想系统总是令研究者无比困惑，甚至令人怀疑其理学家的身份。而在杨教授这里，邵雍哲学则被明确阐释为儒学复兴运动的一环，邵雍建立这套复杂的世界观体系的思想意旨，说到底仍然是要为儒家价值与生活方式奠定根基。比如，邵雍的先天易学通过阴阳"加一倍法"做出的事物分类中，对于地上动植之类有两种不同的表述：即《观物内篇》首篇的"走、飞、草、木"，以及《内篇》后几篇中的"飞、走、木、草"。杨教授敏锐地捕捉到了这一排序上的细微差别，并指出，这一差别正反映出从天地自然生万物的无确定价值秩序的"凌乱的综合"，到人出现以后发挥主体性对事物秩序的重新安排与变更，其中无疑引入了儒家的价值主张（阳性的"飞"与"木"被提升到阴性的"走"与"草"之前，体现的正是儒家"扶阳抑阴"的价值观念）。而人世价值的进一步贯彻则又集中体现在邵雍的历史哲学中。杨教授别出新意地揭示出，邵雍先天学历史哲学中的纪年单位"元会运世"，实际上是与天象之"日月星辰"、治道之"皇帝王伯"一一对应的。而"日月星辰"构成了一个光芒等级的区分,那么上述对应便实际上蕴含着一种价值等级,即"元会运世"象征着"皇帝王伯治理原则的恒久性"、亦即"治理效果之差别与治理原则的适用范围之大小"这一价值层次上的差异。"元之元"所对应的"皇之皇",正是儒家理想政治形态的表征,其作为适用范围最广大的政治理想,如同日光之普照大地一般贯穿在人类的整个历史进程中。显然,相比于通常停留在将"元会运世"之数计算正确这一水平的邵雍研究,杨教授无疑更精准地把握到了邵雍哲学以儒学复兴为标的理学思想实质。

另一个例证是《十五讲》中对陆九渊心学之兴起即朱陆之辩之产生的历史背景的分析。对于中国哲学的研究者来说,"朱陆之辩"实在是再熟悉不过,但是恐怕很少有人思考过,为何在南宋时期会出现与代表道学主流的朱子之学相比形态上十分不同、形式上十分简易的陆氏心学呢?杨教授则通过"儒学复兴运动"的整体思想脉络使这一难题迎刃而解。杨教授指出,北宋五子的哲学建构使"士大夫精神世界的儒家精神得以确立,儒家精神开始成为士大夫精神世界的主流",正是由于这些伟大思想家已经"基本上完成了为儒家生活方式奠定哲学基础的理论建设的工作",并且"这个工作在南宋时期得到了普遍的接受",构成了当时学术研讨的共同思想背景,儒家价值的合理性已无须重新论证,所以"才出现了陆九渊这样自信的思想"。而陆九渊学说中的一些重要观念以及"朱陆之辩"的重要细节均可构成对杨教授观点的佐证。比如,陆九渊思想的内核——极具儒家精神气质、简易直截的"本心"概念的提出,"正是在儒家的趣味已经成为士大夫普遍的精神趣味的背景下才成为可能的"。而在"北宋道学思想的基本氛围当中",陆氏也"无论如何离不开'天理'的概念",并且他也认同二程以来所主张的"天理"之客观性、必然性、普遍性这些基本特征,因此其学说的关键命题被表述为"心即理",认为"本心"与"天理"完全一致地构成宇宙万物与人之行为的唯一本源。再比如,朱陆之辩的焦点之一,即关于周敦颐《太极图说》的争论中,虽然陆氏在《图说》的思想是否符合儒家宗旨,以及"阴阳"与"太极"之间是否应有形上形下的明确区分等方面与朱子针锋相对,但唯独没有质疑朱子所定《图说》首句"无极而太极"的版本问题,这一点也唯有在南宋道学家对于周敦颐"道学宗主"的地位以及《太极图说》的确定版本已有基本共识的情况下,才能合理地得到解释。可以想象,如果脱离了以"儒学复兴运动"通观整个理学发展历程的全局视角,把眼光仅仅局限在一人一家的思想上,杨教授的以上新见又怎能如此洞彻地得以彰显呢?

《十五讲》一书第二方面的学术创新,则在于此书对于理学家思想自身的哲学理脉与哲学品质的深入探究与发掘。今年来的宋明理学乃至整个中国哲学研究,始终伴有一个通病,那就是研究者往往将自己的研究思考局限在对古代哲学文本之表层意义的分析疏解之上,而没有进一步考察其深层次的思理脉络与基础。也就是说,我们往往只道出了思想家讲了什么,却没有揭橥出他为什么一定要这么讲,这便造成了一种对于中国哲学的不良印象,即误认为古人的思想都是没有逻辑、不讲论证的,"中国哲学"甚至难以配得上"哲学"的美名。不仅如此,这种深层思索的缺失,还使我们在哲学史研究方面难以严谨地论证思想演进的逻辑必然性,也便为种种从思想史角度颠覆传统哲学史叙事的企图留下了余地。而杨教授此书恰恰着力于通过对各位理学家哲学思想的体系化的、系统性的阐述,"展现出宋明理学发展过程中各个环节见思理的连贯和递进的层次",从而达到"哲学史发展的逻辑与历史的统一"。这样,每位理学家的思想,从其形上世界观的理论建构直至其论证儒家生活方式之合理性的思想意旨的达成,都被阐释为逻辑严密、论证严谨、层次分明的完整哲学体系,由此揭示出根本上决定其历史地位的理学思想之固有哲学品质。可以说,杨教授的这一专注于思想家之逻辑与论证的研究方法,不仅在宋明理学研究中拓开了一片新的疆域,更是对所有宋明理学研究者提出了一个更高的标准和要求。

杨教授对理学思想之哲学品质的提炼,在全书中可谓俯拾皆是。一个典型的例证,便是对张载气本论哲学中的"参两"观念的阐释。源于《易传·说卦》"参天两地"的"参两"观念,是以往的张载研究中并不甚重视的一环。而杨教授则指出,"参天"之"参"也就是"三","三"所强调的是象征阴阳二体之差异性的"两"与贯通二体之"两"为其统一性基础的"一"之间的并存关系。张载之所以一定要讲"三",是因为在他看来,"两"是不可能从"一"之中生成或分化出来的。其中的逻辑在于,如果宇宙原初只有一个无差别的"一",再由之产生"两"的话,就会出现"有两亦一在,无两亦一在"的情况,即从无差别中生成差别是不具有必然性的,世界完全可能停留在"僵死的、不分化的、不运动的、没有分别的""一"的状态。这样的世界图景是张载无法接受的,因此必须从理论可能性上彻底加以排除,那么"两"与"一"的逻辑关系便只能是"若无两则焉用一",即阴阳二体的差异在宇宙中永恒持存,"一"只有作为以差异性为前提的统一性而存在才有意义。而以"两"之差异性的永存为前提,内含阴阳二气的太虚之气及其凝聚而成的万物之间才具有超越自身差异性与他者建立统一关联的不息的"感通"作用,而虚气万物之间客观遍在的感通关联又构成了儒家核心价值——"仁"的基础。通过杨教授的论述我们可以看到,"参两"或"两一"这一极易被忽视的张载哲学观念实际上包含了极为深刻的哲学洞见,整个气本论哲学正是通过"两一"结构结为一体,并且实现了以形上天道为儒家价值奠基的思想目标的。这也正是张载作为哲学家的卓越哲学品质之所在。

另一个例子是对程颐严格区分形上、形下之理论意义的诠释。我们都知道,程颐通过将"道"解释为"所以阴阳者",即将"天理"阐述为现实事物之"所以然",而严格地区分来了"形而上之道"与"形而下之器"的理论层次。但是,关于这种区分的重要意义究竟何在,大多数研究皆语焉不详。而杨教授则洞察到,正是经由这一区分,一切形而下事物所依据的统一形上根源才被更加明确地彪炳出来;由此被区分出来的形上之理既是"冲漠无朕",即区别于一切有形实存物的真正无形者,又是"万象森然已具",即并非无内容的空无,而是含具"万理",内在具有无限丰富具体的内容,正是这些内容构成了复杂多样的现实事物之秩序与价值的基础。通过区分理与物、道与器,程颐将形上之理揭示为形下事物的客观自然、不假人为的唯一根据,如此便成就了以理为唯一本体的真正"一本"的道学理论形态。杨教授据此总结说,这一区分的理论贡献就在于打开了一种"真正思辨性的、巨大的哲学空间",在此空间之下理学思想的发展才可能达到朱子学那样深细详密的程度。形上形下区分中体现出的程颐思想的哲学品质,也便回答了为什么在北宋道学的多元氛围中,唯有二程之洛学才最终脱颖而出,成为后世理学发展的主流。

除以上两例以外,杨教授对理学家哲学品质的发掘,更加集中地体现在对于理学的集大成者——朱子的讨论中。杨教授之朱子哲学阐发,在入手处便别具新意。一般的研究者多从理气关系出发探讨朱子,而杨教授则独具慧眼,发现朱子理学世界观的真正框架实在于"体用"。"体用"这对范畴在中国哲学研究中可以说是常见了到几乎成为陈词滥调的程度,杨教授就此毫不客气地指出,正是由于其过分的常见而是其"变得僵化、简单化",而失去了本有的"揭示力和洞见"。杨教授的工作,正是重新还原"体用"在朱子哲学不同语境下的丰富复杂的内涵与意义。"体用"在朱子哲学中的用法极为多样,既可用于表达通常理解的理与气之间、形上者与形下者之间类似本质与现象的意涵,也在更广泛的意义上用以区分静(阴静为体)与动(阳动为用)、始("万物资始"为用)与终("各正性命"为体)、可能性规定(水之可流可止为体)与具体动态变化(水之或流或止为用)。而除了表达上述确定的性质区分之外,体用还可呈现为更加复杂的相互关系,如就阳而言,阳体而阴用,就阴而言,阴体而阳用,这就是阴阳互为体用的情形。更为重要的是,朱子的"体用"范畴中的任何一方都可以进一步细分出"体用"的差别,也就是说,不仅"用"的层面是复杂多变的,"体"的也绝非空洞无物,而同样包含着丰富具体的内容。正是以能"分段子"的"体"为根据,才必然地有"用"的差异多样。具有如此复杂丰富意义的"体用"范畴贯彻于朱子哲学的每一领域,便意味着朱子所建构的世界观,在其任何方面都不可能存在无"体用"区分、"兀然无对而孤立"的情况,一切道理都必定是体用相依、"亭当均平、无无对者",正是这对范畴使朱子的哲学体系呈现出杨教授所盛赞的"几何学般的精美与均衡"。

在对"体用"这一朱子哲学总体理论框架加以把握的基础上,杨教授进一步释解了朱子哲学研究中最为棘手的问题——即究竟何为"天理"或"太极"的问题。我们惯常在朱子学研究中看到的是大量关于理气关系的讨论,但对于什么是理的问题,则鲜有问津。前辈学者对此的经典解答是将天理解释为共相或者规律,但这两种解释面临的共同困难是,共相或规律作为一种无运动变化的静态结构,是如何构成世界生生不息的活动变化过程的根据的?杨教授则并未局限在前人的视野中,他根据陈淳与朱子之间有关天理内涵的书信问答所提供的文本证据,建设性地将朱子的天理阐释为"所当然的具体化",是以"当然"为核心的"能然、当然、必然、自然"诸方面的完整展开。天理作为"当然"就是"生生之理",即对天地万物之本质生命倾向的规定。其"当然"的根本特征并非只是限于人世的主观道德命令,而是"天命之当然",其中蕴含着"不容已"的客观必然性。这就是说,天地万物之所以有各自的生存方式,人之所以要选择合乎道德的生活方式,皆是因为这样才符合天地客观本有的生生之道,以此生生之道为根据,自然便有永恒不息、世代相继的生命活动。而天理作为生生之"当然",又不是抽象空洞的,而是针对每一事物的每一处境,都呈现出其具体化的形态。所以朱子所讲的"太极",所谓"极好至善处",绝不是说整个宇宙中只有一个独一的至善之所在,而是规定了每一差异性的具体事物在其每一差异性的具体境遇之中的最恰当的分寸,故而"每一处的差异性当中都有其极好至善的分寸",这正是"理一分殊"的意涵。因此,在杨教授的解读下,太极不再是纯粹静态的结构,而是对事物丰富多样的动态倾向的具体化规定,这样就解决了不变之理何以成为可变之物的本源根据这一理论困难。而天理"所当然的具体化"的本质意涵,与朱子"体用"架构中可以"分段子"、含有丰富内容的"体"的特征,也无疑是完全吻合的。

杨教授对于天理之意涵的上述建设性阐释,又引向了解答朱子学理气关系问题的一个崭新的思路。我们知道,学界对于程朱理学的理气关系的研讨,一直存在一种二元论的倾向,即认为理与气是构成朱子世界观的两个独立本原。对此,杨教授强调,在理气关系上"谁是第一性"这一哲学问题是不可回避的,而朱子这里显然理是第一性的、气是第二性的,一定是理决定了气,因此理才是世界的唯一根据。故而杨教授支持陈来先生"理生气"的主张,但认为从思想表达上看"理生气"并非朱子的成熟观点,其更准确的表述应该是"理必有气",即当然之理必定实现为现实的气。而"理必有气"的逻辑,则来源于"体用"关系中的"体必有用",理为体,必然有其气之用,气就是天理内蕴的丰富具体的气质性倾向的实现。进一步讲,天理作为本体是无限的、永恒不变的,而以之为根据的气则并非永恒,即是有限的、有生有灭的,而且这种生灭是全新的创造与无余的消尽。由此朱子彻底否定掉了张载气本论哲学中"永恒的或不灭的质料",而指出天地之气于每时每刻每处都依据于理进行着无止境的创生与消灭。而气质构成的具体事物与其质料一样都要经过生、长、收、藏四阶段构成的有限生命历程,虽然每一事物都依据"天命之当然"即生生之理而生,因此在价值上都呈现为具体的善,但是前一事物的生命还未结束,后一事物又已产生,不同事物处在不同阶段中,由此便必然有新旧事物的冲突,其所导致的生命成长状态的过或不及便是恶的根源。这样,根据杨老师的论述,朱子实际上是将儒家提倡的天地生生之道推致到现实世界的每一层次,即使构成事物的质料也不是永恒不变,而是在不息的生灭中不断更新,这样既通过生生之道的遍在奠定了价值之善的根基,又解释了与善并存的恶的来源。通过这一系列缜密的推理,朱子宏大哲学体系所具有的非凡哲学品质便已昭然若揭了。

当然,杨教授的这部著作毕竟属于讲义稿的整理,而非严谨的学术专著,所以在探究理学家之哲学理脉的一些细节方面,仍有见仁见智之处。比如,在结合"天理"之"所当然"意涵解释理必然产生气之阴阳、动静的差异性时,杨教授做出了如下推论:理之"当然"即"合当如此",有"合当如此"便马上分出其反面的"合当不如此",前者便"有一个积极的、动的意思",后者便"有一个消极的、静的意思",由此动静之别出发就可"衍生出一个复杂的世界"。这段推论从逻辑上讲能否必然成立,便是一个可以商榷的问题。如果我们认为阴阳动静具有善恶的价值属性,那么阳源自天理的"合当为善",阴源自反面的"合当不为恶",这是可以成立的。但是,如果我们将阴阳所具有的不牵涉善恶价值的另一重象征意义,即事物之终始或死生的意涵代入进去,就会出现麻烦——我们可以说阳源自"合当生",但似乎不能说阴源自"合当不死",因为"不死"对有生命物来说并不是一种可实现的"当然",死亡正是有限生命的必然构成环节。可见,此处的论述恐怕需要还需另加斟酌和考量。

以上我们谨举数例,展现了杨教授此书在思想内容上的"新见"之所在,更多的例证尚需读者在细心阅读细细体会。而就其口语化的行文方式来说,此书在最大程度上保留了杨教授颇受欢迎的授课风格。我本人也有幸数度聆听杨教授讲授的"中国哲学史"(下)本科课程,讲台下的学生们,或在他滔滔不绝的演说中奋笔,或在他风趣幽默的谈吐中莞尔,或在他深刻智慧的讲论中沉思,那样的情景总是令人难忘。杨教授历来重视对于本科生的教学,这甚至构成了其哲学探索的动力。在《序言》中他回忆说,还清楚地记得十余年前第一次讲授"中国哲学史"时,眼前学生"某种被点亮的东西,那一刻也永久地点亮了我"。在我看来,这里杨教授所提及的"点亮"或有其深义。宋明时代的理学家们,可谓用其思想的光辉照亮了后世中国人的精神道路,而杨教授正试图通过这本书中的思考将古人的智慧之光继承下来、传递下去。因此杨教授在《序言》的最后发问:"要有怎样的人生,才配得上那一刻的照亮呢?"以一生的思想探求与人生践履,去创造更多足以照亮我们未来道路的光明,这恐怕正是杨教授欲与我们所有中国哲学的研究者所共勉的吧。

如何做中国哲学：从《荀子》
哲学研究的视角来看

于超艺[*]

中国哲学作为一门只有百年历史的新学科，对它的定位与研究方法可以说还没有较为成熟、获得普遍接受的理论，以至于近几十年来，对中国哲学的合法性的讨论、对中国哲学研究方法论的讨论，屡见于学者之笔端。陈少明先生的《做中国哲学——一些方法论的思考》一书就是其中一部有代表性的著作，为中国哲学研究的方法论提供了清晰而又富有启迪的讨论。本文即在阅读该书的基础上，以当代《荀子》哲学的研究现状为个案，试图对陈先生的观点做一个简要的回应。

一

《做中国哲学》一书是由一些内容相关的文章组成的，作者主要从中国哲学史与中国哲学的关系、中国哲学研究方法的演进、作者对中国哲学研究方法的反思这三个角度来展开对中国哲学方法的论述。

在中国传统的学问中，没有"哲学"这一名词，它是十九世纪末二十世纪初，从西方中借用过来的词汇，再将古代思想中与之有关联的部分归入其中。受在"哲学"进入中国那个时代的社会环境影响，我们迫切需要在传统中找到与之对应的元素和西方接轨，并重估我们的文化传统，因而很多重要的学者都投身中国哲学史的书写当

---

[*] 作者信息：复旦大学哲学学院博士研究生。

中。因此造成了中国哲学先有哲学史创作,之后才陆续有哲学创作的现象,这正如陈少明指出,"这种次序的颠倒对哲学学科的影响是不可忽略的,它可能像基因排列产生的后果一样具有决定性。换句话说,是哲学史研究的面貌决定了哲学创作的格局而不是反过来。"①

"哲学史面貌决定了哲学创作的格局",这个判断极有洞见。从胡适与冯友兰的哲学史创作中我们可以清楚地看到了这一点。胡适的《中国哲学史大纲》和冯友兰的《中国哲学史》都是中国哲学史这个学科的典范性著作。胡适宣称:"我做这部哲学史的最大奢望,在于把各家的哲学融会贯通,要使他们各成有头绪条理的学说。我所用的比较参证的材料,便是西洋的哲学。"②之所以这样说,是因为胡适的思考方式在于,"我们在哪里能找到可以有机地联系现代欧美思想体系的合适的基础,使我们能在新旧文化内在调和的新的基础上建立我们自己的科学和哲学?"③也就是说,胡适努力的方向,仅是要在传统的思想中找到"联系现代欧美思想体系的合适的基础"。相比胡适而言,冯友兰对古代中国的思想资源则更有信心些。冯友兰更重视"内在解释",④正如陈少明指出的,他"相信中国哲学本身就是成系统的,不过这一系统不是表现在陈述、推理的形式上,而是在思想实质方面。他的任务是要借助形式的功夫,让思想实质显示出来"。⑤ 虽然冯友兰想要描述一个成系统的中国哲学,但他毕竟还要借用一些"形式",来描述中国的思想,而这个"形式"就是西方哲学的语言和关注的领域,例如冯友兰对"中国哲学"应该讨论的问题是什么,就借用了西方哲学的分类,认为不属于这个分类的部分,就不在其中国哲学史的讨论范围之内,如冯友兰说:"今欲讲中国哲学史,其主要工作之一,即就中国历史上各种学问中,将其可以西洋所谓哲学名之者,选出而叙述之。"⑥因此陈少明认为胡适和冯友兰有个共同点,"就是以西学为衡量中学的尺度",⑦这是当时与西方接触的历史情势造成的问题,而不是学理上,中国哲学就必然要被西方哲学规范。在胡适、冯友兰之后的中国哲学史研究也或多或少受到了西方哲学的影响。即便如今已经没有一百年前的历史情势,但"中

---

① 陈少明:《做中国哲学——一些方法论的思考》,北京:生活·读书·新知三联书店,2015年,第71页。
② 胡适:《胡适学术文集》(中国哲学史)上册,北京:中华书局,1988年,第28页。
③ 胡适:《胡适学术文集》(中国哲学史)下册,北京:中华书局,1988年,第774页。
④ 陈少明:《做中国哲学——一些方法论的思考》,北京:生活·读书·新知三联书店,2015年,第27页。
⑤ 同上,第25页。
⑥ 冯友兰:《中国哲学史》上册,上海:华东师范大学出版社,2000年,第4页。
⑦ 陈少明:《做中国哲学——一些方法论的思考》,第11页。

国学者对此习以为常,从事中国研究的许多西方学者更可能如此"。①

以上的梳理不仅体现了中国哲学史这一学科的产生,也是中国哲学研究方法的展现。以胡适为代表的与西方思想接轨的中国哲学史梳理,就暗含着更注重阐释中国古代思想中与西方哲学关心的问题相关的话题的研究中国哲学思路,这一思路至今仍被许多学者采纳。与之相反,从梁漱溟、冯友兰、熊十力到港台新儒家,他们研究中国哲学是为了"寻求或重塑中国文化精神",②在陈少明看来,这些无形中都陷入中国哲学研究中"立场优先"的误区。"所谓立场优先,就是指首先关心一种观点或命题所表达或蕴涵的政治态度或学派立场,而不是重视它论证的深度与创新性"。③ 除了"立场优先"外,陈少明指出在中国哲学研究中,还有"范畴错置""以考据代义理""空谈心性"几个误区。

虽然《做中国哲学》一书中指出了以往中国哲学研究的诸多误区,但作者并未否认以往中国哲学研究的价值,而是给出了一些让中国哲学呈现更多可能性的思想尝试。作者解读了"孔子适卫""鱼之乐""孺子落井""庄周梦蝶"等几个古代经典中的小片段,以体现"贴近经典文本,从古典生活经验中获取题材与灵感,挖掘事物的深层意义,通过识人、说事、观物诸多途径,从不同角度进入经典的意义世界"④的研究方法。而这种方法是在教科书式的"以范畴研究为中心的"思路之外,对其作出"补充"⑤,从而"发掘未经明言而隐含其中的思想观念,进行有深度的哲学反思"。⑥ 并且,比起"格义"式的论证,这样对中国古典思想的深入发掘或许更能推动中国哲学的创作,它不满足于把中国思想和西方哲学作比较,而是用中国古典思想自身的理路,来证成它既有普遍性又有思想深度。而这样的研究方法也暗含了作者对哲学研究的定位:"不断揭示经验生活的意义所在",⑦"哲学的终极目标是解释经验",⑧"哲学史研究寻找既成的思想观念,包括前人提出的范畴、问题或论说,哲学创作则观察这些观念镶嵌于其中的生活经验"。⑨ 诸如此类的说法,在当代中国哲学方法论论述中,

---

① 同上,第57页。
② 同上,第80页。
③ 同上,第78页。
④ 同上,第5页。
⑤ 同上,第112页。
⑥ 同上,第112页。
⑦ 同上,第257页。
⑧ 同上,第168页。
⑨ 同上,第104页。

可谓独树一帜。更重要的是,它通过对哲学本身一种更为深刻的反思,使得中国哲学与中国哲学史的研究,得以建基在更为坚实的生活世界之上,从而为中国哲学在当代的展开提供了一个新的维度。

二

《做中国哲学》一书高屋建瓴地讨论了中国哲学的方法论问题,其中提及当代中国哲学研究中所存在的问题,在中国哲学研究的各个具体领域中似乎都有所体现。笔者主要从事荀子研究,通过对《荀子》哲学现当代研究的考察,我们会发现,对荀子哲学的研究,正是陈教授所提及诸问题的具体而微的体现。

现代荀子哲学的研究始于胡适。胡适的《中国哲学史大纲》对荀子的讨论主要涉及"天""类""法后王""教育学说""礼乐""性""心""正名"这几个主题,其中的"礼乐"、"教育学说"等儒家传统问题,胡适写的较为简略,而对"天""心理学""名"等问题,则着墨较多。胡适认为,荀子的"天"为"倍根的勘天主义"[1],但又指出荀子和近代科学家的不同,尤其体现在荀子认为"类不悖,虽久同理",因而荀子是反对进化论的。对于荀子的"心",胡适把它归入"知识论"[2],认为荀子讨论的是如何获得知识学问的问题。胡适论荀子的近一半文字都在讨论"名",他认为"荀子的名学完全是演绎法"[3],并具体分析了荀子讨论的正名案例。以今人学术眼光回顾胡适的荀子研究,我们自然很容易发现他对与西方哲学接轨的刻意追求,当然,我们也可以指出其中与"知识论"、"进化论"、"勘天主义"的比较多有不恰当之处,虽然在当时的历史情势下,选择做这样的学术研究是可以理解的。不过,值得指出的是,胡适这种叙述荀子哲学所用的视角与范式,至今仍然被一般的中国哲学史著作所沿用。

有趣的是,冯友兰也部分使用了与胡适相同的小标题:"天与性""心理学",并且同样提到社会国家起源问题,同样大量篇幅书写"正名"问题。这样的写作框架,所体现出对《荀子》思想的裁定,不能说没受西方哲学视角的影响。不过,相较而言,冯著哲学史的荀子部分,更注重阐明荀子自身的体系,冯友兰的论证更多是来源于《荀子》文本的内在理路,因而更为接近我们对《荀子》的认知。这一点从冯友兰对荀子"礼"

---

[1] 胡适:《中国哲学史大纲》,上海:上海古籍出版社,1997年,第223页。
[2] 胡适:《中国哲学史大纲》,上海:上海古籍出版社,1997年,第226页。
[3] 胡适:《中国哲学史大纲》,上海:上海古籍出版社,1997年,第226页。

的体察可见一斑。冯友兰没有空谈荀子论礼之起源的意义,而是将荀子的礼做了展开,将它分为"节人之欲"与"饰人之情"两个部分①,并指出荀子对"饰人之情"言之甚精。他还用很大篇幅,结合"丧""祭"两礼具体解读了他所谓的"饰情"。冯友兰比现今的大部分荀子"礼"学研究著作都更为关注礼之"饰情"的内涵,使得他对荀子之礼的把握显得更为全面。不过,如果细看他对"饰情"文本的梳理,也多少可窥见以现代人的思维方式来理解古代文本产生的错位。例如在解读"丧礼"时,冯先生认为礼是要兼顾"理智"与"情感",这是有文本依据的。但冯先生进一步解释"理智"为"死者不可复生,而灵魂存在之说,又不可证明",解释"情感"为"极望死者之可复生,死者之灵魂继续存在"②,这样的解释显然带入了不少现代人的思考方式。从礼家的视角来说,丧礼的种种规定,考虑的侧重点是在活着的人,他们如何处理自己面对死者的情感。从一个维度讲,丧礼的意义在于,一方面尽可能表达丧亲者的哀痛之情,另一方面又尽可能使活着的人逐渐从哀伤中走出,从而回归到正常的日常生活;从另一个维度讲,丧礼的意义又体现在如何阻止人类对尸体本能的厌恶之情,从而以敛藏的方式来文饰自己的思慕之心、哀痛之情。按冯先生的说法,兼顾"理智"与"情感"的用意,是如何较为合适地尽活着的人的思慕、哀痛之情,又对生者不造成过大的损害,这一解释不能说错,但就其对礼的把握而言,与《荀子》礼论、《礼记》诸多篇目所体现出来对礼意义的解读,还是有明显的差别。当然,用这样偏门的学理来苛责学贯古今的大家,未免显得刻意。但现今部分研究《荀子》的学者,对荀子"礼"论的把握还远不如作为中国哲学探路者的老先生,这就有问题了。

胡、冯两部哲学史对荀子的叙述,确实和《做中国哲学》书中对他们的评述相符,多少带有"就是以西学为衡量中学的尺度"③的特质,从而事实上在很大程度上遮蔽了荀子自身的论证思路和问题意识。而这种以西学的概念框架来叙述中国哲学的研究方式,并没有止步于上世纪初那个时代,陈少明指出,"在文化逐渐转型以后,中国学者对此习以为常,从事中国研究的许多西方学者更可能如此"。④ 此后在大部分研究《荀子》的著作中都能或多或少的看到这类思维方式的影响,即从《荀子》文本中挑选现代人感兴趣的文本,书写为荀子思想的特色、重点,关于荀子学研究的几次较为

---

① 冯友兰:《中国哲学史》(上册),上海:华东师范大学出版社,2000年,第224页。
② 冯友兰:《中国哲学史》(上册),上海:华东师范大学出版社,2000年,第255页。
③ 陈少明:《做中国哲学——一些方法论的思考》,北京:生活·读书·新知三联书店,2015年,第11页。
④ 同上,第57页。

热烈的讨论就说明了这一点,讨论的主题分别是"天"、"法后王"、"性恶",学界在近一二十年对这些内容的关注程度,与《荀子》文本对它们的关注程度是不成比例的。

以哲学方式讨论传统思想,不能不提到港台新儒家的贡献。牟宗三在《荀学大略》中以讨论《荀子》文本的方式解读过荀子哲学。但牟宗三在解读文本的同时,对荀子做出了很多判断,例如认为荀子的政治思想仍然"只表现为道德教化之形式,没有转出国家形式以及政治形态方面之间接形态"。① 也就是说,在他看来,在荀子那里,只有圣君贤相的道德教化形式,而没有国家形态,没有开出客观化道路,因而虽有政治组织,但却从未涌现出国家性。② 牟说自有其道理所在,但这毕竟也是一种现代人的判断。如果从荀子或儒家的眼光看,国家的形式是否一定是现代国家形式,儒家自己的政治形态为什么不能做一个案例,诸如此类的问题,恐怕都得进一步去加以追问。

三

近年来,关于《荀子》哲学的论著大量涌现,外国学者也关注到《荀子》,他们的一些研究显得更有"哲学"色彩,例如刘殿爵在 1953 年就尝试对荀子人性论做哲学分析,Rosemont 在 1970 年讨论了荀子的"自然状态"和"理想国家"之间的张力,艾文贺专门主编文集讨论荀子的德性伦理以及道德动机。国内学者近年来也对《荀子》做了许多有意义的哲学探讨,一些学者甚至已经开始对荀子再"创造",以讨论《荀子》中的思想资源是否可以对现代社会有所帮助。作为《荀子》哲学研究的一种方式,这些研究自其存在的价值和合理性。不过,如果只重视这一种研究方式,就难免有其弊端。为与之互补的探究方式留下发挥的空间,我们将通过对现有相对流行的《荀子》学研究思路作一考察与反思,从而期望对陈少明教授的说法有所回应。

《荀子》一书涉及的领域很多,而"礼"是目前学界公认的对荀子而言最为重要的内容。近年有关荀子"礼"学的研究著作,更倾向于阐发"礼"的争乱穷起源、名礼定分的框架,以及以"统类"为代表的"礼"的客观化特征。荀子因要摆脱"自然状态"下的争、乱、穷这一需求而证明"礼"产生的必要性,又因为差等才能维持秩序是"天数",那么就应该建立起差等秩序作为客观化的标准。荀子对差等秩序的设计又包含

---

① 牟宗三:《名家与荀子》,台北:台湾学生书局,1979 年,第 240 页。
② 牟宗三:《名家与荀子》,台北:台湾学生书局,1979 年,第 242 页。

了"公正"的原则,"公正"而非"差等",使得"礼"可以被人们接受。这样的阐释方向体现了当代学者对展示荀子思想"整体性"的努力,但因为这样的阐释方向会更重视秩序如何建立的问题,因而显得会有一些过度阐释的倾向:例如,谈社会秩序的建立,即是如何使先王之道(仁义理想)客观化其自身;谈礼之起源,即是建构的秩序;谈荀子思想的内在统一性,即是以建构出来的礼论以将仁义理想客观化。建构"礼"自然需要重视礼的起源,再加上荀子论礼之起源的文本确实很有哲学论证的意味,因而学界谈荀子的"礼",自然极为重视荀子对"争""乱""穷"所导致的礼之起源的论述①,这一思路可以彰显出《荀子》对早期政治哲学的贡献,甚至可以用来与霍布斯等西方哲学家的学说作对比,看上去似乎有着很大的学术意义。但是,如果只是从"争""乱""穷"导致的起源来建构荀子礼学,多少显得是在对荀子论礼思想的窄化。其实在先秦的文献中,诸子百家多有设想初民无序之自然状态,《墨子》《商君书》《韩非子》等书都建构过远古的"争""乱""穷"时代,并以此说明秩序应该如何被建立。持有较为相似的对远古时代的假设,却发展出差别明显的学说,可见,决定《荀子》思想中的秩序是由儒家的"礼"而不是法家或者墨家理想的社会构想,其关键并不在于远古"自然状态"的假设。只不过对于荀子的研究者来说,关于"礼之起源"的说法很契合西方哲学的思辨方式,因此得到了过多的重视和阐发。这其实就是陈少明所指出的中国哲学研究方法误区中,"立场优先"的一种体现,当然比起百年以前的学者,近年来荀子研究中的"立场优先"要更重视追求荀子"原意"一些。

笔者认为,在《荀子》研究中,"立场优先"的误区是需要避免的。虽然我们在做中国哲学,最终是要面对现代社会,面对现代人的思维方式,但在笔者看来,更有价值的研究不是直接对文本做现代式的解读,而是在充分理解荀子的问题意识之后,反思荀子的解决方案,并以之来回应现代社会。这样绕圈子的表述,是因为《荀子》的文本并不是严格的论文体,举例而言,即便礼的政治建构部分被荀子特别强调,那也不一定意味着这一部分在荀子思想中占比最重。而有可能的是,荀子认为相对于当时的主流思想乃至社会的民风习俗,这一部分需要被重点地强调与解释。在这个意义上,《荀子》的理解方式可以与《论语》中的对话体的解读方式相参照,荀子是在与当时的主流思想乃至社会的民风习俗做对话。理解荀子,就要如陈少明在讨论经典文本中

---

① 荀子在《礼论》中说:"礼起于何也?曰:人生而有欲,欲而不得,则不能无求。求而无度量分界,则不能不争;争则乱,乱则穷。先王恶其乱也,故制礼义以分之,以养人之欲,给人之求。使欲必不穷于物,物必不屈于欲。两者相持而长,是礼之所起也。"

的人、事、物时所说的,要"发掘未经明言而隐含其中的思想观念"。① 总之,我们必须要做的一个环节就是努力还原荀子的问题意识,讨论清楚他所真正关心的问题。就《荀子》文本对礼书的大量引用来讲,如《劝学》谈到"始乎诵经,终乎读礼"的治学修身规划,《修身》篇论及生活日用中传承的习俗式的礼等等,对这些文本而言,"礼"不能仅仅被理解为由荀子所建构的那种抽象的观念,而应该被理解为由荀子传承的具体仪文,但荀子可以对它做了合乎时代精神的解读与发挥,这正是孔子所说的"所损益可知"的意义所在。那么,对"争""乱""穷"以及秩序起源、建构的阐述就不是荀子礼的全部意义,它只是构成了荀子论礼之意义的一个部分而已。

从以上的论述中,笔者提出了对《荀子》哲学研究方法的思考:找回荀子真正关心的问题意识。当然,还原荀子的精神世界是不可能的,笔者只是表达了一个学术价值的取向。单纯描述、力图还原"礼"在《荀子》思想中的面貌,这可能不算是哲学研究,但更深入探讨礼的意义,对其进行反思,甚至现代的再创作,就可能更贴近我们对"哲学"的观察。

当代荀子哲学的研究,只是中国哲学研究的一个个案,其中的得失或容各有异说,但是,诚如陈少明先生所说,"论述的方式,是所论问题是否够哲学的条件"。② 中国哲学在未来的展开,或许正是通过新的论述方式,而可以揭开新的一页。

---

① 陈少明:《做中国哲学——一些方法论的思考》,北京:生活·读书·新知三联书店,2015 年,第112 页。
② 陈少明:《做中国哲学——一些方法论的思考》,北京:生活·读书·新知三联书店,2015 年,第171 页。

佛教现代化与星云大师的人间佛教

——读程恭让教授《星云大师人间佛教思想研究》

卢大海[*]

自二十世纪太虚大师倡导"人间佛教"以来，经过近百年的倡导和实践，"人间佛教"理念及其价值已经愈来愈得到广泛的认可，目前已成为当今中国佛教的主流趋势之一。在人间佛教推广的历程中，以台湾星云大师及其代表的佛光山，贡献尤为突出，在海内外有着广泛的影响。对于星云大师及佛光山的"人间佛教"理念及实践，也引起学术界的高度关注，近年来，多维度多视角对台湾佛教和佛光山僧团进行研究的成果也不断出现。2015年台湾佛光文化事业有限公司出版了程恭让教授的《星云大师人间佛教思想研究》一书，书中对星云大师继承太虚法师思想、推动佛教现代化的努力作了系统讲述，细细读来，让人感动。

一、佛教的现代化发展脉络——星云大师人间佛教的历史定位

"现代化"的观念开始于西方，一般指"从十八世纪后半期第一次工业革命以来，所发生在科学、技术、社会、政治、经济、宗教、思想、文化等各方面所引起的全方位及整体性的广泛影响及变化过程"。[①] 生产力突飞猛进，生产关系变革，生产资源流动性加大，人与人之间的关系去权威化、小团体化趋势明显。从社会文化的角度，宗教

---

[*] 作者信息：上海民族宗教委员会研究人员。
[①] 杨维中．天台宗圆融思想的现代意义．天台山文化当代价值理论研讨会．2015.05．

在现代社会中其实是一种文化表现,因此当然也就不可能避免受到"现代化"的影响。韦伯是第一位通过其着作《新敦伦理与资本主义精神》提出宗教与现代社会关系反映这种变迁的当代思想家。

宗教对"现代化"的反应一般有两个趋势。第一,针对古老的宗教传统进行新的诠释。第二,通过教义的精简、回归核心、割舍形式的冗余,自觉并明确的保留宗教传统于现代社会中。宗教改革中,基督新教抛弃神职人员的中介功能,和繁冗复杂奢靡的宗教仪式,回归因信称义、信主即可得救的简便方式,便是宗教现代化的典型表现。而佛教的现代化进程,发端于太虚法师的"人间佛教"思想,这是现在提倡的人间佛教史的开始。

近代中国由于西学东渐、强国入侵,造成"三千年未有之大变局",鸦片战争以后,中国的政治、经济、文化、科技都有着翻天覆地的变化。以儒家思想为例,经过清废除八股取士、开新式学堂,再加上民初新文化运动的冲击,茫茫众生找不到方向,但是因为有熊十力、梁漱溟、冯友兰、牟宗三为代表的新一代儒家学人,五四以来强调上承孔、孟、程、朱、陆、王,并以之为主体来吸收、改造西方近代思想和西方哲学,以寻求当代中国政治、社会等方面的突破①。

就佛教而言,虽然有晚清思想家如康有为、谭嗣同、章太炎等,努力推崇佛学,并且在他们的政治社会改革理想上有所融会,不过佛学对晚清的这一批中国知识分子而言,只不过是达到政治目的的工具,或者说儒家文化支撑之外的一个助力。只有到了太虚大师高喊着"教理革命""教制革命""教产革命"的口号,才为新时代的佛教现代化树立方针、奠定规模。

接下来宣扬"人间佛教"的印顺法师,主要从佛教思想的演化过程中,论证人间佛教存在的意义。我们研究印顺法师大半生的事业,他的主要贡献在于对佛教思想史"探其宗本、明其流变、抉择而洗炼之"②,旨在让佛法成为适应时代,真正推动人类社会发展、"人类为本"的佛法。③

程恭让教授在本书的研究中,一开始就把星云大师放在十九世纪末以来汉传佛教现代化的历史长河,把佛教现代化的议题放在中国现代化的背景中。在汉传佛教现代化的过程中,太虚大师、印顺法师以及星云大师是现代人间佛教思潮中最重要的

---

① 李泽厚. 略论现代新儒家.《中国现代思想史论》,第 320—375 页.
② 李明轩. 禅宗视阈下人间佛教的源与脉. 河南大学[D]. 2015.05.
③ 印顺.《契理契机之人间佛教》. 台北正闻出版社,第 4—44 页.

三个代表人物。程恭让教授提出一个从太虚大师倡导到星云大师创立的理解模式，即太虚大师首先倡导人间佛教的理念，并且提出一些人间佛教未来发展的指导性理念；星云大师是人间佛教的创立者，他完成了人间佛教理论及实践两个层面的创立，因此，人间佛教的创立也就意味着人间佛教应化、落实在世间。[1] 程教授认为，从太虚大师倡导到星云大师创立构成了一个相对完整的"百年佛缘"。

程教授用了六章的篇幅，向读者讲述了星云大师在中国社会政治经济等的现代化转型以及佛教现代化转型这一历史进程中的重要地位，也让我们对百年来人间佛教的重要议题、理念的发展有更加完整的认识。作者通过对星云大师青年时期，尤其是大师1945—1960年这一时期著作的文本分析（主要通过释宝成的《释氏源流》与星云大师《释迦牟尼佛传》的比较研究），以及宜兰弘法时期的经验分析，认为大师早在二十世纪五十年代中期就初步建构其人间佛教思想的理论，程教授称其为"星云大师人间佛教思想理论1.0版"[2]。这个1.0版的理论与大师后期更成熟的思想之间具有高度的一贯性，程恭让教授在其书中以《六年来台湾佛教的趋势》《佛光学》以及《人间佛教的蓝图》中的相关论述，阐明大师思想发展的这种一贯性，证明大师在二十世纪五十年代已经初步构建其人间佛教的理论并且展开了相应的弘法实践，也更加证明其从太虚到星云的思想史模式之合理性。

二、佛教现代化的基本观点——星云大师人间佛教理论的经典依据

在太虚大师看来，传统中国政教环境造成中国佛教的畸形发展：首先，佛法传到中国之前，中国已经形成了儒家独大的政治传统，佛教为避免冲突和求得生存，流行的是山林中清静自修，没有能够同社会真正融合。其次，佛教传入中国，吸纳了很多的民间信仰，如同莲花生大士一路降妖伏魔，为藏传佛教增添了很多本地护法金刚一样，汉传佛教地区，老百姓信仰佛教，更多是以鬼神为凭借，佛教增加了很多鬼神的因

---

[1] 程恭让. 从太虚大师到星云大师：现代人间佛教的倡导与创立——二十世纪人间佛教理论与实践展开历程的一种解释模式. 星云大师人间佛教思想研究（卷一）[M]. 台湾高雄佛光文化事业有限公司. 2015.
[2] 程恭让. 星云大师人间佛教思想理论1.0版及其成熟. 星云大师人间佛教思想研究（卷二）[M]. 台湾高雄佛光文化事业有限公司. 2015.

素和形象构建。① 面对这种山林化、鬼神化的问题,太虚大师谈到:

> "我认为今后佛教应多注意现生问题,不应专向死后的问题上探讨。过去佛教曾被帝王以鬼神祸福作愚民的工具,今后则应该用为研究宇宙人生真相以指导世界人类向上发达而进步。总之,佛教的教理,是应该有适合现阶段思潮底新形态,不能执死方以医变症。"②

随后经历印顺法师的追本溯源、抉择洗练,为中国佛教的人间化(从而现代化)寻找经说的依据,做的是"扎根"的工作,太虚大师则比较大胆地向外伸展,提出出家众"问政而不干治"的参政原则,评比组织佛教政党的利弊得失,论述各种社会主义的优劣长短③,做的是"开拓"的工作。

一般对星云大师的理解,实践上的成就更多些,显著些。在佛教理论上有什么体系,大家都不太了解。程恭让教授一直在探索星云大师及佛光山僧团人间佛教发展的义理根据,他在梵语《维摩诘经·方便品》研究的基础上,提出星云大师人间佛教思想的佛理基础是不一不二、不即不离的般若慧与善巧方便智。通过对"智度菩萨母,方便以为父;一切众导师,无不由是生"的重点阐释,他认为,"善巧方便智是与般若慧完全不可脱离、完全难以区分的智慧",它们一起构成诸佛及诸菩萨的孕育之源,同时,星云大师人间佛教正是此种善巧方便智与般若智慧交相辉映的佛教。程教授还在论述人间佛教国际化及其与民间信仰的关系等章节中,叙述星云大师善巧方便智的运用,众生平等、男女平等、诸教平等等的思想一线贯通,现代化的过程中自然抛弃了男尊女卑、出身论等一系列冗余。④

程恭让教授的这一思想意义重大,不仅总结了星云大师理论上的宏大体系,也点出星云大师及佛光山系统在现代化的人间佛教运动中的独特之处,这对于现代佛教经典的解读、现代人间佛教理论的建构及弘法实践都具有重要的意义。

---

① 何建明. 人间佛教的百年回顾与反思—以太虚、印顺和星云为中心[J]. 世界宗教研究. 2006(3). 第15—24页.
② 太虚. 我的佛教改进运动略史. 太虚文集. 台北文殊出版社. 1987. 第10页.
③ 陈仪深. 太虚法师的政治思想初探[J]. "中研院"近代史研究所集刊第十九期. 1989. 第279—298页.
④ 王雪梅.《星云大师人间佛教思想研究》评介[J]. 世界宗教研究. 2015(3):171—173.

三、佛教现代化的落地——星云大师人间佛教的实践

对宗教进行深入研究的社会学家涂尔干认为所有的宗教信仰中都存有"圣"与"俗"的观念。由于这二者呈反比关系,因此在宗教的发展过程中一方的增加将以另一方为代价①。宗教现代化并不一定会减少宗教中的神圣性及增加其世俗性。对佛教而言,尤其是佛光山佛教现代化的实践明显地看到,佛教现代化不但没有减少其神圣性,通过这些努力反而使更多人信仰佛教,佛、法、僧三宝及佛教的相关事物因而变得更加神圣了。

太虚大师从事佛教改革运动三十多年,教理、教制、教产三大革命的说法,迄今仍具有典范性的价值,佛教现代化,主要也就是这三个领域的现代化。太虚大师连续发表《整理僧伽制度论》《僧制今论》《建僧大纲》,后来又提出中国僧侣应采用"精兵制",主张把汉地八十万僧尼减为四万(其中学僧一万、德僧五千、职僧二万五千),以提高僧侣素质,并且主张把家产的僧寺改成公产的僧团,以作为其他改革的基础。这是太虚大师推动传统的丛林制度向现代化管理制度改革的努力探索。

> "吾向不视政府为万能,故于整理僧伽制度论,对于寺庙财产,主张以'僧伽基尔特',自为整理而施用于正当之事业。……若拘管于政府之手,则为吾始终反对者也。"②

为了实现改革,通过立法的程序去实现符合佛教利益的政策,太虚大师撰文《论僧尼应参加国民大会代表选举》,提出僧伽"问政而不干治"的原则,本身也不排除担任国大代表的可能。③ 佛教的现代化自然是佛教徒参与社会治理、以自身教化积极投身社会建设的过程。太虚大师还积极筹划组织全国性的宗教团体,以佛教的财产

---

① 涂尔干. 宗教生活的基本形式[M]. 上海:上海人民出版社,1999.
② 太虚. 我的佛教改进运动略史. 太虚文集. 台北:文殊出版社,1987. 第13页.
③ 陈卫华. 出世与入世:人间佛教的分际——以太虚和蒋介石关系的个案研究为例. 河南师范大学学报(哲学社会科学版),2009.3.4.

兴办公共事业。在太虚大师和印顺法师一系列的论述中，我们看到了佛教现代化中居士地位的必然提升、佛教突破祖制投身社会建设的必要性、兴办佛学院以新式教育推动佛教发展的重要性，而这些佛教现代化的宏图大业，都在星云大师的实践版图上看到了成果。

程教授特别强调青年时代的星云大师就已体现出人间佛教理论与实践、倡导与创立并重的特点。这方面学界很少关注。他指出，二十世纪五十年代的星云大师，正是那样一位既具有理论家的卓越天赋，又具有实践家的非凡才能的人间佛教行者。这个时期的星云大师，已经将传统意义上佛教以寺庙为中心的消极被动传播，改造成为以团体为中心的积极主动传播，恢复并发扬了民国时期上海佛教电台、广播，田间地头的宣讲模式，佛光山的管理上也从传统的丛林管理模式，转变为现代化宗教法人管理模式。[1] 星云大师创建了规模化、国际化以及具有一流素质的现代人间佛教的僧团，建成组织化、国际化的信众团队，落实了行之有效、良好运转的人间佛教各项制度，从文化、教育、慈善、共修各方面深广推进了人间佛教的各项弘法事业，为人间佛教在实践层面的建设与落实取得了一系列辉煌的功绩[2]。这些成就使得人间佛教不再停留在观念的层面，而是已经实实在在地应化世间，并且实实在在地推动着世间的佛教化。因此，就实践层面落实人间佛教的建设事业而言，星云大师也是现代人间佛教的一位卓越创立者。

结　　语

宗教与现代化的关系指出了宗教对于现代社会变迁的反应。如果通过改革与革新，新事物能与传统事物能融和，那宗教传统就不畏惧改变。因此在现代化的浪潮下宗教所受到的是挑战而不是威胁。佛光山僧团与佛教事业是当代人间佛教的展现。星云大师的毅力与悲智使得佛教成为人们生活中的一部分，佛法生活化，生活佛法化。当代佛法的弘传，人间佛教的推展，星云大师功不可没。佛教现代化是建立在传统与现代融和的基础上，不是肤浅表面的与现代生活连接，更重要的是人们内在生活

---

[1] 程恭让. 星云大师青年时期人间佛教思想的几个核心理念. 星云大师人间佛教思想研究(卷二)[M]. 台湾：高雄佛光文化事业有限公司. 2015.3.

[2] 程恭让. 太虚圣严星云：现当代汉传佛教三位导师的《维摩经》诠释. 星云大师人间佛教思想研究(卷四)[M]. 台湾：高雄佛光文化事业有限公司，2015.3.

与现代精神的协调。只有与时俱进,佛教才能对社会发展有所贡献,达到为人类提供指引与方向,利乐有情的目标。相信程教授的这本著作,可以给每一位读者、每一位人间佛教的行者以开示,为未来的人间佛教研究开辟一条康庄大道。

图书在版编目(CIP)数据

东方哲学. 第十一辑／郭美华,邓辉主编. —上海：上海书店出版社,2019.4
ISBN 978-7-5458-1790-4

Ⅰ.①东… Ⅱ.①郭… ②邓… Ⅲ.①东方哲学—文集 Ⅳ.①B3-53

中国版本图书馆 CIP 数据核字(2019)第 048068 号

责任编辑　张　冉
封面设计　汪　昊

东方哲学
第十一辑
郭美华　邓　辉　主编

出　版	上海书店出版社
	(200001　上海福建中路 193 号)
发　行	上海人民出版社发行中心
印　刷	苏州市越洋印刷有限公司
开　本	710×1000　1/16
印　张	20.5
版　次	2019 年 4 月第 1 版
印　次	2019 年 4 月第 1 次印刷
ISBN 978-7-5458-1790-4/B·92
定　价	68.00 元